Datenschutz und Datenzugriff im Internetbereich

Saarbrücker Studien
zum Privat- und Wirtschaftsrecht

Herausgegeben von Hannes Ludyga,
Michael Martinek (geschäftsführender Herausgeber),
Helmut Rüßmann und Markus Würdinger

Band 104

PETER LANG

YI Lei

Datenschutz und Datenzugriff im Internetbereich

Eine vergleichende Untersuchung zum chinesischen und deutschen Recht

PETER LANG

Bibliografische Information der Deutschen Nationalbibliothek
Die Deutsche Nationalbibliothek verzeichnet diese Publikation in der Deutschen Nationalbibliografie; detaillierte bibliografische Daten sind im Internet über http://dnb.d-nb.de abrufbar.

Zugl.: Saarbrücken, Univ., Diss., 2022

Diese Publikation wurde gefördert durch das China Scholarship Council und die Xiangtan University.

D 291
ISSN 1433-8866
ISBN 978-3-631-87838-5 (Print)
E-ISBN 978-3-631-87941-2 (E-PDF)
E-ISBN 978-3-631-87942-9 (EPUB)
DOI 10.3726/b19812

Peter Lang – Berlin · Bern · Bruxelles · New York · Oxford · Warszawa · Wien

Diese Publikation wurde begutachtet.

www.peterlang.com

Inhaltsverzeichnis

Vorwort

Die vorliegende Arbeit wurde im Wintersemester 2021 von der Rechtswissenschaftlichen Fakultät der Universität des Saarlandes als Dissertation angenommen. Rechtsprechung und Literatur konnten bis Mitte April 2021 berücksichtigt werden.

Dank gebührt zuallererst meinem Doktorvater, Herrn Prof. Dr. Dr. Dr. h. c. mult. Michael Martinek, für die Betreuung meiner Arbeit, die Erstellung des Erstgutachtens sowie die stetige Unterstützung, die er mir während und nach der Erstellung dieser Arbeit zuteilwerden ließ. Außerdem hat er in vielen Gesprächen, vor allem auf den regelmäßigen Doktorandenseminaren, meine Arbeit durch wertvolle Ratschläge befördert. Für den erfolgreichen Abschluss dieses Promotionsstudiums bin ich in großer Dankbarkeit verpflichtet.

Herrn Prof. Dr. Michael Anton danke ich sehr herzlich für die Unterstützung und die zügige Erstellung des Zweitgutachtens.

Mein Interesse an diesem Bereich wurde in vielen fruchtbaren Gesprächen mit Frau Prof. Dr. XIAO Dongmei geboren und gestärkt. Ihr danke ich für den Vorschlag und die wertvollen Denkanstöße. Für die Idee für das Promotionsstudium im Ausland und die wissenschaftliche Unterstützung gebührt Frau Prof. Dr. HUANG Yuye mein besonderer Dank. Herrn Prof. Dr. WANG Taiping und Herrn Prof. Dr. LIU Tieguang möchte ich dafür danken, dass sie mich nicht nur bei diesem Thema, sondern auch in allen anderen Dingen unterstützt haben. Die Ideen und die immerwährende Inspiration, die ich von Prof. Dr. WANG Taiping erhalten haben, haben meine juristische Ausbildung nachhaltig geprägt.

Von den zahlreichen Freunden, die mich durch das Leben im Ausland und die Promotion begleitet und mir in schwierigen Phasen geholfen haben, möchte ich mich stellvertretend bei Dr. LI Tao, Dr. ZHANG Dongyang, Dr. WANG Xiao, Dr. HE Rong, Dr. Christian Schmitt, HU Jia, ZHAO Yi, SUN Wenjing, WU Yanjia, ZENG Kui, LI Hongjing, XU Sixuan, WAN Bohan und TEN Zhenjie bedanken.

Abschließend und von ganzem Herzen danke ich meinen Eltern. Sie haben mir vorbehaltlose Unterstützung zukommen lassen und somit maßgeblich zum Gelingen der Promotion beigetragen.

Lei YI
Xiang Tan

Abkürzungsverzeichnis

Abs.	Absatz
AcP	Archiv für die civilistische Praxis
a. F.	Alte Fassung
AGB	allgemeine Geschäftsbedingungen
Art.	Artikel
AT	Allgemeiner Teil
Aufl.	Auflage
Aufl.	Auflage
BB	Betriebs-Berater
Bd.	Band
BDSG	Bundesdatenschutzgesetz
BGB	Bürgerliches Gesetzbuch
BGH	Bundesgerichtshof
BT-Drs.	Bundestagsdrucksache
BVerfG	Bundesverfassungsgericht
Bzw.	beziehungsweise
cCyG	Gesetz zur Cybersicherheit der VR China
Ch-	Chinesische
CNV	Chinesische Volkskongress
CR	Computer und Recht
d. h.	das heißt
ders., dies.	derselbe, dieselbe
Diss.	Dissertation
DS-GVO	Datenschutz-Grundverordnung
DSRL	Europäischen Datenschutzrichtlinie 95/56/EG
DuD	Datenschutz und Datensicherheit

Einl.	Einleitung
E.I.P.R.	European Intellectual Property Review
etc.	et cetera
EU	Europäische Union
f.; ff.	folgende Seite; folgende Seiten
Fn.	Fußnote
FS	Festschrift
gem.	gemäß
GeschGehG	Gesetz zum Schutz von Geschäftsgeheimnissen
GG	Grundgesetz
GRUR	Gewerblicher Rechtsschutz und Urheberrecht
GRUR-Int.	Gewerblicher Rechtsschutz und Urheberrecht International
GSPI	Gesetz zum Schutz persönlicher Information der VR China
i. V. m.	in Verbindung mit
i. S. d.	im Sinne der/des
IIC	International Review of Intellectual Property and Competition Law
insb.	insbesondere
JA	Juristische Arbeitsblätter
Jura	Juristische Ausbildung
JuS	Juristische Schulung
JZ	JuristenZeitung
LG	Landesgericht
lit.	littera
MarG	Markengesetz
MMR	Multimedia und Recht
n. F.	neue Fassung
Nr.	Nummer
NZKart	Neue Zeitschrift für Kartellrecht

NZWiSt	Neue Zeitschrift für Wirtschafts-, Steuer- und Unternehmensstrafrecht
OECD	Organisation für wirtschaftliche Zusammenarbeit und Entwicklung
OLG	Oberlandesgericht
RGZ	Entscheidungen des Reichsgerichts in Zivilsachen
Rn.	Randnummer
SachG	Sachenrechtgesetzt
S.	Seite
SCCR	Standing Committee on Copyright and Related Rights
sog.	sogenannt
StPO	Strafprozessordnung
TKG	Telekommunikationsgesetz
TRIPS	The Agreement on Trade-Related Aspects of Intellectual Property Rights
UrhG	Gesetz über Urheberrecht und verwandte Schutzrechte
usw.	und so weiter
UWG	Gesetz gegen den unlauteren Wettbewerb
VersR	Versicherungsrecht
vgl.	vergleiche
WIPO	World Intellectual Property Organisation
WRP	Wettbewerb in Recht und Praxis
ZChinR	Zeitschrift für chinesisches Recht
ZGB	Zivilgesetzbuch der VR China
ZD	Zeitschrift für Datenschutz
ZNR	Zeitschrift für neuere Rechtsgeschichte
z. B.	zum Beispiel
ZUM	Zeitschrift für Urheber- und Medienrecht
ZUM-RD	Zeitschrift für Urheber- und Medienrecht – Rechtsbergungsdienst

Einleitung

A. Einführung in die Problemstellung

Im Einklang mit der technischen Entwicklung und dem starken Wachstum der Internetnutzung bilden die personenbezogenen Daten im Internet einen großen Teil der digitalen Gesamtdaten der Welt.[1] Die Gewinnung personenbezogener Daten ist im Rahmen der Datenökonomie von zentraler Bedeutung. Im heutigen verbraucherorientierten Internet liegt die Hauptaufgabe der Internetunternehmen in einem Dienst am Verbraucher, der sich auf Kosten der Benutzerdaten als Tauschgegenstand durchführen lässt.[2] Gegenüber der prosperierenden Datenwirtschaft ist jedoch ihr zunehmend negativer Einfluss auf das Individuum zu vergegenwärtigen.[3] Angesichts dessen sind der Schutz von personenbezogenen Daten und der unternehmerische Datennutzungswunsch im Rahmen von Datenschutzrecht und Zivilrecht parallel zu beachten. Mit Rücksicht darauf wurde im Jahr 2015 mit den chinesischen „Recommendations for the 13th Five-Year Plan for Economic and Social Development" erstmals die „Nationale Datenstrategie" zur Verbesserung der Verwendung und des Schutzes der Daten vorgeschlagen. Im Juni 2017 trat das erste Gesetz zur Cyber-Sicherheit in China (cCyG) in Kraft. Danach bestimmt das am 01. Januar 2021 in Kraft getretene Zivilgesetzbuch der VR China (ZGB) die Schützbarkeit der Daten. Am 20. August 2021 erließ China das Gesetz zum Schutz persönlicher Information der VR China (GSPI).

> *§ 111 Abs. 1 Persönliche Informationen natürlicher Personen werden vom Gesetz geschützt.*
> *§ 127 Enthalten Gesetze Bestimmungen zum Schutz von Daten oder virtuellem Vermögen im Internet, so gelten diese Bestimmungen.*[4]

Wie sich am Inhalt dieser Vorschriften erkennen lässt, beantworten sie nicht die Schutzformen der Daten, sondern weisen allein auf die Schützbarkeit der Daten

---

1 75 % der Informationen im digitalen Raum sind individuelle; Gantz/David, IDC iview 2011, 1, 1 ff.

2 Die Hauptaufgabe des verbraucherorientierten Internet wird auch als „To Consumer" (TO C) bezeichnet. Anderes als das verbraucherorientierte Internet verhält sich das industriell orientierte Internet, dessen Hauptaufgabe der Dienst an der Industrie ist, d. h. die Aufgabe des industriell orientierten Internets ist „To Business" orientiert (TO B). Lin, FiS 42, 42; Hou, TBR 72, 77 ff.

3 Report nach der Forschung von McKinsey, abrufbar unter: https://www.mckinsey.com/~/media/mckinsey/featured%20insights/China/Chinas%20digital%20economy%20A%20leading%20global%20force/MGI-Chinas-digital-economy-A-leading-global-force.ashx, S. 2.

4 Klages/Leibküchle/Pißler, ZChinR 2017, 208, 225.

hin, sodass die angemessenen Schutz- und Zugriffsregeln zu Daten unklar sind. Die rasche Gesetzgebungstätigkeit stellt Anforderung an Rechtsanwender in China, im Rahmen von Zivil und Datenschutzgesetzen ein Auslegungsmodell über den Datenschutz und -zugriff zu entwickeln.

Aus rechtsvergleichender Sicht ist vor allem zu beachten, dass der Begriff des „Datenschutzes", wie er im deutschen Recht verwendet wird, mit dem gleichlautenden chinesischen Ausdruck nicht deckungsgleich ist. Während erst am 1. November 2021 das GSPI in Kraft trat, erließ Hessen bereits im Jahr 1970 die erste Gesetzgebung der Welt zu Daten, wobei erstmals das Wort „Datenschutz" verwendet wurde.[5] Danach entwickelte sich das Datenschutzrecht auf deutscher Landesebene bis zur Bundesebene. Im alten Bundesdatenschutzgesetz (BDSG) impliziert der Begriff „Datenschutz" jedoch nicht den Schutz der Daten selbst, sondern jenen der hinter den Daten stehenden einzelnen Betroffenen[6] bzw. der natürlichen Personen.[7] Parallel zum BDSG n. F. ist die Datenschutz-Grundverordnung (DS-GVO) in Kraft getreten, eine europäische Regelung zum personenbezogenen Datenschutz, die ab Mai 2018 in Deutschland gilt und als EU-Verordnung Vorrang gegenüber dem nationalen Recht hat (§ 1 Abs. 5 BDSG n. F). Allerdings verhält es sich nach Art. 1 DS-GVO noch so, dass diese Grundverordnung auf den Schutz der personenbezogenen Daten statt auf den Schutz der Datenressourcen selbst hinweist. Auch wenn in Deutschland zahlreiche datenschutzbezogene Vorschriften bestehen, ist das Datenschutzrecht stets ein dynamisches Rechtsgebiet. Zwar reichen die gegenwärtigen deutschen Gesetze zum Datenschutz weiter als jene in China, aber einerseits geht es beim deutschen Datenbankschutz nicht um den Schutz von Rohdaten und andererseits sind die Interessenabwägung zwischen dem Datenschutz für die Person und den unternehmerischen Datennutzungswünschen diskussionswürdig.

Wegen der Propertisierung der Daten findet sich zurzeit in China und Deutschland vor allem eine erhöhte Aufmerksamkeit für die Grundfrage, ob es Eigentum an Daten gibt. Im Anschluss daran ist zunächst anzustreben, eine rechtliche Zuordnung des Dateneigentums im bisherigen Rechtsrahmen zu finden. Der chinesische Gesetzgeber hat beim ersten Entwurf zum ZGB versucht, Daten als das immaterialgüterrechtliche Objekt zu behandeln, die entsprechende Vorschrift wurde aber nach starkem Widerstand im nächsten Entwurf fallengelassen. Wird der Gehalt von § 127 ZGB und Art. 2 DS-GVO miteinander verglichen, kommt eine weitere Frage nach dem Schutzbereich der Daten in beiden Ländern in Betracht: Ist lediglich der auf Personen bezogene Datenschutz bereits veraltet oder geht umgekehrt der durch § 127 ZGB bestimmte Schutzbereich für Daten zu weit.

---

5 Wahner/Brink, in: Wolff/Brink, Datenschutzrecht, Syst. D, Rn. 7.

6 Gusy/Eichenhofer, in: Brink/Wolff, Datenschutzrecht, BDSG § 1 Rn. 2–8a; Gola/Klug/Körffer, in: Gola/Schomerus, BDSG, § 1 Rn. 1.

7 Weichert, in: Däubler/Klebe/Wedde/Weichert, BDSG, § 1 Rn. 4.

Über die umstrittene Frage nach dem Dateneigentum hinaus ist ferner zu bedenken, dass der Datenschutz den Wettbewerb im Zusammenhang mit der datengetriebenen Wirtschaft betrifft. Daraus folgt, dass die Interessenlage im Hinblick auf die Daten vielfältig ist, wodurch die Untersuchung der Schutz- und Zugriffsregeln zu Daten immer mehr an Bedeutung gewinnt. Offensichtlich sind die Regelungen zum Datenschutz ursprünglich eng mit den staatlichen Verwaltungen verbunden, die in gewissem Maße als Paternalismus angesehen werden können und für den Schutz des Individuums viele Vorteile bieten. Allerdings könnte ein zu starker Datenschutz möglicherweise zur Beeinträchtigung des Digitalisierungswettbewerbs führen und dann negative Folgen für die datengetriebene Wirtschaft auslösen. Umgekehrt würde eine allzu unbeschränkte Datennutzung die individuellen und die staatlichen Interessen schädigen. Daher ist zu untersuchen, wie der Gesetzgeber die öffentlich-rechtliche Regulierung des Schutzes personenbezogener Daten und die Privatautonomie in Ausgleich bringen könnte. Um die vielfältige Interessenlage auszutarieren, stellt sich die Frage, aus welchen Rechtsgründen eine Datennutzung völlig verboten ist bzw. auf welche Daten im Internet unter welchen rechtlichen Voraussetzungen zugegriffen werden darf.

Schließlich ist die Datenmobilität im Internet berücksichtigungswürdig. Ein Paradebeispiel ist der Web-Crawler, der als technische Grundlage für Onlinesuchmaschinen eine bedeutende Rolle spielt. Folgt man der Wirkungsweise des Web-Crawlers, müsste man darüber nachdenken, welche Rechtsrisiken durch die Verwendung des Web-Crawlers entstehen und wie diese Rechtsprobleme unter geltendem Recht subsumiert werden. Daraus leitet sich eine rechtliche Frage nach unlauterem Wettbewerbshandeln ab. In einer ersten Streitsache um „Big Data" in China, die eine unbewilligte Sammlung der Kundendaten aus der Datenbank des Klägers zum Gegenstand hatte, antworteten sowohl die erste als auch die zweite Instanz zu dem eingeklagten Anspruch auf Geheimnisschutz ausweichend. In diesem Fall lenkten die Gerichte die Aufmerksamkeit auf § 2 des Gesetzes der VR China gegen den unlauteren Wettbewerb (cUWG), wonach die Unternehmen im Marktverkehr die Prinzipien der Freiwilligkeit, Gleichheit, Gerechtigkeit und von Treu und Glauben achten und die allgemein anerkannten Verkehrssitten wahren müssen.[8] Hingegen konzentrierten sich die deutschen Gerichte in vergleichbaren Fällen auf die Prüfung der konkreten unerlaubten Handlung und insbesondere darauf, ob ein Zuwiderhandeln gegen Datenerhebungs-, Verarbeitungs- und Nutzungsverbote als eine unlautere Wettbewerbshandlung beurteilt werden könnte.[9] Unter vergleichbarer Beachtung dieser Gesichtspunkte scheint dem Wettbewerbsproblem zur Datenmobilität in beiden Ländern verschieden begegnet zu werden.

8 Beijing Volksgericht für Geistiges Eigentum, Jing 73, Nr. 588 (2016) 京73民终588号 (2016).

9 Vgl. OLG Köln, Urteil vom 19.11.2010 – I-6 U 73/10 –, juris; OLG München, Urteil vom 12.01.2012 – 29 U 3926/11 –, juris.

Zusammenfassend führt der Datenschutz zu Fragen, die nicht nur die rechtliche Zuordnung zu Daten selbst, sondern auch die Zugriffsregeln für Daten betreffen.

B. Forschungsgegenstand und -methoden

Die vorliegende Arbeit befasst sich mit den Schutz- und Zugriffsregeln für Daten im Internetbereich. Sie erstreckt sich auf die Frage: Wie sollen de *lege lata* die Regelungen zu Daten selbst und zu ihren Zugriffen im Bereich des Internets getroffen werden?

Zu denken wäre vorrangig an die Frage nach der rechtlichen Objektsqualität der Daten. Sofern die Daten einem bereits bestimmten Rechtsobjekt eines Zivilrechts zuzuordnen sind, kann zu ihrem Schutz auf entsprechendes Recht verwiesen sein. Darüber hinaus gibt es alternative Schutzregeln, die nicht auf die Daten, sondern auf das auf den Daten beruhende Rechtsgut abstellen. Dadurch kann für den Schutz von Daten auf ein konkretes Rechtsgut zurückgegriffen werden. Entsprechend soll in Bezug auf den datengetriebenen Wettbewerb herausgearbeitet werden, wie das geltende Gesetz auf den Datenzugriff und insbesondere auf die Verwendung von Web-Crawlern eingehen soll. Daran anschließend soll beurteilt werden, ob das aktuelle chinesische Gesetz über den Datenschutz dieser Herausforderung gerecht wird.

Basierend auf dem Rechtsrahmen wird die Forderung nach einem inneren Klassifizierungsstandard erhoben. Hierbei spielt der rechtstheoretische Ansatz eine besondere Rolle. Die hiesige Forschung wird mittels einer rechtsvergleichenden Methode durchgeführt. Eine Rechtsvergleichung der Datenschutz- und Zugriffsregelungen zwischen Deutschland und China ist aus drei Gründen Forschungsmethode der Wahl: Erstens stehen Deutschland und China vor der Herausforderung, zwischen dem Schutz der Person und der Förderung der Datenwirtschaft abwägen zu müssen. Zweitens ist aus praktischer Sicht mit Blick auf die sich vertiefende Wirtschafts- und Handelsbeziehung eine Rechtsvergleichung zu Datenschutz- und -zugriffsregeln zwischen China und Deutschland auch für die Rechtsanwender der beiden Länder sinnvoll. Drittens existieren in beiden Rechtsordnungen vergleichbare Rechtseinrichtungen und -theorien. Insoweit haben chinesische Forscherinnen und Forscher bereits ermittelt, dass das deutsche Recht – insbesondere im Bereich des Privatrechts – nicht nur den bisherigen Gesetzgebungsprozess des ZGB, sondern auch chinesische Theorien zum Privatrecht beeinflusst hat; viele dieser Theorien lassen sich auf das deutsche Recht zurückführen. Deshalb ist es sinnvoll, eine systematische deutsch-chinesische Rechtsvergleichung zur Diskussion um die Datenschutz- und Zugriffsregeln eingehend durchzuführen.

C. Gang der Untersuchung

1. **Grundzüge des ZGB und relevante Begriffe**: Ohne Kenntnis des ZGB und der hier relevanten Begriffe kann eine rechtsvergleichende Forschung nicht

geleistet werden. Dem widmet sich das erste Kapitel der Arbeit. Im ersten Schritt werden die Genesis und die Struktur des Zivilrechts im ZGB dargelegt. Dabei wird das Verhältnis zwischen § 111 Schutz persönlicher Informationen und § 127 Datenschutz im ZGB geklärt, indem der Willen des chinesischen Gesetzgebers hinter der Strukturanordnung von § 111 ZGB und § 127 ZGB deutlich sichtbar gemacht wird. Im zweiten Schritt werden der Datenbegriff und die Rechtsnatur der Daten präzisiert, um einen nachvollziehbaren begrifflichen Kontext für die Rechtsvergleichung zu fundieren. Das erste Kapitel wird mit einer kurzen Darlegung zum Ergebnis des Vergleichs geschlossen.

2. **Datenschutz durch Eigentumsrecht:** Dieses Kapitel nimmt § 127 ZGB als Ausgangspunkt und fokussiert sich auf die rechtliche Zuordnung von Daten. Wird auf die Daten als Rechtsobjekt abgestellt, ist zuerst eine dogmatische Prüfung ihrer rechtlichen Objektqualität unvermeidbar. So wird sich im ersten Abschnitt der eigentumsrechtlichen und immaterialgüterrechtlichen Objektsqualität im chinesischen Zivilrecht jeweils zu vergewissern und diese dann anhand eines Vergleichs mit Deutschland zu kommentieren sein. Ausgehend davon wird im nächsten Schnitt zu klären versucht, ob der Schutz von Daten dem Eigentumsrecht oder dem Immaterialgüterrecht zugeordnet werden kann.
3. **Datenschutz und -zugriff im Rahmen von Persönlichkeitsrecht:** Mit der in Kraft getretenen Teilregelung des Persönlichkeitsrechts im ZGB darf man nicht den Datenschutz durch das Persönlichkeitsrecht aus dem Blickfeld geraten lassen. Die Zielsetzung dieses Kapitels muss von zwei Seiten angegangen werden: der Erläuterung der Positionsbestimmung des Datenschutzes im Rahmen des Persönlichkeitsrechts und der Untersuchung des Nutzungsmodell der personenbezogenen Daten.
4. **Datenschutz und -zugriff im Rahmen von Datenschutzgesetz und Wettbewerbsrecht:** Die Zugriffsregeln im Rahmen von Datenschutzgesetzen und des Wettbewerbsrechts werden in diesem Kapitel eingehend untersucht. Nach den erlangten Erkenntnissen über die Zuordnung des Ausschließlichkeitsrechts an Daten wird dann auf ihren Zugriff im Internet eingegangen. Zwei wichtige Fragen sind darin enthalten: jene des Zugriffs auf die Daten der betroffenen Person und jene des Zugriffes auf die Daten in unternehmerischer Hand. Im Kontext ersterer Frage wird auf die datenschutzrechtlichen Erlaubnistatbestände auf rechtsvergleichende Weise eingegangen. Im Zusammenhang mit dem Zugriff auf die Daten in unternehmerischer Hand wird sich sodann speziell mit der Anwendung von Web-Crawlern auseinandergesetzt. Daran angelehnt wird am Ende dieses Kapitels eine rechtsvergleichende Betrachtung der beiden Rechtsordnungen durchgeführt.
5. **Resümee und Ausblick:** Ein kurzer Abschnitt fasst das bisher Entwickelte zusammenfassen und arbeitet daraus die Datenschutzregeln über die Daten selbst und die Akteure heraus. Verbesserungsvorschläge als Ergebnis der Rechtsvergleichung bilden den Abschluss dieser Arbeit.

1. Kapitel: Grundzüge des ZGB und relevante Begriffe

Dieses Kapitel widmet sich dem Hintergrund des ZGB im Allgemeinen und § 127 ZGB im Besonderen sowie der Schaffung des rechtsvergleichen Kontexts. Zunächst wird ein Abriss über die Entwicklungsgeschichte des ZGB gegeben. Dann werden die leitenden Grundgedanken des ZGB näher beleuchtet und der begleitende Einfluss auf den Schutz von persönlichen Informationen und Daten wird betrachtet. Abschließend erfolgt die Ermittlung des Rechtsobjekts und des zivilrechtlichen Interesses im ZGB; damit werden der Datenbegriff und die Rechtsnatur der Daten eingegrenzt.

§ 1 Die Entwicklungsgeschichte des ZGB

Um ein Modell für zukünftige Generationen zu entwickeln, hat fast jede Dynastie im alten China – von der Qin-Dynastie (221–207 v. Chr.) bis hin zur letzten Periode der Qing-Dynastie (1636–1912) – ein vollständiges Gesetzbuch formuliert, in dem das öffentliche Recht, das Zivilrecht und das Strafrecht integriert sowie das materielle Recht und Verfahrensrecht gemeinsam festgelegt wurden.[10] Zwar lässt sich die nationale Zivilisation des alten China auf die Xia-Dynastie im 21. Jahrhundert v. Chr. zurückführen, überraschend ist aber, dass es von 221 v. Chr. bis zum Ende des 19. Jahrhunderts kein einheitliches und eigenständiges Gesetz für die Zivilrechtsordnung in China gab, weshalb sich das heutige Rechtsdenken und die Rechtstechnologie des Landes hauptsächlich aus ausländischen Rechten ergeben.[11]

I. Der Vorabend des ZGB (1840–1976)

Der erste Opiumkrieg (1840–1842) eröffnete einen chinesischen zivilrechtlichen Modernisierungsprozess.[12] Die Qing-Dynastie ah sich gezwungen, eine umfassende Gesetzesreform durchzuführen. Seitdem fanden Modernisierungsversuche zum chinesischen Zivilrecht statt.[13] So ließ die Qing-Dynastie im September 1911 den Entwurf eines Zivilgesetzbuches fertigstellen. Dieser Entwurf ist jedoch wegen des Niedergangs dieser Dynastie im Folgejahr nie in Kraft gesetzt worden. Trotzdem wird er von Historikern als das erste Zivilgesetzbuch in der Geschichte Chinas betrachtet.[14] Nach außen hin greift dieser Entwurf die Gliederung unter

---

10 Zeng, S. 2; Sun, SC 88, 90.
11 Sun, S. 94.
12 Zeng, S. 2.
13 Sun, S. 90.
14 Zeng, S. 226.

anderem des deutschen Bürgerlichen Gesetzbuchs in Form von fünf Büchern auf.[15] Dabei basiert der Allgemeine Teil, das Schuldrecht und das Sachrecht, auf dem japanischen Zivilgesetzbuch (1896), das Familien- und Erbrecht bezieht sich hingegen auf die traditionelle Rechtskultur.[16] Weil sich das japanische Zivilrecht unter starkem Einfluss des deutschen Zivilrechts befand, ist festzuhalten, dass das chinesische Zivilrecht in dieser Zeit in den Kreis des Pandektenrechts eintrat.

Die Qing-Dynastie und mit ihr das über 2000-jährige chinesischen Kaiserreich endeten mit dem Jahr 1912. In den folgenden Dekaden entwickelte sich die Kodifikation des ZGB inmitten des Bürgerkriegs und weiterer innerer Unruhen. In dieser Zeit erließ die Republik China (1912–1949) den Allgemeinen Teil (23.05.1929) und das zweite Buch „Schuldrecht" (23.11.1929), das dritte Buch „Sachrecht" (30.11.1929) sowie das vierte und fünfte Buch „Familien- und Erbrecht" (23.12.1930).[17] Diesen fünf Büchern liegt wiederum das deutsche Bürgerliche Gesetzbuch (BGB) zugrunde und sie werden als das erste in Kraft getretene Zivilgesetzbuch in der Geschichte Chinas betrachtet.[18] Die Republik China war jedoch nur von kurzer Dauer. *MAO Zedong* rief am 1. Oktober 1949 in Beijing die Volksrepublik China aus. Nach 1949 nahm die neue Volksrepublik China die Sowjetunion zum Vorbild (1954–1956)[19] und durchlebte die Kulturrevolution (1966–1976). Daher lässt sich für die Volksrepublik China dies Verbindung zur pandektistischen Tradition weitgehend als beendet betrachten.

II. Die Kodifikationsbemühungen zum Zivilgesetzbuch (1978–1982)

In der Zeit von 1978, dem Beginn der Reformen und der Öffnung des Landes, bis 2002 hat China insgesamt zweimal versucht, ein Zivilgesetzbuch zu kodifizieren.

Um den wirtschaftlichen Entwicklungsbedarf nach der Reform und Öffnung zu befriedigen, wurde das Kodifikationsvorhaben zunehmend ernst genommen. Im Jahr 1979 wurde eine aus Staatsbeamten und Gelehrten bestehende Arbeitsgruppe zur Kodifikation eines Zivilgesetzbuches eingesetzt. Sie erstellte bis zum Jahr 1982 einen Entwurf, der 465 Artikel umfasste und in dem „die grundlegenden Aufgaben" und „die Grundsätze des Zivilrechts", „das Subjekt des Zivilrechts", „das Eigentum", „das Vertragsrecht", „das geistige Eigentum", „die Eigentumsnachfolge" sowie „die zivilrechtliche Haftung und andere Bestimmungen" eingeschlossen waren.[20]

15 Sun, S. 94.
16 Zeng, S. 226 f.
17 Zeng, S. 330.
18 Zeng, Chinesische Rechtsgeschichte, S. 330.
19 Jiang, S. 281.
20 Sun, ZCWRU 76, 78.

Weil zu Beginn der marktwirtschaftlichen Reformen eine Einigung beispielsweise über die Neugestaltung der öffentlichen Unternehmen und des staatlichen Eigentums schwer zu erzielen war, hatte *DENG Xiaoping* bei der Abschlusssitzung der Arbeitskonferenz der Kommunistischen Partei Chinas (KPC) im Zentralausschuss festgestellt, dass *die anfänglichen gesetzlichen Regelungen grob vorgeschrieben werden sollen und sich dann schrittweise verbessern können.*[21] Diese Ansicht wird als die legislative Strategie der Kodifizierung des ZGB betrachtet, die man *„eher grob als fein, eher kurz als lang"* nennt.[22] Im Jahr 1982 wurde nach Erstellung der fünften Fassung des Zivilgesetzbuchentwurfs die Ausarbeitung der Kodifikation ausgesetzt. *PENG Zhen* hatte als Vorsitzender des Rechtsausschusses darauf hingewiesen, dass, *obwohl die grundlegende Aufgabe ist, ein Zivilgesetzbuch zu kodifizieren, das Gesetz aber je nach Bedarf sukzessive formuliert werden soll.*[23] Auf dieser Grundlage ging die Zivilrechtskodifikation mit der legislativen Strategie von *DENG* und den legislativen Leitlinien von *PENG* einher, indem im Jahr 1980 das Familien- und Erbrecht, im Jahr 1982 das Gesetz zum wirtschaftlichen Vertrag und im Jahr 1986 die Allgemeinen Grundsätze des Zivilrechts der VR China (AGZ) in Kraft gesetzt wurden.

Die AGZ sind das erste zivilrechtliche Grundgesetz der VR China.[24] Sie stehen zum einen wiederum mit dem deutschen Zivilrecht in Verbindung, wenn etwa § 72 Abs. 2 AGZ geradezu beispielhaft vorgibt, dass das Vermögenseigentum nicht nach dem Vertrag, sondern im Zeitpunkt der Übergabe des Vermögens übergeht. Zum anderen geben die Regelungen zwar zu erkennen, sich vom Einfluss des sowjetischen Rechts trennen zu wollen, doch finden sich noch sowjetische Rechtsbegriffe und insbesondere Vorschriften zur Planwirtschaft, beispielsweise § 7 AGZ (1987), wonach zivilrechtliche Aktivitäten nicht die Sphäre der staatlichen Planwirtschaft verletzten dürfen.

III. Die jüngste Kodifikationsbemühung zum Zivilgesetzbuch (2002–2014)

Die Änderung der Verfassung bildete die Grundlage des nachfolgenden Versuches der Zivilrechtskodifikation. Vor 1982 war als Wirtschaftssystem der VR China die Planwirtschaft bestimmt, was durch das chinesische Verfassungsrecht anerkannt wurde. Um die Verfassung an die wirtschaftliche Entwicklung anzupassen, verabschiedete der Chinesische Nationale Volkskongress (CNV) im Jahr 1993 den Beschluss zur Änderung von Artikel 15 in der Verfassung (1982), in dem festgelegt wurde, dass *„der Staat eine sozialistische Marktwirtschaft betreibt"*,[25] normiert

21 Deng, Emanzipierung des Geistes, PD, 1978, S. 1.
22 Sun, ZCWRU 76, 79.
23 Jiang, S. 285.
24 Yang, SC 72, 73.
25 Xu/Hu, S. 95.

in Artikel 15 der gegenwärtigen Verfassung (2018). Durch die Verfassungsänderung gelang es dem chinesischen Wirtschaftssystem schließlich, sich teilweise von einer Plan- in eine Marktwirtschaft zu transformieren.[26] Konkret für vorliegenden Zusammenhang wurde die verfassungsrechtliche Grundlage für die Ausarbeitung der Zivilrechtskodifikation begründet.

Mit der Festlegung der sozialistischen Marktwirtschaft wurde zu Beginn des Jahres 1998 eine neue Arbeitsgruppe zur Kodifizierung des ZGB eingesetzt. Ende 2002 hat diese Arbeitsgruppe einen Entwurf für ein Zivilgesetzbuch eingebracht, das neun Bücher mit insgesamt 1.209 Artikeln beinhaltet. Enthalten sind Allgemeiner Teil, Sachrecht, Vertragsgesetz, Persönlichkeitsrecht, Familienrecht, Adoptionsrecht, Erbrecht, Delikthaftungsrecht und ein Buch zur Anwendung des Rechts auf zivilrechtliche Beziehungen. Auf den ersten Blick scheint dieser Entwurf ein neues Zivilgesetzbuch zu sein, in Wahrheit ist er aber nichts anderes als eine Sammlung der damaligen Einzelgesetze.[27] Des Weiteren konnten zu jener Zeit das Sachrecht und das Delikthaftungsrecht noch nicht erlassen werden. Sie waren der Kritik ausgesetzt. Konsequenterweise blieb dieser Versuch der ZGB-Kodifikation erfolglos.

Im Oktober 2014 wurde die Schaffung eines chinesischen Zivilgesetzbuches durch das 18. Zentralkomitee der CKP auf seiner Vierten Plenarsitzung verhandelt. Trotz der Zweifel am Zeitpunkt der Kodifikation des Zivilgesetzbuches und seiner Verbindung mit dem politischen Projekt[28] gingen die Kodifikationsarbeiten nach dem auf der Plenarsitzung bestimmten Plan reibungslos voran.[29] So sind der Allgemeine Teil und die anderen Teile sukzessive zu erlassen worden und ein chinesisches Zivilgesetzbuch konnte im Jahr 2020 vollständig vorgelegt werden. Am 15. März 2016 verabschiedete der CNV das ZGB, das am 1. Oktober 2017 in Kraft gesetzt wurde.

§ 2 Die leitenden Grundgedanken der Kodifikation

Zweifelsohne hängt ein Zivilgesetzbuch von seinem gesellschaftlichen Hintergrund ab. Vergleicht man den Code Napoléon, das BGB und das ZGB miteinander, wird man sich bewusst sein, dass jeweils eine unterschiedliche gesellschaftliche Stufe vorliegt. Der Code Napoléon wurzelte noch zum größten Teil in der Agrargesellschaft; das BGB ist dagegen ein repräsentatives Werk der Industriegesellschaft.[30] Aus Sicht der chinesischen Gelehrten kann die Kodifikation des ZGB zwar auf technischer Ebene auf das deutsche Zivilrecht verweisen, auf inhaltlicher Ebene soll aber China ein zur Informationsgesellschaft passendes Meisterwerk

26 Historischer Hintergrund siehe 5. Kapitel § 4, 2. B.
27 Sun, ZCWRU 76, 79.
28 Zhang, ZHWRU 5, 6 i. V. m. 9.
29 Xi, Erläuterung der Entscheidung, 20.11.2020.
30 Heinrich, in: Staudingers, BGB, Einl. zum BGB, Rn. 10 b.

schaffen.[31] Um diesen Zweck zu verfolgen, soll sich China ihrer Meinung nach einem menschenorientierten Zivilgesetzbuch,[32] einem grünen Zivilgesetzbuch[33] und einem zum Internetzeitalter gehörenden Zivilgesetzbuch[34] widmen.

I. Ein menschenorientiertes Zivilgesetzbuch

Gründe für ein „menschenorientiertes“ Zivilgesetzbuch sind in der Historie und der aktuellen Gesetzgebung zu finden. Die zwei Weltkriege und das rechtliche Vakuum von der Gründung der VR China bis zum Erlass des AGZ haben einen starken Einfluss auf den Denkansatz für die Kodifizierung des Zivilrechtsbuches ausgeübt.[35] Daraus ergibt sich, dass der Mensch in den Mittelpunkt des ZGB gestellt werden soll. Ausgehend davon lässt sich weiter feststellen, dass dem ZGB der Schutz des Menschen und der Menschenwürde zugrunde liegt.

Neben der historischen Erfahrung geht der Drang zum Schutz des Menschen aus der Notwendigkeit zur Verbesserung des AGZ hervor. Als „Allgemeiner Teil“ des zivilrechtlichen Rechtssystems tragen zwar die 1982 in Kraft getretenen AGZ bedeutend zur Rechts- und Gesellschaftsentwicklung bei, jedoch treten ihre Mängel mit der Zeit hervor. So sind etwa die gesetzlichen Regelungen zum Persönlichkeitsrecht in den AGZ nachrangig. Nimmt man diesen Aspekt in den Zivilgesetzbüchern des 18. und 19. Jahrhunderts in Augenschein, werden Regelungen zum Persönlichkeitsrecht gleichsam ignoriert. Exemplarisch kann § 2 AGZ näher betrachtet werden. Anhand der Struktur des § 2 AGZ scheint es, dass im Vergleich zu den Vermögensbeziehungen die Personenbeziehungen nicht betont werden, weil der Gesetzgeber die Vermögens- vor die Personenbeziehungen setzt. Zwar ist mit der äußeren Form des neuen ZGB wiederum dem Pandektenrecht gefolgt worden, der Menschenschutz bzw. das Persönlichkeitsrecht sollte im ZGB jedoch stärker als im BGB und damit ausdrücklich reglementiert werden[36], um das Defizit des Persönlichkeitsschutzes zu beheben. Nicht zuletzt gewinnt die Informationstechnik immer mehr an Einfluss auf das gesellschaftliche Leben und greift stark in den privaten Lebensbereich ein. Dementsprechend liegt ein starker Fokus auf der Kodifizierung des Persönlichkeitsrechts, um es besser zu schützen. In diesem Zusammenhang ist die Kodifikationsbestrebung im Bereich des Persönlichkeitsrechts auf die Agenda zu setzen.

Allerdings bringt *LIANG* Einwände gegen die Kodifizierung des Persönlichkeitsrechts vor. In erster Linie setzt er sich mit den Unterschieden zwischen dem Persönlichkeits- und dem Vermögensrecht auseinander und legt dar, dass die

---

31 Yang, RS 5, 5; Wang, ZJ 8, 8; Chen, Ch-R 252, 271.
32 Yang, FT 143, 143; Yang, RS 5, 5.
33 Lv/Zhu/Gong, Ch-R 5, 5; Xu, SRW 7, 7 ff.
34 Wang, ZJ 8, 8; Yang, SC 72, 79.
35 Yang, RS 5, 6.
36 Yang, FT 143, 144.

Schützbarkeit des Persönlichkeitsrechts nicht von seiner gesetzlichen Anerkennung abhänge, sondern mit dem Menschen entstehe. Außerdem sei im Unterschied zum Vermögensrechtsrecht, das eine Herrschaftsmacht über ein konkretes Objekt begründen kann, das Persönlichkeitsrecht im Zusammenhang mit der Persönlichkeit zu sehen, die undefinierbar bleibe. Aus diesem Grund hält er es für unmöglich, dem Begriff des Persönlichkeitsrechts deutlichen Ausdruck zu verleihen.[37] Daraus könne man den Schluss ziehen, dass die Kodifizierung des Buchs des Persönlichkeitsrechts nicht auf einen belastbar hochwertigen Schutz für das Menschenrecht hinweise[38] und man ferner die Bedeutung der Kodifizierung des Persönlichkeitsrechtsteils nicht überschätzen solle.[39] Zusammenfassend spielten das Persönlichkeitsrecht und das Vermögensrecht gegeneinander und der Schutz des Persönlichkeitsrechts kann seiner Sicht nach wie in Deutschland im Rahmen des Gesetzes über die deliktische Haftung (HaftpflichtG) vorgesehen werden.

Trotz der starken Opposition von *LIANG* ist der Trend zur Kodifizierung des Persönlichkeitsrechts nicht aufzuhalten. Anlässlich der 12. Sitzung des Ständigen Ausschusses des Nationalen Volkskongresses (NVK) im Jahr 2019 wurde die dritte Fassung des Gesetzes zum Persönlichkeitsrecht diskutiert und nachfolgend bekanntgegeben. Das Buch der Persönlichkeitsrechte wird anschließend vom Gesetzgeber anerkannt und im 4. Kapitel des im Jahr 2021 in Kraft getretenen ZGB nominiert.

II. Ein „grünes" Zivilgesetzbuch

Das sog. „grüne" Zivilgesetzbuch bezieht sich auf die wichtige Aufgabe des zukünftigen ZGB, ein harmonisches Zusammenleben von Menschen und Natur zu ermöglichen.[40] Dieses Streben spiegelt sich beispielsweise in den chinesischen Aufforstungsprogrammen. Im März 1980 wurde die Weisung zur energischen Durchführung der Aufforstungstätigkeit bzw. die Richtlinie über eine kräftige Aufforstung durch den CKP-Zentralausschuss und den Staatsrat verlautbart. Nach 29 Jahren hat eine Forschergruppe gezeigt, dass China und Indien führend in der Begrünung seien und China allein mit 25 % der weltweiten Nettozunahme beigetragen habe.[41]

Stellvertretend für die Bedeutung des „Grüns" im ZGB steht § 9 ZGB. Als ein neu hinzu gekommenes Grundprinzip gebietet § 9 ZGB die Schonung von Ressourcen und den Schutz der ökologischen Umwelt im zivilrechtlichen Handeln. Aus vergleichender Sicht wird in China der Aufbau des Zivilgesetzbuches aus Deutschland übernommen,[42] während es in inhaltlicher Sicht im Festlegen der Grundprinzipien

37 Liang, ZGprI 1, 10 f.
38 Liang, AZZ 48, 48 f.; *ders.*, ZGprI 1, 1 f.
39 Sun, NVC 20, 20 ff.
40 Lv/Zhu/Gong, Ch-R 5, 5.
41 Chen/Park/Wang et al., NS 2019, 122, 122.
42 Yang, RF 32, 38; Fang, JZPU 567, 568.

im Allgemeinen Teil dem Aufbau der AGZ folgt, die dem sowjetischen Zivilrecht entstammen.[43] Nach der Stellungnahme von *FANG* kann der Umstand, dass die zivilrechtlichen Grundprinzipien im Allgemeinen Teil ausdrücklich festgestellt werden, zum einen als eine Wertedeklaration und Orientierungshilfe bei der Lösung schwieriger Fälle betrachtet werden und zum anderen die zentralen Werte des Zivilrechts auf eine einfache und intuitive Weise darstellen, um die Starrheit der Rechtsanwendung zu überwinden.[44]

Dem Gedanken eines „grünen Prinzips" soll auch in anderen Teilen des zukünftigen ZGB Rechnung tragen werden. Erkennbar wird das Vertragsrecht unter dieses Prinzip gestellt. Daneben ist die Umweltschutzklage einschlägig, die sich auf die Regelung im Delikthaftungsrecht bezieht.[45]

III. Ein zum Internetzeitalter passendes Zivilgesetzbuch

Für Deutschland lässt sich feststellen, dass das am 01.01.1900 in Kraft getretene BGB nicht ausdrücklich den Datenbegriff, den Datenschutz usw. berücksichtigen konnte, weil die Technik und die Wirtschaftsform, die einen elaborierten Datenschutz mit sich brachten, sowie die Rolle der Daten zu Beginn des 20. Jahrhunderts im Wirtschaftsverkehr nur begrenzt aufzufinden waren. Heute befindet man sich in einer Informationsgesellschaft, in der alle bürgerlichen Lebensbereiche mit dem Internet eng verbunden sind. Der Zeitgeist ist von der Digitalisierung geprägt, man lebt in einer auf Big-Data basierenden Zeit, in der auch künstlicher Intelligenz Raum findet. Das begleitete die Ausarbeitung des ZGB. Die chinesischen Gelehrten wussten, dass das Zivilrecht auf die bereits veränderten Lebensverhältnisse und den neuen Geschäftsverkehr in der Informationsgesellschaft reagieren soll.[46] Diese führt zu einer beispielhaften Diskussion um einen „elektronischen Humanismus" und das persönliche Informationsrecht, das zugleich mit der Debatte um das Datenrecht zusammenhängt.

Der sog. elektronische Humanismus versteht sich als Fortsetzung des menschenorientierten Zivilgesetzbuches im Cyberspace. Obwohl die Schützbarkeit der persönlichen Information durch § 111 ZGB bestimmt wird, stellt sich die weitere Frage, ob die Person über ihre Informationen im Cyberspace verfügt. Wie oben beschrieben, regte die Kodifizierung des Persönlichkeitsrechts eine hitzige Debatte an. Als Befürworter der Kodifizierung des Persönlichkeitsrechts heben *WANG* und *YANG* – sie sind zurzeit der Vorsitzende und der Vizepräsident der Chinesischen Forschungsvereinigung für Zivilrecht – hervor, dass das ZGB inhaltlich die Grundwerte der Menschenwürde umsetzen soll und die Kodifizierung des Persönlichkeitsrechts die zweckentsprechende Einrichtung sei.[47] In Anlehnung daran pflichtet

43 Fang, JZPU 567, 567 f.
44 Fang, JZPU 567, 577 ff.
45 Lv/Zhu/Gong, Ch-R 5, 23.
46 Shi, RF 3, 13; Wang, ZJ 8, 8.
47 Wang, TR 6, 12; *ders*, FT 143, 143 f.

CHEN zwar der Bedeutung einer Kodifizierung des Persönlichkeitsrechts für den Schutz von persönlicher Information bei, doch sieht er weder eine Rechtfertigung noch eine Notwendigkeit, ein Herrschaftsrecht an der persönlichen Information im Teil des Persönlichkeitsrechts zu schaffen.[48] *WANG* und *YANG* sprechen sich gegen die Ansicht von *CHEN* aus, dass das Recht auf persönliche Information zu einem besonderen Persönlichkeitsrecht ausgebildet werden könne.[49]

Im Internetzeitalter tritt der Schutz von Daten in den Vordergrund. Neben dem Schutz persönlicher Information lenken sowohl die deutsche Industrie 4.0 als auch „Made in China 2025" die rechtspolitische Aufmerksamkeit auf die datengetriebene Wirtschaft. Als ein neues wirtschaftliches Phänomen werfen die Daten eine Fülle von Rechtsfragen auf, die sich weniger humanistisch verstehen und mehr auf das wertvolle Datengut beziehen. Weil Daten und Informationen durch Medien leicht überall verbreitet werden können und gleichzeitig ohne Qualitätsverlust kopierbar sind, sind die Rechtsfragen zu Daten und zur persönlichen Information im Internetzeitalter ein weltweites Thema geworden und werden leicht miteinander vermengt. Unter Berücksichtigung dieser Perspektive gilt es heute zu klären, in welchem Verhältnis § 127 und § 111 ZGB stehen und wie die Schutzform der Daten von derjenigen der Information abzugrenzen ist. Diese Fragen werden im Folgenden eingehender erörtert.

§ 3 Das Rechtsobjekt und die zivilrechtlichen Interessen

Die Rechtsfragen zum Datenschutz werden in der Regel zunächst im Zusammenhang mit dem Rechtsgut, dem Rechtsobjekt und dem Rechtsgegenstand diskutiert. Diese Begriffe bilden auch den rechtvergleichenden Kommunikationszusammenhang zwischen China und Deutschland. Um zu einem einheitlichen terminologischen Verständnis zu gelangen, ist deshalb eine unterschiedliche Behandlung von Rechtsobjekt und Rechtsgegenstand relevant. Nachfolgend werden zuerst diese rechtlichen Konzeptionen betrachtet, die Darstellung des Datenbegriffs und seine Abgrenzung von der Information schließen die folgenden Ausführungen ab.

I. Bedeutung des Rechtsobjekts

1. *Im chinesischen Zivilrecht*

Der Terminus „Rechtsobjekt" (权利对象Quanli Duixiang) steht in der Regel im Zusammenhang mit dem Terminus „Rechtsgegenstand" (权利客体 Quanli Keti). Da es im chinesischen Zivilrecht an einer Gegenstandsdefinition mangelt, ist eine klare Definition von Rechtsobjekt und Rechtsgegenstand nicht einfach zu geben. Zudem lassen sich, wie oben bereits erwähnt, weil Chinas modernes Zivilrecht

48 Chen, Ch-R 26, 34.
49 Wang, ZJ 8, 12; Yang, JF 34, 34 ff.

teils aus dem deutschen Rechts entlehnt ist, die Terminologien „Rechtsobjekt“ und „Rechtsgegenstand“ im chinesischen Zivilrecht inhaltlich ursprünglich auf dieses zurückführen, wenngleich sich die VR China eine Zeitlang die Sowjetunion zum Vorbild nahm und dann viele rechtliche Begriff einschließlich des „Rechtsobjekts“ und des „Rechtsgegenstands“ aus dem sowjetischen Recht übernahm.[50] In Letzterem liegt der Grund dafür, dass die AGZ den zivilrechtlichen Gegenstand nicht vorschreiben[51] und der Begriff des Rechtsobjekts und des Rechtsgegenstands unklar ist. Über diesen historischen Grund hinaus gilt es auch zu beachten, dass die chinesische Rechtswissenschaft bis heute keinen Konsens über die chinesischen Übersetzungen der beiden deutschen Termini „Gegenstand“ und „Objekt“ erzielt hat.[52] In diesem Zusammenhang kann die Anwendung der beiden Konzeptionen in der chinesischen Literatur zum Chaos führen,[53] weshalb der Rechtsgegenstand und das Rechtsobjekt teilweise parallel und teilweise unterschiedlich verwendetet werden.[54]

2. *Im deutschen Zivilrecht*

Wie der Apfel nicht weit vom Stamm fällt, verhält es bei jener Lehre, an der sich China orientieren müsste. Auch in Deutschland gilt es nicht ohne Einschränkung als ideal, das Rechtsobjekt begrifflich vom Rechtsgegenstand zu trennen. Offenbar mangelt es einerseits an der Konzeption „Gegenstand“ im BGB, andererseits existieren verschiedene Lehrmeinungen zum Gegenstandsbegriff.[55] Dies erschwert die Definition des „Rechtsobjekts“. Nach der Kommentarliteratur ist der Gegenstand in der Regel als Objekt eines verfügbaren Rechts zu verstehen[56] oder das Rechtsobjekt ist sozusagen der Rechtsgegenstand, das den Rechtssubjekten zugeordnet werden kann.[57] Somit stehen sowohl der Rechtsgegenstand als auch das Rechtsobjekt in Opposition zum Rechtssubjekt.[58] Anders als die relativ einheitliche Auffassung zu den Begriffen „Rechtsgegenstand“ und „Rechtsobjekt“ im Sachenrecht werden im Bereich des Immaterialgüterrechts unterschiedliche Ansätze vertreten.

Zech betrachtet die Lehre der „mehrdimensionalen Ordnung des Gegenstands“ von *Larenz* und setzt die Güter mit den (vorrechtlichen) Gegenständen gleich, die ihrer Meinung nach als Objekte verstanden werden.[59] Die dementsprechende

50 Cao, JF 30, 33.
51 Yang, RS 137, 139.
52 Fang, RF 36, 37 ff.
53 Xiong, SJTU 116, 116; Liu, ZJ 1, 1 f.; Cao, JF 30, 30 f.
54 In Bezug auf parallele Verwendung siehe: Wie, in: Wei, Zivilrecht, 122; Wang, Zivilrecht, S. 56.
55 Dazu siehe Stieper, in: Staudingers, BGB, Vorbemerkungen zu §§ 90 ff. Rn. 4. ff.
56 Malte Stieper, in: Staudingers, BGB, Vorbemerkungen zu §§ 90 ff. Rn. 6.
57 Leenen, BGB, § 3 Rn. 1.
58 Husserl, Der Rechtsgegenstand, S. I.
59 Zech, Information als Schutzgegenstand, S. 36 i. V. m. S. 94 f.

Ansicht sieht das Schutzobjekt als Schutzgegenstand.[60] Demgegenüber bezweifelt man, ob das Verhältnis zwischen den geistigen Schöpfungen und ihrem Träger wie dasjenige von Rechtsgegenstand und -objekt zu behandeln sein kann, weil diese virtuellen Güter bei Kodifizierung des BGB noch nicht einmal zu denken gewesen seien.[61] So ist es nicht verwunderlich, dass der Begriff „Rechtsobjekt" in der Literatur mitunter vom Begriff „Rechtsgegenstand" abgegrenzt wird,[62] denn es stehen mehr oder minder lohnende Ansätze zum Begriff des Rechtsobjekts zur Verfügung, eine Erklärung für die begriffliche Differenz zwischen Rechtsobjekt und Rechtsgegenstand ist darüber jedoch schwierig geworden.

3. Bedeutungsbestimmung

Aus zivilrechtsdogmatischer Sicht lässt sich der Begriff des „Rechtsobjekts" sowohl im chinesischen als auch im deutschen Zivilrecht nicht klar erkennen[63] und in der Literatur herrscht ebenfalls Streit. Der Überblick über den Rechtsbestand aus AT-BGB und ZGB lässt folgern, dass sich die im AT-BGB geregelten Zivilrechte deutlich mit dem körperlichen Gegenstand (Sache i. S. d. § 90 BGB) befassen, während sich die im 5. Kapitel des ZGB aufgelisteten Zivilrechte nicht nur auf die Sache, sondern auch auf die unkörperlichen Dinge beziehen. In diesem Sinne zieht der chinesische Gesetzgeber eine differenzierte Behandlung für die unkörperlichen Güter in Betracht.

Ein konkretes Beispiel gibt das Immaterialgüterrecht, dem es in der Regel um zwei unkörperliche Dinge geht: den geistigen Gehalt und ihren Mitteilungsträger (Erscheinungsform). Der geistige Gehalt ist der Gegenstand des Immaterialgüterrechts, während die Erscheinungsform der geistigen Schöpfungen jenen Bedürfnissen Rechnung trägt, die darauf abzielen, dass der geistige Gehalt im Verkehr erfassbar und sein Schutzumfang bestimmbar ist. Dies zeigt sich, auch wenn der Gegenstand des Immaterialgüterrechts der geistige Gehalt ist, darin, dass die praktische Anwendung und der Schutz von ihrer Mitteilungs- oder Ausführungsform abhängen. Darum macht die divergierende Anwendung der beiden Begriffe in Deutschland Sinn: Nach der Meinung von *Koroch* ist der Schutzgegenstand des Leistungsschutzrechts die (wirtschaftliche, organisatorische und technische) Leistung und das Schutzobjekt die Erscheinungsform dieser schutzwürdigen Leistung.[64] Hingegen denkt *Oebbecke*, dass der Schutzgegenstand des Immaterialgüterrechts

60 BGH, Urteil vom 22.01.1952 – I ZR 68/51 –, BGHZ 5, 1–12, juris Rn.11 f.; Stieper, in: Schricker/Loewenheim, UrhG, § 87 f Rn. 7.

61 Berberich, Virtuelles Eigentum, S. 88.

62 Dazu siehe Stieper, in: Staudingers, BGB, Vorbemerkungen zu §§ 90 ff. Rn. 7; Oebbecke, Schutzgegenstand der verwandten Schutzrechte, S. 55 ff.; Koroch, Das Leistungsschutzrecht, S. 76 ff.

63 Kreutz, Das Objekt, S. 25.

64 Koroch, Das Leistungsschutzrecht, S. 78 ff.; dazu siehe auch BGH, Urteil vom 20.11.2008 – I ZR 112/06 –, juris Rn. 14.

metaphorisch wie ein Boot (der Mitteilungsträger) fungiert, das Gold (geschützte Elemente) geladen hat.[65]

Diese gespaltene Haltung zum begrifflichen Unterschied zwischen Rechtsgegenstand und -objekt ist zwar diskussionswürdig, aber eine überzeugende Erklärung dafür nicht einfach zu geben. Die vorliegende Arbeit greift die Ansicht einer Unterscheidung zwischen Rechtsobjekt und Rechtsgegenstand auf, wonach das Rechtsobjekt als der Träger oder sozusagen als die Erscheinungsform des Rechtsgegenstandes oder der Güter angesehen wird, während das Wesen des Rechtsgegenstandes das rechtlich geschützte Interesse ist,[66] das das Persönlichkeitsinteresse, das Vermögensinteresse oder die Interessen bezüglich der persönlichen Verhältnisse umfasst. Diesem Unterschied kommt im Bereich des Immaterialgüterrechts Bedeutung zu, denn es ist im Allgemeinem anerkannt, dass der Rechtsgegenstand ein Bedeutungsschwerpunkt für die Beurteilung der Eigenschaft eines Rechts und der Gegenstandqualität ist, während das äußere Objekt der Immaterialgüter einen bedeutsamen Beitrag zur Herrschaft über den Rechtsgegenstand und zu dessen Schutz leistet.[67] Sofern die Auffassung aus dem Sachenrecht,[68] dass der Gegenstand mit dem Objekt gleichzusetzen ist, im Immaterialgüterrecht umgesetzt wird, wird ein argumentativer Schluss gezogen, dass die immaterialgüterrechtlichen Gegenstände bzw. die geistigen Gehalte mit ihrem Träger bzw. ihrer Mitteilungs- oder Ausführungsform gleichzusetzen sind.

In Anlehnung daran soll das Verständnis des Rechtsgegenstandes von einer abstrakten Konzeption bzw. einer abstrakten Erscheinung ausgehen und der Rechtsgegenstand mithilfe des Rechtsobjekts zu manifestieren oder wahrzunehmen sein. Daher spielt das Rechtsobjekt die Rolle als der Träger der Vermögensinteressen oder der Persönlichkeitswerte oder der Werte bezüglich der persönlichen Verhältnisse. Ohne dieses Medium ist das rechtlich geschützte Interesse, insbesondere die immateriell geistige Schöpfung, nicht imstande, sich äußerlich dazustellen

65 Oebbecke, Schutzgegenstand der verwandten Schutzrechte, S. 76 f.

66 Liu, ZJ 1, 8; Cao, JF 30, 37.

67 Fang, RF 36, 43.

68 Im Sachenrecht gibt es regelmäßig keine Notwendigkeit, dass der Rechtsgegenstand vom Rechtsobjekt getrennt wird, weil der Rechtsgegenstand sich mit dem Rechtsobjekt überschneidet. Wenn der Rechteinhaber jedoch in einem bestimmten Rechtsverhältnis (z. B. Vertragsverhältnis, unerlaubte Handlung oder ungerechtfertigte Bereicherung) steht, fallen die Grundlage der Rechtsgründung (der Rechtsgegenstand) und der Gegenstand der Rechtsausübung (Rechtsobjekt) auseinander. Fang, RF 36, 41 ff. Beispielhaft ist im Kaufvertrag über Kleidung das Rechtsobjekt des Käufers die Leistung des Verkäufers, aber der Rechtsgegenstand des Käufers ist das Verfügungsrecht über das auf die Leistung des Verkäufers beruhende vermögenswerte Interesse. Liu, ZJ 1, 11.

oder seinen Empfänger zu erreichen.[69] Im Anschluss daran kann das Rechtsobjekt z. B. die Sache, die Handlung, die Information oder ein Bündel von Daten sein.[70]

Unklarheiten kann es noch geben, wenn man „Recht" und „Objekt" trennt. Analog zur Definition von „Rechtsgut", wonach ein Gut zum Rechtsgut wird, wenn es durch die Rechtsordnung geschützt ist,[71] kann das Rechtsobjekt als ein durch die Rechtsordnung geschütztes Objekt verstanden werden. Es sind zwei wichtige Punkte zu präzisieren: Zum einen nominiert die Rechtsordnung das Objekt deutlich; zum anderen schreibt diese Rechtsordnung die Schutzfähigkeit des Objekts vor. Der Grund für den Schutz des Objekts kann durch das Verhältnis zwischen dem Rechtsobjekt und dem zivilrechtlichen Interesse erklärt werden.

II. Verhältnis zwischen dem Rechtsobjekt und dem zivilrechtlichen Interesse

Trotz Fehlens einer Legaldefinition im chinesischen Zivilrechtsgesetz ist es in der chinesischen Literatur nicht ungewöhnlich, die Terminologie „zivilrechtliches Interesse" zu benutzen. Nach der chinesischen Privatrechtstheorie wird das zivilrechtliche Interesse durch drei Instrumente geschützt: die bürgerlichen Rechte, das im Zivilrecht vorgesehene Gut bzw. Rechtsgut oder dazwischen in oszillierender Weise,[72] wobei die im Zivilrecht vorgesehenen Interessen in der Regel in Form eines Rechts oder in anderer Form als ein Rechtsgut geschützt werden.[73] Eine solche Trennung zwischen den zivilen Rechten und den geschützten Interessen wird vom Gesetzgeber anerkannt. Rechtsdogmatisch nominiert § 126 ZGB, dass *die Zivilrechtssubjekte die in gesetzlichen Bestimmungen vorgesehenen weiteren zivilen Rechte und Interessen genießen.*[74]

Vergleicht man die oben gegebene Erläuterung zur Rolle des Rechtsobjekts mit dem zivilrechtlichen Interesse, zeigt sich, dass die Schutzregeln zu einem zivilrechtlichen Interesse nicht an seine Erscheinungsform selbst, sondern an dessen inneres Interesse gebunden werden. Ob sich ein zivilrechtliches Interesse auf die Vermögenswerte oder auf die Persönlichkeitswerte bezieht,[75] ist ein wichtiges Kriterium für die Einrichtung der Schutzregeln geworden. Dies weist darauf hin, dass die Frage, wie der Schutz für das zivilrechtliche Interesse ausgestaltet werden soll, für jeden Wert anders zu beantworten ist. Problematisch ist, dass einerseits das

---

69 Oebbecke, Schutzgegenstand der verwandten Schutzrechte, S. 76 ff. Bemerkenswert ist, dass der Begriff „Schutzgegenstand" seiner Ansicht nach als der Träger der geschützten Elemente verstanden wird.

70 Liu, ZJ 1, 8.

71 Stieper in: Staudingers, BGB, Vorbemerkungen zu §§ 90–103 Rn. 5.

72 Yang, JF 34, 37.

73 Yang, JF 34, 37; Wang, JR 79, 85.

74 Klages/Leibküchle/Pißler, ZChinR 2017, 208, 226.

75 Yang, JF 34, 37.

zivilrechtliche Interesse eine abstrakte Konzeption (Erscheinung)[76]und nicht von Rechtssubjekt sachlich wahrnehmbar ist, während das Rechtsobjekt andererseits als Träger des Rechtsgegenstandes so viele Elemente enthalten könnte, dass nicht jedes Element schutzfähig ist. Die sich daraus ergebenden Fragen nehmen auf die Weise der Rechtsverwirklichung Bezug. Um sie beantworten zu können, sollte man wiederum die Rolle des Rechtsobjekts betrachten,

denn das zivilrechtliche Interesse stellt eine abstrakte Erscheinung dar, daher gilt es, seinen Schutz wiederum mit seiner Erscheinungsform oder seinem Träger zu verbinden, wodurch es verdinglicht werden kann. Auf dieser Grundlage hat man wohl keine andere Wahl, als die Schutzregeln zum zivilrechtlichen Interesse auf den Schutz seines Rechtsobjekts (Träger) zu übertragen. In diesem Sinne könnte der Schutz des zivilrechtlichen Interesses mit dem Schutz seines Trägers (Rechtsobjekt) durchwirkt sein. Dies geschieht vor allem im Bereich des Sachenrechts, wobei sich der Schutz der Vermögenswerte des Rechtsinhabers mit der (körperlichen) Sache verbindet. Doch ist nicht jedes Rechtsobjekt „schutzfähig", weshalb die gesetzlichen Schutzvoraussetzungen in Betracht gezogen werden sollen. Offensichtlich spiegelt sich die Bedeutung der gesetzlichen Schutzvoraussetzungen vor allem im Bereich des Immaterialgüterrechts wider. Konsequenterweise wird das zivilrechtliche Interesse nur dann in Form eines Zivilrechts geschützt, wenn seine Erscheinungsform bzw. seine inneren tragenden Elemente die Schutzvoraussetzungen eines Zivilrechts erfüllen. Mit anderen Worten kann man nur dann, wenn die Elemente den Schutzvoraussetzungen eines konkreten Zivilrechts entsprechen, unter diesen das Interesse im Sinne eines Zivilrechts verstehen, beispielsweise, wenn die Beurteilung der Originalität eines Schriftwerkes im Wesentlichen von der Ausdrucksform abhängt. In Anlehnung daran ist § 123 Abs. 2 ZGB fragwürdig, weil diese Vorschrift das immaterialgüterrechtliche Objekt mit dem immaterialgüterrechtlichen Gegenstand gleichsetzt. Beispielsweise zählt statt der geistigen Schöpfung[77] das Werk zu den Gegenständen des geistigen Eigentumsrechts.[78] Schließlich bleibt somit festzuhalten, dass das Interesse, auch wenn es den Elementen an den Schutzvoraussetzungen eines Zivilrechts mangelt, noch schützbar sein könnte, weil für es andere Schutzformen (z. B. als ein Rechtsgut) zur Verfügung steht.

76 Liu, ZJ 1, 8.
77 Wang, Lehrbuch des geistigen Eigentumsrechts, S. 4; Rehbinder/Peukert, Urheberrecht, § 7 Rn. 180 ff.
78 Vgl. § 123 Abs. 2 AT-ZGB. Dazu siehe Klages/Leibküchle/Pißler, ZChinR 2017, 208, 226.

III. Verhältnis zwischen dem Schutzgegenstand und dem zivilrechtlichen Interesse

Mit Blick auf die Frage, ob ein zivilrechtliches Interesse als Schutzgegenstand eines Zivilrechts angesehen werden kann, lassen sich die diesbezügliche Gesetzesvorschrift und eine theoretische Prüfung in die Überlegungen einbeziehen und diskutieren. Von dogmatischer Seite ist zu überprüfen, ob ein zivilrechtliches Interesse nach dem vorhandenen Gesetz deutlich als Schutzgegenstand eines Zivilrechts vorgeschrieben wird. Von theoretischer Seite ist nachzudenken, ob der Träger eines zivilrechtlichen Interesses die Schutzvoraussetzung eines Zivilrechts erfüllt, sodass dieses zivilrechtliche Interesse dem Gegenstand eines Zivilrechts zugewiesen werden kann. In diesem Kontext kann man zunächst sicher sein, dass dann, wenn dem Begriff eines zivilrechtlichen Interesses das Wort „Recht" zufügt wird, beispielsweise in den ZGB-Komposita Recht auf Leben (§ 111 ZGB), dingliche Rechte (§ 114 ZGB) und Rechte an geistigem Eigentum (§ 123 ZGB), das bürgerliche Interesse und im Ergebnis das Interesse am Leben, an der Sache sowie am geistigen Eigentum geschützt werden sollen.[79]

Angesichts der Möglichkeit, dass der Träger des zivilrechtlichen Interesses die Gegenstandqualität nicht erfüllt, fließen die differenzierten Schutzregeln zum zivilrechtlichen Interesse in die Betrachtung ein. Außerdem könnte es angesichts der Differenzierung zwischen dem Rechtsgegenstand und dem Rechtsgut als angemessen erachtet werden, dass das ZGB den Schutz des Rechtsgegenstands lediglich vorschreibt, weil anderenfalls andere zivilrechtliche Interessen nicht hinreichend berücksichtigt würden. Vor diesem Hintergrund treten zivilrechtliche Interessen vor Augen, die im ZGB nicht in Form eines Zivilrechts, sondern als Rechtsgut geschützt werden. § 116 ZGB „Schutz der Interessen eines Fötus" und § 126 ZGB „Schutz der weiteren Rechte" sind Beispiele solcher im ZGB als Güter geschützten Interessen.[80]

Nach der Ausklammerung der oben genannten Schutzform lohnt es sich daher, auf den Schutz anderer im ZGB normierter Interessen einzugehen. Die gesetzliche Schutzregel dazu befindet sich in Entwicklung und ist normalerweise eine umstrittene Frage, weil es für einige Interessen, die früher als Rechtsgut geschützt wurden, die Möglichkeit gibt, sich dann in einen Schutzgegenstand eines Zivilrechts zu verwandeln, z. B. den Schutz der Privatsphäre in China[81] oder den Schutz des virtuellen Vermögens. Obwohl aus rechtsvergleichender Sicht die Privatsphäre im BGB und im AGZ nicht deutlich als Schutzgut vorgeschrieben wird, steht ihre Schutzfähigkeit heute außer Zweifel. Diese Transformation ist der Rechtsprechung zu verdanken. Des Weiteren hat der chinesische Gesetzgeber die Privatsphäre ursprünglich als einen in § 2 HaftpflichtG bestimmten Schutzgegenstand

79 Fang, LR 109, 109 ff.

80 Klages/Leibküchle/Pißler, ZChinR 2017, 208, 210 i. V. m. 225.

81 Fang, LR 109. 109 ff.

geregelt, seither das Recht auf Privatsphäre (§ 990 ZGB), während die Privatsphäre in Deutschland als Schutzgut des § 823 Abs. 1 BGB behandelt wird.[82] Ein typisches Beispiel ist zudem der Schutz der Daten, doch droht hier die begriffliche Grenze zwischen Daten und Information zu verschwimmen. Vor diesem Hintergrund des potenziellen Schutzes muss der Begriff „Daten“ bestimmt werden, bevor die Rechtsfragen zu den Daten diskutiert werden.

IV. Gesetzliche Position des Datenschutzes im ZGB

Im Unterschied zur DS-GVO, die den Schutz der Privatsphäre und des allgemeinen Persönlichkeitsrechts bezweckt,[83] scheint es die Ansicht des chinesischen Gesetzgebers zu sein, im Datenschutz Mehrdeutigkeit zu erhalten, sodass der Schutz von Daten (§ 127 ZGB) vom Schutz persönlicher Information (§ 111 ZGB) abgegrenzt wird. Diese Ansicht lässt sich durch die inhaltliche Gestaltung des 5. ZGB-Kapitels weiter erklären.

Weil der Schutz der Menschenrechte der zugrunde liegende Leitgedanke bei der Kodifizierung des ZGB ist, setzte der Gesetzgeber die Persönlichkeitsrechte vor die Vermögensrechte. Liest man die Formulierung der Zivilrechte im 5. Teil des ZGB, wird weiter klar, dass die Vorschriften im Zusammenhang mit dem Schutz der persönlichen Rechte an erster Stelle (§§ 109–112 ZGB) stehen, gefolgt von den dinglichen Rechten (§§ 114–117 ZGB), den Rechten aus Schuldverhältnis (§§ 118–122 ZGB), den geistigen Eigentumsrechten (§ 123 ZGB), den Erbrechten (§ 124 ZGB), den sonstigen Rechten (§§ 125–126 ZGB) und dem Schutz der Daten (§ 127 ZGB). Die Struktur dieser Rechte bekräftigt nicht nur die zwei hauptsächlichen Schutzformen des zivilrechtlichen Interesses, sondern zeigt auch deutlich, dass der Gesetzgeber die Schutzregeln zur persönlichen Information von jenen zu Daten abgrenzen will: Die Ersteren gehören zum Regelungsbereich des Persönlichkeitsrechts, die Letzteren stellen jedenfalls einen anderen Fall dar. Ob eine personenbezogene Information vorliegt, ist der wichtigste Bezugspunkt für den Schutz persönlicher Information. Es bleibt aber legislativ halbherzig, den Unterschied zwischen persönlicher Information und den Daten nicht klarzustellen.

§ 4 Legaldefinition und Rechtsnatur der Daten

Angesichts der engen sachlogischen Beziehung zwischen Daten und Information einerseits und der unterschiedlichen Schutzstellung von Daten und persönlichen Information anderseits darf der Begriff der Daten nicht losgelöst vom Begriff der Information verstanden werden. Vor diesem Hintergrund dient der folgende Abschnitt dazu, die Differenz zwischen Daten und Information zu klären und die Rechtsnatur der Daten festzustellen.

---

82 Hager, in: Staudingers, BGB, § 823 C 1 i. V. m. C 188 ff.

83 Gola, in: Gola, DS-GVO, Einl. Rn. 1.

I. Legaldefinition der Daten

1. *In China*

Weil es im ZGB und GSPI an einem Datenbegriff fehlt, gilt die Aufmerksamkeit dem speziellen Gesetz. Zunächst ist zu sehen, dass in cCyG die Internetdaten und die persönliche Information separat definiert werden. Gemäß § 76 Abs. 4 cCyG werden die Internetdaten als solche elektronischen Daten bezeichnet, die mittels Internet gesammelt, gespeichert, transportiert, behandelt und produziert werden, während nach § 76 Abs. 5 cCyG die Definition der persönlichen Information auf persönlicher Identität beruht. Daher muss sich die persönliche Information auf eine natürliche Person beziehen. In diesem Sinne wird der Schutz der persönlichen Information dem Persönlichkeitsrecht zugewiesen.

Weiter in diesem Kontext steht das Gesetz der VR China zum Schutz der Rechte und Interessen der Verbraucher (GSV), wobei jedoch die personenbezogenen Daten unberührt bleiben. Ein Beispiel gibt § 29 GSV, in dem die gewerbsmäßige Sammlung und Nutzung der persönlichen Informationen geregelt werden, wenn es sich nicht um die persönlichen Daten handelt.[84]

Außerdem können die datenbezogenen Vorschriften im Verfahrensrecht herangezogen werden. Problematisch ist, dass die im Jahr 2012 verabschiedete chinesische Zivilprozessordnung (Ch-ZPO) zwar elektronischen Daten als Beweismittel definiert, es dabei jedoch an einer konkreten Definition der Daten fehlt. Dies gilt auch für die chinesische Strafprozessordnung (Ch-StPO). Die Aufgabe, diese Unklarheiten im Gesetz zu beheben, liegt wie stets beim Obersten Volksgerichtshof der VR China (Ch-OVGH), der Obersten Volksstaatsanwaltschaft der VR China (Ch-OStA) sowie dem Ministerium für Öffentliche Sicherheit der VR China (MPS).

Einige justizamtliche Auslegungen enthalten Definitionsnormen zu Daten und Information, so etwa § 116 „Interpretation des Ch-OVGH zur chinesischen Zivilprozessordnung" (I-Ch-ZPO),[85] § 11 „Interpretation des Ch-OVGH und der Ch-OStA zur Rechtsanwendung bei der Sicherheitskriminalität Fällen von Computer-Informationssystemen" (I-RbCI)[86] sowie § 1 „Ordnung des Ch-OVGH, der Ch-OStA und des MPS über die Frage bei der Erhebung, Abfrage und Überprüfung elektronischen Daten in Strafsachen" (O-FbD).[87] Die unterschiedlichen Definitionen sind der folgenden Tabelle zu entnehmen.

---

84 Siehe Gresbrand/Martinek/Odom/Rotermund/Will/Pißler, ZChinR 2014, 69, 76.

85 Die Interpretation des Ch-OVGH zur chinesischen Zivilprozessordnung, 最高院关于民事诉讼法司法解释。

86 Die Interpretation des Ch-OVGH und der Ch-OStA über die Rechtsanwendung bei der Sicherheitskriminalität in Fällen von Computer-Informationssystemen, 最高人民法院 最高人民检察院关于办理危害计算机信息系统安全刑事案件应用法律若干问题的解释。

87 Die Ordnung des Ch-OVGH, der Ch-OStA und MPS über die einzige Frage bei der Erhebung, Abfrage und Überprüfung elektronischen Daten in Strafsache, 最高人

Tabelle 1.1: Definitionsnormen zu Daten und Information in einigen justizamtlichen Auslegungen

Justizamtliche Auslegung	**Interpret**	**Definition**
§ 116 I-ChZPO	Ch-OVGH	Die elektronischen Daten sind solche Informationen, welche durch elektronische E-Mail, Datenaustausch, Unterhaltungsaufzeichnung, Blog, Mikroblogging, SMS, elektronische Signatur, Domain usw. produziert worden oder in elektronischen Medien gespeicherte Informationen sind.
§ 11 I-RbCI	Ch-OVGH ChOStA	Die in dieser Erklärung genannte „identifizierte beglaubigte Information" bezieht sich auf solche Daten, welche die Betriebsgewalt des Benutzers gegenüber Computerinformationssystemen bestätigen, z. B. Konto, Kennwort, Passwort, digitales Zertifikat usw.
§ 1 O-FbD	Ch-OVGH Ch-OStA MPS	Die elektronischen Daten beziehen sich auf die in dem Fall produzierten Daten und sollen in der Lage sein, sie elektronisch zu speichern, zu behandeln und zu übermitteln und den Sachverhalt beweisen zu können. Sie beinhalten, sind aber nicht beschränkt auf 1) die durch Website, Blog, Mikroblogging [...] bzw. Internetplattform verbreiteten Informationen, 2) die Nachrichteninformation, z. B. SMS, E-Mail, Instant Messaging, Postbuch usw., 3) die Anmeldeinformation von Benutzern, die identifizierbare Information, die elektronischen Transaktions- und Nachrichtenaufzeichnung, das elektronische Tagebuch und so weitere Informationen, 4) Dokumente, Bild, Ton, Videotechnik, digitales Zertifikat, Software und so weitere elektronische Dokumente.

民法院 最高人民检察院 公安部关于办理刑事案件收集提取和审查判断电子数据若干问题的规定。

2. *In Deutschland*

Ähnlich wie das ZGB definiert das BGB den Begriff „Daten" nicht. Unter Umständen hilft spezielleres Recht wie das Datenschutzrecht weiter. Klar definieren die hier einschlägigen Gesetze jedoch nicht, was Daten sind, aber sie verweisen auf mit der Datendefinition verwandten Begriffe wie personenbezogene Daten, Bestandsdaten, Kundenkarten, Standortdaten usw. Bei dieser Sichtweise ist der Datenbegriff wohl analog zu begründen.

A. *Personenbezogene Daten im BDSG a. F.*

Mit der in 2015 in Kraft getretenen DS-GVO wird das BDSG-alt ersetzt. Im Unterschied zum BDSG-alt beschreibt das neue BDSG nicht den Begriff „personenbezogene Daten", weshalb der Datenbegriff nicht im neuen BDSG zu finden ist. Der Grund dafür liegt darin, dass das neue BDSG der Ausfüllung der DS-GVO dient, sodass das neue BDSG nicht isoliert gelesen werden kann, sondern im Kontext mit der DS-GVO zu sehen ist.[88] Dies gilt auch für den Datenbegriff. vor diesem Hintergrund ist es wichtig, sich in deutschen Gesetzen die Veränderung des Begriffes der personenbezogenen Daten vor Augen zu führen. Hier widmet man sich zunächst dem Begriff der personenbezogenen Daten im BDSG a. F. und begegnet dann dem Begriff der personenbezogenen Daten auf Unionsebene.

Nach § 3 Abs. 1 BDSG a. F. sind personenbezogene Daten „*Einzelangaben über persönliche oder sachliche Verhältnisse einer bestimmten oder bestimmbaren natürlichen Person*". In einer wörtlichen Auslegung zeigt der in § 3 Abs. 1 BDSG a. F. verwendete Begriff keinen Unterschied zwischen den sogenannten Einzelangaben und der Information und betont das persönliche und sachliche Verhältnis.[89] Zudem können die Einzelangaben objektive Daten und die Informationen subjektiv sein,[90] d. h., die Information wird tatsächlich als Daten verstanden, die persönliche Information wird ferner mit den personenbezogenen Daten gleichgesetzt.

Weiter als *Wolff* geht *Zech* und unterscheidet ein Stufenverhältnis der semantischen, syntaktischen und strukturellen Information, wonach die Daten als maschinenlesbare Information/Sprache zu den syntaktischen Informationen zu zählen sind. Darüber hinaus hat sie darauf hingewiesen, dass die Daten dann, wenn sie einen bestimmten semantischen Gehalt aufwiesen, diesem Gehalt entsprechend zuzuordnen seien.[91] Auf dieser Grundlage könnten die Daten nur dann der DS-GVO/dem BDSG zugewiesen werden, wenn sie Personenbezug aufweisen.[92] Diese Ansicht ähnelt den abgrenzten Schutzregeln im ZGB, wonach die Schutzregeln zu

88 Plath, in: Plath, DSGVO/BDSG, § 1 BDSG Rn. 1.
89 Schild, in: Wolff/Brink, Datenschutzrecht, § 3 Rn. 9; Gola/Klug/Körffer, in: Gola/Schomerus, BDSG, § 3 Rn. 3.
90 Schild, in: Wolff /Brink, Datenschutzrecht, BDSG § 3 Rn. 14 ff.
91 Zech, Information als Schutzgegenstand, S. 25 ff.
92 Zech, Information als Schutzgegenstand, S. 33.

Daten nur dann im Bereich des Persönlichkeitsrechts greifen, wenn diese sich auf eine natürliche Person beziehen. In diesem Sinne hilft die klare Definition des Personenbezuges bei der Beantwortung der Frage, welche Daten im Rahmen des Persönlichkeitsrechts und welche in einem anderen Rechtsrahmen geschützt werden.

B. Bestandsdaten, Verkehrsdaten, Standortdaten usw.

Neben den personenbezogenen Daten i. S. d. BDSG finden sich weitere gesetzliche Regelungen zu Daten. Gem. § 3 Nr. 3 TKG sind Bestandsdaten alle jene Daten, die auf *Begründung, inhaltliche Ausgestaltung, Änderung oder Beendigung eines Vertragsverhältnisses über Telekommunikationsdienste* beruhend erhoben sind.[93] Nach § 3 Nr. 30 TKG werden die Verkehrsdaten nicht auf einzelne Teilnehmer bezogen, sondern *bei der Erbringung eines Telekommunikationsdienstes erhoben.* Als eine besondere Form der Verkehrsdaten beziehen sich Standortdaten auf die im Telekommunikationsnetz oder Telekommunikationsdienst erhobenen oder verwendeten Daten.[94] Die Abrechnungsdaten zählen zu den Nutzungsdaten.[95]

Fraglich ist, ob die Bestandsdaten und die Verkehrsdaten unter den Begriff der personenbezogenen Daten fallen. Typische Bestandsdaten, z. B. Name, Anschrift und Kontoverbindung des Kunden, fallen unter den Begriff des Personenbezugs.[96] Ob die Verkehrsdaten eine bestimmte Person ausweisen, hängt maßgeblich von der konkreten Situation ab, weil es sich bei Verkehrsdaten, z. B. der Nummer der Anschlüsse, Beginn und Ende der Verbindung, zunächst nicht um die Person, sondern um das Transportmittel handelt. Eine generelle Aussage über die Beziehung zwischen den personenbezogenen Daten, den Bestandsdaten und den Verkehrsdaten geht dahin, dass der sachliche Anwendungsbereich der personenbezogenen Daten über Bestandes- und Verkehrsdaten hinaus weist.[97]

C. Datendefinition im Verfahrensrecht

Mit der Digitalisierung der Büroarbeit werden immer mehr private und unternehmerische Geschäfte online getätigt, wobei die Texte, Bilder und Tonaufnahmen usw. in Form von Daten im Computer gespeichert werden. Dementsprechend entsteht die Möglichkeit, im digitalen Raum bürgerlich-rechtlichen Pflichten nachzukommen oder Straftaten zu begehen, d. h., die verhaltensgenerierten Daten

93 Fetzer, in: Arndt/Fetzer/Scherer/Graulich, TKG, § 3 Rn. 15.
94 Fetzer, in: Arndt/Fetzer/Scherer/Graulich, TKG, § 3 Nr. 19 Rn. 96 i. V. m. § 98 Rn. 7.
95 Tinnefeld/Buchner, in: BeckOK Datenschutzrecht, Wolff/Brink, Syst. I. Datenschutz in Medien und Telekommunikation Rn. 83.
96 Fetzer, in: Arndt/Fetzer/Scherer/Graulich, TKG, § 3 Rn. 16.
97 Fetzer, in: Arndt/Fetzer/Scherer/Graulich, TKG, § 3 Rn. 116; Tinnefeld/Buchner, in: BeckOK Datenschutzrecht, Wolff/Brink, Syst. I. Datenschutz in Medien und Telekommunikation Rn. 83.

können sich auch auf das Verfahrensrecht auswirken. In Betracht kommen die Daten als Beweismittel.

§ 41a StPO enthält zwar die erstmalige Erwähnung des elektronischen Datensatzes in der StPO,[98] die Norm geht aber vor allem von der Erstellung und Einreichung elektronischer Dokumente aus, was sich nicht auf den Datenbegriff bezieht. Mittelbar betroffen ist die nähere Vorschrift § 81h zur DNA-Reihenuntersuchung, auch hier geht es jedoch nicht um den Datenbegriff. Zwar finden sich einige Regelungen über Daten in §§ 97 Abs. 5 S. 1, 98a 98b, 98c und 100a ff. StPO; sie beziehen sich entweder auf die personenbezogenen Daten i. S. d. BDSG oder auf die im Einzelfall benötigten Daten, es handelt sich aber auch nicht um einen „reinen" Datenbegriff. Ähnlich verhält es sich in der ZPO, wobei es an einer klaren Definition der Daten selbst mangelt.

D. Datendefinition aus europäischer Sicht

Diverse EU-Richtlinien enthalten datenschutzrechtliche Regelungen, doch soll hier allein die Untersuchung der Definition der Daten erfolgen. Daher werden nachfolgend nur die diesbezüglichen Vorschriften dargestellt.

Im Jahr 1980 erließ die OECD (Organisation für wirtschaftliche Zusammenarbeit und Entwicklung) „Leitlinien für den Schutz des Persönlichkeitsbereichs und den grenzüberschreitenden Verkehr personenbezogener Daten". Im ersten Teil dieser Leitlinien werden die personenbezogenen Daten als solche Informationen definiert, die bestimmte oder bestimmbare natürliche Personen betreffen. Wegen fehlender Bindungswirkung beeinflussten sie die deutsche Gesetzgebung nicht.[99] Bis 1985 trat als die erste internationale Datenschutzregelung das „Abkommen zum Schutz des Menschen bei der automatischen Verarbeitung personenbezogener Daten" in Kraft; die unterzeichnenden Staaten, darunter auch Deutschland, verpflichteten sich, ein Schutzniveau in der automatischen Verarbeitung personenbezogener Daten zu gewährleisten. Der Einfluss der OECD auf das Abkommen war erkennbar: Es nutzte dieselbe Definition personenbezogener Daten wie die Leitlinien im Jahr 1980.[100]

Neben dem Abkommen findet sich der gleiche Begriff personenbezogener Daten wie bei der OECD auch in der Europäischen Datenschutzrichtlinie 95/56/EG (DSRL). Im Jahr 1997 wurde die DSRL vom europäischen Gesetzgeber im Bereich der Telekommunikation ergänzt (Artikel 1 Zielsetzung der RL 97/66 EG). Danach wurden diese ergänzten Richtlinien von der Richtlinie 2002/58/EG (EK-DSRL) abgelöst. Der Datenbegriff wird zwar nicht in der EK-DSRL definiert, aber in ihrer nächsten Änderung – Richtlinie 2006/24/EG (VDSRL) – wird die Darstellung zu

98 Warken, NZWiSt 2017, 329, 334.
99 Burkert, CR 1988, 751, 756.
100 Gemäß Art. 2a bedeutet „personenbezogene Daten" jede Information über eine bestimmte oder bestimmbare natürliche Person.

Daten und Information deutlich voneinander getrennt: Diese Richtlinie bezieht sich nicht auf solche Daten, *die nicht Inhalt der übermittelten Information sind*, sondern nur auf jene, *die als Folge einer Kommunikation oder eines Kommunikationsdienstes erzeugt oder verarbeitet werden*, ein Ansatz, der zuletzt durch die nächste Richtlinie 2009/136/EG angenommen wurde (Art. 1 Gegenstand und Anwendungsbereich und Art. 17 der RL 2009/136/EG.). Im Unterschied dazu setzt jedoch die DS-GVO nunmehr Daten mit der Information gleich und definiert, dass als personenbezogenen Daten alle Informationen gelten, *die sich auf eine identifizierte oder identifizierbare natürliche Person beziehen*. Dies zeigt, dass eine bewusste Abgrenzung zwischen Daten und Information auf Unionsebene letztlich nicht mehr stattfindet.

E. Kritik des Begriffes „Personenbezug"

Der Begriff des „Personenbezuges" ist eine umstritten. Das trifft die Kernfrage, ob es bei Bestimmung des „Personenbezuges" auf die jeweils verantwortliche Stelle ankommt (relativer Personenbezug) oder ob es zu seinem Greifen genügt, dass es eine theoretische Möglichkeit der Identifizierung einer Person gibt (absoluter Personenbezug).[101] Dazu erklärt sich die DS-GVO nicht eindeutig. Teilweise unterstützen die deutschen Datenschutzbehörden den Ansatz des absoluten Personenbezugs, während die herrschende Meinung in der deutschen Literatur den relativen Personenbezug übernimmt.[102]

Die Fortbildung des Privatsphären- und Datenschutzes sowie des anderen Persönlichkeitsrechts ist eine Reaktion auf die gesellschaftliche und technische Entwicklung. Im Gegensatz zum Privatschutz und allgemeinen Persönlichkeitsrecht genießen die personenbezogenen Daten heute einen eigenständigen Schutz, wobei der Begriff des „Personenbezuges" als Anknüpfungspunkt des Datenschutzrechts genommen wird. Trotzdem beruht die Bedeutung der Information in diesen Rechtskreisen nicht auf einem technisch-naturwissenschaftlichen, sondern auf einem sozialwissenschaftlichen Verständnis. Dies ist ein Axiom der Diskussion.

In Bezug auf den Privatschutz wohnen den Belangen des Betroffenen an „Geheimhaltung" sowohl der konkrete Inhalt einer Tatsache (z. B. Vorstrafe) als auch die gesamten Sachgebiete inne, deren Inhalt gerade nicht preisgegeben werden soll.[103] Bei diesem Bedeutungsinhalt handelt es sich deshalb nicht um die besondere Persönlichkeitsnähe des Informationsinhalts als solche, sondern darum, dass die Persönlichkeit zur Entfaltung ihrer Individualität auf die Betätigung ihres Bereiches angewiesen sein soll.[104] Die persönliche Information knüpft zwar an das Abbild einzelner Aspekte sozialer Realität an, die substanzielle Grundlage ist aber

---

101 Weichert, in: Kühling/Buchner, DS-GVO/BDSG, 2. Aufl. DS-GVO Art. 4 Nr. 1 Rn. 25.
102 Kühling/Buchner, DS-GVO/BDSG, DS-GVO Art. 4 Nr. 1 Rn. 25 f.; Gola, DS-GVO, Art. 2 Rn.13 f.
103 Druey, Information als Gegenstand, S. 251 f.
104 Aebi-Müller, Personenbezogene Informationen, § 11 Rn. 497.

immer die individuelle Betätigung,[105] weil das Abbild der sozialen Realität nicht ausschließlich dem Betroffenen (Informationsträger) zugeordnet werden kann.[106] Immerhin ist die Information eine soziale Kreation und ein Mittel für Orientierung und Lebensbewältigung der Menschen. In Anlehnung daran kann der Schutz dieser Angelegenheiten, z. B. das Brief-, Post-, Betriebs-, Geschäfts- und Fernmeldegeheimnis, ohne das Kriterium des „Personenbezuges" auskommen.

Neben der Privatsphäre und dem allgemeinen Persönlichkeitsrecht können die besonderen Persönlichkeitsrechte durch Verarbeitung der personenbezogenen Daten verletzt sein. In der Literatur wird die Auffassung vertreten, dass die Beeinträchtigung des faktischen Ansehens durch Aufdeckung zutreffender Information nicht per se verboten ist. Unzulässig sei beispielsweise die Herabsetzung der Person in unzulässiger Weise und die unangemessene Meinungsäußerung.[107] Ferner könne der Schutz der Privatheit und anderer Persönlichkeitsrechte tatsächlich nicht auf der Basis der Konkretisierung des Begriffes des „Personenbezuges" verstanden werden.[108] Jedenfalls muss die personenbezogene Information in der menschlichen Gemeinschaft gewissermaßen offen stehen.

3. Vergleichende Beobachtung zur Legaldefinition der Daten

A. Begriffliche Verflochtenheit von Daten und Information

Weder das ZGB noch das BGB definieren den Begriff „Daten". *De lege lata* sind zwar viele Vorschriften über den Daten- und Informationsbegriff anzutreffen, doch ist ihre begriffliche Abgrenzung noch unübersichtlich.

Auf chinesischer Seite ist die Legaldefinition der Daten mit dem Begriff „Information" eng verschlungen. Dies gilt vor allem in den sogenannten Justizauslegungen. Ein Grund ihrer begrifflichen Verwechselung könnte darin liegen, dass die Daten als Beweismittel auf eine Prüfung im Zusammenhang mit irgendeinem Sach- und Streitstand zielen, d. h. den Dateninhalt, weshalb das Verfahrensrecht sich mehr auf die konkrete Bedeutung der Daten konzentriert, statt auf deren Eigenschaft (Datenbezug). Abgesehen von China, wo sich der Informationsbegriff auf die Daten erstreckt, haben die deutschen Vorschriften im BDSG-alt wenigstens auf wörtlicher Ebene die Daten von der Information unterschieden. Das neue BDSG übernimmt aber die Datendefinition der DS-GVO, wonach die Daten mit der Information gleichgesetzt werden.

---

105 Rüpke/v. Lewinski/Eckhardt, Datenschutzrecht, § 4, Rn. 15.

106 BVerfG, Urteil vom 15. Dezember 1983 – 1 BvR 209/83 –, BVerfGE 65, 1–71, juris Rn. 150.

107 Aebi-Müller, Personenbezogene Informationen, § 11 Rn. 498 ff.

108 Rüpke/v. Lewinski/Eckhardt, Datenschutzrecht, § 4, Rn. 15.

B. Unerreichbare Bestimmung eines einheitlichen Datenbegriffs

Die gesetzliche Darstellung zu Daten zeigt auch, dass im Vergleich mit Deutschland die chinesische Datenschutzgesetzgebung relativ rückständig ist und es bislang es keine umfassenden Gesetze zum Datenschutz gibt. Ein Merkmal der deutschen Datenschutzgesetzgebung ist, die Daten je nach ihrer konkreten Art oder der Situation differenziert zu regeln. Demzufolge ist eine uneinheitliche Legaldefinition der Daten absehbar. In der Regel geht es sowohl bei personenbezogenen Daten als auch bei besonderen Daten um die Beurteilung der Bestimmbarkeit, damit die erhobenen Daten entsprechenden Rechtsgebieten zugewiesen werden. In diesem Zusammenhang rückt keine einheitliche Datenkonzeption, sondern die Methodendefinition in das Zentrum der Bestimmung des Datenbegriffs.

Vonseiten der personenbezogenen Daten ist die personenbezogene Bestimmbarkeit erforderlich, vonseiten der durch spezielle Datenschutzgesetze geregelten Daten wird sich mehr auf die in irgendeiner Einrichtung oder einem Vertragsverhältnis enthaltenen Daten bezogen.[109] Dies lässt die Daten in einer situationsabhängigen Erscheinung verstehen. Insgesamt lassen die Vorschriften zur Datendefinition den gesetzlichen Datenbegriff zwar unanschaulich ausfallen, doch ist bemerkenswert, dass sie nicht dazu neigen, Daten ausgehend von den Inhalten oder ihrem Gehalt zu definieren, sondern dazu tendieren, Daten ausgehend vom entsprechenden Datenträger oder irgendeinem bestimmten Verhalten zu definieren. Das zeigt sich am Beispiel des Begriffs der Bestandsdaten in TMG: Personalien des Nutzers, IP-Adresse, Zahlungsdaten usw.[110] Dies gilt auch im Verfahrensrecht, weil die Anwendung der elektronischen Daten auf den Beweis des Sachverhaltes zielt, weshalb beispielsweise die Polizei für umfangreiche Informationen (Daten) „zuständig" ist, um eine (potenzielle) Relevanz für den jeweiligen Sachverhalt hinreichend glaubhaft zu antizipieren.

In diesem Zusammenhang ist die Neigung des Gesetzgebers zu einem gesetzlich einheitlichen Datenbegriff derart gering, dass die Gesetze zum Datenschutz mit vielfältiger Datendefinitionen ausgestattet sind. Konsequenterweise erscheint hier eine einheitliche Datendefinition nicht zwingend, solange nur der Begriff „Personenbezug" bestimmt werden kann.

C. Personenbezug als Ausgangspunkt für Bestimmung des Geltungsbereichs von § 127 ZGB

Wie gesehen mangelt es an einer konkreten Datendefinition im Zivilrecht der beiden Länder. Vor diesem Hintergrund ist der Datenschutz im ZGB jedoch anders als im BGB ausgestaltet. Im ZGB trennt der chinesische Gesetzgeber mit § 111 ZGB den Schutz der persönlichen Information (bzw. der Persönlichkeitsinteressen der

109 Fetzer, in: Arndt/Fetzer/Scherer/Graulich, TKG, § 3 Nr. 3, Rn 15, § 3 Nr. 9 Rn. 96 i. V. m. § 98 Rn. 7.

110 Spindler/Nink, in: Spindler/Schuster, TMG, § 14 Rn. 2 f.

Daten) vom Schutz der Daten (bzw. der Vermögensinteressen der Daten) in § 127 ZGB, während die deutschen Gesetze auf den Schutz der persönlichen Information fokussieren. Geht man aber vom Datenverkehr aus, dem regelmäßig Volume, Velocity und Variety zugrunde liegen, zeigt sich, dass der Einfluss des Datenverkehrs auf eine bestimmte Person wahrscheinlich nicht so stark ausfallen wird, dass die Regelungen zum Datenschutz gegenüber den Vermögensinteressen gleichgültig bleiben könnten.

Ein rechtlich einheitlicher Datenbegriff ist jedoch kaum möglich. Wie oben bereits angedeutet, wird das Persönlichkeitsrecht Anwendung finden, wenn das Datum einen Personenbezug aufweist. Das bedeutet, dass der Gesetzgeber, sofern er auf dieser Grundlage den Schutz auf die Vermögenswerte der Daten vom Schutz auf Persönlichkeitswerte abgegrenzt sehen möchte, ein großes Gewicht auf die Konzeption des „Personenbezugs" legen muss. Aus chinesischer Sicht ist der Begriff des „Personenbezugs" deshalb für die Bestimmung des Geltungsbereichs von § 127 ZGB von Bedeutung. Vor diesem Hintergrund kann China wiederum auf die deutschen Erfahrungen mit dem Datenschutz bzw. dem Schutz der Persönlichkeitswerte von Daten zurückgreifen, aus denen sich der Schutzbereich der Vermögenswerte von Daten i. S. d. § 127 ZGB ableiten lässt. Für den Datenschutz sind alle personenbezogenen Informationen von gewissermaßen unendlicher Weite, doch zugleich ist während jedweder Kommunikation der Informationsaustausch der Akteure unumgänglich, d. h., die individuelle Betätigung und Entwicklung im Sinne dieses Rechts finden nicht im „Innenbereich" des Einzelnen, sondern im Kommunikationsprozess statt. Um den Schutzumfang zu umreißen, bedarf es daher vor allem der Mühe, einen konkreten Kommunikationskontext zu berücksichtigen. Dabei geht es auch um die inhaltliche Ausgestaltung des persönlichen Informationsrechts.

II. Erneute Erkenntnisse zu Daten

Weil die gesetzliche Trennung der Begriffe der Daten und Information auf Schwierigkeit trifft, soll die Wissenschaft außerhalb der Jurisprudenz an ihrer Abgrenzung beteiligt werden. Dabei muss sie helfen, die Differenz zwischen Daten und Information zu erläutern und die Rechtsnatur der Daten zu fundieren.

1. Sprachliche Herkunft

Während der Term „Daten" auf die lateinische Vokabel „*dare*" zurückgeht,[111] gibt es im alten Chinesisch keine Vokabel für „Daten". Als eine ausländische Vokabel wird der Begriffsinhalt der Daten durch das moderne chinesische Wörterbuch als ein solcher Gegenstand, der durch Computer verarbeitet werden kann,[112] oder eine

---

111 Alsleben, Duden, S. 135.

112 Die Erklärung des chinesischen Worts „数据" Online-Wörterbuch, abrufbar unter: http://xh.5156edu.com/html5/z98m54j120669.html.

Zahl, auf der Statistiken, Berechnungen, wissenschaftliche Forschung oder technisches Design basieren, definiert[113] Nach der weiteren Erklärung des chinesischen Wörterbuchs handelt es sich bei diesem Gegenstand in einem frühen Stadium vor allem um das numerische Zahlzeichen. Mit der Entwicklung der Computertechnik beinhaltet er heute neben dem Zahlzeichen auch die Schrift, Buchstaben, Zeichen, Bilder und Dokumente.[114] Auf ersten Blick scheint der Anwendungsbereich der Daten nur im Cyberspace zu finden zu sein.

Nach der sprachlichen Herkunft ist sowohl im Deutschen als auch im Englischen der Begriff „Daten" die Pluralform von „Datum". Der Begriff „Datum" ist anfänglich mit der Beschreibung für Zeitangabe oder Zeitpunkt verbunden, aber seit der Mitte des 20. Jahrhunderts hat sich seine Pluralform – Daten –von der Bedeutung der Zeitangabe gelöst, somit kann das Substantiv „Daten" jede Information bezeichnen,[115] die *durch Messungen, Beobachtungen und Erhebungen* gewonnen und in der Regel *zur maschinellen Speicherung und Auswertung digital kodiert* wird.[116] Auffällig betont die deutsche Definition die auf einen bestimmten Handlungszweck gezielten Leistungsergebnisse. Darüber hinaus wird ein weiteres Verhältnis zu Daten in der deutschen Literatur gefunden. *Sie (die Daten) sind nicht selbständige Texte mit zugeordneten Kontexten, sondern Teilstücke eines größeren Ganzen, aus einem größeren Zusammenhang entnommene Partikel.*[117] Beruhend darauf kommt ein diskussionswürdiger Punkt hinzu, wie man die Entstehung, den Verlauf und die Verwendung der Daten systematisch beschreibt. Dazu nimmt *Deneke* die Lasswell-Kommunikationsformel als Vorbild und bietet ein Muster an:[118]

> *„Wer nimmt (oder wer veranlasst wen zu nehmen)*
> *warum (aus welcher Motivation und zu welchen Zwecken)*
> *was*
> *von wem*
> *in welche Datei (Dokumentations-, Datenverarbeitungs- und Informationssystem, Statistik)*
> *mit welchen Möglichkeiten zur Weiterverwendung (für welche Zwecke)*
> *für wen und*
> *mit welcher Wirkung?"*

---

113 Redaktionsbüro, S. 1212.

114 Die weitere Erklärung des chinesischen Worts „数据" Online-Wörterbuch, abrufbar unter: https://cihai.supfree.net/two.asp?id=156537.

115 Alsleben, Duden, S. 135; Garner/Black, Black's law dictionary, S. 479.

116 Alsleben, Duden, S. 135.

117 J. F. Volrad Deneke, in: Kilian/Porth, Juristische Probleme der Datenverarbeitung, S. 3.

118 Zwar ist die ursprüngliche Absicht *Denekes* die schematische Darstellung der Frage, die bei der Verwandlung „medizinischer Daten" in Infodaten und in Dateien, Dokumentations- und Datenverarbeitungs- und Informationssysteme auftaucht, z. B. Datenmissbrauch, aber mit dieser Formel können die unterschiedlichen Datenformate abgegrenzt werden. J.F. Volrad Deneke, in: Kilian/Porth, Juristische Probleme der Datenverarbeitung, S. 8.

Auf den ersten Blick wirkt ein solcher Begriffsinhalt von „Daten" heute nicht gerade modern, er entspricht aber noch der deutschen Definition und weist darauf hin, dass ein bloß binärer Kode in diesem Kontext nicht als „Daten" zu verstehen ist, weil es sich nicht um die Beschreibung von irgendeiner Gegebenheit oder eines Faktums handelt. Die Rolle der Daten wird aber in dieser Kommunikationsformel nicht deutlich erfasst.

Aus sprachvergleichender Sicht hebt die chinesische Definition die Eigenschaft der Verarbeitbarkeit hervor. Was in der digitalen Welt besteht, kann nach chinesischem Verständnis als Daten gelten, während die deutsche Definition den Handlungszweck in den Vordergrund stellt. Bei der Definition des Datenbegriffs wird die gemeinsame Fähigkeit der Daten durch beide Sprachen erfasst, indem die Daten als ein Instrument der Verwirklichung eines bestimmten Zweckes oder Prozesses dienen können, z. B. dem Betrieb des Computers und der Informationsübermittlung. Allerdings bestehen semantische Differenzen beider Sprachen.

Der Abstand in der Datendefinition beider Sprachen liegt im Wesentlichen in den unterschiedlichen Kategorisierungsmethoden zu Daten. Der im Chinesischen definierte Datenbegriff betont die Eigenschaft der Maschinenlesbarkeit und bezieht sich hauptsächlich auf unstrukturierte Daten wie Bilder oder Grafiken. Diese sog. unstrukturierten Daten befinden sich in einer unformalisierten Struktur. Um zu einem Handelswert oder anderen Zweck zu gelangen, müssen unstrukturierte Daten durch Modellierung strukturiert oder organisiert werden. In diesem Fall werden unstrukturierte zu strukturierten Daten. Die strukturierten Daten basieren auf einem bestimmten Modell, das einen Bereich abgrenzt, in dem die Daten in irgendeiner Form strukturiert sind. Dadurch können diese Daten leichter aufgenommen werden.[119] Zusammenfassend ist der Datenbegriff im Chinesischen und Deutschen jeweils einseitig; deshalb erscheint eine konzeptionelle Kombination beider Sprachen ideal, um die Eigenschaft der Daten umfassend greifbar zu machen.

2. *In der Informationswissenschaft*

Die Informationswissenschaften können kurz folgendermaßen charakterisiert werden: Diese auf Information als Betrachtungsgegenstand ausgerichteten Wissenschaften beschäftigen sich mit der effektiven Nutzung der Information, des Wissens und der Erkenntnis (Intelligence).[120] Über diese Elemente wird eine entsprechende Ordnung gelegt, welche sich als Informationskette beschreiben lässt. Im Rahmen der Informationskette werden die Elemente[121] nicht nur jeweils

---

119 Bundeskartellamt, Competition Law and Data, 10th May, 2016, S. 9, abrufbar unter: http://www.autoritedelaconcurrence.fr/doc/reportcompetitionlawanddatafinal.pdf.

120 Liang, I-TA 193, 193.

121 Liang, I-TA 193, 193.

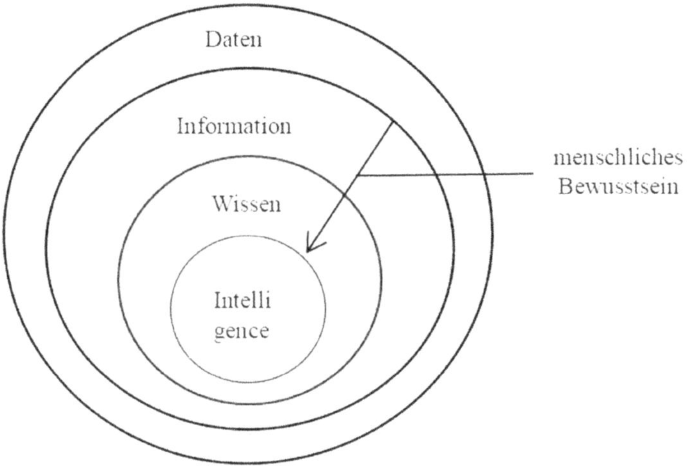

Abbildung 1.1: Daten – Information – Wissen – Intelligence

definiert, sondern auch voneinander in Daten, Information, Wissen und Erkenntnis (Intelligence) getrennt.[122]

Aus Sicht der Informationskette können die durch menschliche Einschätzung oder mechanische Ausrüstung produzierten und gesammelten Daten auf irgendeine Weise, z. B. als Zahlzeichen, Zeichnung, Schrift im Computer oder im Cyberspace gespeichert werden. Dabei ist bemerkenswert, dass die Daten selbst keinen bestimmten subjektiven Sinn enthalten. Geht man von der Funktion als Information aus, wird „Information" normalerweise als „Verminderung der Unbestimmtheit des Zustands eines Systems" definiert,[123] d. h., die Information steht im Zusammenhang mit der menschlichen Beurteilung.

Um die intendierte Funktion der Information möglichst weitgehend zu erreichen, müssen zunächst die entsprechenden Daten erhoben und dann in einen bestimmten Kontext gesetzt werden, der eine Verbindung zwischen diesen Daten herstellt. Schließlich wird die Information, die durch die Verarbeitung der Daten erzeugt wurde, bei der Lösung für das entsprechende Problem eingesetzt. *Garai* hat das Verhältnis zwischen Daten und Information kurz so formuliert: Data + Relevance + Purpose = Information.[124]

Abweichend von „Information", die sich auf Antworten auf „wer", „was", „wo" und „wann" bezieht, geht es beim Wissen i. S. v. Informationsketten um die

122 Wang/Fan/Wang, ZB 1, 1 f.; Zhang, Informationskette, BI 23, 24.
123 Thomas/Joy A, S. 27.
124 Garai/Cochrane, Managing information, S. 22.

Antworten auf ein „wie" und „warum"[125]. Das Wissen ergibt sich nicht selbständig aus der Information selbst, sondern aus der menschlichen Analyse der gesammelten Information. Schließlich bezieht die aus Wissen stammende Intelligence sich auf den neuesten Stand zu einer bestimmten Sache, z. B. einen Bericht über militärische Nachrichten.[126] Der entscheidende Gedanke der Informationskette ist die begriffliche Trennung von Daten und Information. In informationswissenschaftlicher Zusammenschau wird das Verhältnis zwischen Daten, Information, Wissen und Intelligence in der oben dargestellten Abbildung gezeigt. Es gibt selbstverständlich eine Möglichkeit, wie sie sich ineinander verwandeln. *Tuomi Ilkka* beschreibt dies folgendermaßen:

> *„Data can emerge only if a meaning structure, or semantics, is first fixed and then used to represent information...The data – information – knowledge hierarchy emerges only after the knowledge – information – data articulation has created data."*[127]

Dies zeigt auch die Beziehung zwischen der Informationswissenschaft und der Semiotik.

3. In der Semiotik

Sprache ist als Katalysator der Menschwerdung anerkannt. Ziel der Kommunikation ist, Information zu verbreiten, eine persönliche Ansicht darzustellen usw.[128] Um eine nachvollziehbare Kommunikation zu leisten, sollen die Akteure nicht nur den in der Kommunikation übermittelten Begriff, sondern auch sein Objekt verstehen. Dies setzt voraus, dass man vor der Kommunikation den Phänomenen der Welt einen bestimmten „Begriff" zugemessen und gewisse Zeichen als Träger dieses „Begriffs" festgelegt hat. Basierend auf dieser Betrachtung abstrahiert man Zeichen als Bezeichnendes, Begriff als Bezeichnetes und Gegenstand als Ding,[129] wobei der abstrakte Begriff und der objektive Gegenstand von der Bedeutung des Zeichens umfasst sind. Als eine eigene Wissenschaft erforscht die Semiotik die Funktion der Zeichen. Dementsprechend bezieht sich die Informationstheorie auch auf die Forschung zu Zeichen, Kodes und Kommunikation. Aus diesem Grund nennt man die Informationstheorie eine Nachbarwissenschaft der Semiotik.[130]

Aus semiotischer Sicht ist das Zeichen in der Lage, eine Information zu tragen. Umgekehrt kann die Information ohne Hilfe des Zeichens nicht übermittelt werden. Dies bedeutet, dass die Information nicht tatsächlich besessen werden kann. Beispielsweise kann ein Apfel eine Information wie seine Farbe und Form

---

125 Guo/Song/Cao/Qiu, Iw 1786, 1788.
126 Qian, IS 5, 6 f.
127 Tuomi, JMIS 1999, 103, 107.
128 Volli, Semiotik, S. 5.
129 Ding, ZUISS 10, 10 ff.
130 Nöth, Handbuch der Semiotik, S. 175.

repräsentieren, aber man kann über diese Information nicht verfügen und sie ausschließlich besitzen, sondern sie nur mit entsprechenden Zeichen beschreiben.[131] Daraus lässt sich der Schluss ziehen, dass die Wahrnehmung der Information abweichend von der Sachsubstanz der objektiven Welt, die man tatsächlich wahrnehmen kann, von einem bestimmten Träger, z. B. einer körperlichen Sache, Schallwellen, Signalen und Zeichen, abhängen muss,[132] d. h., die Information kann nur durch Zeichen sinnlich wahrgenommen werden. Dazu kommt, dass sich die Syntaktik nach dem von *Morris* dargestellten dreistufigen semiotischen Modell auf die Beziehung innerhalb des Zeichens bezieht.[133] Beispielhaft sind die Beziehung zwischen Tisch, Stuhl und Bett oder diejenige zwischen Lkw, Bus und Auto. Die Semantik bezieht sich auf die Beziehung zwischen Zeichen und bezeichneten Gegenständen, beispielsweise das Wort „Hund“ für das Tier und das Wort „Tisch“ für das Möbel(stück). Die Pragmatik behandelt die Beziehung zwischen den Zeichen und ihren Benutzern. In diesem Zusammenhang kann das Zeichen in drei Aspekte mit den nachfolgenden Subdisziplinen ihrer Betrachtung zerfallen:[134]

- Syntaktik behandelt ihre Beziehungen untereinander,
- Semantik betrifft die Beziehungen zwischen Zeichen und bezeichneten Gegenständen,
- Pragmatik betrachtet die Beziehungen zwischen Zeichen und ihren Benutzern.

Mit der Entwicklung der Computertechnik wird heutzutage das Zeichen nicht nur in der menschlichen Gesellschaft verwendet, sondern in – potenziell autonomen – Computern untereinander übertragen. Vor diesem Hintergrund können die Daten im syntaktischen Sinne eine Bedeutung haben: Daten sind die elektronische Sprache für Computer geworden. Unter diesem Gesichtspunkt kann die Abgrenzung zwischen Daten und Information dahingehend erfolgen, dass auf syntaktischer Ebene die Datenverarbeitung erfolgen soll, wobei die Daten selbst als Einträge bezeichnet werden können, während die Information im Prozess der Kommunikation liegt und zwingend mit den Trägern verbunden ist.[135]

III. Auslegungsergebnis

1. Daten als Träger

Geht man von der sprachlichen Beobachtung aus, zeigt sich zuerst, dass der Fokus der chinesischen Definition auf unstrukturierten Daten liegt, während die deutsche Definition betont, dass die Entstehung bzw. die Herstellung der Daten mit einem Zweck verbunden ist. In diesem Sinne sind die strukturierten Daten nicht

131 Li, Untersuchung über das immaterialgüterrechtliche System, S. 128.
132 Miao, S. 262.
133 Liao, Untersuchung über die semiotische Bedeutung, DN 80, 81.
134 Stock, Information Retrieval, S. 19.
135 Stock, Information Retrieval, S. 19–21.

als selbständige Texte, sondern als Teilstücke eines größeren Ganzen anzusehen. Der Grund für diese Unterscheidung liegt in den unterschiedlichen Kategorisierungsmethoden zu Daten. Um ein gutes Gesamtverständnis für Daten zu eröffnen, ist eine Kombination der Datendefinition beider Sprachen sinnvoll. Die Gemeinsamkeit in beiden Sprachen soll nicht durch Unterschiede verschleiert werden. Parallelen zur Betonung der Eigenschaft „maschinenlesbar" im Chinesischen weist die auf die einen bestimmten Zweck beruhende Verwendung im Deutschen hin, die davon ausgeht, dass die Daten als ein Instrument genutzt werden können. Diesen entspricht der Rolle der Daten nach Verständnis der Semiotik.

Aus der semiotischen Perspektive sind die Daten der Rohstoff der Kommunikation und der Informationsträger. Sie können nicht nur als Zeichen eine bestimmte Information übermitteln, sondern auch als maschinenlesbarer Binärkode in Anwendungsgebieten nutzbar werden. Die Untersuchung im Rahmen der Semiotik verdeutlicht zudem, dass die Zeichen (die Daten) weder eine Antwort auf bestimmte Fragen geben noch sinnlich miteinander verbunden sind, während innerhalb der Information eine Datenverbindung durch das menschliche Gehirn gebildet und eingeordnet wird – damit bezieht sich „Information" auf ein Werturteil. Es gibt eine Wechselbeziehung zwischen Daten und Information. Zusammenfassend leuchtet ein, dass die Daten als Kennzeichen die Grundlage für die Informationsübertragung bilden, mit deren Hilfe die Information über eine bestimmte Person geliefert werden kann. Die Rolle der Daten, ihre Unterschiede und ihr Zusammenhang mit Information liegen auf der Hand.

2. Daten als Rechtsobjekt

Beruhend auf dem angeführten Ergebnis, dass der Begriff der „Daten" auf der Zeichenebene und der Begriff der Information auf sozialer Ebene verstanden werden soll,[136] folgt eine weitere Konkretisierung der Rolle der Daten in der Rechtswissenschaft.

Dogmatisch kann das 5. Kapitel des ZGB so interpretiert werden, dass der chinesische Gesetzgeber hier drei Schutzform konstruiert hat, um die unterschiedlichen zivilrechtlichen Interessen passend zu schützen. Problematisch ist das zivilrechtliche Interesse als eine abstrakte Erscheinung, deren Schutz in Schwierigkeiten gerät, wenn kein Träger hilft, es zu konkretisieren. Aus diesem Grund knüpft der Schutz des zivilrechtlichen Interesses an einem Träger bzw. an ein Rechtsobjekt an. Da das Bezugsobjekt des Sacheigentums schon existiert hat, lag es im Bereich des Sachenrechts nahe, das Rechtsobjekt mit dem Rechtsgegenstand zu vermischen, indem beispielsweise der Schutz der Sache als ein Schutz der Vermögenswerte des Rechtssubjekts angesehen werden kann. Eine sinnvolle Trennung des Rechtsobjekts vom Rechtsgegenstand geschieht im Bereich des Immaterialgüterrechts, weshalb der Träger des Immaterialgutes nur unter gesetzlicher Bedingung

136 Albers, Informationelle Selbstbestimmung, S. 89.

immaterialgüterrechtlich geschützt ist. In Anlehnung daran kommt die Beurteilung der Schutzfähigkeit des Rechtsobjekts in den Blick.

Gerade hier, wo die Daten die Eigenschaft einer „Tragfähigkeit" aufweisen, erscheint es begründet, dass sie als Rechtsobjekt anzusehen sind. Mit dieser definitorischen Weiterung können die Daten eine Vielzahl von zivilrechtlichen Interessen berühren. Damit ergibt sich folgende generelle Abstufung: *De lege lata* sind zunächst die auf die natürliche Person bezogenen Daten unter dem Bereich des Persönlichkeitsrechts zu subsumieren, denn im 5. Kapitel des ZGB hat die differenzierte Schutzbehandlung der Daten und Information die Absicht des Gesetzgebers dahingehend gezeigt, dass der Schutz der personenbezogenen Daten bzw. der persönlichen Information vom Schutz der anderen Daten gelöst werden sollte.[137] In dem Fall können diese Daten als Rechtsobjekt des Persönlichkeitsrechts verstanden werden. Dies gilt dann für das Immaterialgüterrecht und insbesondere das Urheberrecht. Das bedeutet auch, dass eine anerkannte Gegenstandqualität eines Zivilrechts sinnvoll für die rechtliche Zuordnung der Daten ist. Wenn nach Ausschöpfung aller vorhandenen Zivilrechte im 5. Kapitel des ZGB eine rechtliche Zuordnung für die im Internet übertragenen Daten nicht erreichbar ist, wird betrachtet, ob sie als Gut i. S. d. Gesetze geschützt werden können. Schließlich gilt es zu beachten, dass die Daten von ihrem Inhalt getrennt werden und somit das Recht am Inhalt der Daten und das Recht an den Daten selbst auseinanderfallen können. Dies verweist wiederum auf die ursprüngliche Frage: Gibt es Eigentum an Daten?

Wann welches Regime Anwendung findet, wird durch das tragende Interesse der Daten differenziert geregelt. Doch ist die Aufgabe nie einfach, wenn es beispielsweise um die Prüfung auf Gegenstandqualität eines Zivilrechtssachverhalts und die Anwendbarkeit der speziellen Gesetze geht. Die Frage, ob die Daten einen Personenbezug aufweisen, kann jedenfalls als Ansatzpunkt für den Unterschied zwischen dem Persönlichkeits- und dem Vermögensrecht dienen.

§ 5 Ergebnis

Aus der zivilrechtlichen Entwicklungsgeschichte Chinas, den Kodifikationsbemühungen zum Zivilgesetzbuch und dem Aufbau des ZGB geht hervor, dass das deutsche Zivilrecht einen relativ starken Einfluss auf das chinesische Zivilrecht hat. Gleichwohl will China ein eigenständiges Meisterwerk für das 21. Jahrhundert schaffen. Mit Blick darauf wurden ein am Menschen orientiertes Zivilgesetzbuch, ein Grünes Zivilgesetzbuch sowie ein zum Internetzeitalter gehörendes Zivilgesetzbuch als Leitgedanken der Kodifizierung des Zivilgesetzbuches festgelegt. Für Letzteres ist repräsentativ, dass sich das ZGB dem Schutz der persönlichen Information und der Daten öffnet.

---

137 Han, ZTUW 137, 138.

Im Umgang mit diesen neu auftretenden Phänomenen wird festgestellt, dass eine einheitliche Datendefinition nicht zwingend ist, denn Daten sind ein situationsabhängiges Objekt und ihre Verwendung steht im Zusammenhang mit einem bestimmten gesetzlichen Zweck. Zudem möchte der chinesische Gesetzgeber durch die Abgrenzung von § 127 ZGB („Schutz von Daten") und § 111 („Schutz von persönlicher Information") eine Grenze zwischen dem Datenschutz und dem Schutz der persönlichen Information vorschreiben. Er kann aber nicht genügend gesetzliche und theoretische Erfahrungen haben, um den Anwendungsbereich des Schutzes von Daten (§ 127 ZGB) zu bestimmen. Aus diesen Gründen steht die Bestimmung des Begriffs „Personenbezug" im Fokus. Darauf stützt sich das deutsche Datenschutzrecht.

Eine gedankliche Trennung zwischen der Information und ihrem Träger ist möglich, die rechtliche Qualifikation der Information selbst und ihres Trägers offen. Die Daten sind Träger und können als das Rechtsobjekt verstanden werden. Demzufolge können die Schutzregeln zu Daten selbst und diejenigen zum Dateninhalt auseinanderfallen, sodass eine jeweils eigene datenschutzrechtliche Dimension einschlägig wird. Dabei ist zu prüfen, welche Rechtsgebiete anwendbar sind. In Anlehnung an den getrennten Schutz von Daten und persönlicher Information im ZGB bezieht sich die erste Frage darauf, ob die Daten eine Gegenstandsqualität des Vermögensrechts erfüllen. Die zweite Frage berührt das enthaltene Interesse.

2. Kapitel: Datenschutz durch Eigentumsrecht: Eigentum an Daten?

Werden § 111 ZGB („Schutz von persönlicher Information“) und § 127 ZGB („Schutz von Daten“) betrachtet, wird klar, dass vom chinesischen Gesetzgeber bewusst ein getrennter Schutz des vermögensbezogenen Teils der Daten und des personenbezogenen Teils gestaltet wird. Im Gegensatz zu dem lang diskutierten Thema des Schutzes des personenbezogenen Teils der Daten bewegt die digitale Wirtschaft vor allem die Frage, ob es Eigentum an Daten gibt.

Um die rechtsvergleichende Untersuchung sachgerecht durchzuführen, werden unter § 1 dieses Kapitels der Inhalt des Begriffs „Eigentum“ und die entsprechende Terminologie im Chinesischen einer näheren Betrachtung unterzogen. Im Anschluss daran fokussiert § 2 aus einer deutsch-chinesischen vergleichenden Sicht auf die Frage nach der rechtlichen Zuordnung von Daten im Bereich des dinglichen Rechts. Unter § 3 wird die Zuordnung zum Immaterialgüterrecht an Daten in rechtsvergleichender Sicht untersucht. Anschließend wird das Ergebnis über die Property-Regeln zu Daten vorgestellt.

§ 1 Grundlage

I. Die Terminologie „Eigentum“, „Vermögen“ und „Cai Chan“ im Chinesischen

Aus chinesischsprachiger Sicht können die beiden deutschen Terminologie „Eigentum“ und „Vermögen“ als „Cai Chan“ (财产) übersetzt werden.[138] Umgekehrt kann man sagen: Die deutschen Termini – sowohl „Eigentum“ als auch „Vermögen“ – haben eine identische chinesische Übersetzung in Form von „Cai Chan“. Zugleich mangelt es bislang zwar an einem rechtsdogmatisch einheitlichen Zugang zum Begriff „Cai Chan“. Doch wird dieser Terminus in chinesischen Gesetzen und der Literatur so verbreitet verwendet, dass seine Übersetzung zu einer sprachlichen Herausforderung geworden ist. Z. B. lässt sich beobachten, dass in einigen von deutschen Juristen übersetzten chinesischen Gesetzen eine vermischte Anwendung

138 Zhou, Deutsch-chinesisches Rechtswörterbuch, S. 74 i. V. m. S. 292.

des chinesischen Terminus „Cai Chan" (财产) auftritt, indem der Begriff teils mit „Vermögensgut", teils mit „Vermögen" ins Deutsche übersetzt wird.[139]

Auch wenn es viele Vorschriften mit dem Terminus „Cai Chan" gibt, ist er nicht einheitlich definiert. Überblickt man den Gebrauch von „Cai Chan" in der chinesischen Literatur, sind nach allgemeiner Meinung in der Regel drei Bedeutungsschichten beinhaltet:[140]

a). als ein Recht selbst,
b). als der Gegenstand eines Rechts oder
c). als alles, das wertvoll ist.

Angesichts des multiplen Begriffsinhalts ergibt sich das Verständnis von „Cai Chan" nach Auffassung der chinesischen Gelehrten jeweils aus dem Kontext der Norm. In einer Gesamtschau ist es deshalb unproblematisch, die beiden deutschen Termini „Eigentum" und „Vermögen" in der chinesischen Sprache gleichzusetzen. Aus terminologischer Sicht führt dies dazu, dass „Cai Chan" deutsch „Eigentum" und „Vermögen" bedeuten und damit auf das immaterialgüterrechtliche Eigentum erstreckt werden kann. Wenn aber – wie oben erwähnt – im zivilrechtlichen Interesse das Wort „Recht" hinzufügt wird, beispielsweise in den Wendungen des ZGB wie Recht auf Leben (§ 111 ZGB), dingliche Rechte (§ 114 ZGB) und Rechte an geistigem Eigentum (§ 123 ZGB), werden diese geschützten Interessen im Ergebnis als ein bürgerliches Recht angesehen. In diesem Zusammenhang soll sich die Bedeutung des „Eigentums" im Chinesischen meist von der Bedeutung des Eigentumsrechts unterscheiden. Auf einen bedeutenden Unterschied bei der Beschreibung der Begriffe „Eigentumsrecht" und „Vermögensrecht" im Chinesischen soll ebenso wie darauf hingewiesen werden, dass das Vermögensrecht in einen antagonistischen Gegensatz zum Persönlichkeitsrecht zu setzen ist, während sich das Eigentumsrecht bzw. das Recht am Eigentum auf ein Vollrecht am dinglichen rechtlichen Gegenstand beziehen kann.[141]

II. Rahmen des Zivilrechts im chinesischen Zivilrechtsgesetz

Bevor auf das ZGB einzugehen ist, werden die im 5. Kapitel des AGZ normierten Zivilrechte in ihren vier bürgerlich-rechtlichen Formen dargestellt: Vermögenseigentum (Property Ownership) und das zum Vermögenseigentum in Bezug stehende Vermögensrecht (Related Property Rights), Schuldrechte, Immaterialgüterrechte und die Persönlichkeitsrechte. Nach herrschender Meinung wird das Persönlichkeitsrecht von den soeben genannten drei Rechtsformen getrennt, die

139 Beispiel, AGZ: 5. Kapitel: Zivilrechte 1. Abschnitt: Vermögenseigentum und zum Vermögenseigentum in Bezug stehende Vermögensrechte und vgl. § 71 AGZ, abrufbar unter: http://www.chinas-recht.de/zivilrecht.htm.

140 Li, Die Allgemeintheorie des Zivilrechts, S. 174 f.

141 Zhou, Deutsch-chinesisches Rechtswörterbuch, S. 74.

eine selbständige Kategorie bilden und zusammengefasst als das „Vermögensrecht“ bezeichnet werden.[142] Entlang dieser bürgerrechtlichen Formen in den AGZ bildet der chinesische Gesetzgeber das heutige chinesische Privatrechtssystem aus. Um der gesellschaftlichen Entwicklung zu entsprechen, werden zudem andere Rechtsgüter im 5. Kapitel der AGZ normiert. Beispiele hierfür sind die persönlichen Informationen (§ 111 ZGB), die Daten und das virtuelle Vermögen im Internet (§ 127 ZGB).

Inhaltlich geht das 5. Kapitel der AGZ angesichts der Abstraktheit des Konzepts „Gegenstand“ nicht vom Schutz eines Gegenstands aus, weshalb es hier keine deutliche Vorschrift über den zivilrechtlichen Gegenstand, sondern diverse vielfältige Vorschriften zu Zivilrechten gibt. Wenngleich das 5. Kapitel aus rechtsvergleichender Sicht ungewöhnlich sein könnte, weist es ein wichtigstes Merkmal des chinesischen Zivilrechts auf: Bestimmtheit. Allerdings zeigt das oben erwähnte Verhältnis zwischen dem Rechtsobjekt und dem zivilrechtlichen Interesse, dass das Letztere, der Rechtsgegenstand und das Rechtsgut nicht einfach miteinander gleichzusetzen sind.[143] In diesem Sinne ist das 5. Kapitel der AGZ ein solches, das sich im Wesentlichen auf den Schutz des zivilrechtlichen Interesses bezieht.

§ 2 Daten als Schutzobjekt im Eigentumsrecht

I. Qualität des Schutzobjekts in China

Anders als in § 90 BGB, nach dem e sich der Begriff der Sache auf den körperlichen Gegenstand (Objekt) beschränkt, wird die Sache im chinesischen Zivilrecht gemäß § 115 ZGB und § 2 Abs. 2 Gesetz der VR China über das Sachenrecht (ChSachG[144]) lediglich auf bewegliche und unbewegliche Sachen, nicht aber auf körperliche und unkörperliche Sachen beschränkt. So rückt vor allem die Körperlichkeit des sachenrechtlichen Gegenstandes in den Mittelpunkt der Diskussion.

1. Eigentum vs. Sache

Bevor das ChSachG am 1.10.2007 in Kraft trat, hat der in China berühmte Rechtswissenschaftler Professor *Wang Liming* darauf hingewiesen, dass sich die Definition des Sachenrechts aus dem 5. Kapitel – Zivilrechte – des AGZ ergebe. Mit anderen Worten kann der Begriff „Sachenrecht“ nach seiner Meinung mit dem Begriff „Vermögenseigentum und zum Vermögenseigentum in Bezug stehende

142 Wu, Die Allgemeintheorie des Geistigen Eigentumsrechts, S. 103.
143 Cao, GR 85, 86 f.
144 Gemäß § 1260 ZGB sind das AGZ und das ChSachG nach Inkrafttreten des ZGB nicht gültig.

Vermögensrechte“ im 5. Kapitel – Zivilrechte – des AGZ gleichgesetzt werden.[145] Zudem weist § 71 AGZ dem Eigentümer umfassende Handlungsbefugnisse zu: *Der Eigentümer ist berechtigt, sein „Vermögen (Eigentum) zu besitzen, zu gebrauchen, Nutzen daraus zu ziehen und darüber zu verfügen.*“ Anders als der Begriff „Vermögenseigentum und zum Vermögenseigentum in Bezug stehende Vermögensrechte“ ist die Definition der „dinglichen Rechte“ in § 2 Abs. 3 ChSachG geregelt, wonach sie diejenigen Rechte des Berechtigten sind, „über bestimmte Sachen im Einklang mit der Rechtsordnung unmittelbar zu verfügen und andere von jeder Einwirkung auszuschließen“, in die auch das Eigentumsrecht, dingliche Nutzungsrechte und dingliche Sicherungsrechte eingeschlossen sind.[146] Darüber hinaus ordnet § 2 Abs. 2 ChSachG ausdrücklich an, dass die sachenrechtlichen Gegenstände nur die beweglichen und unbeweglichen Sachen sowie die durch Gesetz bestimmten Rechte umfassen.[147] Vergleicht man aber den Begriff „Vermögen (Eigentum)“ in § 71 AGZ mit dem Begriff „Sache“ in § 2 Abs. 2 ChSachG, ist Ersterer ein weiterer sachenrechtlicher Gegenstandsbegriff und dessen gesetzlichen Tatbestände sind unklar. Aufgrund der Regelung „Vorrang des Sonderrechts vor dem allgemeinen Recht“ in § 83 Gesetzgebungsgesetz der VR China soll aber der sachenrechtliche Gegenstand als Sache i. S. d. ChSachG verstanden werden. Bei näherer Betrachtung fällt auf, dass eine begriffliche Gleichsetzung mit dem Sachenrecht als Eigentum im ChSachG unwichtig ist.

Mit der Entwicklung der Technologie lassen sich zugleich immer mehr neue Sachen mit hoher wirtschaftlicher Qualität finden und verfügbar machen, was letztlich großen Einfluss auf das bürgerliche Leben hat. Als Reaktion auf dieses Phänomen fügte der chinesische Gesetzgeber neue Objekte wie Daten und virtuelles Vermögen im Internet dem ZGB hinzu. Vor diesem Hintergrund ist der Begriff des „Gegenstandes“ i. S. d. § 2 ChSachG wiederum zur Diskussion gestellt worden.

2. Bewegliche und unbewegliche vs. körperliche und unkörperliche Sachen

Zunächst wird die Ansicht vertreten, dass unter Berücksichtigung der Möglichkeit, die außerhalb des menschlichen Körpers bestehenden Materie beherrschbar zu machen, im ChSachG weder eine Definition für den Begriff der „Sache“ noch eine Unterscheidung zwischen körperlicher und unkörperlicher Sache gegeben werden.[148] Demgemäß beinhalte der Gegenstand des Sachenrechts auch die unkörperliche Sache. Zudem sei die Ansicht „*Nothing can be an object of property, which*

145 Im Vergleich mit dem Begriff „Sachenrecht“ ist allerdings der Begriff „Vermögenseigentum und zum Vermögenseigentum in Bezug stehende Vermögensrechte“ unklar. Vgl. Wang, ZS 82. 85.

146 Vgl. § 2 Abs. 3 ChSachG. Zhou/Qi/Sebastian/Liu, ZChinR 2007, 78, 80.

147 Vgl. § 2 Abs. 2 ChSachG. Zhou/Qi/Sebastian/Liu, ZChinR 2007, 78, 80.

148 Zang/Wang, JR 71, 73.

has not a corporeal substance“ für China unzeitgemäß.[149] Ausgehend davon hat man sich hinsichtlich der grundlegenden Qualifikationsanforderung an die Sache im ChSachG dafür ausgesprochen, dass nicht der wirtschaftliche Wert, sondern die natürliche Eigenschaft zur entscheidenden Eigenschaft der Sache beiträgt. Das Merkmal der Sache, die natürliche Beschaffenheit, die als das wichtigste Abgrenzungskriterium für die Unterscheidung zwischen Sache und Recht (i. S. d. § 2 Abs. 2 ChSachG) angewendet werden kann, zeigt auch, dass eine Sache, solange sie selbst unabhängig von einer Person existieren und verfügbar sein könnte, als sachenrechtlicher Gegenstand anzusehen sein kann.[150] Danach können sowohl die körperliche Sache als auch das unkörperliche Objekt dem Begriffsinhalt der Sache im Sinne *Yangs* zugewiesen werden.

Nach der Anerkennung der zwei grundlegenden Eigenschaften der Sache, namentlich der tatsächlichen Herrschaft und der Ausschließbarkeit, denkt *Li Yongjun* im Gegensatz zu *Yang*, dass der Gegenstand im Sinne des § 2 ChSachG nur auf die körperliche Sache beschränkt zu bleiben habe.[151] Nachweislich hätten die Anwendungsbereiche der §§ 39 und 117 ChSachG gezeigt, dass sich der sachenrechtliche Gegenstand in körperlichen Sachen erschöpfe, weil sich beide Vorschriften nur auf unbewegliche und bewegliche Sachen beziehen.[152] Mit diesem Gedanken weist er darauf hin, dass sich der sachenrechtliche Gegenstand auf körperliche Sachen begrenzen solle: Einerseits würden die schon auf körperlichen Sachen basierenden dinglich-rechtlichen Regeln im zukünftigen Sachrechtsbuch leichter aufgestellt; andererseits dürften die unkörperlichen Sachen nach dem jeweils geschützten Interesse besonderen Privatrechten wie geistigem Eigentumsrecht, Wertpapierrecht, Schuldrecht usw. zugeordnet werden. Mit der Anerkennung, dass der sachenrechtliche Gegenstand die Körperlichkeit voraussetze, hat *LI* die entsprechenden Merkmale des sachenrechtlichen Gegenstandes so dargestellt, dass er bestimmbar, verfügbar, nicht unethisch und ohne gesetzliches Verbot sein soll.[153]

Die Diskussion über körperliche und unkörperliche Sachen spiegelt sich in der Rechtsprechung wider, die sich auf das virtuelle Vermögen im Internet bezieht. Für die Beantwortung der konkreten Frage, ob im dinglichen Recht ein Platz für das virtuelle Vermögen im Internet oder für Daten eingeräumt werden kann, gaben die Gerichte nach dem Inkrafttreten des AT-ZGB ihren wirtschaftlichen Wert und ihre Schutzfähigkeit an.[154] Die von den Gerichten angewendete Vorschrift ist aber

149 Zang/Wang, JR 71, 76 f.
150 Zang/Wang, JR 71, 73 f.
151 Li, RF 24, 32.
152 Vgl. § 39 ChSachG. Zhou/Qi/Sebastian/Liu, ZChinR 2007, 78, 85.
153 Li, RF 24, 33.
154 Das Mittlere Xiamen-Volksgericht, Min 02, Nr. 3796(2018) 厦门市中级人民法院2018闽02民终3796号; Das zweite Mittlere Beijing-Volksgericht, jing 02, Nr. 4209 (2017) 北京市第二中级人民法院民事判决书 (2017) 京02民终4209号.

nicht jene auf das Sachenrecht bezogene Norm, sondern § 127 ZGB.[155] Eine ähnliche Frage, ob sich das geistige Eigentum in das ChSachG integrieren lässt, hatte bereits 2002 *WANG* beantwortet. Er legte dar, dass ein unkörperliches Vermögensgut – wie geistiges Eigentum – das Erfordernis tatsächlicher Herrschaft und Ausschließbarkeit unzweifelhaft nicht erfülle, allerdings vorbehaltlich etwaiger Sonderregelungen über das „Recht als sachenrechtlicher Gegenstand".[156]

II. Qualität des Schutzobjekts in Deutschland

Dem Begriff und Konzept des Eigentums widmen neben der Rechtswissenschaft unter anderem auch die Soziologie und die Philosophie erhebliche Aufmerksamkeit. In der römischrechtlichen Tradition ist das Eigentum als das Vollrecht an einer Sache zu verstehen.[157] Demgegenüber gibt die christliche Moralphilosophie, vertreten durch z. B. *Thomas von Aquin,* dem Eigentum als Ordnungsidee den Vorzug vor dem Eigentum im Sinne des subjektiven Rechts.[158] Auch gilt Eigentum oft als Synonym für wirtschaftliche Macht.[159] Dies illustriert bereits, dass der Begriff des Eigentums reiche Bedeutungen besitzt. Vorliegend wird weder vom Eigentumsbegriff im Sinne der Soziologie noch von der rechtsphilosophischen Beleuchtung des Eigentumsbegriffs, sondern von der aktuellen Rechtsstruktur ausgegangen, die dem gegenwärtigen Eigentumsbegriff innewohnt. Das Vermögensrecht und dessen Gegenstand betreffend werden hinsichtlich der rechtvergleichenden Gegenüberstellung das Sachenrecht und das geistige Eigentumsrecht herangezogen.

Im Vergleich mit der Pandektenwissenschaft bewegt sich der Eigentumsbegriff des BGB in der Tradition des klassischen römischen Rechts und nach dem heutigen Verständnis ist das Eigentum als Voll- oder Herrschaftsrecht an einer Sache zu verstehen.[160] Ergänzt wird die Unterscheidung von *res corporales* und *res incorporales* im römischen Recht. Nach der römischen juristischen Charakterisierung sind *res corporales* gegenüber den unkörperlichen Gegenständen als *quae tangi possunt* zu verstehen, während *res incorporales* (unkörperliche Dinge) als *quae consistunt in jure* als ein Recht wie Nießbrauch gelten. Dies bedeutet, dass die sachenrechtlichen Gegenstände im engeren Sinn die Eigenschaft der „Körperlichkeit" voraussetzen.[161] Bei genauer Untersuchung gibt es aber derart viele Beschränkungen unterschiedlicher Herkunft in vorklassischer und klassischer Zeit, dass das

155 Vor dem Inkrafttreten des AT-ZGB wird das virtuelle Vermögen in einer Entscheidung des Shanghaier Gerichts als Sache angesehen. Dazu siehe Shanghai Pudong neues Gebiet Volksgericht, Hu 0115, Nr. 88312 (2016) 上海市浦东新区人民法院 (2016) 沪0115民初88312号.

156 Wang, ZS 82, 89.

157 Althammer, in: Staudingers, BGB, Einl. zu § 903 Rn. 2.

158 Pohl, Die datenschutzrechtliche Einwilligung, S. 33.

159 Althammer, in: Staudingers, BGB, Einl. zu §§ 903 ff. Rn. 51.

160 Althammer in: Staudingers, BGB, Einl. zu §§ 903 ff. Rn. 6 i. V. m. Rn. 58.

161 Wang, ZS 82, 89; Malte Stieper, in: Staudingers, BGB, § 90, Rn. 2.

römische Verständnis von Eigentum wohl den Eigentumsbegriff im Sinne der späteren kontinentaleuropäischen Kodifikation nicht erreicht.[162] Zugleich ist die Unterscheidung von beweglichen und unbeweglichen Sachen dort bei der natürlichen Beschaffenheit der Sachen denkbar. Ein Beispiel hierfür gibt das Prinzip *superficies solo cedit*, wonach es an Wohnungs- oder Stockwerkseigentum fehlt.[163] Aber es ist trotzdem bemerkenswert, dass der Eigentumsbegriff in der klassischen Epoche den Grundstein für höhere Typizität gelegt hat.

Trotz fehlender technischer Legaldefinition des Eigentums im heutigen BGB soll aber § 903 BGB besonders betrachtet werden, wobei Inhalt und Rechtsmacht des Eigentums beleuchtet werden: Statt des wirtschaftlichen Wertes oder anderer beschränkter dinglicher Rechte wie des Pfandrechts bezieht sich das Rechtsobjekt des Eigentümers nur auf die Sache, welche i. S. d. § 90 BGB ein körperlicher Gegenstand ist.[164] Die Legaldefinition in § 90 BGB zeigt somit, dass die Sache auf sachrechtlicher Ebene sowohl ein spezifischer als auch ein körperlicher Gegenstand ist. Ein Grund dafür liegt darin, dass sich das Sachenrecht auf diese Weise von dem Schuldrecht trennen lässt.

Zwar weist die Beschränkung des Eigentumsbegriffs auf die körperliche Sache auf die völlige Ausschließung der unkörperlichen Materie hin, es gibt jedoch Ausnahmen. Die Materie, die wie Luft keine feste Form hat, ist auch nur Sache i. S. d. § 90 BGB, wenn sie durch die technische Einrichtung beherrschbar oder tatsächlich wahrnehmbar ist.[165] Mit dieser Überlegung wird die Eigenschaft der Sachqualität zumindest abstrahiert: räumliche Abgrenzbarkeit und (technische) Beherrschbarkeit.[166] Das lässt sich am Beispiel von Erdgas verdeutlichen: Nur wenn das Erdgas beherrschbar ist, z. B. in einer Flasche oder einem Behälter, ist es als Sache i. S. d. § 90 BGB anzusehen. Dies wirft aber die Frage auf, ob Immaterialgüter eine Sache i. S. d. § 90 BGB sind, wenn sie durch den Datenträger abgegrenzt werden können. Die Antwort behandelt die rechtstechnische Trennung zwischen dem Inhalt und dessen Träger und wird im nächsten Abschnitt verdeutlicht.

Außerdem gilt die Legaldefinition der Sache in § 90 BGB grundsätzlich für die Gesamtrechtsordnung, die allerdings mit § 823 Abs. 1 BGB in Verbindung tritt. Wie referiert wurde, gewährleistet § 823 Abs. 1 BGB den Schutz des Eigentums. Demgegenüber fällt das Vermögen in der Regel nicht unter die subjektiven Rechte i. S. v. § 823 Abs. 1 BGB, folglich wird es hier nicht als schützbar betrachtet, sofern das Vermögen nicht die Qualität von Eigentum gewinnt.[167] Gegenüber dem Sachbegriff i. S. d. § 90 BGB ist die Sache des § 119 Abs. 2 BGB ein weiterer Begriff des

162 Kern, Typizität als Strukturprinzip, S. 44.
163 Kern, Typizität als Strukturprinzip, S. 44.
164 Althammer in: Staudingers, BGB, Einl. zu §§ 903 ff. Rn. 2 f.
165 Stresemann, in: Säcker/Rixecker/Oetker/Limperg, BGB, Bd. 1, § 90, Rn. 8; Fritzsche, in: BeckOk, Bamberger/Roth/Hau/Poseck, BGB, § 90, Rn. 5 ff.
166 Stresemann, in: Säcker/Rixecker/Oetker/Limperg, BGB, Bd. 1, BGB, § 90 Rn. 8.
167 Hager, in: Staudingers, BGB, § 823 B 61.

zivilrechtlichen Gegenstandes, der jeden Geschäftsgegenstand bzw. körperlichen und unkörperlichen Gegenstand erfasst.[168] Weiterhin ist für den Kaufgegenstand i. S. d. § 453 BGB die Sachqualität i. S. d. § 90 BGB nicht erforderlich.[169] In diesem Zusammenhang wird darauf hingewiesen, dass sich der Gegenstand im 3. Buch des BGB nur auf die körperliche Sache bezieht, während er in einem anderen Buch des BGB nicht auf die körperliche Sache beschränkt wird. Doch gehört das Schuldrecht nicht zum Diskussionsrahmen der Property-Regeln mit Blick auf Daten.

III. Zuordnung von Daten mit Eigentum an Sachen

Weil sich Daten von der Sache lösen können, wird eine Gleichsetzung der rechtlichen Berechtigung an der Sache mit derjenigen an Daten abgelehnt.[170] Ausgehend von dieser Überlegung ist festzuhalten, dass die Rechte an einer Sache, am Datenträger und an Daten getrennt behandelt werden können.

Mit Blick auf das Verhältnis zwischen dem Eigentumsrecht an der Sache und dem Recht an Daten ist die Analogie zu § 950 BGB („Verarbeitung“) nicht ganz außer Acht zu lassen.[171] Zwar mangelt es bei dem im Jahr 2007 in Kraft getretenen ChSachG an einer Vorschrift über den Eigentumserwerb qua Verarbeitung, es war aber eine solche Regelung im Teil „Dingliches Recht“ des zukünftigen ZGB absehbar.[172] Somit ist vorstellbar, dass der Geltungsbereich der Verarbeitungsvorschrift im ZGB ähnlich jener im BGB ausfallen könnte, die vor allem auf den körperlichen Gegenstand beschränkt bleibt.[173] Trotzdem lässt sich aus dem BGB eine Auffassung ableiten, dass durch die Aufnahme oder das Speichern von Daten auf dem Datenträger im Wege der Verarbeitung eine neue Sache hergestellt werden kann, wenn er dadurch seine typische Funktion verändert.[174] Dass durch die Verarbeitung der wesentliche wirtschaftliche Verwendungszweck oder die Wesensnatur der Sache geändert wird, ist der Fall der Veränderung und hier als die Veränderung der Funktion zu verstehen.[175] In diesem Sinne sollen die Daten als Nutzung einer Sache eigenständigen Schutz genießen,[176] der jedoch nicht mit einem Vollrecht wie dem Eigentumsrecht korrespondiert.

Außerdem weist *Raue* darauf hin, dass das Recht am Sacheigentum die Schutzlücke bei Daten schließen kann, weil das Recht auf Datenerhebung aus oder an der

---

168 Armbrüster, in: Säcker/Rixecker/Oetker/Limperg, BGB, Bd. 1, § 119, Rn. 138.

169 Stieper, in: Staudingers, BGB, § 90 Rn. 14.

170 Beispielweise wird die Aufzeichnung auf einen Ton- oder Datenträger nicht als Herstellung einer neuen Sache angesehen. BGH, Urteil vom 10. Juli 2015 – V ZR 206/14 –, BGHZ 206, 211–219, juris Rn. 14.

171 Hoeren, MMR 2013, 486, 493; Ensthaler, NJW 2016, 3473, 3473 ff.

172 Fang, TR 56, 68 f.

173 Füller, in: Säcker/Rixecker/Oetker/Limperg, BGB, Bd. 8, § 950 Rn. 4.

174 BGH, Urteil vom 10. Juli 2015 – V ZR 206/14 –, BGHZ 206, 211–219, juris Rn. 19.

175 BGH, Urteil vom 10. Juli 2015 – V ZR 206/14 –, BGHZ 206, 211–219, juris Rn. 17.

176 Kornmeier/Baranowski, BB 2019, 1219, 1220.

eigenen Sache dem Eigentümer erlaubt, Dritten die Datenerhebung zu verbieten.[177] Ein Ausschließlichkeitsrecht an Daten kann dadurch jedoch nicht begründet werden. Vielmehr wird die Befugnis des Eigentümers an Daten durch die gesetzlichen Zugriffsregeln zu Daten ermöglicht. Bei dem Verhältnis zwischen dem Recht am Datenträger und demjenigen an Daten handelt es sich um eine immaterialgüterrechtliche Diskussion. Auf die beiden vorstehenden Fragen wird im Folgenden eingegangen.

IV. Zwischenergebnis

Die Gesamtschau des chinesischen und deutschen Eigentumsrechts hat sowohl die Differenzen als auch die Überstimmungen im begrifflichen Verständnis des Eigentums gezeigt. Anders als die begriffliche Gleichsetzung mit dem Eigentum als Vollrecht an körperlichen Sachen im deutschen Sachenrecht kann der Begriff „Eigentumsrecht" im chinesischen Zivilrecht als das Vollrecht an Eigentum verstanden werden, dessen Gegenstandqualität noch umstritten ist. Dafür mangelt es zwar an einer einheitlichen Meinung in China, es kann aber nach überwiegender Auffassung eine Aussage getroffen werden: Die sachenrechtlichen Gegenstände sind auf körperliche begrenzt. Daher stimmt der auf Körperlichkeit beschränkte Sachbegriff mit dem deutschen Sachbegriff i. S. d. § 90 BGB überein.

Der Vergleich zeigt, dass sich die beiden Rechtsordnungen über die Körperlichkeit als wichtigste Sachqualität einig sind. Daraus ergibt sich, dass sowohl im chinesischen als auch im deutschen dinglichen Recht die Eigenschaft der Beherrschbarkeit und die Exklusivität die zentralen Kriterien für Sachqualität sind. Infolgedessen fehlt es den Daten wegen der Eigenschaft der Unkörperlichkeit an Beherrschbarkeit und Exklusivität. Konsequenterweise wird die Zuordnung von Daten zum Sachrecht abgelehnt und ist das Rechtsinstitut der Verarbeitung auch nicht auf den Schutz von Daten anwendbar.

Anschließend ist das unterschiedliche Verständnis über den Terminus „Eigentum" in beiden Ländern festzuhalten. Im Kontext des Begriffs „Cai Chan" tendieren die chinesischen Gelehrten dazu, die Terminologie „immaterialgüterrechtliches Eigentum" dem Unterbegriff des Eigentums zuzuordnen, weshalb in der chinesischen juristischen Literatur sowohl das Recht am immaterialgüterrechtlichen Eigentum als auch ein dingliches Recht dem Begriff des Eigentums zugewiesen werden können.[178] Daraus folgt auch die Frage, ob auf Daten als immaterialgüterrechtlicher Gegenstand verwiesen werden könnte.

177 Raue, NJW 2019, 2425, 2426.

178 Wu, Die Allgemeintheorie des Geistigen Eigentumsrechts, S. 103; Li, Untersuchung über das immaterialgüterrechtliche System, S. 191.

§ 3 Daten als Schutzobjekt im Immaterialgüterrecht

In der Regel kann man die bekannten Schutzgegenstände des Immaterialgüterrechts auflisten: Erfindung, Design, Marken und geistiges Werk. Auf den ersten Blick gehören die Daten keinem dieser Bereiche an und folglich wird ihre immaterialgüterrechtliche Zuordnung abgelehnt. Fragt man aber umgekehrt, welche Gemeinsamkeit dieser unterschiedlichen Schutzgegenstände besteht, damit sie alle in einem Rechtssystem bzw. das Immaterialgüterrecht geregelt werden können, wird es diskussionswürdig, ob Daten diese Eigenschaft nicht auch haben. Bejahendenfalls kommt bei der Diskussion um die Zuordnung zum Immaterialgüterrecht ein System zweidimensionaler Datenschutzregeln in Betracht: Die eine geht von einer rechtsdogmatischen Zuordnung aus, die andere bezieht sich auf das Setzen eines neuen Immaterialgüterrechts für Daten.

I. Abstrahierung der Gemeinsamkeit der immaterialgüterrechtlichen Objekte

Auf jeden Fall kann als die Lösung für das Zuweisungsproblem gelten, den Grundbegriff des Immaterialgüterrechts und dessen Gegenstandsqualität zu klären und somit einen Anknüpfungspunkt zwischen dem Immaterialgüterrecht und den Daten zu finden.

1. Stellungnahme in China

A. Überdenken des immaterialgüterrechtlichen Wesens

Die Frage nach dem Wesen des Immaterialgüterrechts ist eine nach dem Wesen des Urheberrechts (im engen Sinne). Angesichts der legislativen Gestaltung im ZGB, dass der Schutz der Persönlichkeitswerte der Daten von deren Vermögenswerten getrennt wird, wird eine Erläuterung über das Wesen des Immaterialgüterrechts notwendig.

Im Allgemeinen gibt es in der chinesischen Literatur die Vertreter der Theorie, dass das Immaterialgüterrecht ein reines Vermögensrecht sei (Vermögensrechtstheorie),[179] und die Befürworter der dualistischen Theorie, wonach Vermögens- und Persönlichkeitsrecht trennbar seien.[180]

a. Diskussion um die Persönlichkeitsinteressen im Urheberrecht

Wie oben dargelegt, kommen sowohl die äußeren zivilrechtlichen Rahmenvorstellungen Chinas als auch die inneren zivilrechtlichen Rechtsgedanken aus dem Western, insbesondere aus Deutschland. Unter dem Einfluss des deutschen Zivilrechts

179 Liu, SC 109, 109 ff.; Li, Infragestellung, SC 68, 68 ff.
180 Zhang, Ch-R 105, 105 ff.; Pan/Tan, GE 32, 32 ff.

wird allgemein akzeptiert, dass im Unterschied zum Vermögensrecht das typische Merkmal des Persönlichkeitsrechts die unauflösliche Verbindung zur Person ist,[181] d. h., das Persönlichkeitsrecht beruht auf der Existenz der Person. Wenn die Person stirbt, verschwindet – bei konsequenter Umsetzung – umgehend das Persönlichkeitsrecht. Ausgehend davon ist das Persönlichkeitsrecht unübertragbar, unvererblich (§ 992 ZGB) und darf nicht entzogen werden. Theoretisch gelten diese Merkmale im Immaterialgüterrecht.

Gerade an diesem Punkt, an dem das Persönlichkeitsgut mit dem Menschen untrennbar verbunden ist, stellt sich die Frage, warum der personengebundene Bestandteil des immaterialgüterrechtlichen Gegenstandes losgelöst vom Menschen in der Außenwert existieren kann. Zwar sollte man zugeben, dass das Immaterialgut aus der persönlichen geistigen Arbeit hervorgegangen ist, die Schutzfähigkeit des Immaterialguts besteht aber nicht wegen des sog. geistigen Schaffensprozesses, sondern lediglich wegen des geistigen Ergebnisses selbst.[182] So gerät die dualistische Theorie in eine theoretische Schwierigkeit.

Obgleich die allgemeine Ansicht auf die Unübertragbarkeit der Persönlichkeitsrechte schließt, ist heute einzusehen, dass die persönlichkeitsrechtliche Unübertragbarkeit Veränderungen in einzelnen Bereichen durchgemacht hat, beispielsweise im Warenzeichenrecht,[183] soweit es als Persönlichkeitsinteresse anerkannt wird. Nach der Meinung von Befürwortern der dualistischen Theorie darf zudem die geistige Tätigkeit nicht außer Acht gelassen werden, weil eine solche bedeute, dass die Immaterialgüter der natürlichen Person entwachsen seien. Demzufolge ist sie nicht nur in der Legislative und Jurisdiktion allgemein akzeptiert, sondern spielt auch eine Rolle als Kriterium für die Bewertung der Werkeigenschaft sowie für die Differenzierung zwischen Urheber- und dinglichem Recht.[184] Deshalb ist zur Entstehung eines Urheberrechts (im engen Sinne) die persönliche geistige Tätigkeit noch erforderlich.

b. Ablösbarkeit des Urheberrechts

In der Literatur findet sich die Darstellung der monistischen Theorie, dass das Immaterialgüterrecht das Persönlichkeitsinteresse umfasst, daher die Frage weiter

181 Wang, Persönlichkeitsrecht, S. 16.

182 Li, Infragestellung, SC 68, 70.

183 Wang, Persönlichkeitsrecht, S. 16.

184 In ihrem Beitrag sagt sie nicht ausdrücklich, eine Befürworterin des Dualismus zu sein, aber sie leugnet die Urheberschaft der Investoren (bzw. der nicht natürlichen Person) und betont neben der Bedeutung der geistigen Tätigkeit im Urheberrecht, dass es den Unterschied zwischen Urheberrecht und dinglichem Recht gibt und das Urheberrecht eine personal-geistige Komponente enthält. Fraglich ist jedoch, dass die personal-geistige Komponente ihrer Meinung nach nicht zu den persönlichkeitlichen Komponente zählt. Dazu hat sie sich jedoch nicht ausführlich erklärt. Zhang, Ch-R 105, 223 f.

behandelt werden, ob das Persönlichkeitsrecht und das Vermögensrecht im Rahmen des Immaterialgüterrechts voneinander getrennt werden können. Diese Frage kann exemplarisch durch folgendes Schema beantwortet werden. Z. B. wird das Urheberrecht stets als Schulbespiel des Immaterialgüterrechts angesehen. Gemäß § 10 Abs. 2 und Abs. 3 des neuen chinesischen Urheberrechts (ChUrhG), das am 01.06.2021 in Kraft getreten ist, dürfen jedoch nur die vermögensgebundenen Urheberrechte ermächtigt und übertragen werden (§ 10 Abs. 2 und Abs. 3 ChUrhG.). Dogmatisch zeigt dies deutlich die Unterscheidbarkeit zwischen Persönlichkeits- und Vermögensrecht im chinesischen Immaterialgüterrecht.

<table>
<tr><th colspan="2">Punkt
Kategorie</th><th>Inhalt</th><th>Ausschließlich</th><th>Übertragbar</th><th>Vererblich</th></tr>
<tr><td colspan="2">Ch-Persönlichkeitsrecht</td><td>Persönlichkeitsgüter</td><td>Ja</td><td>Umstritten</td><td>Nein (§ 992 ZGB)</td></tr>
<tr><td colspan="2">Ch-Markenrecht</td><td>Vermögensgüter</td><td>Ja (§ 57 ChMarG)</td><td>Ja (§§ 42 f ChMarG)</td><td>Ja (§ 1013 ZGB)</td></tr>
<tr><td colspan="2">Ch-Patentrecht</td><td>Vermögensgüter</td><td>Ja (§ 60 ChPatG)</td><td>Ja (§ 10 ChPatG, § 863 ZGB)</td><td>Ja (§ 3 Abs. 6 Ch-Erbrecht a. F.)</td></tr>
<tr><td rowspan="2">Ch-UrhG</td><td>Persön-R</td><td>Persönlichkeitsgüter</td><td>Ja</td><td>Umstritten[185]</td><td>Nein (§ 3 Ch-Erbrecht aF)</td></tr>
<tr><td>Vermög-R</td><td>Vermögensgüter</td><td>Ja (§ 10 ChUrhG)</td><td>Ja (§ 10 Abs. 2 und Abs. 3 ChUrhG)</td><td>Ja (§ 3 Abs. 6 Ch-Erbrecht a. F.)</td></tr>
</table>

Tabelle 2.1: Unterscheidbarkeit zwischen Persönlichkeits- und Vermögensrecht im chinesischen Immaterialgüterrecht[a]

[a] Siehe die Ansätze, die die urheberrechtlichen Persönlichkeitsgüter für Übertragbarkeit halten, zu Mei, AJ 86, 86 ff.; He, SRW 47, 47 ff.

Selbst wenn das persönlichkeitsgebundene Urheberrecht nicht übertragen werden darf, ist der Bestandteil der Persönlichkeit im Immaterialgut noch zweifelhaft. Das urheberrechtliche Persönlichkeitsrecht lässt auf die allgemeinen Persönlichkeitsrechte zurückführen, doch sind deren Entstehung und Schutzfähigkeit nicht losgelöst von den wirtschaftlichen Interessen und der Persönlichkeit des Schöpfers, sondern hängen davon ab, ob das Ergebnis die gesetzlichen Schutzvoraussetzungen erfüllt. Beispielsweise kann der Urheber nichts dagegen tun, dass im Augenblick der Beendigung der geistigen Tätigkeit das Werk durch das Gesetz geschützt wird. Den geltenden Gesetzen zufolge ist der Monismus damit unhaltbar geworden.

c. Kritik an der personenrechtlichen Komponente

Zwar ist über das Wesen des Urheberrechts schon viel geschrieben worden, bisher gibt es aber keine herrschende Meinung. Als die Hauptbefürworterin der Lehre, es sei „ein reines Vermögensrecht", leugnet *Li Chen*, dass das Immaterialgüterrecht kein aus Persönlichkeits- und Vermögensrecht bestehendes einheitliches Institut ist, und hält das auf das Werk beruhende Persönlichkeitsrecht, d. h. das Urheberpersönlichkeitsrecht, für eine historische Wahl statt einer logischen Folgerung.[185]

Sie geht von der Verbindung zwischen dem Recht und seinem gesellschaftlichen Hintergrund aus und zeigt, dass die Philosophie im 18. und 19. Jahrhundert, insbesondere *Locke*s Arbeitstheorie des Eigentums und das Denken des Idealismus, zur Entstehung des einheitlichen Instituts des Urheberrechts geführt habe. Nach der Erklärung, dass die personenrechtliche Komponente im Urheberrecht historisch kontingent ist, weist *Li* darauf hin, dass dann, wenn man auf die Arbeitstheorie *Lockes* Bezug nimmt, die Gemeinsamkeit der Rechte des Geistigen Eigentums kaum subsumierbar sei, weil –wie oben geklärt – heute nicht alle immaterialgüterrechtlichen Schutzgegenstände durch die persönliche geistige Tätigkeit geschaffen würden und deren Gemeinsamkeit deswegen nur symbolisch sei.[186] Zudem hat das geltende Urheberrechtsgesetz die Unterscheidbarkeit zwischen Vermögens- und Persönlichkeitsrechte nachgewiesen und somit wird der Idealismus im Immaterialgüterrecht herausgefordert.

Um diese Herausforderung zu bewältigen, macht *Zhang*[187] darauf aufmerksam, dass das Urheberrecht die Beziehung beschützen soll, die den Schöpfer mit seinem geistigen Eigentum verbindet,[188] d. h., das Persönlichkeitsgut ist nicht das Werk, sondern die in dem Werk zum Ausdruck kommende Persönlichkeit.[189] In Anlehnung daran scheinen die Urheberpersönlichkeitsrechte aus dem Verhältnis zwischen dem Werk und dessen Schöpfer bzw. der Urheberschaft zu stammen.[190] Dies sei der Grund, warum ein Zusammenhang zwischen Persönlichkeits- und Vermögensrecht im Urheberrecht erkannt werde.

Die Lehrmeinung, dass die Rechtsordnung Urheberpersönlichkeitsrechte in Bezug auf die Urheberschaft gewährt, bedeutet nach der Meinung *Li*s nicht, dass das Werk als der urheberrechtliche Schutzgegenstand selbst die personenrechtliche Komponente enthält[191] und sich schon von seinem Schöpfer gelöst hat. Außerdem widerspreche diese Auffassung der Tatsache im Markenrecht, dass die Marke auch ein Symbol für die Beziehung zwischen dem Produkt und dessen Hersteller sei und sie mit der juristischen Person verbinden könne, während an der Marke kein Persönlichkeitsrecht bestehe. Ästhetisch gelingt es zudem nicht,

185 Li, Untersuchung über das immaterialgüterrechtliche System, S. 182.

186 Diese Auffassung wird in B. „Das Wesen des immaterialgüterrechtlichen Gegenstands" erklärt. Li, Untersuchung über das immaterialgüterrechtliche System, S. 178 ff.

187 Zhang, Ch-R 105, 123.

188 Zhang, Ch-R 105, 116 f.

189 Urlichs, Das Wesen des Immaterialgüterrechts, S. 80.

190 Li, Untersuchung über das immaterialgüterrechtliche System, S. 185; Urlichs, Das Wesen des Immaterialgüterrechts, S. 81.

191 Li, Untersuchung über das immaterialgüterrechtliche System, S. 185 f.

einen Zusammenhang zwischen dem Werk und der personenrechtlichen Komponente seines Schöpfers zu begründen.[192] Dem Recht liegt der soziale Hintergrund zugrunde und jedenfalls bei Festlegung des immaterialgüterrechtlichen Rechtsinhalts soll die Situation des heutigen Kunstmarkts herangezogen werden, in der die Investoren immer eine wichtigere Rolle als die Autoren spielen.[193] Darüber hinaus wird gemäß § 123 ZGB der Geheimnisschutz mit dem Urheberrecht, Patentrecht, Markenrecht usw. gleich bewertet. Nicht zuletzt kann man laut § 17 Abs. 1 ChUrhG vermuten, dass das Veröffentlichungsrecht sowie das Recht auf Änderung und auf Integrität dem Hersteller gehören könnten. Im Ergebnis lässt sich festzuhalten, dass trotz des persönlichkeitsrechtlichen Schutzes im heutigen Urheberrecht die Immaterialgüterrechte die reinen Vermögensrechte sind.[194]

B. Diskussion um das Wesen des immaterialgüterrechtlichen Objekts

Nachdem festgestellt wurde, dass das Wesen des Immaterialgüterrechts ein Vermögensrecht ist, drängt sich die Frage auf, was das Wesen des immaterialgüterrechtlichen Objekts sein mag.

Die immaterialgüterrechtliche Gesetzgebung der VR China nahm gegen Ende des 20. Jahrhunderts ihren Anfang. Zu Beginn dieses Jahrtausends diskutierten die chinesischen Rechtsgelehrten über Sachverhalte des immaterialgüterrechtlichen Objekts, um zu einem System der Immaterialgüterrechte zu gelangen. Indes konnten sie bis heute keine Einigung erzielen. Nach wie vor gibt es keine überzeugende Lehre, welche die Eigenschaft des immaterialgüterrechtlichen Objekts generalisieren kann. Unter dem Druck, dass das ZGB nach Lösungen verlangt, ist gegenwärtig die Diskussion um die Gesetzgebung zum Immaterialgüterrechtsbuch nochmals erwacht. Dabei wird die Übereinstimmung der unterschiedlichen immaterialgüterrechtlichen Objekte herangezogen. Unter den juristischen Autoritäten finden sich zwar verschiedene Konzeptionen des Objekts des Immaterialgüterrechts, derzeit sind aber nur drei vorherrschenden Begriffe eines „immaterialgüterrechtlichen Objekts" anerkannt. Diese werden im Folgenden vorgestellt.

a. Signal als immaterialgüterrechtliches Objekt

Nach der Definition *Zhang*s wird das immaterialgüterrechtliche Objekt als das durch die menschliche geistige Schöpfung geschaffene unkörperliche Produkt bezeichnet. Der Grund, warum das künstliche Werk, die Erfindung und das Markenzeichen etc. einen Einfluss auf die mentale Aktivität haben, liegt nach seiner Meinung darin, dass man zunächst das aus solchen geistigen Produkten resultierende

192 Li, Untersuchung über das immaterialgüterrechtliche System, S. 188 f.

193 Li, Untersuchung über das immaterialgüterrechtliche System, S. 189.

194 Im deutschen Schrifttum findet sich auch eine solche Meinung, dass die Immaterialgüterrechte selbst reine Vermögensrechte sind. Dazu siehe Lisch, Das Abstraktionsprinzip, S. 41.

Signal erhält, damit die jeweilige subjektive Welt stimuliert wird und anschließend Emotionen entsprechend beeinflusst werden.[195] Folgt man dieser Überlegung, dass das unkörperliche Produkt eine Anordnung von Signalen darstellt, die Information verkörpern, kann man das unkörperliche Produkt als Signal verstehen. Er hat ergänzend argumentiert, dass das Wesen des immaterialgüterrechtlichen Objekts nicht die Information sei, weil die Information weder die Sachsubstanz noch eine Energie objektiver Welt darstelle noch ihre Existenz mit dem Signal verbinden solle. Da aufgrund des immaterialgüterrechtlichen Prinzips die Idee nicht Schutzobjekt des Immaterialgüterrechts, sondern deren Träger ist, wird die Benutzung der Information bzw. der Idee im geistigen Eigentumsrecht nicht untersagt.[196] Aus diesen Gründen folgt, dass Signale als immaterialgüterrechtliches Objekt angesehen werden können. Schließlich weist *Zhang* darauf hin, dass die Merkmale des immaterialgüterrechtlichen Objekts informationeller und geistiger Natur sind und außerdem die Eigenschaften der Ausschließbarkeit, der persönlichen, persönlichkeitsrechtlichen und vermögensrechtlichen Dualität enthalten.[197]

b. Geistiges Produkt als immaterialgüterrechtliches Objekt

Als Begründer dieser wohl herrschenden Auffassung in China verwendet *Wu* die Bezeichnung „geistiges Produkt“ für den immaterialgüterrechtlichen Gegenstand,[198] der Ausdruck der von Menschen im wissenschaftlichen, kulturellen, technischen und weiteren geistigen Bereich geschaffenen Dinge ist.[199]

Aus seiner Sicht ist die Ubiquität des geistigen Produkts als grundsätzliche Ausdifferenzierung zwischen dem geistigen Eigentumsrecht und anderen Vermögensrechten bzw. dem Sachenrecht gegeben, weshalb man über das geistige Produkt nicht unmittelbar verfügen kann, sondern einen bestimmten Träger benötigt, um es wahrnehmen zu können. In Anlehnung an die Eigenschaft der Ubiquität ist auch unbestritten, dass das geistige Produkt ohne Qualitätsverlust nutzbar ist und an mehreren Orten gleichzeitig existieren kann. Nach der weiteren Überlegung, dass als gesetzliches Monopolrecht das geistige Eigentumsrecht, das Individualinteresse und die Belange der Allgemeinheit berücksichtigen muss, kommt *Zhang* zu dem Schluss, bei der Begründung der Schutzfähigkeit des geistigen Produkts müsse ein essenzieller Maßstab angelegt werden. Dabei sind Verkörperung, Schöpfung und Öffentlichkeit notwendige „Lebensbedingung“ der Entstehungsvoraussetzungen des geistigen Eigentumsrechts. Kurz gesagt: Der Grund für die Verkörperung beruht auf dem Merkmal der Ubiquität und die Schöpfung stellt Anforderungen an

195 Zhang, Prinzip des Zivilrechts, S. 474.
196 Zhang, Prinzip des Zivilrechts, S. 460.
197 Zhang, Prinzip des Zivilrechts, S. 459–461.
198 Wu, Problemen des Immaterialgüterrechts. S. 22.
199 Wu, Die Allgemeintheorie des Geistigen Eigentumsrechts, S. 27.

die intellektuellen Bemühungen, schließlich soll die geistige Leistung veröffentlicht oder im Alltagsleben angewendet werden.[200]

c. Das (kombinierte) Zeichen als immaterialgüterrechtliches Objekt

Von den obigen Ansichten abzugrenzen ist *Li*, die in ihrer Doktorarbeit „On the Systematization of Intellectual Property Law" das kombinierte Zeichen als das Wesen des geistigen Eigentums bezeichnet.[201] Diese Lehre lehnt sich – wie im zweiten Teil erwähnt – an die Semiotik, wonach das Zeichen Träger der Information ist. Sie weist darauf hin, dass das Zeichen zwar wie das oben i. S. v. *Zhang* genannte Signal die Übermittlung der Information bewirke, aber anders als das Signal, das ein Teil objektiven Welt ist, nur durch Menschen geschaffen und angewendet werde. D. h., dass nur der Schöpfer des Zeichens – der Mensch – imstande sei, die durch Zeichen verkörperte Bedeutung zu verstehen, während das Signal die Schöpfungseigenschaft des geistigen Eigentums nicht hervorheben könne. Daraus folgt, dass das Zeichen für die essenzielle Beschreibung des spezifischen geistigen Gegenstands besser geeignet sei. Zur Frage, wie die semiotische Theorie an die Rechtswissenschaft anknüpft, sagt sie:[202]

> *„Angesichts des öffentlichen Attributs des Zeichens kann das Zeichen nur dann die gesetzliche Schutzfähigkeit befriedigen, wenn dessen Kombination die konkreten gesetzlichen Voraussetzungen erfüllt."*

Um in der Argumentation weiter zu überzeugen, zeigt sie auf, dass ein Buchstabe, eine Note, eine Linie und ein Markenzeichen usw. das sog. „Zeichen" im Sinne der Semiotik seien. Darüber hinaus bildeten die technischen Erfindungen und Verbesserungsvorschläge ein künstliches Zeichensystem, wobei die natürlichen Regeln wahrnehmbar fixiert werden.[203] Des Weiteren führe das Wesen des immaterialgüterrechtlichen Objekts zu einer völligen Verselbständigung der ideellen und vermögenswerten Bestandteile des Immaterialgüterrechts, was namentlich zur Erklärung eines Wesens des Immaterialgüterrechts von Bedeutung ist.

2. *Stellungnahme in Deutschland*

Erwähnenswert ist hier vor allem, dass der Begriff des „geistigen Eigentums" in der deutschen Literatur umstritten ist. Aus terminologischer Sicht wirkt der Begriff „Immaterialgüterrecht" neutraler als jener des geistigen Eigentums. Aus der vergleichenden Betrachtung mit China werden die beiden Terminologien nicht voneinander unterschieden.

---

200 Wu, Die Allgemeintheorie des Geistigen Eigentumsrechts, S. 18–29.
201 Li, Untersuchung über das immaterialgüterrechtliche System, S. 116.
202 Li, Untersuchung über das immaterialgüterrechtliche System, S. 132.
203 Li, Untersuchung über das immaterialgüterrechtliche System, S. 132–135.

De lege lata wird der Schutz des geistigen Eigentums durch zwei Rechtsgebiete gewährleistet: zum einen durch den urheberrechtlichen Schutz, zum anderen durch den gewerblichen Rechtsschutz, der hauptsächlich das Patent- und Gebrauchsmusterrecht, das Designrecht und das Markenrecht umfasst. Dadurch lassen sich die entsprechenden Objekte auflisten, namentlich Erfindung, Design, Marke und geistiges Werk. Die deutschen Gelehrten fragen danach, ob diese drei Rechtsgebiete dogmatisch zusammenfasst werden können.[204] Falls dies bejaht wird und ihre Gemeinsamkeit festgestellt werden kann, ist eine Abstrahierung der Objektsqualität der unterschiedlichen immaterialgüterrechtlichen Objekte möglich. Damit ist die Zuordnung zum Immaterialgüterrecht diskussionswürdig.

A. Abstrahierung der Gemeinsamkeiten des Immaterialgüterrechts

Offensichtlich finden sich in der Literatur viele theoretische Fundierungsversuche zu einzelnen Immaterialgüterrechten. Vorliegend besteht jedoch keine Notwendigkeit, diese Ansätze zu vertiefen. Um zu beantworten, was die einheitliche Grundlage der einzelnen Gebiete des Immaterialgüterrechts sein soll, geht die entsprechende Literatur hinsichtlich der auseinanderliegenden Schutzobjekte gewöhnlich vom Gegenstand ihres Oberbegriffs „geistiges Eigentum" aus.[205]

Häufig werden die Unterschiede zwischen dem Immaterialgüter- und dem weiteren Vermögensrecht nicht ausgemacht. Der Kern des Immaterialgüterrechts beruht auf dem Gedanken, dass dem Urheber und Erfinder ein Lohn für seine geistige Arbeit gebühre. So bildet die geistige Schöpfung die zentrale Gemeinsamkeit dieser Immaterialgüterrechte. Wenngleich der Begriff des Immaterialgüterrechts nicht ausdrücklich im Gesetz definiert wird, spielt im Zivilrecht die Eigenschaft der geistigen Schöpfung bzw. Unkörperlichkeit eine wichtige Rolle als Abgrenzungskriterium zwischen dem Sacheigentum und dem geistigen Eigentum. Dieses Rechtsdenken entspricht der dogmatischen Trennung zwischen dem auf den körperlichen Gegengenstand beschränkten Gegenstand des Eigentumsrechts und dem Immaterialgüterrecht.

Über die Eigenschaft der Unkörperlichkeit hinaus bestehen viele Gemeinsamkeiten der Immaterialgüterrechte, z. B., dass das Immaterialgüterrecht ein absolutes Recht ist, dessen Schutzreichweite durch den Gesetzgeber bewusst bestimmt oder beschränkt wird. Unter dem Blickwinkel des Zivilrechtssystems kann im Ergebnis festgehalten werden, dass der urheberrechtliche Schutz und der gewerbliche Rechtsschutz in einem Gesetz zu vereinheitlichen sein könnten.

---

204 Exemplarische Beiträge sind Ansgar Ohly, JZ 2003, 545, 545 ff.; Schöneich, Ein Allgemeiner Teil; Oebbecke, Schutzgegenstand der verwandten Schutzrechte.

205 Schöneich, Ein Allgemeiner Teil, S. 97–121; Oebbecke, Schutzgegenstand der verwandten Schutzrechte, S. 22. f.

B. Kritik an den Gemeinsamkeiten

Obgleich viele Gemeinsamkeiten bei den Rechten des geistigen Eigentums bestehen, ist fraglich, ob es aus dem immaterialgüterrechtssystematischen Blickwinkel eine einheitliche Grundlage für das Urheberrecht und den gewerblichen Rechtsschutz gibt.

Wird zunächst der umfassende Überblick über die Zivilrechtssysteme der beiden Rechtsordnungen gesucht, bildet die Unkörperlichkeit des Objekts den Grundstein für die Unterschiede und Ähnlichkeit zwischen dem hergebrachten Eigentums- und dem geistigen Eigentumsrecht. Diese Gemeinsamkeit ist aber in Bezug auf die Vereinheitlichung der unterschiedlichen Immaterialgüterrechte nur eine rein passive und deutet auf keine spezielle Eigenart hin.

Innerhalb der Immaterialgüterrechte lässt sich vor allem eine klare Trennlinie zwischen dem gewerblichen Schutz und dem Urheberrecht ziehen. Das heutige deutsche Urheberrecht folgt der monistischen Theorie, wonach es ein einheitliches Institut ist. Als Anhänger dieser Theorie und Begründer der sogenannten Baumtheorie zweifelte *Ulmer* aber, ob das Markenrecht demselben Rechtssystem wie das Urheberrecht und Patentrecht angehören könne, weil die Marke zwar ein herrenloses Gut sei, doch seine Schutzfähigkeit aufgrund des wirtschaftlichen Wertes oder der Eintragung bei der Zeichenrolle bestehe.[206] Trotzdem gehen einige Befürwortern der einheitlichen immaterialgüterrechtlichen Rechtsgebiete von der Überwindung der Überlappung des urheber- und markenrechtlichen Schutzes bzw. der Balance zwischen dem Ausschließlichkeitsrecht des immaterialgüterrechtlichen Inhabers und der allgemeinen Zugangsfreiheit sowie der Wettbewerbsfreiheit aus und behaupten, dass ein allgemeiner Teil des Immaterialgüterrechts imstande sei, einen angemessenen Interessenausgleich zu ermöglichen.[207] Dieser Gedanke beruht im Wesentlichen auf Überlegungen der Rechtspolitik und entfernt sich vom rechtsdogmatischen Kontext.

Für den Fall, dass der wettbewerbspolitische Gedanke im Immaterialgüterrecht Beachtung finden soll, weist *Peifer* darauf hin, dass das Kriterium „Individualität", das einen Beitrag zum Schutzgrund des Urheberrechts leistet, hilfreich für die Balance zwischen Eigentum und Wettbewerbsfreiheit ist, wenn das Patentrecht nicht den Schutz der persönlichen Entäußerung berücksichtigt, sondern als Anreiz für die Produktion eines bestimmten Arbeitsergebnisses verstanden wird.[208] Zwar kommt dem Kriterium der Individualität im Beitrag von *Peifer* eine bedeutende Rolle bei der Auslegung der einheitlichen Grundlage zwischen Patentrecht und Urheberrecht zu, er sieht aber gleichzeitig, dass die Gegenstände des gewerblichen Rechtsschutzes nicht durchgängig eine persönliche Prägung voraussetzen, wenn beispielsweise im Markenrecht nicht die Gestaltung der Marke, sondern deren

---

206 Ulmer, GRUR Int. 1968, 1, 4.
207 Ohly, JZ 2003, 545, 551 f.; Schöneich, Ein Allgemeiner Teil, S. 117 f.
208 Peifer, Individualität im Zivilrecht, S. 55, S. 356.

potenzielle Eignung, z. B. deren Herkunfts- und Werbefunktion, geschützt ist.[209] Zudem ist laut § 27 MarkenG die Marke übertragbar und vererblich. Des Weiteren ist in neuerer Zeit der Begriff „persönliche geistige Schöpfung" nicht mehr der alleinige Schutzgrund für den Urheberschutz.[210] Darüber hinaus geht die Entwicklung der Leistungsschutzrechte getrennte Wege. Die Schutzgegenstände der Leistungsschutzrechte hängen heute nicht nur mit der Vermittlung oder Verwertung von Werken zusammen, sondern erstrecken sich auch hin zu unternehmerischen Leistungen,[211] die keine schöpferischen Leistungen sind. Vor diesem Hintergrund sind die einheitlichen Schutzvoraussetzungen der unterschiedenen Immaterialgüterrechte kaum zu ermessen.

Angesichts der Diskrepanz im Recht des geistigen Eigentums fällt es daher schwer, davon zu überzeugen, eine andere gemeinsame Eigenschaft über diese immaterialgüterrechtlichen Gegenstände zu abstrahieren und ferner das Urheberrecht und das Markenrecht unter dem System des geistigen Eigentumsrechts zusammenzufassen.

3. Zwischenergebnis aus rechtsvergleichender Beobachtung

Um das Wesen des immaterialgüterrechtlichen Objekts zu charakterisieren, ist ein Vergleich mit den Lehrmeinungen über das Wesen der immaterialgüterrechtlichen Objekte Chinas hilfreich, wo es bei der Lehre vom Signal an der ausdrücklichen Darstellung der schöpferischen Geistestätigkeit mangelt und bei der Lehre vom geistigen Produkt die Entstehung des Markenrechts nicht völlig begründet werden kann. Letztlich reicht die Lehre *Lis* vom „kombinierten Zeichen" aus, um die Gemeinsamkeit der Immaterialgüter allgemeingültig zu klären.

Bei der Wesenseingrenzung des Immaterialgüterrechts war festzustellen, dass das Immaterialgüterrecht in China theoretisch weder dem reinen Persönlichkeitsrecht noch einem besonderen Recht, das Persönlichkeits- und Vermögensinteresse vermengt, zugeordnet werden kann. Streng genommen ist zu befürworten, das chinesische Immaterialgüterrecht theoretisch als ein reines Vermögensrecht zu verstehen. In Deutschland lässt sich nicht leugnen, dass zwischen den Rechten des geistigen Eigentums ein gewisser, sogar gegenstandsbezogener Zusammenhang besteht. Doch erschwert das Aufrechterhalten der persönlichen Prägung im deutschen Urheberrecht die systematische Kombination von gewerblichem Rechtsschutz und urheberrechtlichem Schutz. Dies führt dazu, dass bei einer gegenstandsbezogenen Prüfung von Daten eine in der Zusammenschau des Immaterialgüterrechtsystems betrachtete Grundlage verloren geht. Ihre persönliche Prägung soll im deutschen Immaterialgüterrecht dafür Rechnung tragen, ja nahezu

209 Peifer, Individualität im Zivilrecht, S. 440, 420.
210 Delp, Das Recht des geistigen Schaffens, S. 428.
211 Die typischen Ansätze dafür sind wie Koroch, Das Leistungsschutzrecht, sowie BGH, EuGH-Vorlage vom 1. Juni 2017 – I ZR 115/16 –, juris Rn. 18.

sicherstellen, dass Daten nicht mehr als Schutzobjekt des Urheber-, Marken- und Patentrechts qualifiziert werden. In diesem Zusammenhang ist aus rechtsvergleichender Sicht nur die Zuordnung von Daten zum Leistungsschutzrecht diskussionswürdig.

II. Zuordnung des Datenschutzes im Immaterialgüterrecht

Vor der Diskussion, dass die Daten einem Immaterialgüterrecht zuzuordnen sind, soll vor allem ein Berührungspunkt der Daten mit dem Immaterialgüterrecht formuliert werden. Er hat sich bereits bei der Bestimmung des Wesens der Immaterialgüterrechte angedeutet.

1. Begründung des Berührungspunktes mit Immaterialgüterrecht

A. Zeichnen als Berührungspunkt

Die Lehrmeinungen von „Signal", „geistigem Produkt" und „Zeichen" versuchen, ein einheitlich immaterialgüterrechtliches Objekt zu definieren. Die Lehre des geistigen Produkts scheitert allerdings daran, eine gemeinsame Eigenschaft für unterschiedliche Immaterialgüter zu identifizieren, etwa gewisse Markenzeichen, die geschützt sind, auch wenn sie sich nicht aus einer geistigen Schöpfung ergeben. Etwas sinnvoller scheint daher – wie oben festgestellt – die Lehre der kombinierten Zeichen zu sein. Dementsprechend kann man unter Daten – wie zur semiotischen Diskussion dargelegt wurde – sowohl das Zeichen selbst als auch irgendeinen objektiven Ausdruck (Aufzeichnungen) verstehen. Dadurch wird ein Zusammenhang zwischen den Daten und Immaterialgütern begründet, wobei das (kombinierte) Zeichen als ein Anknüpfungspunkt zwischen den Daten und Immaterialgütern fungiert.

Auch wenn hier eine Verbindung zwischen Daten und Immaterialgütern im semiotischen Sinne erfolgt, führt sie nicht zu der Schutzfähigkeit der Daten auf immaterialgüterrechtlicher Ebene, da das Immaterialgüterrecht nur dann begründet wird, wenn das Immaterialgut die Gegenstandseigenschaft eines bestimmten Rechts erfüllen kann. Was folgt aus diesen Überlegungen für die Frage, welchen Immaterialgüterrechten die Daten zugeordnet sind? Obwohl man in Bezug auf diese Frage die gesetzlichen Immaterialgüterrechte jeweils überprüfen kann, ist das umständlich, weil es Daten als faktischen Aufzeichnungen an der geistigen schöpferischen Expression mangelt, die für die Werk-, Erfindungs- und Gebrauchsqualität erforderlich ist.

Unter dem Einfluss des Droit-d'Auteur-Systems werden das Urheberrecht und das Leistungsschutzrecht auch im ChUrhG getrennt geregelt, wobei trotz fehlender ausdrücklicher gesetzlicher Definition nach herrschender Meinung die Schutzgegenstände der verwandten Rechte nicht als das urheberrechtliche Werk i. S. d. § 3 ChUrhG gelten. Legt man diese Tatsache der Zuweisung der Daten zugrunde, kommen hier vor allem die Leistungsschutzrechte in Betracht. Dogmatisch diskussionswürdig ist hier daher eine analoge Anwendung des Sendeunternehmensrechts auf leistungsschutzrechtliche Zuweisung der Daten.

B. Schutzvoraussetzung der Leistungsschutzrechte als Berührungspunkt

Um die Daten den Leistungsschutzrechten angemessen zuzuordnen, soll analysiert werden, ob der Schutz der Daten dem Schutzziel der Leistungsschutzrechte entsprechen kann. Die erste Frage lautet somit, was die allgemeine Schutzvoraussetzung der Leistungsschutzrechte darstellt und ob sie für Daten anwendbar ist. Jedoch finden sich unterschiedliche Kriterien in der Literatur und in der Rechtsprechung, wobei die darin enthaltenen Meinungen sich im Wesentlichen wie folgt darstellen lassen.

a. Individualität als Schutzvoraussetzung

Um die Gegenstandsqualität im urheberrechtlichen System zu vereinheitlichen, hat *Liu* in ihrer Dissertation zum System der verwandten Rechte erstmals in China aufgezeigt, dass die Individualität eine Rolle als Anknüpfungspunkt für die Vereinheitlichung zwischen dem Urheberrecht und den verwandten Rechten spielen kann.[212] Zu der Frage, warum es die unterschiedlichen Werkbegriffe in der Welt gibt, weist sie darauf hin, dass dieses Phänomen vor allem durch das unterschiedliche Verständnis von Individualität begründet worden sei.[213] Zudem mangele es zwar an weltweit einheitlichen Prüfungskriterien für die Individualität. Dennoch setze nicht nur das angloamerikanischen Copyright Law, wo das Urheberrecht und das Leistungsschutzrecht nicht getrennt geregelt werden, sondern auch das Droit-d'Auteur-System für die Werkqualität Individualität voraus. Nach dem Vergleich mit dem amerikanischen Copyright Law, das sich nicht in zwei verschiedene Systeme einteilen lässt, meint sie, dass die Schöpfungshöhe des Werks als quantitative Anforderung der Werkqualität zwar immer an die staatliche Wirtschaft und an politische Überlegungen geknüpft sei, doch die Individualität auch als qualitative Voraussetzung der Werkqualität in allen Ländern vorrangig berücksichtigt werde. Sie betont schließlich, dass das geschützte Objekt im Urheberrecht nicht die wirtschaftliche Investition, die im Schaffen der geistigen Schöpfung gegeben ist, sondern die verkörperte Ausdrucksform der schöpferischen Geistestätigkeit sei.[214]

b. Investition als Schutzvoraussetzung

Gibt es eine wirtschaftliche, organisatorische und technische Leistung, die auf die Schaffung und die Verbreitung des Werks zielt, so meint *Wang*, dass diese Leistung durch verwandte Rechte geschützt werden könne.[215] Er hat auch darauf

212 Liu, Koordination des Urheberrechtssystems, JF 65, 65 ff.
213 Liu, Zuordnung des Leistungsschutzrechts, S. 114.
214 Liu, Koordination des Urheberrechtssystems, JF 65, 66.
215 Wang, Institutionalisierung der Leistungsschutzrechts, S. 59, 63.

hingewiesen, dass es sich sowohl bei der Herstellung von Tonträgern als auch bei der Verarbeitung einer Funksendung nicht um eine schöpferische Geistestätigkeit handele, sondern dies lediglich mechanische Leistungen seien.[216] Zur Begründung seiner Auffassung zitiert er auch den Schutz des Datenbankherstellers im deutschen Urheberrecht, dem es um den Schutz der wesentlichen Investition geht.

Vor Kurzem haben die chinesischen Gerichte in einigen Fällen des Live Sports klargestellt, dass aufgrund eines Mangels an Individualität der Live Sport nicht als Werk i. S. d. § 3 ChUrhG angesehen werden könne.[217] Diese gerichtlichen Entscheidungen werden von chinesischen Gelehrten anerkannt, während zugleich zunehmend Vorschläge unterbreitet werden, dass sich der Schutzumfang des Funksendungssignals auf das Internet erstrecken soll, um die relevanten Interessensubjekte zu gewährleisten.[218] Tatsächlich regeln *de lege lata* die Vorschriften der §§ 46 bis 48 ChUrhG den Schutz des Presseverlegers, wonach das Schutzobjekt als Funksendungssignal definiert und der Anwendungsbereich nur auf das Alltagsleben beschränkt wird,[219] obwohl der enge Anwendungsbereich heutzutage nicht der Entwicklung des Computers entspricht.

Insgesamt widersprechen sowohl die gerichtlichen Entscheidungen als auch die gesetzlichen Vorschriften der Auffassung von *Liu*. Ebenso kann die Anerkennung der Individualität als Schutzvoraussetzung der verwandten Rechte wohl in absehbarer Zeit realistisch nicht erwartet werden. Für die Schutzvoraussetzung der verwandten Rechte erscheinen der wirtschaftliche, organisatorische und technische Aufwand zwar als Wagnis, diese Ansicht wird aber nicht nur in China, sondern auch in Deutschland bereits weitgehend unterstützt.[220]

2. *Leistungsschutzrecht an Daten*

Die Anerkennung der Investitionsleistung als wesentlicher Grund für die Schutzvoraussetzung der Leistungsschutzrechte ist für Daten denkbar, weil beispielsweise für viele Labordaten ein Minimum an wirtschaftlichem Aufwand notwendig ist. An dieser Stelle stimmt der Schutz von Daten mit dem leistungsschutzrechtlichen Schutzzweck überein. Problematisch ist, dass das Leistungsschutzrecht zwar ubiquitäre Güter schützt, sowohl seine jeweilige Verkörperungsform als auch die schutzfähige Schutzvoraussetzung jedoch von eigener Art ist. Bisher gilt der

216 Wang, Institutionalisierung der Leistungsschutzrechts, S. 59.

217 Haidian Volksgericht, Beijing, Nr. 21472 (2013) (海民初字第21472号 (2013) 民事判决书; Chaoyang Volksgericht, Beijing, Nr. 40443 (2014) (朝民(知)初字第40334号 (2014) 民事判决书; Beijing Volksgericht für Geistiges Eigentum, Nr. 1055 (2015) 京知民终字第1055号民事判决书 (2015).

218 Li, China Intellectual Property News, 13.04.2018.

219 Wang, Lehrbuch des geistigen Eigentumsrechts, S. 209; Wu, Problemen des geistigen Eigentumsrechts, S. 4.

220 Siehe BGH, GRUR 2009, 403, Rn. 14, sowie Bröcher/Hoffmann/Sabel, Dogmatische Grundlagen, S. 60.

Bereich der chinesischen Leistungsschutzrechte nur für den Schutz von Verlegern (§§ 32 bis 37 ChUrhG), ausübenden Künstlern (§§ 38 bis 40 ChUrhG), Herstellern von Tonträgern (§§ 42 bis 45 ChUrhG) und Sendeunternehmen (§§ 46 bis 48 ChUrhG). Der Schutzgegenstand von Verleger, ausübendem Künstler und Tonträger weist aber die Besonderheit auf, dass er jeweils unmittelbar an ein bestimmtes Ergebnis bzw. an Bücher (Zeitungen), Darbietungen und Tonträger anknüpft. Aus diesem Grund ist die spezifische Zuordnung zu Daten durch diese Leistungsschutzrechte undenkbar.

A. Daten als Schutzobjekt des Sendeunternehmensrechts?

Das ChUrhG regelt nicht ausdrücklich, dass das Schutzobjekt des Sendeunternehmensrechts das Signal ist. Dennoch finden sich unterstützende Standpunkte in internationalen Dokumenten. Ein Beispiel hierfür ist § 2 Nr. (iv) WO/GA/34/8, wonach das SCCR (Standing Committee on Copyright and Related Rights) der WIPO den Zweck seiner Sitzungen betont hat, dass sich sein Interesse auf das Konzept des Signalschutzes konzentriert. Die folgerichtige Vorschrift ist § 5 (b) SCCR/27/2 Rev, wobei der Begriff „broadcast" als die auf *reception by the general public* zielende *transmission of a set of electronically signals* definiert wird (Art. 5 SCCR/27/2 Rev). Um die internationalen Dokumente umzusetzen, spricht im Ergebnis § 40 im dritten ChUrhG-Entwurf vom Schutzobjekt des Sendungsunternehmens als Signal, das Ton oder Bild enthält. Diese Begriffsklausel ist zwar nicht in das neue chinesische Urheberrechtsgesetz von 2021 aufgenommen worden, spiegelt aber doch die Ansicht der Wissenschaft wider. An dieser Stelle unterscheidet sich die chinesische Meinung von der deutschen, wonach der Schutzgegenstand des Sendeunternehmensrechts als Programminhalt gilt.[221] Aus chinesischer Sicht kann der Schluss gezogen werden, dass der Schutz des Signals nicht nur vom Schutz urheberrechtlicher Gegenstände zu unterscheiden, sondern auch unabhängig vom Inhalt ist.[222]

Vor dem Hintergrund der unerlaubten Vervielfältigung und Verbreitung von Live Sports im Internet wird nunmehr verbreitet vorgeschlagen, dass sich der Anwendungsbereich des Sendeunternehmensrechts vom Alltagsleben auf das Internet ausweiten solle, weil es zum einen dem Live Sport nach wie vor an Werkqualität gemäß § 3 ChUrhG mangele und zum anderen das Schlüsselproblem für diese Fälle darin liege, dass das Signal illegal abgefangen wird. Damit stellt sich die Frage, was im Laufe einer Sendung von Live Sports vom Absender zum Empfänger übermittelt wird: Daten oder Signale?

Wendet man daher hier die im ersten Teil dargestellte Datendefinition an, kann man zunächst die Daten als einen Träger der Information auffassen. Eine solche Definition trifft auf den ersten Blick auf das Signal zu, weil das mit dem

221 Hillig, in: Ahlberg/Götting, UrhG, § 87 Rn. 13.
222 Wang, Forschung über die Erweiterung des Senderechts, SRW 177, 177 ff.

Rundfunkprogramm unterlegte Signal auch die Information tragen kann. Bei der Übermittlung der Information, insbesondere der Übermittlung in der Netzwerkumgebung, spielen die Daten und das Signal jedoch unterschiedliche Rollen. Um beispielsweise ein (materielles) Bild im Computer aufzubewahren und weiter zu versenden, muss das Bild in das Binärsystem umgewandelt werden, damit man es sehen kann. Tatsächlich existiert das Bild, das auf dem Bildschirm zu sehen ist, in Form von Binärcodes im Computer, die als Daten verstanden werden können. Wenn das Bild nun von diesem Computer zu einem anderen Computer oder System übermittelt wird, müssen diese Binärcodedaten in Signale oder elektromagnetischen Wellen umgewandelt werden, um die technischen Anforderungen an die Überermittlungstechnik zu erfüllen.[223] Nach der Verarbeitung des Empfängers kann dann das Bild auf einem anderen Bildschirm angesehen werden. Damit ist klar, dass man zwar im Cyberspace sowohl unter den Daten als auch unter dem Signal den Träger der Information bzw. des gesendeten Materials verstehen kann. Die Daten spielen jedoch eine Rolle als speichernder Träger der Information, während das Signal ein übermittelnder Träger der Information ist. Konsequenterweise können die Daten nicht mit dem Signal gleichgesetzt und nicht dem Sendeunternehmensrecht im ChUrhG zugeordnet werden.

B. Daten als Schutzobjekt des Datenbankrechts

a. Kein Datenbankrecht im chinesischen Leistungsschutzrecht

Die chinesischen Experten stimmen zwar der Schutzfähigkeit der Datenbank zu, bisher regelt im ChUrhG aber keine konkrete Vorschrift das Datenbankwerk oder den Schutz des Datenbankherstellers. In diesem Kontext wird das Datenbankrecht des Herstellers nicht auf urheberrechtlicher Ebene anerkannt. Das Datenbankrecht wird aus vergleichender Sicht ergänzend behandelt.

b. Deutsche Sicht

Anders als im ChUrhG regeln die Vorschriften der §§ 87a bis 87e UrhG den Schutz des Datenbankherstellers, wobei der Schutz der Datenbank nicht die persönliche geistige Schöpfung, sondern die wesentliche Investition voraussetzt, die auf die Beschaffung, Überprüfung oder Darstellung der Datenbankinhalte gerichtet ist.[224]

Gemäß § 87a UrhG beruht die Schutzbegründung des Datenbankherstellers auf der wesentlichen Investition. Vor diesem Hintergrund kommt der wirtschaftlichen Investition eine grundlegende Bedeutung für den Schutz der Datenbank zu, wobei zu berücksichtigen ist, dass der Schutz nicht auf die Investition zur Generierung der Datenbankinhalte, sondern auf die Investition zur Beschaffung, Überprüfung

223 Die Bedeutung von Datenübertragung, abrufbar unter: https://www.elektronik-kompendium.de/sites/kom/0212091.htm.

224 Kotthoff, in: Dreyer/Kotthoff/Meckel/Hentsch, UrhG, § 87a Rn. 25.

oder Darstellung der Datenbankinhalte gerichtet ist. Insoweit besteht kein schutzfähiger Raum für den Aufwand, der die Generierung der Daten betrifft.

c. Indirekte Schutzform für Daten

Zu beachten bleibt allerdings, dass weder der Inhalt der Datenbankelemente noch die Verkörperung der Datenbank, sondern die jeweilige auf einem Träger festgelegte Datenbank als Gesamtheit des unter wesentlichem Investitionsaufwand gesammelten, geordneten und einzeln zugänglich gemachten Inhalts als immaterielles Gut das Schutzobjekt des Datenbankrechts ist.[225] Auf Grundlage dieses Kenntnisstands ist die Konsequenz, dass die in einer Datenbank enthaltenen Daten nicht dem Datenbankrecht zugewiesen werden können.

An diesem Punkt, an dem die Kosten für die Generierung der Daten vom Schutz der Datenbank ausgeschlossen und die Daten selbst nicht als Schutzobjekt des Datenbankrechts erfasst werden, folgt die Frage, ob die Daten damit mittelbar geschützt bzw. beherrschend sind, sofern die Datenerhebung als Aufwand ihrer Sammlung zu betrachten ist, wobei der Wirtschaftswert der Daten als entscheidendes Kriterium für die Auslegung der wesentlichen Investition i. S. d. § 87a UrhG dienen kann. Dazu kommt der Begriff der „Wesentlichkeit" in Betracht, der sowohl den Schutzgegenstand (§ 87a Abs. 1 UrhG) als auch den Schutzumfang (§ 87b Abs. 1 UrhG) festlegt.[226] Als schutzbegründende Voraussetzung erklärt die wesentliche Investition, warum sich der Schutzumfang des Datenbankrechts auf die Gesamtheit der Datenbank erstreckt oder den wesentlichen Teil der Datenbank beschränkt.[227] Bei der Beurteilung des wesentlichen Teils wird die einschlägige Leistung, die in die Auffindung, die Auswahl und die Anordnung der Datenbankelemente investiert wird, in die geschützte Investition i. S. d. § 87a UrhG einbezogen;[228] in dieser Hinsicht handelt es sich um eine Prüfung der Quantität und der Qualität der Daten selbst. Zwar haben die Rentabilität und die urheberrechtliche Schutzfähigkeit der Datenbankinhalte nicht unmittelbar mit der Schützbarkeit der Datenbank zu tun, die Datenbankinhalte besitzen aber umso mehr wirtschaftlichen Einfluss, je eher sie die Wesentlichkeitsgrenze erreichen können. Dazu hat das LAG Hessen die Auffassung vertreten, dass die Verfügungsmacht an den Daten dem Arbeitgeber gehört und der Arbeitnehmer durch die unberechtigte Löschung gegen seine vertraglichen Pflichten i. S. d. § 241 Abs. 2 BGB verstößt.[229] In diesem Zusammenhang werden die Daten wohl mittelbar durch das Datenbankrecht geschützt, wenn der Träger dieser Daten als Datenbank i. S. d. § 87a UrhG

225 Vogel, in: Schricker/Loewenheim, UrhG, vor §§ 87a ff. Rn. 29.
226 Vohwinkel, in: Ahlberg/Götting, UrhG, § 87b Rn. 12.
227 Vohwinkel, in: Ahlberg/Götting, UrhG, § 87a. Rn. 38 ff.
228 Vohwinkel, in: Ahlberg/Götting, UrhG, § 87a, Rn. 44.
229 Hessisches LAG, Urt. v. 5.8.2013, Az. 7 Sa 1060/10, Rn. 68.

anzusehen ist.[230] Wie aber der Wert der Daten für die Datenbank zu beurteilen ist, hängt vom konkreten Streitfall ab.

Nicht zuletzt ist die Möglichkeit zu berücksichtigen, die im vermögensrechtlichen Sinne unschätzbaren Daten in die oben genannte mittelbare Schutzfähigkeit umwandeln zu können, da es einerseits mangels systematischer oder methodischer Anordnung der Träger an der Datenbankqualität fehlt und folglich die Daten an der mittelbaren Schutzfähigkeit scheitern sowie andererseits nach weiterem Datenhandel ein mittelbarer Schutz für diese Daten dadurch geboten werden kann, dass die Kosten, die beispielhaft für die Datensammlung bezahlt wurden, als wesentliche Investition gelten können.

d. Eine ungewisse Referenz für China

Der Schutz von Daten kann im Bereich des Datenbankrechts eine Dimension erreichen, die auf eine indirekte Weise wirkt, wobei die praktische Wirkung noch nicht deutlich abzusehen ist, weil dem Datenbankrecht im Wesentlichen ein Investitionsschutz zugrunde liegt. Das Abstellen auf das Datenbankrecht erscheint allenfalls als eine Schutzform für Daten, aber darin besteht möglicherweise eine Schutzlücke.

Zudem legt das ChUrhG nicht das Datenbankrecht fest, sodass für das unerfahrene China der Investitionsbegriff zu kompliziert erscheint. Da der BGH die Ansicht des EuGH übernimmt, wonach bei Prüfung der Investition für die Beschaffung von Daten allein die für die der Ermittlung von vorhandenen Elementen und deren Zusammenstellung in Datenbank aufgewendeten Mittel und nicht die für die Erzeugung von Elementen eingesetzten Mittel, aus denen der Inhalt einer Datenbank besteht, zugerechnet werden, ist schwer einzuschätzen, wie die nicht berücksichtigungsfähigen Kosten der Datengenerierung und die berücksichtigungsfähigen Aufwendung für die Suche und Sammlung bestehender Daten zu beurteilen sind, wenn bei der Datengenerierung der Datenbankhersteller aktiv tätig wird.[231]

Neben der unklaren Deutung des Investitionsbegriffs sollte im Datenbankrecht eine Interessenabwägung berücksichtigt werden, wenn der chinesische Gesetzgeber ein neues Datenbankrecht schaffen wird. Wie die Schranken des Rechts des Datenbankherstellers gestaltet werden sollen, stellt eine weitere Anforderung an den chinesischen Gesetzgeber dar. Blickt man auf den Schutzzweck des Datenbankrechts in Deutschland, den unzureichenden Schutzzustand von Datenbankwerken zu verbessern und die unerlaubte Übernahme und Weiterverwendung investitionsintensiver Datenbanken zu überwinden,[232] treten in Bezug auf das heutige ChUrhG auf, ob der Schutz von Daten durch das Wettbewerbsrecht

---

230 Dazu siehe auch Wiebe, GRUR 2017, 338, 338 ff.

231 Dreier, in: Dreier/Schulze, UrhG, § 87a, Rn. 13.

232 Dreier, in Dreier/Schulze, UrhG, § 87a, Rn. 13.

vergleichsweise besser realisiert wird als durch das Datenbankrecht, denn immerhin ist es aufwendig und möglicherweise unnötig für China, ein neues Datenbankrecht im gegenwärtigen chinesischen Urheberrechtsrahmen zu erstellen. Nicht zuletzt ist der Investitionsbegriff nach Meinung des BGH weit zu fassen.[233] Doch wie weit dieser Begriff gehen darf, ist auch für China schwierig einzuschätzen. Jüngst sprach ein chinesischer Gelehrter aus, dass die Gestaltung des Datenbankrechts in der EU fehlgeschlagen sei.[234]

C. Softwarerecht an Daten

Während es an einer gesetzlichen Definition des Computerprogramms in Deutschland fehlt,[235] wird in China nach § 3 Abs. 3 Computerprogramm-Schutzrichtlinie das Computerprogramm als eine codierte oder symbolische Befehlssequenz oder symbolische Anweisungssequenz bezeichnet, die von einer informationsverarbeitenden Einrichtung wie dem Computer ausgeführt werden kann, um bestimmte erwartete Ergebnisse zu erzielen. Dieses Verständnis gleicht im Wesentlichen der Ansicht der deutschen Autoren,[236] was eine sich gleichende Diskussionssituation beider Rechtsordnungen schafft.

Bei einem Computerprogramm geht es hauptsächlich um zwei Rechtssubjekte: den Verbraucher, der Hersteller der Daten ist, und den Inhaber oder Anbieter des Computerprogramms. Dass das Computerprogramm im Internetbereich läuft, wird zu einer unterschiedlichen Zuordnung der vom Benutzer verhaltensgenerierten Daten führen, weil die Daten im Fall des fehlenden Computerbetriebs und der fehlenden Benutzung seitens des Verbrauchers nicht generiert werden. Da der Gegenstand einer Verarbeitung i. S. d. § 950 BGB nicht das immaterielle Gut ist,[237] ist das Recht der Verarbeitung hier nicht anwendbar. Weil die Daten als personenbezogenen Daten sehr wahrscheinlich betrachtet werden und deren Verarbeitung lediglich mit Einwilligung des Betroffenen oder im Fall des gesetzlichen Erlaubnisbestandes möglich ist, darf der Anbieter der Software ohne Zustimmung der Nutzer nicht auf diese Daten zugreifen. Selbst wenn sich der Zugriff und die Benutzung durch die Zustimmung und die folgende Anonymisierung ermöglichen lassen, soll auch das Ergebnis der Verarbeitung berücksichtigt werden. Regelmäßig sind die durch die Analyse von Rohdaten gewonnen Ergebnisse nicht nur neue Daten, sondern auch die wertvollen Informationen,[238] das Informationsprodukt. Vor diesem Hintergrund kommt ein sog. „Datenherstellerrecht" an Daten in Betracht. Die Schaffung eines neuen Datenproduzentenrechts wird jedoch abgelehnt.[239] Im

---

233 BGH, Urteil vom 1. Dezember 2010 – I ZR 196/08 –, juris, Rn. 17 ff.

234 Li, Wie das Gesetz mit Dateneigentum umgeht, RS 73, 82.

235 Rehbinder/Peukert, Urheberrecht, § 8 Rn. 231.

236 Rehbinder/Peukert, Urheberrecht, § 8 Rn. 229.

237 Füller, in: Säcker/Rixecker/Oetker/Limperg, BGB, Bd. 8, § 950 Rn. 4

238 Drexl, NZKart 2017, 339, 341.

239 Wiebe, CR 2017, 87, 93.

Ergebnis besteht keine Möglichkeit, das Softwarerecht diesen durch Computerbetrieb und die Benutzung des Verbrauchers generierten Daten zuzuordnen.

3. *Durch Geschäftsgeheimnis*

Der Schutz des Geschäftsgeheimnisses in beiden Ländern orientiert sich an Art. 39 TRIPS (Schutz nicht offenbarter Informationen). Damit wird auch verständlich, dass der Unterschied im Anwendungsbereich des Geheimnisschutzes nicht groß ist. Allerdings bestehen gewisse Abweichungen der Geheimnisqualität.

A. Geheimnisbegriff und -qualität nach chinesischem Gesetz

Eine theoretische Debatte wird zwar darüber geführt, ob das Geschäftsgeheimnis in der Form von einem Vermögensrecht geschützt wird. Nach § 123 ZGB wird aber schließlich festgestellt, dass das Recht am Geschäftsgeheimnis zu den Vermögensrechten zählt.[240] Laut § 123 ZGB ist das Geschäftsgeheimnis als Kategorie der immaterialgüterrechtlichen Objekte festzulegen.

Der Begriff des Geschäftsgeheimnisses der beiden Länder ist aus Art. 39 Abs. 2 TRIPS übernommen. In China enthält das am 01. 01. 2018 in Kraft getretene neue Gesetz gegen den unlauteren Wettbewerb den Begriff des Geschäftsgeheimnisses. Demnach ist das Geschäftsgeheimnis die geschäftliche Information (einschließlich technischer Information, betriebswirtschaftlicher Information usw.), die nicht allgemein bekannt ist, einen wirtschaftlichen Wert hat und für deren Geheimhaltung der Berechtigte entsprechende Maßnahmen ergriffen hat (§ 9 Abs. 4 chinesisches Gesetz gegen den unlauteren Wettbewerb, nachfolgend: cUWG).[241]

Trotz unterschiedlicher Beschreibungssprache entsprechen die Voraussetzungen für die Schutzfähigkeit des Geheimnisses in China nahezu Art. 39 Abs. 1 TRIPS.[242] Doch besteht ein nennenswerter Unterschied zur Forderung der Geheimnisqualität. Art. 9 Abs. 1 der „Interpretation of the Supreme People's Court on Some Issues Concerning the Application of Law in the Trial of Civil Cases Involving Unfair Competition" (ISPCC) (auch Art. 39 Abs. 2 a) des TRIPS) bestimmt zwei miteinander verbundenen Tatbeständen der allgemeinen Unbekanntheit, wonach das Geheimnis sowohl nicht allgemein bekannt als auch nicht leicht zugänglich und in Abgrenzung dazu nicht allgemein bekannt oder nicht leicht zugänglich zu sein. Inhaltlich ist allgemeine Unbekanntheit ein relatives Kriterium, dessen Beurteilung durch den Vergleich mit der Kenntnis von Personen erfolgt, die in dem entsprechenden Arbeitsbereich tätig sind. Außerdem soll das Geheimnis nicht leicht zugänglich sein. Demnach sind die allgemein verfügbaren Informationen nicht Schutzgegenstand des Geheimnisses. Wenn man einen technischen oder wirtschaftlichen Beitrag zur Sammlung oder Verarbeitung der Daten geleistet hat,

240 Ning, SRW 118, 125; Jiang, Erklärung zur juristischen Auslegung, Rw 21, 26.
241 Fan, GRUR Int. 2019, 144, 149.
242 Kong, Sub-Pandect, S. 361.

könnten sie als Geheimnis geschützt werden.[243] In diesem Fall ist das Schutzobjekt jedoch nicht diese originale Information, sondern das Arbeitsergebnis. Demzufolge geht es beim Tatbestand der allgemeinen Unbekanntheit um die Gesamtbeurteilung des Arbeitsergebnisses, d. h., der Bestandteil des Geheimnisses hat keinen Einfluss auf die Beurteilung der Schutzfähigkeit. Zusammenfassend führt die allgemeine Verfügbarkeit der Information nicht unbedingt zu seiner Schutzlosigkeit.

B. Ein Vergleich mit dem deutschen Verständnis

Wenngleich in Bezug auf den Schutz von Geschäftsgeheimnissen Deutschland und China wegen Art. 39 des TRIPS-Abkommens eng miteinander verflochten sind, wird der Geheimnisschutz im Rahmen des immaterialgüterrechtlichen Systems unterschiedlich umgesetzt. Im Gegensatz zu § 123 ZGB, wonach der Geheimnisschutz als Schutz von geistigem Eigentum übernommen wird, werden laut Nr. 16 Erwägungsgrund der Richtlinie (EU) 2016/943 Exklusivrechte an „als Geschäftsgeheimnis geschütztem Know-how oder als solchen geschützten Informationen" nicht akzeptiert. In Deutschland wurde kontrovers über die Frage diskutiert, ob der Schutz von Geheimnissen zum Recht des geistigen Eigentums zähle, und es besteht keine herrschende Meinung dazu.[244] Durch das am 26.4.2019 in Kraft getretenen Gesetz zum Schutz von Geschäftsgeheimnissen (GeschGehG) wird diese Frage beantwortet. Die Gesetzesbegründung spricht dafür, dass der Schutz von Geschäftsgeheimnissen nicht vollständig den Immaterialgüterrechten zugeordnet wird.[245]

Außerdem bestimmt das GeschGehG erstmals im deutschen Recht die Konzeption des Geschäftsgeheimnisses.[246] Zwar weicht das deutsche Verständnis des Geschäftsgeheimnisses formal von Art. 39 Abs. 2 TRIPS ab, der Kernbestandteil der beiden Begriffe ist aber übereinstimmend[247] und in Praxis gibt es möglicherweise keine Unterscheidung[248]. Vor diesem Hintergrund hat beim Vergleich mit § 9 Abs. 2 cUWG der durch § 2 Satz 1 Nr. 1 GeschGehG bestimmte Geheimnisbegriff wohl keinen Unterschied gegenüber China.

Konsens über die Geheimnisqualität besteht ebenfalls zwischen China und Deutschland. Beispielsweise ist für Beurteilung der Geheimnisqualität entscheidend, „ob die Zusammenstellung der Information einen großen Zeit- oder Kostenaufwand erfordert".[249] Selbst wenn die Tatsache aus Sicht bestimmter Fachkreise bekannt ist, ist dies für die Geheimnisqualität unerheblich, solange der Inhaber

243 Kong, Sub-Pandect, S. 366, 401 ff.
244 Ohly, GRUR 2014, 1, 3; Slawik, Entstehung des deutschen Modells, S. 621 ff.
245 BT- Drs. 19/4724, S. 20.
246 Kornmeier/Baranowski, BB 2019, 1219, 1223.
247 Ohly, GRUR 2014, 1, 4.
248 Ann, GRUR 2007, 39, 41; Kalbfus, GRUR 2016, 1009, 1011.
249 BGH, GRUR 2012, 1048, Rn. 21.

ein berechtigtes Geheimhaltungsinteresse hat und der Geheimhaltungswille weiter vorliegt.[250]

In inhaltlicher Sicht besteht in Deutschland aber eine Diskrepanz zu den Anforderungen an die Geheimnisqualität, die durch TRIPS fordert wird. Im Sinne der Richtlinie fordert die Voraussetzung des „kommerziellen Wertes", dass die geschützte Information einen realen oder potenziellen Wert verkörpern soll, während sich diese Voraussetzung nach dem nationalen Verständnis auf die Informationen erstrecken kann, die Schaden verursachen könnten.[251] Im Vergleich dazu sind nach dem Verständnis der chinesischen Gelehrten die Informationen, die praktischen und potenziellen Wert besitzen, als von kommerziellem Wert zu verstehen,[252] d. h., bislang würden die Schaden verursachenden Information nicht in Betracht kommen. Schließlich enthalten nach deutschem Recht nicht offenkundige Informationen auch solche, die nicht allgemein bekannt oder leicht zugänglich sind,[253] während nach chinesischem Recht die nicht offenkundige Information durch allgemeine Unbekanntheit und nicht leichte Zugänglichkeit geprägt sein muss.

C. *Ein quasiproprietäres Recht an Daten*

Die Daten haben einen ökonomischen Wert und sind wichtige Ressourcen im Internet. Im Cyberspace können sie das visuelle Eigentum und die Schöpfungen tragen sowie die persönliche Information enthalten. Wenn dem so ist, dann können die entsprechenden Gesetze angewendet werden. Dies gilt für China und Deutschland. In Bezug auf anderen Daten, auf die die oben genannten Gesetze nicht eingehen, ist der Geheimnisschutz möglich, solange das Ergebnis des Verarbeitungsprozess dieser Daten die erwähnten Schutzvoraussetzungen erfüllt. Zwar bestehen gewisse Abweichungen in der Beurteilung der Geheimnisschutzvoraussetzungen in China und Deutschland, sie beziehen sich aber meist auf die Bestimmung des Geheimnisschutzumfangs.

Neben Nr. 2 Erwägungsgrund der Richtlinie (EU) 2016/943 bietet § 13 ISPCC einen Schutz für Kundenlisten, die z. B. Name, Adresse und Kontaktdaten der Kunden sowie die Handelsgewohnheiten, die Absicht und Einzelheiten der Transaktionen enthalten, auch wenn sie aus personenbezogenen Daten bestehen.[254] Dies zeigt, dass der Geschäftsgeheimnismechanismus eine wichtige Schutzform für Big Data und diesbezügliche Transaktionen ist.[255] Im Rahmen des Geheimnisschutzes sollen zudem die einzigen personenbezogenen Daten von der Gruppe der Daten von

250 Loth/Hauck, in: Loth/Hauck, PatG, 17. Ed. 15.7.2020, § 15 Rn. 7; Kalbfus, GRUR 2016, 1009, 1011.
251 Kalbfus, GRUR 2016, 1009, 1011.
252 Kong, Sub-Pandect, S. 378 f.
253 Loth/Hauck, in: Loth/Hauck, PatG, § 15 Rn. 7.
254 BGH, GRUR 2003, 453, 454.
255 Cui, RF 3, 6.

Internetnutzern zu unterscheiden sein.[256] Die personenbezogenen Daten unterfallen dem Geltungsbereich von § 111 ZGB, während die Daten von Internetnutzern als Schutzobjekt des Geheimnisschutzes behandelt werden können. Dazu dienen nicht nur die Menge und der Wert der Daten, sondern auch die wirtschaftlichen oder technischen Leistungen des Geheimnisinhabers als ein wichtiges Kriterium.

Zusammenfassend lässt sich sagen, dass der Schutz der Rohdaten und der durch Datenverarbeitung erlangten Ergebnisse mittelbar durch den Geheimnisschutz erreicht werden kann, soweit sie sich durch die oben genannten Voraussetzungen des Geheimnisschutzes qualifizieren. So wird ein quasiproprietäres Recht an Daten durch den Geheimnisschutz geschaffen.[257]

D. Ein auf Geheimnisschutz basiertes Umdenken

In China geht man von der Kodifizierungshistorie des ZGB aus und hegt Zweifel daran, ob die Daten als Schutzobjekt des Geheimnisses betrachtet werden können. Auf der einen Seite werden die Daten im ersten Entwurf des ZGB als immaterialgüterrechtlicher Gegenstand behandelt, die entsprechende Vorschrift wurde aber wegen starken Widerstands aus dem heutigen ZGB gestrichen. Gemäß § 123 ZGB gehört das Geheimnis auf der anderen Seite zum Schutzgegenstand des Immaterialgüterrechts. Demzufolge könnte es zum Auslegungskonflikt zwischen § 123 ZGB und § 127 ZGB führen, wenn Daten als Schutzgegenstand des Geheimnisschutzes angesehen werden.[258] In Anlehnung an die akademische Meinung scheinen bei Auslegung des Geltungsbereiches von § 127 „Schutz von Daten" nur die speziellen Gesetze, z. B. cUWG und cCyG, zur Verfügung zu stehen. Dies steht ausdrücklich im Einklang mit der Rechtspraxis. Beispielsweise hat das Höhere Gericht von Shanghai bestätigt, dass im Falle der Konformität mit den gesetzlichen Voraussetzungen des Geheimnisschutzes die auf der Website registrierten Benutzernamen, Registrierübungspasswörter und Informationen zur Registrierungszeit Geschäftsgeheimnisse sein können.[259]

Andere Stimmen stellen die Frage, ob das Geheimnis nach seinem Inverkehrbringen ausreichend gegen Informationserwerb geschützt wird, weil diese Schutzform passiv[260] und einzelfallabhängig ist. Beispielsweise kann das Reverse Engineering zum Untergang des Geschäftsgeheimnisses führen. Zudem könnte die Offenkundigkeit in dem Fall eintreten, wenn die Daten als Transaktionsgegenstand verkauft oder gekauft werden.[261] Umgekehrt steht ein Ausschließlichkeitsrecht an Daten (Geheimnissen) vor dem Problem der Abwägung der unterschiedlichen

256 Xu, ZSU 15, 18.
257 Kornmeier/Baranowski, BB 2019, 1219, 1224.
258 Xu, ZSU 15, 19.
259 Das Oberste Shanghai-Volksgericht, Nr. 100 (2011) 上海市高级人民法院民事判决书 (2011) 沪高民三(知)终字第100号.
260 Xu, ZSU 15, 20.
261 Cui, RF 3, 7.

Grundrechte.[262] Angesichts der obigen Darlegungen möchte *Cui* ein begrenztes ausschließliches Recht an Daten begründen. Dieser Vorschlag ist im Wesentlichen vom Utilitarismus geprägt und beruht auf der Überlegung, dass dann, wenn der Inhalt der Datengruppe öffentlich zugänglich sein solle, ein zusätzlicher Schutz von Daten (ein begrenztes ausschließliches Recht an Daten) erforderlich sei, sofern der Trittbrettfahrer zum Marktversagen im Bereich der Datenerfassungsindustrie führt und die verfügten Schutzmaßnahmen zur Beseitigung dieses Versagens nicht ausreichen.[263]

Parallel zur Meinung von *Cui*, wonach der Rechtsinhaber des begrenzten Ausschließlichkeitsrechts grundsätzlich das Unternehmen ist und sich das Schutzobjekt auf betriebswirtschaftliche Informationen (Daten) bezieht, verweisen einige Autoren darauf, dass die personenbezogenen Daten als neues geistiges Eigentum verstanden werden können.[264] Für diese Schutzform spricht ihrer Auffassung nach einerseits, dass Zukunftstechnologien eher zur Erleichterung des Datenmissbrauchs als zum Datenschutz beitragen werden. Andererseits orientiere sich der gegenwärtige Rechtsrahmen zwar an personenbezogenen Daten und diesbezüglichen Transaktionen. Er unterstütze jedoch nicht den Hersteller bei der Infrastruktur, Plattformen und Systemen, die diese Datentransaktion begünstigen.[265]

Ein Vergleich zwischen der Auffassung, es bestehe „ein begrenztes ausschließliches Recht an Daten“, und der Meinung, es gehe um „ein geistiges Eigentumsrecht an persönlichen Daten“, führt zunächst zu der Erkenntnis, dass die Schutzregeln zu Daten das Menschenrecht gegen das wirtschaftliche Recht des datenbezogenen Unternehmens abwägen sollen. Zudem sind sie verantwortlich dafür, dass die derzeitige Rechtsordnung eine Schutzlücke enthält und keinen ausreichenden Schutz der Daten bieten kann. Vor diesem Hintergrund sollte man jedenfalls prüfen, ob bzw. wie weit diese Schutzlücken real gegebenen sind. Diese Frage steht im Wesentlichen im Zusammenhang mit dem Betrachtungsgegenstand des fünften Kapitels dieser Arbeit

§ 4 Rechtsvergleichendes Ergebnis

Die Zuordnung von Daten zum Sachenrecht unter der Voraussetzung, dass das Objekt des Sachenrechts auf Körperlichkeit beruht, ist abzulehnen. Eine Verknüpfung von Daten und Immaterialgüterrecht kann durch das Zeichen im Sinne der Semiotik begründet werden, es kommt eine immaterialgüterrechtliche Zuweisung in Betracht. Damit kommt nur die konkrete Stellung der Daten im Immaterialgüterrecht infrage.

---

262 Sappa, E.I.P.R. 2018, 518, 520; Cui, RF 3, 6.
263 Cui, RF 3, 14.
264 Trakman/Walters/Zeller, IIC 2019, 937, 937 ff.
265 Trakman/Walters/Zeller, IIC 2019, 937, 937 ff.

Nach einer Gesamtschau der Objekte in Rahmen des Immaterialgüterrechts sind die analoge Anwendung des Sendeunternehmensrechts oder die Rechte des Datenbankherstellers auf die Zuweisung von Daten diskussionswürdig. Zuerst bezieht sich der leistungsrechtliche Schutz des Sendeunternehmens nach der wohl herrschen Meinung in China auf das Signal, das wie Daten in der Lage ist, Information zu tragen. Die weitere Prüfung der Ähnlichkeiten und Unterschiede zwischen Signal und Daten zeigt aber, dass das Signal vor allem bei der Übermittlung der Information relevant ist, während die Daten bei der Speicherung einer Information angewendet werden. Geht man von der Übermittlung und Speicherung der Information aus und sind dabei das Signal und die Daten voneinander getrennt, ist die Zuweisung von Daten zum Sendeunternehmensrecht abzulehnen. Konsequenterweise ist ein Ausschließlichkeitsrecht an Daten nicht gerechtfertigt.

In Bezug auf den Schutz von Daten kommt in Deutschland das Recht des Datenbankherstellers in Betracht. Aus der Analyse von Schutzgegenstand und -voraussetzung des Datenbankherstellerrechts kann man den Schluss ziehen, dass eine unmittelbare Anwendung auf die Daten als Schutzobjekt des Datenbankherstellerrechts nicht akzeptiert werden kann. Denkbar wäre aber, einen mittelbaren Schutz für die Daten damit zu bieten, dass die Daten als wesentlicher Teil der Datenbank oder deren Erhebungskosten als wesentliche Investition angenommen werden. In China wird die Beurteilung der Schutzvoraussetzungen über das Datenbankrecht zu Verwirrung führen, denn der konkrete Beurteilungsmaßstab ist bisher ungeklärt und ohne gesetzliche Vorschrift im ChUrhG geht es um den leistungsrechtlichen Schutz des Datenbankherstellers. Die chinesischen Rechtsanwender haben wohl keine ausreichende juristische Erfahrung im Bereich des Datenbankrechts, daher sind sie nicht bereit, ein neues Leistungsrecht im Urheberrecht zu schaffen.

Da im Cyberspace viele Daten in den laufenden Computerprogrammen bei deren Inhaber oder Anbieter anfallen werden, knüpft das Softwarerecht an Daten an dem erfolglosen Versuch zur Einführung eines Datenherstellerrechts an. Ein Softwarerecht an Daten wird deswegen abgelehnt.

Anschließend kann eine faktische Exklusivität durch Geheimnisschutz erreicht werden. Dies gilt auch in Deutschland. Nach alledem ist festzustellen, dass eine Trennung im Schutz zwischen personenbezogenen Daten und handelsbezogenen Daten vorgenommen werden kann. Für Big Data und diesbezügliche Transaktionen kann ein Geheimnisschutz geschaffen werden, sodass § 127 ZGB „Schutz von Daten“ neben § 111 ZGB „Schutz von persönlicher Information (Daten)“ steht.

3. Kapitel: Datenschutz und -zugriff im Rahmen des Persönlichkeitsrechts

Soweit die Daten einen Personenbezug aufweisen, fallen sie unter den Geltungsbereich des § 111 ZGB. Die hiesige Forschung befasst sich mit den Zugriffsregeln für personenbezogene Daten im Internetbereich. Dabei geht es vor allem um die Frage: Soll der Gesetzgeber der natürlichen Person ein Informationsrecht auf eigene Daten einräumen oder wie sind de lege lata die Regelungen zu personenbezogenen Daten konkret auszugestalten: als ein Zivilrecht oder als Liability-Regelung? Angesichts des Faktums der „Kommerzialisierung der Persönlichkeit" ist außerdem stets zu befürchten, dass der Betroffene selbst zum Wirtschaftsobjekt degradiert und bei Ausübung seiner Freiheit nicht gut genug geschützt wird. Solche Überlegungen drehen sich um die Grundfrage, wie das Gesetz für derartige neue Formen der Kommerzialisierung informationeller Selbstbestimmung einen Ordnungsrahmen bieten kann. Daher wird die Frage nach dem Persönlichkeitsrecht an personenbezogenen Daten und deren Nutzungsregeln in China und in Deutschland behandelt. Bei diesen beiden Abschnitten steht im Mittelpunkt, wie der Gesetzgeber für das Nutzungsmodell der personenbezogenen Daten die Regelung entwirft und wie die verfahrensrechtlichen Anforderungen gestaltet sind. Die Untersuchung schließt mit einer rechtsvergleichenden Zusammenfassung.

In der deutschen Literatur findet sich eine von *Ohly* vorgestellte „Stufenleiter der Gestattungen". *Buchner* überträgt diese Stufenleiter auf die Ausgestaltung der Einwilligung im Datenschutzgesetzt, wonach sich die Ausübungsform des informationellen Selbstbestimmungsrechts in drei Kategorien unterteile: die einseitige Einwilligung, die schuldvertragliche Einwilligung und die Einräumung bestimmter Ausschnitte aus dem Recht an den eigenen Daten.[266] Hier liegt der Schwerpunkt auf der Auseinandersetzung mit der Frage nach dem Nutzungsmodell der personenbezogenen Daten. Auf die Zweiteilung der Einwilligung geht das nächste Kapitel ein.

§ 1 In China

Die ersten zwei Teile dieses Abschnitts untersuchen die theoretische Prämisse der Anerkennung des persönlichen Informationsrechts und dessen Nutzung. Im Anschluss daran setzt sich der dritte Teil mit der Kommerzialisierung des

---

266 Buchner, Informationelle Selbstbestimmung, S. 232. Für eine Untersuchung speziell zu den Ansichten von Ohly und Buncher siehe Funke, Dogmatik und Voraussetzungen der datenschutzrechtlichen Einwilligung im Zivilrecht, S. 20 ff.

Persönlichkeitsrechts auseinander, der letzte Teil diskutiert formale und inhaltliche Bedingungen für die Nutzung dieses Rechts.

I. Persönlichkeitsrecht als ein Buch im ZGB

Während der Kodifizierung des ZGB entstanden heftige Diskussionen um den Entwurf zum Teil des Persönlichkeitsrechts. Die rechtswissenschaftliche Streitpartei gegen die Kodifizierung des Teils des Persönlichkeitsrechts sieht den engen Zusammenhang zwischen der Persönlichkeit und dem Persönlichkeitsrecht und weist darauf hin, dass das Persönlichkeitsrecht sowohl nicht verfügbar als auch unvereinbar mit den zivilrechtlichen Bestimmungen über Rechtsgeschäft, Stellvertretung, Verjährung, Selbstverteidigung sei.[267] Die Befürworter vertreten die Meinung, dass das Persönlichkeitsrecht Selbstständigkeit aufweise und Abwehr- und Nutzungsbefugnis habe.[268] Im Hinblick auf das heutige ZGB übernimmt der Gesetzgeber die Meinung der Befürworter. Das bedeutet, dass die passive Abwehrbefugnis und die aktive Nutzungsbefugnis des Persönlichkeitsrechts vom Gesetzgeber anerkannt werden.

1. Externalisierung ethischer Werte

Im traditionellen zivilrechtlichen Schutzrahmen kann man unter dem Schutz des Zivilrechts den Schutz der außerhalb des menschlichen Körpers bestehenden Materie (des äußeren Habens) verstehen. Ein solcher Schutzrahmen verspricht keinen Schutz des menschlichen Selbst (des „Inneren" des Menschen). Demzufolge ist es fehlerverdächtig, wenn ein Zivilrechtsinstitut direkt auf seinen Inhaber deutet, weil in diesem Fall das Rechtssubjekt und das Rechtsobjekt verwechselt werden und dann das Recht seinen Existenzsinn verliert.[269] In Anbetracht dessen dürfen die innerhalb des Menschen „bestehenden Dinge", beispielsweise der Körper und der Geist, nicht in Form eines zivilen Rechts geschützt werden, sondern müssen in Form der Subjektzuordnung bzw. als Person an sich Schutz erfahren. Geht man von dem Subjekt aus, lässt sich unter dem rechtlichen Schutz eine externe Schutzform verstehen, die es ermöglicht, den äußeren Raum der einzelnen Freiheit und die Grenze gegenüber der Freiheit des anderen zu bestimmen. Abweichend davon bezieht sich der Schutz des Subjekts im Wesentlichen auf den Schutz der menschlichen inneren Integrität.[270]

Zwar nehmen die Befürworter der Kodifizierung des persönlichkeitsrechtlichen Teils zur Kenntnis, dass ein enger Zusammenhang zwischen dem als Abwehrrecht angesehenen Persönlichkeitsrecht und der Theorie der angeborenen Rechte

---

267 Liang, AZZ 48, 48 ff.; *ders.*, TJ, 23, 23 ff.
268 Wang, Ch-R 224, 224 ff.; *ders.*, JZPU 845, 845 ff.
269 Ma/Zhang, RF 46, 48.
270 Ma, ZR 2, 5.

besteht, aber sie weisen zugleich darauf hin, dass die Theorie der angeborenen Rechte zwar die moralische und legitime Grundlage des Rechtserwerbs begründet und verstärkt, aber nach wie vor einige Schwachstellen aufweist. Zum einen sei sie nicht imstande, den Rechtsumfang und die Grenze zwischen verschiedenen Rechten klar zu definieren; zum anderen dürfe kein Recht ohne die gesetzliche Bestätigung „natürlich" existieren.[271] Darüber hinaus gelte, dass ausgehend von der Selbstkritik an den schmerzlichen Lehren aus der „Kulturrevolution" schon das AGZ die besonderen Persönlichkeitsrechte von Bürgern bestätigt hat.[272]

Es wird allgemein anerkannt, dass aufgrund der ethischen Forderung das persönliche Interesse direkt mit der menschlichen Würde verwoben ist.[273] Zugleich wird die menschliche Würde durch das Leben, den Körper, die Gesundheit, die Freiheit, die Ehre usw. konkret und sachlich dargestellt.[274] Davon ausgehend nimmt die moderne zivilrechtliche Theorie den Menschen innewohnenden ethischen Wert als Ausgangspunkt für die Ausgestaltung des persönlichkeitsrechtlichen Schutzes. Aus heutiger Sicht wird jedoch der Umfang des menschlichen Werts in ethischer Hinsicht rasch über Bereiche wie Leben, Körper, Gesundheit und Freiheit hinaus erweitert und auf solche wie Auskunftsfragen, Kredit, Lebensfrieden und -umfeld ausgedehnt. Chinesische Gelehrte betrachten dies als Phänomen einer Externalisierung ethischer Werte.[275]

Obwohl *Warren* and *Louis Brandeis* im Jahr 1890 den Schutz der Privatsphäre in Aussicht stellten, konnten sie weder das Aufkommen von Aufzeichnungen, Fernsehern und Animationen noch den Umfang und die Arten der kommerziellen Nutzung von Persönlichkeitsaspekten wie Namen und Porträts vorhersehen.[276] Heute haben sich die ethischen Werte so weit ausgebreitet, dass sie nicht in die traditionelle Kategorie der „dem Menschen innewohnenden Dinge" aufgenommen werden können. Beispielweise können das eigene Porträt, die Privatsphäre, der Name und der Lebensfriede nicht mehr bloß in die Kategorie der innewohnenden ethischen Faktoren eingestuft und sogar als Dinge außerhalb des Menschen betrachtet werden[277]. Dass der sich vom Menschen ausbreitende ethische Wert in Form des Zivilrechts geschützt wird, soll mit der gesellschaftlichen Entwicklung und heutigen Realität vereinbar sein und kann im Gegensatz zur abwehrenden Schutzform einen besseren Schutz der Person ermöglichen. Beim hier betrachteten Persönlichkeitsrecht geht es daher nicht nur um den Schutz der innerhalb des Menschen bestehenden Dinge, sondern um den Schutz der sich ausbreitenden ethischen Werte.

---

271 Wang, JZPU 845, 846.
272 Wang, JZPU 845, 847.
273 Wang, ZHWTU 62, 65.
274 Ma, Rw 44, 46.
275 Ma, Rw 44, 50; *ders.*, ZR 2, 4.
276 Gordon, NULR 1960, 553, 554
277 Ma, Rw 44, 50.

2. *Grund der persönlichkeitsrechtlichen Nutzbarkeit*

Nach Herausarbeitung des ethischen und gesetzlichen persönlichkeitsrechtlichen Schutzes ist zu erläutern, was der Unterschied zwischen der Persönlichkeit und dem Persönlichkeitsrecht und was das genutzte Objekt beim Phänomen der sog. persönlichkeitsrechtlichen Kommerzialisierung ist.

Aufgrund der Erklärung des Gesetzgebers gibt § 990 ZGB die gesetzliche Legaldefinition des Persönlichkeitsrechts,[278] wonach *das Persönlichkeitsrecht das Recht auf Leben, Körper, Gesundheit, Name, Vorname, Porträt, Ansehen, Ehre, Privatsphäre und andere Rechte ist, die zivile Subjekte genießen. Neben dem im vorstehenden Absatz vorgesehenen Persönlichkeitsrecht genießt eine natürliche Person weitere Persönlichkeitsrechte und -interessen, die sich aus der persönlichen Freiheit und der persönlichen Würde ergeben.* Demnach wird der Begriff des Persönlichkeitsrechts vom chinesischen Gesetzgeber nicht allzu abstrakt und allgemein dargestellt. Nach der literarischen Definition bezieht sich das Persönlichkeitsrecht auf das Recht der zivilen Subjekte, über ihre Persönlichkeitsinteressen zu verfügen und diese vor Verletzungen zu schützen, um die Würde der Persönlichkeit zu wahren und zu verwirklichen[279]. Der Hauptgrund, warum das Persönlichkeitsrecht als ein bestimmbarer rechtlicher Begriff qualifiziert wird, besteht nach wohl herrschender Meinung in der Ablösbarkeit zwischen der Rechtsqualifikation der Person und dem Interesse der Persönlichkeit.[280]

Wang als Befürworter des persönlichkeitsrechtlichen Teils im ZGB weist darauf hin, dass der persönlichkeitsrechtliche Gegenstand nicht als die Person, sondern als das Interesse der Persönlichkeit betrachtet werden soll. Persönlichkeit bedeute i. S. v. Subjekt die Qualifikation, ein Träger von Rechten und Pflichten zu sein, während sie i. S. v. Persönlichkeitsrecht das gesetzlich geschützte persönliche Interesse sein könne.[281] So ist das persönlichkeitsbezogene Interesse anders zu verstehen als die Persönlichkeit im juristischen Sinne. Überblickt man die Sinnverwandlung der Persönlichkeit (*persona*) aus historischer Sicht, vertritt *Ma* eine ähnliche Meinung wie *Wang*, dass sowohl die Persönlichkeit als auch die Rechtsfähigkeit eine Brücke zwischen der Person im biologischen Sinn (*man*) und der Person im juristischen Sinn (*person*) schlagen.[282] In der Zeit des römischen Rechts beruhte das Beurteilungskriterium über die Person im juristischen Sinn auf dem Status der Person und nur die Person im juristischen Sinn hatte Persönlichkeit im juristischen Sinn sowie (privatrechtlich) Recht sowie Macht. Dann verwandelte sich dieses Kriterium im französischen Code Civil in rational verankerte ethische Werten und schließlich ist

278 Der Antrag des Ständigen Ausschusses des Nationalen Volkskongresses zur Einbringung des „ZGB (Entwurf)", S. 22. 全国人民代表大会常务委员会关于提请审议《中华人民共和国民法典（草案）》的议案.

279 Wang, ZHWTU 62, 62.

280 Ma/Zhang, RF 46, 46 f.; Ma, ZR 2, 2 ff.; Wang, ZHWTU 62, 62 ff.

281 Wang, ZHWTU 62, 65.

282 Ma, MR 44, 44 ff.

im BGB daraus die Rechtsfähigkeit geworden.[283] Dies zeigt, dass die Rechtsqualifikation des Rechtssubjekts mit dem Begriff „Persönlichkeit“ verschmilzt und die Persönlichkeit als Vorbedingung für ein Rechtsgeschäft gelten kann.[284] Der chinesische Gelehrte *Liu* schätzt die Schöpfung des Begriffes der „Rechtsfähigkeit“ im BGB hoch ein und weist darauf hin, dass dann, wenn rechtstechnisch die Vorbedingung für ein Rechtsgeschäft von „Persönlichkeit“ aus der Zeit des römischen Rechts in „Rechtsfähigkeit“ verwandelt wird, die Person Rechtsfähigkeit hat und dadurch als Rechtssubjekt qualifiziert wird, wodurch eine Trennung von dem Persönlichkeitsrecht erfolgt, das jede rechtsfähige Person selbstverständlich genießt. Dadurch wird die „Persönlichkeit“ des Rechtssubjekts vom Recht des Rechtssubjekts losgelöst, sodass ein Raum für das Persönlichkeitsrecht geschaffen wird.[285] In Anbracht dessen kann die Persönlichkeit eine Rechtsqualifikation statt eines Zivilrechts darstellen, weswegen die Persönlichkeit nicht mit dem Persönlichkeitsrecht gleichgesetzt werden soll.[286] Vor diesem theoretischen Hintergrund sind das persönlichkeitsrechtliche Rechtssubjekt und das als Rechtsgegenstand des Persönlichkeitsrechts angesehene persönliche Interesse zwei verschiedene Dinge.

Nach der oben genannten Ansicht kann man unter dem Persönlichkeitsrecht einen Begriff im Sinne des aktiven Rechts verstehen. Statt des menschlichen Selbst ist der persönlichkeitsrechtliche Gegenstand das vom Menschen zur Verfügung gestellte persönliche Interesse. Dass sich der Verfügungserfolg über eigene persönliche Interessen legalisieren lässt, wird zudem von gesetzlicher Anerkennung abhängig gemacht.[287] Traditionell gewährleistet das Zivilrecht den reinen Vermögenswert, um dem Subjekt eine materielle Grundlage für die Aufrechterhaltung seines eigenen Lebens zu schaffen und die Beteiligung an verschiedenen Aktivitäten zu fördern. Neben dem materiellen Bedürfnis verfolgt man jedoch geistige Zufriedenheit und hat das Recht, geistige Schöpfungen oder Interessen zu besitzen. So beziehen sich die persönlichen Interessen nicht auf den Menschen selbst, sondern auf die mit der Freiheit von Körper, Aktivität und Geist verbundenen Interessen. In der praktischen Umsetzung lässt sich das persönliche Interesse in das allgemeine persönliche Interesse und das besondere persönliche Interesse unterteilen. Das allgemeine persönliche Interesse besteht aus der persönlichen Freiheit und der Menschenwürde. Das besondere persönliche Interesse kann in zwei Gruppen untergliedert werden: das materielle persönliche Interesse, das beispielsweise

283 Zwar wird der Einwand in der deutschen Literatur bemerkt, doch kann die Rechtsfähigkeit im BGB nach Ansicht von chinesischem Gelehrten als das rechtstechnische Verhandlungsergebnis des Begriffes „*persona*“ im römischen Recht angesehen werden. Liu, Verfassungsrechtliche Analyse der zivilen Persönlichkeitstheorie, Hr 102, 109.

284 Liu, Verfassungsrechtliche Analyse der zivilen Persönlichkeitstheorie, Hr 102, 104.

285 Liu, Verfassungsrechtliche Analyse der zivilen Persönlichkeitstheorie, Hr 102, 110.

286 Ma, ZR 2, 3.

287 Wang, JZPU 845, 847.

das Interesse am Leben, an der Gesundheit und dem Körper ist, und das geistige persönliche Interesse, das ein Interesse am Namen, an dem eigenen Bild, der Ehre, der Privatsphäre usw. darstellt.[288]

II. Persönliches Informationsrecht als ein neues Persönlichkeitsrecht

Obwohl im ZGB die persönliche Information zusammen mit der Privatsphäre geregelt wird, ist im 4. Buch – Persönlichkeitsrecht – in Kapitel 6 ausschließlich vom Recht der Privatsphäre die Rede. Ob die personenbezogenen Daten (Information) in Form eines neuen Zivilrechts oder per Haftungsregelung (Liability-Regelung) geschützt werden, ist jedoch hoch umstritten. Gleichwohl besteht wohl ein Konsens innerhalb der chinesischen akademischen Kreise, dass ein neues Recht auf persönliche Information im ZGB zu schaffen und zugleich dessen Schutzgegenstand das durch die persönliche Information getragene persönlichkeitsbezogene Interesse ist.[289]

1. Notwendigkeit als ein selbständiges Recht

Aus chinesischer Sicht kann das ausgestaltete Schutzmodell der persönlichen Information im weltweiten Rahmen hauptsächlich in zwei Kategorien unterteilt werden: Unter die erste Kategorie fällt das europäische Modell, den Schutz der persönlichen Information unter einer einheitlichen Ordnung zu subsumieren. Die zweite Kategorie ist das amerikanische Modell, in dem die persönliche Information durch unterschiedliche Gesetze geschützt wird. Der Schutz der persönlichen Information wurde bereits zum Thema gemacht. Nach der Mehrheitsmeinung wird ein einheitliches Gesetz zum Schutz der persönlichen Information angenommen, wobei das Recht auf persönliche Information als ein selbständiges Recht gilt.[290]

Um die Bürger vor Machtmissbrauch zu schützen, ist ein neues Recht auf persönliche Information zu schaffen. Die zunehmende Digitalisierung und Vernetzung von Alltagsgegenständen stellen eine Herausforderung für den Schutz der persönlichen Information dar, weil die Regierung die Technologie zur Stärkung ihrer Fähigkeit in der Überwachung der Bürger eingesetzt hat. Die Begründung des persönlichen Informationsrechts kann die kontinuierliche Aushöhlung seitens der öffentlichen Stellen verhindern und der Verwirklichung der Freiheitsrechte der Bürger dienen. Basierend darauf wird ein besseres soziales Umfeld für die freie Entfaltung der Individualität und die freie Meinungsäußerung entwickelt.[291]

---

288 Wang, ZHWTU 62, 65.
289 Zhang, Von Privatsphäre zu persönlichen Informationen, Ch-R 39, 47; Ye, TR 143, 143 ff.
290 Siehe 2. Kapitel, § 2, III.
291 Mao, ZSWRU 59, 62 ff.

Außerdem gilt das persönliche Informationsrecht nicht als Teilbereich des Rechts der Privatheit. Zwar kann nur die natürliche Person als qualifizierter Rechtsinhaber der beiden Rechte gelten und die beiden Rechte dienen der freien Entwicklung und Entfaltung der Persönlichkeit.[292] Es gibt jedoch Unterschiede zwischen diesen beiden Rechten. Nach in China vertretender Auffassung behandelt der Schutz der Privatsphäre Fragen, die durch die unberechtigte Offenbarung der Privatsphäre personenbezogener Informationen verursacht werden, während sich der Schutz der persönlichen Information (i. S. d. § 111 ZGB) auf die Befugnisse an der eigenen Information und auf die Vermeidung von unberechtigter Datenverarbeitung konzentriert.[293] Kurz gesagt geht es beim Schutz der auf die Privatsphäre bezogenen Daten darum, dass diese personenbezogenen Daten nicht offenbart werden dürfen. Beim Schutz der persönlichen Information handelt es sich jedoch nicht nur um den Schutz der privaten Information, für den nach § 1034 Abs. 3 ZGB die Schutzregeln des Privatschutzes gelten können, sondern auch um die Regelung der Datenverarbeitung. Darüber hinaus ist das Recht auf Privatheit ein Abwehrrecht und nimmt auf den Schutz des ideellen Interesses der Person Bezug. Im Vergleich dazu enthält das Recht auf persönliche Information eine vermögenwertebezogene Befugnis, d. h., dieses Recht kann positiv ausgeübt werden. Des Weiteren führt die unterschiedliche Befugnis zu verschiedenen Ansprüchen auf Schadensersatz.

Außerdem kann zwar durch Erweiterung des Schutzumfangs der Privatheit das neu auftretende persönliche Interesse geschützt werden. Dies könnte aber zum Konflikt mit dem allgemeinen Persönlichkeitsrecht führen. Gemäß § 110 ZGB i. V. m. § 111 ZGB und § 45 cCyG genießen zudem sowohl die Privatsphäre als auch die persönliche Information schon einen eigenständigen Schutz, d. h., das Dogma differenziert im Schutz zwischen der Privatsphäre und der persönlichen Information. Zusammenfassend gibt es zwar eine Deckung zwischen dem Schutz der Privatsphäre und dem Schutz der persönlichen Information, doch besteht keine Zugehörigkeitsbeziehung zwischen ihnen[294] und der Schutz der persönlichen Information soll nicht vom Schutz der Privatheit abhängig gemacht werden.[295]

2. *Inhalt des persönlichen Informationsrechts*

Wenn die Schutzbedürftigkeit des persönlichen Informationsrechts in der menschlichen Würde verankert ist und innerhalb des persönlichen Informationsrechts das persönliche Interesse und dessen Träger eng verschmolzen sind, sollen sich sowohl das persönliche Informationsrecht als auch die kommerzielle Verwertung des Trägers um den Schutz der persönlichen Interessen drehen. Die Befugnis des persönlichen Informationsrechts kann sich zwar auf kommerzielle Verwertung

292 Wang, Schutz des Rechts auf persönliche Informationen, MR 62, 64 ff.
293 Mei/Yang, FGR 209, 213; Gao, RF 72, 72 ff.
294 Ji, Ch-R 66, 72.
295 Wang, Schutz des Rechts auf persönliche Informationen, MR 62, 69.

erstrecken. Doch liegt dieses Recht nicht im Eigenbesitz oder in der Eigennutzung, sondern im Ausschluss der unbefugten Nutzung durch andere. Genau genommen kann die aktive Ausübung des persönlichen Informationsrechts auf Wissen aus dem Urheberrecht zugreifen.[296]

Schaut man auf die Ausgestaltungsform der urheberrechtlichen Befugnisse, wird schnell deutlich, dass im Mittelpunkt des persönlichen Informationsrechts die Regulierung über die Nutzungshandlung der personenbezogenen Daten steht. Analog zum Bereich des Datenschutzes hat der Betroffene die ausschließliche Befugnis zur Verarbeitung seiner Daten. Darunter fallen beispielsweise das Auskunftsrecht und das informationelle Selbstbestimmungsrecht. Rechtsdogmatisch hat der Betroffene nach § 1037 ZGB das Recht darauf, sich über seine bei datenverarbeitenden Stellen gespeicherte Information zu erkundigen, sie transkribieren, kopieren, korrigieren und löschen zu lassen. Das bedeutet, dass im ZGB das Recht auf Berichtigung, das Recht auf Löschung, das Recht auf Zugang und das Recht auf Auskunft übernommen werden[297] und dadurch eine Befugnis für die konkrete Nutzungshandlung des Trägers in der Rechtsform begründet wird. Darüber hinaus steht das GSPI im Einklang mit den einschlägigen Bestimmungen des ZGB. Die Artikel 44 bis 49 des GSPI legen die Rechte des Betroffenen bei der Verarbeitung personenbezogener Daten fest, darunter das Auskunftsrecht, das Entscheidungsrecht, das Recht auf Zugang zu und Kopie der eigenen Daten, das Recht auf Berichtigung, das Recht auf Löschung usw.

Grundsätzlich sind die Regeln zum gewerblichen Gebrauch der unterschiedlichen Träger des persönlichen Interesses miteinander verknüpft, da diese menschenbedingt sind und umgekehrt der Schutz des durch Nutzung des Trägers erbrachten Vermögenswerts immer noch auf die Begünstigung der Gewährleistung der freien Persönlichkeitsentwicklung abzielen soll.[298] Nach § 1023 ZGB kann die Regel der Nutzung einer wirtschaftlichen Verwertung des Namens auf die Regel zur Nutzung einer wirtschaftlichen Verwertung des eigenen Bildes Bezug nehmen. Unter Berücksichtigung der wünschenswerten Einheitlichkeit der Regeln im Rahmen des Persönlichkeitsrechts könnte die Regel Anwendung für den gewerblichen Gebrauch der persönlichen Information finden.

3. Verhältnis zu anderen Persönlichkeitsrechten

Dem zweiten Kapitel dieser Untersuchung zufolge ist klar, dass der Begriff „personenbezogene Daten“ mit dem Begriff „persönliche Information“ gleichgesetzt werden kann. Von daher werden zwar im Internet vervielfältigte Daten aus verschiedenen Quellen vermengt. Sofern sie Personenbezug aufweisen, fallen sie in den Geltungsbereich des § 111 ZGB. Beruht der Persönlichkeitsschutz auf allen

296 Lv, Ch-R 44, 57.
297 Lv, Ch-R 44, 62 f.
298 Zhang, „Generell kostenlos + individuelle Kosten“, RF 1, 1 ff.

„personenbezogenen" Daten, scheint sich der Schutzumfang des Persönlichkeitsschutzes gewissermaßen unendlich auszuweiten. In diesem Zusammenhang ist vor allem die Schutzstufe der persönlichen Information in den Blick zu nehmen.

Die breite Anwendung des Internets führt zu Konsequenzen in Wirkungsweise und Schutzbereich des Persönlichkeitsrechts. Durch die unbefugte Verarbeitung der persönlichen Information (Daten) kann das Persönlichkeitsrecht des Betroffenen verletzt werden. Eine neue Konfliktlinie zwischen dem Internetbenutzer und dem Internetunternehmen entsteht. Gemäß den in § 110 ZGB aufgelisteten persönlichen Rechten knüpfen in der digitalen Dimension hauptsächlich das Recht am eigenen Namen, das Recht am eigenen Bildnis, das Recht des guten Rufs sowie das Recht auf Privatsphäre an den Schutz der persönlichen Information an. Diese Verknüpfung stellt eine Deckungsgleichheit zwischen dem Kreis dieser Rechte und dem Kreis des Schutzes der persönlichen Information i. S. d. § 111 ZGB her. Eine Abgrenzung des Schutzes der persönlichen Information bei diesen Rechten kommt insoweit in Betracht.

Der persönliche Name ist zwar eine Art von persönlicher Information, der Schutzbereich des persönlichen Namens i. S. d. § 110 ZGB steht aber in der Regel nicht mit dem Schutzbereich der persönlichen Information i. S. d. § 111 ZGB in Konflikt. Gemäß § 1012 ZGB geht es bei dem Recht am eigenen Namen um die Berechtigung, den eigenen Namen zu bestimmen, zu gebrauchen, zu ändern und anderen die Störung, den unbefugten Gebrauch und die Anmaßung zu verbieten. Der Eingriff in das Recht am eigenen Namen ist nicht nur im Verhältnis zu der Handlung wie der Störung, dem unbefugten Gebrauch und der Anmaßung relevant. Zudem hat der Handelnde die Absicht zu verfolgen, im Namen des Rechtsträgers die illegale Handlung zu begehen.[299] Im Gegensatz dazu ist es unvorstellbar, dass eine Internetfirma im Namen einer natürlichen Person ein illegales Geschäft betreibt. So kann das Recht am eigenen Namen nur selten durch die Erhebung der Daten des persönlichen Namens beeinträchtigt sein.

Die Verletzung des Rechts am eigenen Bild könnte möglicherweise zur Verletzung des Rechts am guten Ruf führen, denn im Internet sind die Daten der grundlegende Träger der personenbezogenen Faktoren, somit könnten eine unberechtigte Erhebung und Veröffentlichung der eigenen bildnisbezogenen Daten sowohl im Schutzbereich der beiden traditionellen Persönlichkeitsrechte als auch im Schutzbereich des Rechts auf persönliche Information einschlägig sein. Geht es bei der Veröffentlichung der eigenen bildnisbezogenen Daten um die aktive Bewertung einer Person, kommt aber nur der Schutz der persönlichen Information in Betracht.[300] Innerhalb der persönlichkeitsrechtlichen Struktur ist es nicht schwer zu prüfen, wann ein unangemessener Eingriff in das Recht am eigenen Bildnis und das Recht des guten Rufs erfolgt.

299 Wang, Persönlichkeitsrecht, S. 222–227.
300 Guo, S. 213.

III. „Kommerzialisierung des Persönlichkeitsrechts“

Mit der wirtschaftlichen und technischen Entwicklung ist die Diskussion über das Thema der „Kommerzialisierung des Persönlichkeitsrechts“ aufgekommen. Nach einer teilweise vertretenen Auffassung verweist das Persönlichkeitsrecht auf eine aktive Nutzungsbefugnis.[301] Eine andere Sichtweise meint, dass die Terminologie der „persönlichkeitsrechtlichen Kommerzialisierung“ den Handel mit dem Persönlichkeitsrecht impliziert, was gegen die öffentliche Ordnung oder die guten Sitten verstößt.[302] Eine überwiegende Mehrheit ist aber der Meinung, dass es bei der sog. persönlichkeitsrechtlichen Kommerzialisierung tatsächlich um die Nutzung des persönlichen Trägers geht.[303]

1. Die ideelle Schutzrichtung der Persönlichkeitsrechte

Der Rechtsgegenstand des Persönlichkeitsrechts ist nicht das Persönlichkeitsmerkmal, sondern das persönlichkeitsbezogene Interesse. Es ist deswegen denkbar, aufgrund des Beziehungsgrads zwischen den vielfältigen Befugnissen und dem Rechtssubjekt, eine Grenzlinie zwischen dem Befugnisobjekt und dem Rechtsinhalt zu schaffen. Daraus folgt, dass die Kommerzialisierung der Persönlichkeitsrechte im Wesentlichen die Kommerzialisierung der Persönlichkeitsmerkmale und keine der Persönlichkeit als solcher ist.

In der Literatur versuchen die chinesischen Gelehrten vor allem, die Nutzungsbefugnis über die Persönlichkeitsmerkmale von der Befugnis der Persönlichkeitsrechte zu trennen.[304] Danach wird einerseits die Nutzungsfreiheit der Persönlichkeitsmerkmalen, die die Entscheidungs- und Veränderungsbefugnis der Persönlichkeitsmerkmalen verkörpert, als Rechtsgegenstand der Persönlichkeitsrechte verstanden; andererseits wird die Nutzungsbefugnis über Persönlichkeitsmerkmale als Ausnahme der Befugnisse von Persönlichkeitsrechten betrachtet, da nach dieser Ansicht die Nutzungsbefugnis zwar aus den ideellen Interessen der Person stammt, aber den vermögenwerten Bestandteil enthält. Angesichts des öffentlichen Attributs der Persönlichkeitsmerkmale soll zudem die Reichweite der Nutzungsbefugnisse auf den kommerziellen Nutzungsumfang beschränkt werden.[305] Allerdings könnten während kommerzieller Nutzung die Persönlichkeitsmerkmale unter den Anwendungsbereich des Privatsphärenschutzes fallen, somit werden sie durch das Recht auf Privatsphäre (§ 1032 ZGB) geschützt. Eine solche Meinung hält an dem Widerspruch zwischen Persönlichkeitsrecht und Vermögensrecht fest.

---

301 Resta, Tul. Eur. & Civ. LF 2011, 33, 34 ff.
302 Ma, S. 309.
303 Wang, JZPU 845, 848; Fan/Cao, SC 139, 139 ff.
304 Fan/Cao, SC 139, 151 f.
305 Fan/Cao, SC 139, 152.

2. Kommerzialisierung des persönlichkeitsrechtlichen Objekts

Setzt man analog mit der im zweiten Kapitel dieser Arbeit angesprochenen Semiotik die Überlegung fort, ist leicht herauszufinden, dass der Name, das eigene Bild und die personenbezogenen Daten eine Rolle als Träger der menschlichen Interessen spielen. Es versteht sich von selbst, dass der persönliche Träger wie der Name nicht von Geburt an besteht, sondern das Ergebnis der Sozialisierung ist. Angesichts der Tatsache, dass Personen am zivilen Leben teilnehmen möchten, ist es dann notwendig, dass sie sich mithilfe von sozialen Symbolen gegenseitig identifizieren. Ursprünglich ist das soziale Symbol der Name, es expandiert im Bereich des eigenen Bildes und der personenbezogenen Daten. Dies zeigt, dass man eine Verbindung zwischen dem Zeichen und dem bezeichneten Subjekt herstellt und das Zeichen das Wesen des persönlichen Trägers ist. Folglich ist der Name nicht Gegenstand des Persönlichkeitsrechts, sondern ein Träger des persönlichen Interesses. Man hat das Recht auf einen Namen nicht mit dem bloßen Vorhandensein eines Namens, sondern mit der Geburt. Und das Namensrecht ist nach Meinung der chinesischen Lehre kein Recht auf den eigenen Namen bzw. kein Recht auf das Zeichen, sondern eine Entscheidungsfreiheit des Rechtssubjekts, welches Zeichen auf es selbst verweisen kann.[306] Eine solche Entscheidungsfreiheit besteht aus Entscheidungs-, Veränderungs- und Selbstnutzungsbefugnissen.[307] Diese sollten als die personenbezogenen Daten gelten.

Wegen seiner Unkörperlichkeit wird das persönliche Interesse durch einen Träger verkörpert und dadurch wird eine sachliche Verfügung über das persönliche Interesse ermöglicht. Basierend auf dem Träger kann man auch das konkrete persönliche Interesse erkennen. Zudem wird bei der Diskussion um die persönlichkeitsrechtliche Kommerzialisierung der Unterschied zwischen dem materiellen persönlichen Interesse wie dem Interesse am Körper und dem ideellen persönlichen Interesse angeführt. Im Vergleich zum materiellen persönlichen Interesse sind sowohl das ideelle persönliche Interesse als auch dessen Träger leichter vom Rechtssubjekt zu lösen. Aus diesem Grund würde das ideelle persönlichen Interesse mit größerer Wahrscheinlichkeit einen derivativen Nutzungswert erzeugen. Der sog. Vermögenswert des Persönlichkeitsrechts hängt tatsächlich mit dem aus dem persönlichen Träger abgeleiteten Nutzungswert zusammen, d. h., unter dem sog. Merchandisingrecht sollte man ein von einer natürlichen Person kontrolliertes Recht auf den persönlichen Träger verstehen.[308]

Zusammenfassend enthält die Persönlichkeit selbst keine vermögenswerten Bestandteile und die sog. vermögenwerten Bestandteile des Persönlichkeitsrechts resultieren aus dem menschlichen Handlungsergebnis, beispielsweise dem

---

306 Li, RF 24, 24 ff.

307 Fan/Cao, SC 139, 151.

308 Zhang, Die Interessenstruktur des Persönlichkeitsrechts, Ch-R 43, 53.

Arbeitsergebnis. Daher hat die menschliche Arbeit keinen Einfluss auf das Wesen des Rechts.[309]

3. Lizenzierung anstelle von Übertragung

In der Diskussion um die persönlichkeitsrechtliche Kommerzialisierung wird die Ansicht vertreten, dass das Recht auf den persönlichen Träger nicht als Persönlichkeitsrecht, sondern als ein neues Vermögensrecht betrachtet werden soll, weil durch die Trennung von Merchandisingrecht und Persönlichkeitsrecht die vermögenswerten Bestandteile aus dem Persönlichkeitsrecht ausgeschieden werden können und somit ein Handlungsraum für Übertragung oder das Vererben des Merchandisingrechts geschaffen wird.[310] Nach der wohl herrschenden Meinung ist das Merchandisingrecht vom Vermögensrecht zu unterscheiden, weil die Existenz des Merchandisingrechts von der persönlichen Eigenschaft abhängig macht und hauptsächlich auf der Emotion, dem Ruf oder dem Status des Menschen beruht.[311] Beim Merchandisingrecht steht die grundlegende Orientierung an der Persönlichkeit im Mittelpunkt.[312]

Im Allgemeinen wird die Beziehung zwischen Vermögen und Persönlichkeit von zwei Aspekten bestimmt: Zum Teil vernetzt sich die natürliche Person mit den außerhalb des menschlichen Körpers bestehenden Sachen, beispielsweise dem Ehering oder der Knochenasche. Zum anderen Teil sind die „innerhalb" des Menschen bestehenden „Sachen" wie beispielsweise der Körper und der Geist zu externalisieren.[313] Die dem ersten Teil zugeordneten Sachen haben nichts mit der vorliegenden Arbeit zu tun. Zum zweiten genannten Feld gehören exemplarisch der kommerzialisierte persönliche Träger und der urheberrechtliche Vermögensrechtsteil. Im Gegensatz zum Urheberrecht, das nach überwiegender Meinung als ein reines Vermögensrecht angesehen wird,[314] steht der Träger der materiellen persönlichen Interessen in enger Verbindung mit dem Persönlichkeitsrecht. Man könnte meinen, dass das Persönlichkeitsrecht vor allem die ideellen Interessen der natürlichen Person schützt, während das Immaterialgüterrecht in erster Linie die Vermögenswerte schützt. Nach dem Verbindungsgrad kann man die vielfältigen persönlichen Träger strukturiert darstellen: Gene, Organe, usw. → Name, das eigene Bild → Werk, virtuelle Figuren.[315] Demnach ist zwar die Übertragung des Persönlichkeitsrechts i. S. d. Urheberrechts möglich. Doch ist die Verbindung zwischen dem Urheber und seinem Werk nicht so eng wie diejenige zwischen dem

309 Li, Infragestellung, SC 68, 68 ff.
310 Zhang, Die Interessenstruktur des Persönlichkeitsrechts, Ch-R 43, 53.
311 Yang, S. 375
312 Yao, JF 10, 11.
313 Yi/Zhou, RF 3, 4.
314 Siehe oben 2. Kapitel, § 3, I.
315 Ye, Die Systemkonstruktion des materiellen Persönlichkeitsinteresses, ZHWRU 17, 21.

Träger der materiellen persönlichen Interessen und der betroffenen Person. Die Überlegung, den urheberrechtlichen Ansatz auf das Persönlichkeitsrecht und auf den Schutz des persönlichen Trägers zu übertragen, findet sich deswegen kaum.

Angesichts der engen Verklammerung zwischen den persönlichen Interessen und den entsprechenden Trägern ist eine Übertragung vom persönlichen Träger grundsätzlich nicht zuzulassen, weil die gesetzlichen Regelungen zur Nutzung des persönlichen Trägers nicht in das vermögensrechtliche System, sondern in das persönlichkeitsrechtliche System einzustufen sind. Dennoch darf man nicht die gewerblichen Nutzungswerte des persönlichen Trägers vernachlässigen. Nimmt man sich den Namen als Beispiel, kann er neben dem Träger des persönlichen Interesses das geschützte Objekt i. S. v. Markenrecht oder Wettbewerbsgesetz sein. Die Ausgestaltung des Persönlichkeitsrechts weicht nicht von der dualen Struktur von „Persönlichkeit – Vermögen“ ab. Demnach enthält einerseits das Namensrecht selbst keinen Vermögenswert und besitzt die Eigenschaft von Ausschließlichkeit, Unübertragbarkeit, Unauflösbarkeit sowie Unehrlichkeit. Anderseits verankert sich das kommerzielle Interesse des Namens in der positiven Nutzungsbefugnis. Deshalb ist der Name aufgrund seiner persönlichkeitsrechtlichen Natur prinzipiell unübertragbar. Allerdings wird weiter dargelegt, dass bei der Auslegung der Übertragbarkeit des Namens die Gegenstandqualität des Markenrechts in Betracht zu ziehen ist.

In Bezug auf das Bewertungskriterium zum Schutz des eigenen Bildes weist das Xicheng-Gericht auf drei Kernpunkte hin. Erstens wird das Bild durch einen Träger dargestellt wird; zweitens gibt diese Darstellung das äußere Bild einer natürlichen Person wieder; drittens wird die natürliche Person mit dieser Darstellung identifizierbar.[316] Das Recht am eigenen Bild besteht zudem aus einer passiven und einer aktiven Befugnis, die zum einen Teil jede Form der Hässlichkeit und Verfälschung des eigenen Bildes verbietet und zum anderen Teil anderen gestatten kann, ihre eigenen Porträts zu benutzen. Zwar könnte das eigene Bild den Vermögenswert enthalten, das geschützte Kerninteresse des Rechts am eigenen Bild ist jedoch das einzigartige „spirituelle“ Interesse eines jeden Einzelnen.[317] Der durch Porträts produzierte Vermögenswert wird im Wesentlichen von der in der marktwirtschaftlichen Gesellschaft beschäftigten natürlichen Person selbst erbracht.[318] Die Verwendungsbefugnis am eigenen Bild geht auf das Recht am eigenen Bild zurück. Diese Trennung bedeutet jedoch keine dauerhafte Trennung oder Übertragung des eigenen Bildes. Um die Interessen des Rechtsinhabers zu wahren, darf er den Nutzungsvertrag jederzeit kündigen, soweit ein wichtiger oder triftiger Grund vorliegt.[319]

316 Xicheng Gericht, Beijing, Nr. 10534 (2010) 北京市西城区人民法院 (2010) 西民初字第10534号一审判决书; Das Erste Mittlere Beijing-Volksgericht, Nr. 05303(2013) 北京市第一中级人民法院 (2013) 一中民终字第05303号二审判决书.

317 Zhang, Gesetzgebung zum Recht des Bildnisses, AF 65, 66.

318 Yang, Persönlichkeitsrechte, S. 193.

319 Zhang, Gesetzgebung zum Recht des Bildnisses, AF 65, 66.

Nach §§ 992 und 993 ZGB dürfen die Persönlichkeitsrechte nicht aufgegeben, übertragen oder vererbt werden und der Rechtsinhaber darf seine persönlichkeitsrechtlichen Rechtsobjekte wie beispielweise Name und eigenes Bild für den gewerblichen Gebrauch lizenzieren, es sei denn, dass die persönlichkeitsrechtlichen Rechtsobjekte nach dem speziellen Gesetz ihrer Natur nicht verfügbar sind. Vergleicht man § 1012 ZGB mit § 1013 ZGB, so zeigt sich, dass die juristische Person berechtigt ist, das Recht über die eigene Bezeichnung zu übertragen. Dies gilt nicht für die natürliche Person. Gemäß § 1023 Abs. 1 sind in Bezug auf die Lizenzierung des Namens die Bestimmungen über das Bildnis entsprechend anzuwenden. Da sowohl die personenbezogenen Daten als auch der Name und das eigene Bild als Träger des persönlichen Interesses gelten können, kann das informationelle Selbstbestimmungsrecht in Analogie zum Recht am Namen oder am eigenen Bild ausgeübt werden. Der Rechtsgegenstand des persönlichen Informationsrechts ist das durch die persönliche Information bzw. die personenbezogenen Daten verkörperte persönliche Interesse, das nicht übertragbar ist[320] und mit seinem Träger verschmilzt. Mittels der individuellen Einwilligung können die persönlichen Daten nur zum Gegenstand eines Nutzungsvertrages werden.

IV. Art der Selbstregulierung zu personenbezogenen Daten

Im Gegensatz zu Deutschland, das bereits 1970 ein Datenschutzgesetz kannte, gibt es in der VR China im Jahr 2020 noch kein einheitliches Datenschutzgesetz. So lässt sich nachvollziehen, dass in der chinesischen Literatur das Verhältnis zwischen Datenschutz und Vertrag weniger hinterfragt wird. Die Inhalte des persönlichen Informationsrechts und des Urheberrechts werden gesetzlich festgeschrieben, der sachliche Schutz der beiden Rechte ist abhängig von ihren Trägern, daher kann die Ausgestaltungsform des persönlichen Informationsrechts teilweise vergleichbar mit dem Urheberrecht ausfallen.

1. *Aufgrund datenschutzrechtlicher Vorschriften und Ordnung*

Im Wesentlichen ist die urheberrechtliche Befugnis auf eine konkrete Nutzungshandlung des Werkes gerichtet. Aus historischer Perspektive stellt das Schaffen eines neuen Urheberrechts auf die neue Nutzungsform des Werkes ab. Im Gegensatz zur Nutzung des Werkes drängt sich der Betroffene nicht in eine aktive Verwendung seiner Daten und zugleich verhindert er auch nicht die rechtskonforme Verarbeitung seiner Daten. Die Kontrolle der Erfüllung von prozessualen Pflichten wird deshalb geschätzt. Um die Einwilligung zur Datenverarbeitung zu erhalten, ist beispielsweise nach gesetzlichen und administrativen Regelungen über Zweck, Methode und Umfang der Datenverarbeitung zu informieren (§ 1035 ZGB und §§ 41, 42 cCyG).

320 Wang, MR 45, 49.

Die konkreten Rechte des Betroffenen und die prozessualen Anforderungen an die Datenverarbeitung werden durch die Rechtsnormen bestimmt und es ist eine Gebrauchsbestimmung der personenbezogenen Daten angebracht. Trotzdem können diese gesetzlichen Nutzungsrechte möglicherweise die normale Gebrauchsform decken und die Grundbedürfnisse des Marktes befriedigen. D. h., dass die standardisierte rechtliche Ausübung nicht mit der gesamten Handelssituation einhergehen könnte. Die Vorherbestimmung von Umfang, Zweck und Methode stellt eine schwierige Anforderung an die datenverarbeitende Stelle, da Datenanalyse und Data-Mining eng miteinander verwandt sind. Um die effektive Entscheidungsfindung zu lenken, erfordern die Ergebnisse der Datenanalyse ein kontinuierliches Data-Mining und zugleich muss dieses auch frühere Ergebnisse berücksichtigen; dadurch kann die Datenanalyse erneut durchgeführt werden. Aus diesem Grund könnte sich der Datenverarbeitungszweck und -umfang im Laufe von Datenanalyse und Data-Mining ändern, um die Mehrwertpotenziale der Daten in Unternehmen realisieren zu können. Angesichts dieser Divergenz beim Schutz personenbezogener Daten und bei der Datennutzung werden die Datenverarbeiter nach privaten Regeln suchen, die von den Gesetzen zum Schutz personenbezogener Daten unabhängig sind, um ihre Interessen zu beschützen.

2. *Standardvertragsklauseln*

Eine Gestattung der Datenverarbeitung zwischen den Privaten ist üblich. § 993 ZGB räumt der natürlichen Person ein, ihre Daten für gewerbliche Nutzung zu lizenzieren. Durch einen Lizenzvertrag wird die Befugnis des Betroffenen über seine Daten eingeschränkt und dadurch kann für die datenverarbeitende Stelle der Nutzungsumfang der personenbezogenen Daten erweitert werden. Vor allem bei Daten zu Werbungszwecken ist die Verarbeitung der personenbezogenen Daten für die Vertragsdurchführung nicht erforderlich. Im Regelfall werden hier die Standardvertragsklauseln angewendet.

Von großer Bedeutung scheint der Vertrag zwischen dem Betroffenen und der datenverarbeitenden Stelle, da er die Vertrags- und Willensfreiheit hervortreten lässt. Doch wird angesichts der Ungleichheiten zwischen dem Betroffenen und der datenverarbeitenden Stelle die Vertragsfreiheit in Standardvertragsklauseln vergleichsweise stark eingeschränkt. Die Einschränkung kann in zwei Grundtypen unterschieden werden: die Kontrolle des Vertragsabschlussverfahrens und die Kontrolle des Vertragsinhaltes.[321] Beim ZGB geht es nur in drei Vorschriften um die Standardvertragsklauseln: Der Begriff der Standardvertragsklauseln wird durch § 496 Abs. 1 ZGB definiert, § 496 Abs. 2 und § 497 ZGB enthalten jeweils die Vorschrift der Verfahrenskontrolle und die Vorschrift der Inhaltskontrolle. § 498 ZGB umfasst eine Streitbeilegungsklausel.

321 Wang, Rechtliche Regelung über Preisklauseln, ZHWR 71, 72 f.

A. *Definitionsklausel*

Nach § 496 Abs. 1 ZGB ist die Formklausel eine von einer Partei im Voraus vorbereitete Klausel, die bei Vertragsabschluss nicht mit der anderen Partei ausgehandelt wird. Selbst wenn dieser Vertrag nicht für eine mehrmalige oder wiederholte Verwendung geschaffen wird, ist im Hinblick auf den besseren Schutz der Verbraucher die Klausel im Rahmen des Verbrauchervertrag als Formklausel anzusehen, soweit der Verbraucher bei Vertragsabschluss keinen Einfluss auf den Vertragsinhalt hat.[322]

B. *Verfahrenskontrolle*

Die Kontrolle des Vertragsabschlussverfahrens lenkt die Aufmerksamkeit auf die Verfahrensgerechtigkeit und dient zur Beseitigung des strukturellen Machtunterschieds und der Informationsungleichgewicht zwischen Verbraucher und Unternehmer. Ein konkretes Beispiel dafür gibt die gesetzliche Informationspflicht gegenüber dem Kunden. Nach § 496 Abs. 2 ZGB ist der Anbieter der Formklausel verpflichtet, die andere Partei über die für sie relevante Klausel zu informieren, z. B. über die Haftungsbefreiung oder -reduzierung des Anbieters der Formklausel. Zudem könnte der Gesetzgeber den Geltungsbereich der Regelungen über beispielsweise Betrug und Nötigung ausweiten. Deshalb wird bei Kontrolle des Vertragsabschlussverfahrens der Maßstab der Übereinstimmung beider Vertragsparteien angelegt. Da AGB oft vielfältige Regelungen enthalten, besteht für den Verbraucher die Gefahr, dass das Einverständnis leicht übersehen wird. Vor diesem Hintergrund ist eine wirksame Einwilligung im Sinne des Datenschutzgesetzes hervorzuheben.

C. *Inhaltskontrolle*

Nach § 497 ZGB ist die Formklausel ungültig, soweit (1) sie mit den im 3. Abschnitt des 6. Kapitels des ZGB und § 506 erwähnten ungültigen Umständen übereinstimmt oder (2) der Anbieter der Formklausel in unangemessener Weise seine Haftung reduziert oder die Haftung der anderen Partei erhöht oder die wichtigsten Rechte der anderen Partei einschränkt oder (3) der Anbieter der Formklausel die wichtigen Rechte der anderen Partei ausschließt. § 498 ZGB regelt den Streitfall zwischen den beiden Parteien, wonach ein divergentes Verständnis über den Vertrag nach allgemeinem Verständnis ausgelegt werden soll. Man soll zu einer anfängerfreundlichen Auslegung neigen. Wenn die Formklausel und die Nichtformklausel inkonsistent sind, sollte die Nichtformklausel angenommen werden.

322 Zhu, Grundlegende Merkmale der Formatklausel, ZR 128, 128 ff.; Wang, Rechtliche Regelung über Preisklauseln, ZHWR 71, 71 ff.

D. Widerrufsrecht

Die Nutzung der personenbezogenen Daten ist eine der Darstellungsformen der aktiven Nutzungsbefugnis des persönlichen Informationsrechts. Aufgrund der fehlenden Vorschrift über die Nutzung der personenbezogenen im ZGB kommt die Regelung über die Nutzung des eigenen Bildes in Betracht.

Gemäß § 1021 ZGB ist bei Streitigkeiten über das Verständnis der Bestimmungen des Porträtlizenzvertrags eine Auslegung zugunsten des Porträtrechtsinhabers vorzunehmen. Ist der Zeitraum für den Lizenzvertrag nicht vereinbart oder nicht eindeutig, darf jede Partei den Lizenzvertrag jederzeit kündigen, vorausgesetzt, dass die andere Partei innerhalb einer angemessenen Frist benachrichtigt wird (§ 1022 ZGB). Dies soll als Lizenzvertrag über personenbezogene Daten gelten. Dennoch wird die Frage, ob im befristeten Lizenzvertrag der Betroffene die erteilte Einwilligung in die Nutzung der personenbezogenen jederzeit widerrufen kann, zurzeit weder von der chinesischen Rechtsprechung noch von der chinesischen Literatur untersucht. Nach hier vertretener Auffassung ist die datenschutzrechtliche Einwilligung nicht Vertragsbestandteil, sondern eine vom Vertrag getrennt zu betrachtende Erklärung. Zugleich fällt die Nutzung der personenbezogenen Daten nach § 1035 Abs. 2 ZGB unter den Begriffsinhalt der „Verarbeitung der persönlichen Information“. Laut dem Grundsatz des „Vorranges des Sonderrechts vor dem Allgemeinrecht“ in § 83 Gesetzgebungsgesetz der VR China kann der Betroffene deshalb eine erteilte Einwilligung jederzeit widerrufen.

3. Verwertungsgesellschaft als Interessenvertreter des Betroffenen?

Angesichts der Gefahr des Machtmissbrauchs durch Anbieter der Standardvertragsklauseln kann der Betroffene mit dem Datenverarbeiter einen privaten Lizenzvertrag schließen, dadurch soll der Datenverarbeiter über die gesetzliche Verpflichtung hinaus eine zusätzliche Verpflichtung tragen. Im urheberrechtlichen System wird dies in der Regel durch eine Verwertungsgesellschaft ermöglicht. Nach § 3 der Ordnung über die Verwertungsgesellschaft ist die Verwertungsgesellschaft die öffentliche Organisation, die für die Interessen der Rechteinhaber gegründet wird und diese in Übereinstimmung mit der Genehmigung der Rechteinhaber ausübt. Im datenschutzrechtlichen System ist es deswegen auch denkbar, dass dem Datenverarbeiter eine Rechtsposition wie der urheberrechtlichen Verwertungsgesellschaft eingeräumt wird. Einerseits erspart sich der Betroffene die Mühe, sich mit Details der Datenverarbeitung auseinandersetzen zu müssen und er kann in dem Rechtsstreit vertreten werden; andererseits kann der Datenverarbeiter selbst Rechte gegenüber Dritten gelten machen.

Diese Annahme mag jedoch zu idealistisch sein. Die Datenverarbeitung erfolgt in logisch aufeinander aufbauenden Prozessen, in denen sich die zahlreichen personenbezogenen Daten sich durch eine systematische Verarbeitung von den unstrukturierten Rohdaten letztlich in die strukturierte Information bzw. Erkenntnisse verwandeln. An der Verwandlung können möglicherweise unterschiedliche Datenunternehmen teilnehmen. Immerhin geht es bei einer ordentlichen

Datenverarbeitung um Datenerhebung, Datenintegration, Datenanalyse, Informationsdistribution sowie Informationsverwendung.[323] Dies führt zu der heiklen Situation, wer als Verwertungsgesellschaft qualifiziert wird. Über die Kooperation zwischen unterschiedlichen Unternehmen hinaus ist zu vermuten, dass eine steigende Datenmacht von Großunternehmen zum Monopol an Daten führen könnte, sodass die Wettbewerbsordnung nachhaltig gefährdet wird, weil die Großunternehmen als nicht öffentliche Stelle nur ihre eigenen Interessen verfolgen. In der Tat wird die Lizenzierung von Werken in der heutigen chinesischen Netzwerkumgebung im Wesentlichen von den Urheberrechtsinhabern selbst vorgenommen. Eine große Zahl von Rechteinhabern hat sich von Anfang an geweigert, der Verwertungsgesellschaft die urheberrechtliche Ausübung zu genehmigen, und beabsichtigt auch nicht, der Verwertungsgesellschaft beizutreten.[324] Die Verwertungsgesellschaft könne somit eine grundsätzlich ungeeignete Strategie für den Schutz des persönlichen Informationsrechts und den Schutz der Interessen von jungen Start-up-Firmen sein.

§ 2 In Deutschland

I. Von der Begründung des Persönlichkeitsrechtsschutzes zum Datenschutz

1. Begründung des Persönlichkeitsrechtsschutzes

Schon im 16. Jahrhundert wurden die Rechte an der eigenen Person verkündet, doch werden die Persönlichkeitsrechte erst seit dem 19. Jahrhundert anerkannt.[325] Die Besonderheit des Persönlichkeitsrechts in Deutschland besteht darin, dass sein Schutzumfang und -inhalt nicht durch Gesetze, sondern maßgeblich durch die Rechtsprechung definiert und ausgefüllt werden.[326]

Bei Schaffung des BGB hat der deutsche Gesetzgeber bewusst von der Kodifizierung eines allgemeinen Persönlichkeitsrechts abgesehen. Ein solcher Schutz beispielsweise der Ehre war im Vorschlag des ersten Entwurfs von 1888 in § 704 Abs. 2 S. 2 vorgesehen,[327] In dem zweiten Entwurf wurde aber der Ehrenschutz aus dem an die Stelle des § 704 getretenen § 746 gelöst. Grund dafür war die Sorge, dass eine Schadenersatzpflicht für die bloß fahrlässige Verletzung der Ehre die allgemeine Handlungsfreiheit eher gefährden als schützen könne.[328] In der Folgezeit

---

323 Becker, Geschäftsmodelle, S. 217.
324 Xiong, Konzentrierte Lizenzzwangsregeln, RF 46, 46.
325 Neuner, JuS 2015, 961, 961.
326 Di Fabio in: Maunz/Dürig, GG, Art. 2 Abs. 1 Rn. 128.
327 Beuter, Die Kommerzialisierung, S. 5.
328 Mugdan, Die gesamten Materialien, § 704 S. 2724.

negierte das Reichsgericht einen allgemeinen Ehrenschutz[329] und entschied, dass die Ehre ausdrücklich nicht zu den „sonstigen Rechten" des § 823 Abs. 1 BGB gehöre[330] sowie die §§ 185 ff. StGB (der Schutz gegen Beleidigung) in Verbindung mit § 823 Abs. 2 BGB einen gewissen Mindestschutz der Ehre in das zivilrechtliche Haftungssystem einführten[331] Zudem erkannte die Rechtsprechung mit dem Schutz des Namens gemäß § 12 BGB und des Bildes gemäß § 22 KUG besondere Persönlichkeitsrechte als Schutzgesetze im Sinne des § 823 Abs. 2 BGB an.[332]

Zwar hatte das Reichsgericht in seinen Einzelentscheidungen einen deliktischen Persönlichkeitsschutz meist über § 826 BGB gewährt, aber es wollte ein allgemeines Persönlichkeitsrecht nicht anerkennen.[333] Zudem mangelte es an einer deliktischen Generalklausel im BGB, die über den unzureichenden strafrechtlichen Ehrenschutz und dessen Transformation über § 823 Abs. 2 BGB und einige gesetzliche Sonderregelungen hinaus die innere geistige Persönlichkeit schützten könnte, *1. weil ein „Urrecht an sich selbst" mit der Folge eines Rechts auf Selbstmord nicht anerkannt werden könne; 2. weil die Entstehung einer Obligation eine Verletzung des Vermögenswertes voraussetze; 3. weil sich Inhalt und Umfang eines Persönlichkeitsrechts nicht hinreichend klar bestimmen ließen.*[334] Nach dem Zweiten Weltkrieg und der Gründung der Bundesrepublik Deutschland begünstigte die Einführung des Grundgesetzes den Verständniswandel. Im Jahre 1954 erkannte der BGH in der Schachbriefentscheidung das allgemeine Persönlichkeitsrecht als sonstiges Recht im Sinne des § 823 Abs. 1 BGB erstmals an.[335] In Bezug auf die Schutzgebotsfunktion der Grundrechte traten dann weitere Fragen auf, ob das Grundgesetz eine Verstärkung des zivilrechtlichen Persönlichkeitsrechts erfordere. Das hatte der BGH anfangs verkannt, die Funktion der Grundrechte als Abwehrrechte war nicht unmittelbar auf das Verhältnis von Privatrechtssubjekten auszudehnen.[336] Die dogmatische Begründung des allgemeinen Persönlichkeitsrechts ist die Verpflichtung der staatlichen Gewalt, die Menschenwürde zu beschützen, d. h. die objektive Schutzfunktion des Staates, da die Grundrechte die staatliche

---

329 RGZ 69, 401, 403; Schlüter, Die urheber- und persönlichkeitsrechtliche Beurteilung, S. 25 ff.

330 RGZ 51, 369 ff.

331 Neunhoeffer, Das Presseprivileg, S. 194.

332 Hartl, Persönlichkeitsrechte, S. 14.

333 Ehmann, in: Claus-Wilhelm/Andreas, 613, 617 f.

334 Ehmann, Das Allgemeine Persönlichkeitsrecht, 613, 615.

335 Nachdem nunmehr das Grundgesetz das Recht des Menschen auf Achtung seiner Würde (Art. 1 GG) und das Recht auf freie Entfaltung seiner Persönlichkeit auch als privates, von jedermann zu achtendem Recht anerkennt [...], muss das allgemeine Persönlichkeitsrecht als ein verfassungsmäßig gewährleistetes Grundrecht angesehen werden. BGH, Urteil vom 25. Mai 1954 – I ZR 211/53 –, BGHZ 13, 334–341, juris Rn. 20.

336 BGH, Urteil vom 25. Mai 1954 – I ZR 211/53 –, BGHZ 13, 334–341, juris Rn. 20 ff.; Canaris, AcP 1984, 201, 231.

Gewalt binden und es sich nicht um die Funktion der Grundrechte als Eingriffsverbote, sondern als Schutzgebote handelt.[337] Dies verpflichtet den Gesetzgeber, für ein bestimmtes Maß an positivem persönlichkeitsrechtlichem Schutz zu sorgen. Das inkludiert den Schutz vor Beeinträchtigungen von kollidierenden Grundrechten Dritter.[338] Zweifellos muss das Zivilrecht im Geiste der von der Verfassung geschützten Wertordnung stehen.[339]

Unter dem Impuls des Grundgesetzes wurde vom BGH das allgemeine Persönlichkeitsrecht als ein absolutes Recht anerkannt und genießt den deliktsrechtlichen Schutz des § 823 Abs. 1 BGB. Allerdings traten Zweifel an der Qualität der in § 823 Abs. 1 BGB geschützten Persönlichkeitsgüter Leben, Körper, Gesundheit und Freiheit als subjektive Rechte auf. Indessen sind nicht nur die allgemeinen Persönlichkeitsrechte zusammen mit den Eigentums- und Immaterialgüterrechten in der allgemeinen Rechtslehre durchaus bei den absoluten subjektiven Rechten einzustufen. Die speziellen Persönlichkeitsrechte wie Namensrecht und Recht am eigenen Bild sind ebenfalls unter § 823 Abs. 1 BGB zu subsumieren.[340]

2. Schutzumrisse

Weil die Persönlichkeit immateriell und für Dritte nicht unmittelbar wahrnehmbar ist,[341] können die Umrisse der Schutzgüter der Persönlichkeitsrechte im Gegensatz zu jenen des Eigentumsrechts nicht mit der Eindeutigkeit festgelegt werden, die ein körperlicher Gegenstand erlaubt. Angesichts der undeutlichen Schutzgüter der Persönlichkeitsrechte beschränkte das Reichsgericht die im Freiheitsbegriff des § 823 Abs. 1 BGB liegende Befugnis der Selbstbestimmung auf einen begrifflich fassbaren Bereich und gewährleistete die in diesem Bereich bestehenden Interessen mit der Abwägung der im Einzelfall auf dem Spiel stehenden Güter.[342] Später hat der BGH diesen Weg weitergeführt. Darüber hinaus geht es beim Schutz des besonderen Persönlichkeitsrechts ebenso um die Befugnis der Selbstbestimmung, wenn z. B. beim Schutzobjekt des Rechts am eigenen Bild das Selbstbestimmungsrecht des Abgebildeten bezüglich der Verarbeitung und der öffentlichen Stellung seines Bildes ist.[343]

Wegen der Schwierigkeiten in der Konkretisierung des Persönlichkeitsschutzes gibt es offene Schutzgrenzen, die im Allgemeinen von der Einschätzung des Richters im konkreten Fall abhängen. Diese Grenzen sind beim Rechtsgut der Ehre die Wahrnehmung berechtigter Interessen, beim Recht am eigenen Bild ein Rekurs auf

337 Canaris, AcP 1984, 201, 231.
338 Di Fabio, in: Maunz/Dürig, GG, Art. 2 Abs. 1 Rn. 135.
339 Coing, JZ 1958, 558, 560.
340 Wagner, in: Säcker/Rixecker/Oetker/Limperg, BGB, Bd. 7, § 823 Rn. 417.
341 Beuthien/Schmölz, Persönlichkeitsschutz, S. 11.
342 Ehmann, in: Canaris/Heldrich, 613, 618.
343 Helle, Besondere Persönlichkeitsrechte, S. 47.

die Interessenabwägung in § 23 Abs. 2 KUG und beim Datenschutz die Fülle der unbestimmten Rechtsbegriffe, beim Urheberrecht der Werkbegriff des § 2 Abs. 2 UrhG und beim Patentrecht die geforderte Erfindungshöhe.[344] Im Vergleich mit dem allgemeinen Persönlichkeitsrecht ist allerdings mit dem besonderen Persönlichkeitsrecht die „Vorverlagerung" oder „Formalisierung" des Persönlichkeitsschutzes gemeint. D. h., dass der durch das besondere Persönlichkeitsrecht ermöglichte Persönlichkeitsschutz in der Regel mit besonderen, von der Persönlichkeit gedanklich trennbaren Substraten wie dem Namen, dem eigenen Bild oder dem gesprochenen Wort der Person verknüpft wird.[345]

3. Vom Privatsphärenschutz zum Schutz der personenbezogenen Daten

Die Entwicklung des Persönlichkeitsschutzes in Deutschland ist durch das Prinzip des Schutzes der Privatsphäre geprägt.[346] In der *Leserbrief*-Entscheidung 1954 leitete der BGH das allgemeine Persönlichkeitsrecht direkt aus den Grundrechten des Grundgesetzes ab.[347] In Kenntnis der vorhandenen Rechtsprechung und der Lehrmeinungen ist zwar die Diskussion über die „Privatsphäre" breit angelegt, ihr Begriff ist aber noch nebulös, insbesondere, wenn er sich auf die „Sphärentheorie" bezieht.[348] Bis in die Gegenwart geht es daher weniger um die Herausarbeitung der theoretischen Konzeption der „Privatsphäre" als um die pragmatische Umsetzung ihres Schutzbedürfnisses.[349]

In der Mitte des 20. Jahrhunderts hat sich der privatrechtliche Persönlichkeitsschutz maßgeblich auf neue Bedrohungen der Persönlichkeit in der Verbindung mit personenbezogenen Daten konzentriert, das Problem der Datenverarbeitung wurde nicht thematisiert. Als Reaktion auf die Gefahren der automatisierten Datenverarbeitung wird nach dem Volkszählungsurteil vom 15. Dezember 1983 das aus Art. 2 Abs. 1 i. V. m. 1 Abs. 1 GG abgeleitete Recht auf informationelle Selbstbestimmung nicht nur durch das Datenschutzgesetz, sondern auch durch das allgemeine Persönlichkeitsrecht geschützt.[350] Für den Begriff der personenbezogenen Daten zitierte das BVerfG wörtlich § 2 Abs. 1 BDSG 1977 (§ 3 Abs. 1 BDSG 2016).[351] Zugleich führte das Ungenügen der Sphärentheorie nicht nur zur „Verzichtstheorie" und zum „abgestuften Schutzkonzept",[352] sondern auch zu einer neuen Betrachtungsweise: Der Schutz der bestimmten Bereiche oder die „Sensibilität" der fraglichen Information stehen nicht mehr im Zentrum, sondern der

344 Helle, Besondere Persönlichkeitsrechte, S. 25.
345 Helle, Besondere Persönlichkeitsrechte, S. 39.
346 Götting, in: Götting/Schertz/Seitz, Persönlichkeitsrecht, § 1, Rn. 4.
347 Götting, in: Götting/Schertz/Seitz, Persönlichkeitsrecht, § 1, Rn. 1
348 Götting, in: Götting/Schertz/Seitz, Persönlichkeitsrecht, § 1, Rn. 5.
349 Rüpke/v. Lewinski/Eckhardt, Datenschutzrecht, § 4, Rn. 24.
350 Götting, in: Götting/Schertz/Seitz, Persönlichkeitsrecht, § 1, Rn. 14.
351 Rüpke/v. Lewinski/Eckhardt, Datenschutzrecht, § 4, Rn. 8.
352 Götting, in: Götting/Schertz/Seitz, Persönlichkeitsrecht, § 1 Rn. 9 f.

Gedanke, dem Betroffenen die Herrschaft über seine Daten und deren Verwendung zukommen zu lassen.[353] Eine dementsprechende Vorstellung ist das Recht auf informationelle Selbstbestimmung.

Das Recht auf informationelle Selbstbestimmung wird vom BVerfG namentlich im „*Volkszählungsurteil*" vom allgemeinen Persönlichkeitsrecht abgeleitet und entwickelt.[354] Doch darf die informationelle Selbstbestimmung nicht als Herrschaftsrecht über die personenbezogenen Daten verstanden werden, weil das BVerfG diesem Modell eine deutliche Absage erteilt hat: „*Der einzelne hat nicht ein Recht im Sinne einer absoluten, uneingeschränkten Herrschaft über ‚seine' Daten (...). Information, auch soweit sie personenbezogen ist, stellt ein Abbild sozialer Realität dar.*"[355] Das *Volkszählungsurteil*, dessen Grundsätze bis heute Auswirkungen auf das Datenschutzrecht in Deutschland haben, wird als „Geburtsstunde des Datenschutzes" bezeichnet.[356] So gibt Datenschutz kein Herrschaftsrecht an Daten.[357] Aus grundrechtsdogmatischer Sicht geht es aber bei der Erstreckung der Wirkungen des allgemeinen Persönlichkeitsrechts auf ein privatrechtliches Verhältnis um eine mittelbare Dritt- oder Ausstrahlungswirkung der Verfassung, wobei die Grundrechtswirkung über die Auslegung von Privatrechtsnormen hinausreicht.[358]

In der Informationsgesellschaft lassen sich die Überschneidungen zwischen dem informationellen Privatschutz und dem Datenschutz nicht vermeiden. In der Literatur ist streitig, ob der Schutz der personenbezogenen Daten als ein verselbständigtes Rechtsgut oder der Datenschutz als Mittel zur Sicherstellung der informationellen Privatheit und damit als ein unselbständiger Teilbereich der Privatheit betrachtet wird.[359] Doch hat sich im Rahmen des Datenschutzes die Befugnis des Betroffenen über seine Daten verändert. Die heutige DS-GVO bietet zwei Aspekte für das Verständnis für den Hauptinhalt der datenschutzrechtlichen Ziele: Zum einen ist der Datenschutz nicht nur eine Art des Persönlichkeitsschutzes, sondern auch eine solche des präventiven Diskriminierungsschutzes.[360] Zum anderen beziehen sich die Interessen an einem freien Datenfluss (Art. 1 Abs. 1 DS-GVO) insbesondere auf die Meinungs-, Informations- und Forschungsfreiheit sowie die unternehmerische Freiheit.[361] Vor diesem Hintergrund werden die meisten materiellen Regelungen im BDSG und in der DS-GVO für die Anwendung in öffentlichen und nicht öffentlichen Stellen differenziert gesetzt. Darüber hinaus zeigt

---

353 Aebi-Müller, Personenbezogene Informationen, § 13 Rn. 591.

354 BVerfG, Urteil vom 15. Dezember 1983 – 1 BvR 209/83 –, BVerfGE 65, 1–71, juris; BVerfG, NJW 2016, 1939.

355 BVerfG, Urteil vom 15. Dezember 1983 – 1 BvR 209/83 –, BVerfGE 65, 1–71, juris, Rn. 150.

356 Schröder, Datenschutzrecht, Einl., S. 2.

357 Hoeren, MMR-Beil. 1998, 6, 9.

358 Hager, in: Staudingers, BGB, § 823 C4.

359 Schwichtenberg: Datenschutz in drei Stufen, S. 31 f.

360 Buchner, in: Kühling/Buchner, DS-GVO/BDSG, DS-GVO Art. 1 Rn. 9 i. V. m. Rn. 14.

361 Buchner, in: Kühling/Buchner, DS-GVO/BDSG, DS-GVO Art. 1 Rn. 15.

dies zugleich, dass das unternehmerische Interesse nur eines der in der DS-GVO zum Ausdruck kommenden Interessen ist, wenngleich das wirtschaftliche Potenzial der Verarbeitung der personenbezogenen Daten erheblich ist. D. h., dass die Kernbedeutung des informationellen Selbstbestimmungsrechts in der Beschränkung und Bindung der Datenverarbeitung und des Informationsflusses zwischen verschiedenen Stellen liegt. Der Rechtsinhaber selbst kann über die Preisgabe und Verwendung seiner personenbezogenen Daten bestimmen.[362] Im Gegensatz zu der Privatheit, die weder durch die DS-GVO noch durch die deutschen nationalen Datenschutzgesetze als Schutzgut benannt wird,[363] versucht das Recht auf informationelle Selbstbestimmung sämtliche Inhalte zu schützen, sodass die allfällige schützenswerte Informationssphäre zu berücksichtigen ist. In Anbetracht dessen ist der Schutzbereich der personenbezogenen Daten im Datenschutzgesetz weiter als der Schutz der Privatsphäre im traditionellen Zivilrecht. Konsequenterweise wird die Geheimsphäre durch das Recht auf informationelle Selbstbestimmung völlig aufgelöst.[364]

II. „Kommerzialisierung des Persönlichkeitsrechts“

1. Person

Die Kommerzialisierung des Persönlichkeitsrechts ist vor allem untrennbar mit der Person verbunden. Die übliche Bezeichnung „allgemeines Persönlichkeitsrecht“ ist gleichwohl kein gesetzlicher Terminus.[365] Nach dem allgemeinen politischen, rechtspolitischen und wissenschaftlichen Verständnis werden Person und Persönlichkeit oft als Werte genannt.[366] Im modernen Recht ist der Personenbegriff eine individualrechtliche Kategorie, somit dient die Person nicht als bloßes Objekt fremder Zielsetzungen und Funktionsbestimmungen.[367] Der Träger von Rechten und Pflichten, der rechtlich ausgestattete Mensch[368] und das Rechtssubjekt werden als „Person“ bezeichnet. Mit der Fähigkeit, Träger von Rechten und Pflichten zu sein, wird der Mensch (die Person) zum Zurechnungssubjekt,[369] da aus Sicht des Vernunftrechts Geburt und Tod als Grenzen der Person angesehen werden können. Dementsprechend wurden in der früheren Literatur „Person“ und „Rechtsfähigkeit“ weitgehend gleichgesetzt.[370]

---

362 Schmidt, in: Müller-Glöge/ Preis/Schmidt, GG, Art. 2 Rn. 41.
363 Schwichtenberg: Datenschutz in drei Stufen, S. 16.
364 Aebi-Müller, Personenbezogene Informationen, § 13 Rn. 611.
365 Neuner, JuS 2015, 961, 961.
366 Westermann, Person und Persönlichkeit, S. 6.
367 P. Kirchhof, in: Maunz/Dürig, GG, Art. 3 Abs. 1 Rn. 109.
368 Der „Mensch“ ist Adressat und Betroffener aller rechtlichen Regelns. Vgl. P. Kirchhof, in: Maunz/Dürig, GG, Art. 3 Abs. 1 Rn. 108.
369 Westermann, Person und Persönlichkeit, S. 8.
370 Hattenhauer, Grundbegriffe, S. 13–22.

2. Bedeutung der Persönlichkeit

Aufgrund der idealistischen Prägung sind die Persönlichkeitsrechte am Schutz der ideellen Interessen orientiert. Als eine Sprachschöpfung von der Idee der Aufklärung inspiriert wird der Begriff „Persönlichkeit“ auf das späte 18. Jahrhundert zurückgeführt.[371] Nach dem Verständnis der Anhänger der Aufklärungsphilosophie vermittelte die Persönlichkeit eine Macht, die von ihnen an die Stelle der Amtsautorität gesetzt wurde, d. h., Persönlichkeit war nicht jedermann kraft seines physischen Menschseins verliehen.[372] In der Literatur seit *Kant* waren Person und Persönlichkeit voneinander geschieden.[373] In anderen Quellen wurden die Person und die Persönlichkeit zum Teil synonym, zum Teil abgestuft verstanden.[374] Nach der Philosophie des 19. Jahrhunderts wurde das Subjekt nicht in das zivilrechtliche Gefüge eingeordnet und war auf die Person „als Zweck an sich“ bezogen, die ihren angeborenen ethischen Wert in sich selbst trug.[375] Deshalb war die Anerkennung von Persönlichkeitsrechten wegen des Einwands einer unzulässigen Gleichsetzung von Objekt und Subjekt umstritten.[376]

Wie oben erwähnt, soll die Rechtsordnung dem einzelnen Menschen einen besonderen Wert zumessen und die Achtung dieses Wertes, der Menschenwürde wie der persönlichen Eigenart grundsätzlich sichern.[377] Die Persönlichkeitsrechte verkörpern die subjektiven Rechten, die auf die persönliche leibliche, seelische und geistige Existenz ausgerichtet sind und die Rechtsfähigkeit der Berechtigten voraussetzen.[378] Weil das Persönlichkeitsrecht das „Innere“ des Menschen bzw. die innere, „geistige“ Persönlichkeit schützt,[379] ist es wohl zutreffend, die Bedeutung der Persönlichkeit von jener der Person zu unterscheiden. Früher wurde der Schutz der Persönlichkeitsgüter auf dem Enumerationsprinzip aufgebaut, in § 253 BGB wurde die Möglichkeit einer allgemeinen Genugtuung in Geld für die Verletzung immaterieller Interessen abgelehnt.[380] Dadurch wurde das Verständnis von Persönlichkeits- und Vermögensrecht, wonach beide in einem unauflöslichen Widerspruch zueinander stünden, bestätigt.[381] Mit dieser Ausrichtung des

---

371 Neuner, JuS 2015, 961, 961.
372 Hattenhauer, Grundbegriffe, S. 11 f.
373 Unter Berufung auf Hattenhauer, Grundbegriffe, S. 12.
374 Unter Berufung auf Westermann, Person und Persönlichkeit, S. 8, S. 19 sowie Hattenhauer, Grundbegriffe, S. 13 f.
375 Götting, Persönlichkeitsrechte, S. 5.
376 Zum Diskurs über das Persönlichkeitsrecht im 19. Jh siehe Klippel, ZNR 1982, 132, 133 ff.; Scheyhing, AcP 158, 503, 503 ff.
377 Kannowski, in: Staudingers, BGB, Vorbemerkungen zu § 1 Rn. 18.
378 Neuner, JuS 2015, 961, 962.
379 Ehmann, in: FS für Apostolos Georgiades, 113, 113.
380 Coing, JZ 1958, 558, 559.
381 Götting, Persönlichkeitsrechte, S, S. 6.

Persönlichkeitsrechts wurde teils eine Reaktion auf die ideellen Motive und die Verbrechen im Nationalsozialismus verbunden.[382]

Der deutsche Zivilrechtsgesetzgeber hat nur besondere Persönlichkeitsrechte wie etwa das Recht am Namen (§ 12 BGB) oder das Recht am eigenen Bild (§§ 22ff. KunstUrhG), nicht aber ein allgemeines Persönlichkeitsrecht, geschweige denn einen Schutz der Persönlichkeit festgeschrieben. In der Gesamtheit des BGB ist von „Persönlichkeit" in den Normen §§ 1913 Abs. 2, 2105 Abs. 2, 2162 Abs. 2 und 2178 BGB in Rede. § 1913 BGB dient dem Schutz der Vermögensinteressen der unbekannten und ungewissen Beteiligten,[383] wobei S. 2 den Sonderfall regelt, dass der Nacherbe noch nicht gezeugt ist oder durch dessen Persönlichkeit ein künftiges Ereignis bestimmt wird. Das hier genannte künftige Ereignis ist mit § 2104 S. 1, § 2105 Abs. 2, § 2106 Abs. 2 BGB verknüpft.[384] Der Anwendungsbereich des § 2105 BGB entspricht im Wesentlichen demjenigen des § 2104 BGB[385] und dient als Pendant zu § 2104 BGB. Kurz gesagt bedeutet „Persönlichkeit" i. S. v. §§ 2105 Abs. 2, 2162 Abs. 2 und 2178 BGB den zur Zeit des Erbfalls noch nicht bestimmten Erben.[386]

Mit Rücksicht auf den durch die Einführung des Grundgesetzes vorangebrachten Verständniswandel wurde der Fokus auf die Bedeutung der „Persönlichkeit" im Grundgesetz gelenkt. Geht man von Art. 2 Abs. 1 GG aus, bedeutet Persönlichkeit des Menschen eine autonome Bestimmung der Lebensgestaltung.[387] Nach Art. 2 Abs. 1 GG wird die Persönlichkeit als Bestandteil des lebenden Menschen angesehen.[388] Zugleich erweitert Art. 1 Abs. 1 GG den Persönlichkeitsschutz um den philosophischen Aspekt der Achtung der Würde des Menschen, die auf der Einzigartigkeit seiner humanen und biologischen Anlagen basiert und eine Herabsetzung der Persönlichkeit zum bloßen Objekt nicht duldet.[389] In diesem biologischen und philosophischen Sinne ist die Persönlichkeit ein humanbiologisches Steuerungssystem des Menschen, das ihn mit seelischem Empfinden, Bewusstsein, freiem Willen sowie individuellen geistigen und musischen Anlagen versieht.[390] Das bürgerliche Recht hat den Schutz der Persönlichkeit in diesem umfassenden Sinne zu gewährleisten.

Auf ein eher abstrakteres Niveau hebt das Wesensmerkmal der Persönlichkeit die Individualität.[391] Es lässt sich festhalten, dass aufgrund der ideellen Natur die

382 Coing, JZ 1958, 558, 560; Götting, Persönlichkeitsrechte, S. 6 f.; Vacca, Das vermögenswerte Persönlichkeitsbild, S. 196; Hartl, Persönlichkeitsrechte, S. 18.
383 Bettin, in: Bamberger/Roth/Hau/Poseck, BeckOK BGB, § 1913 Rn. 1.
384 Schöpflin, Gsell/Krüger/Lorenz/Reymann, BGB, § 1913 Rn. 17.
385 Lieder, in: Säcker/ Rixecker/Oetker/Limperg, BGB, Bd. 11 § 2105 Rn. 3.
386 Vacca, Das vermögenswerte Persönlichkeitsbild, S. 23.
387 Di Fabio, in: Maunz/Dürig, GG Art. 2 Abs. 1 Rn. 147.
388 Beuthien/Schmölz, Persönlichkeitsschutz, S. 10; Vacca, Das vermögenswerte Persönlichkeitsbild, S. 24.
389 Beuthien/Schmölz, Persönlichkeitsschutz, S. 11.
390 Beuthien/Schmölz, Persönlichkeitsschutz, S. 11.
391 Peifer, Individualität im Zivilrecht, S. 55.

Persönlichkeit kein handelbares Wirtschaftsgut ist. Zugleich sind greifbare Emanationen der als Schutzgut angesehenen Persönlichkeit abzulehnen.[392] Das bedeutet, dass der Name, das menschliche Abbild, die schriftlichen Aufzeichnungen oder Tonaufnahmen und die personenbezogenen Daten nicht zum Bestandteil der menschlichen Persönlichkeit gehören.[393] An sie bindet sich jedoch der vom besonderen Persönlichkeitsrecht bewirkte Persönlichkeitsschutz.[394] So hat der Menschen die Selbstbestimmungsbefugnis über sie.

3. Anerkennung der vermögenswerten Bestandteile in der Gerichtspraxis

A. Paul Dahlke

Im Jahr 1956 stellte der BGH im Fall *„Paul Dahlke“* erstmals fest, dass es bei der ungenehmigten Kommerzialisierung des eigenen Bildes (bzw. der Prominenz) um den Eingriff in ein fremdes vermögenswertes Ausschließlichkeitsrecht geht.[395] Zudem erwähnte der BGH in diesem Fall, dass die Verletzung von Persönlichkeitsrechten vermögensrechtliche Ersatzansprüche auslösen könne.

B. Mephisto

In der BGH-Entscheidung *„Mephisto“* im Jahr 1968 stellte sich erstmals die Frage, ob und wie lange die Persönlichkeit eines Toten geschützt wird.[396] In diesem Urteil wies der BGH zwar darauf hin, dass das Persönlichkeitsrecht als ein höchstpersönliches Recht unübertragbar und unvererblich sei, weil es dann an einem Rechtssubjekt fehle. Gleichwohl würde der über den Tod hinaus wirkende Persönlichkeitsschutz noch durch die Rechtsordnung gewährleistet.[397] Dies zeigt, dass sich der Persönlichkeitsschutz auf die Toten ausgedehnt hatte. Im Übrigen wurde in der Entscheidung die vermögenswerte Seite des Persönlichkeitsrechts angesprochen.[398]

C. Marlene Dietrich

Mit den Entscheidungen zur werblichen Ausnutzung des Namens und des Bildes von *Marlene Dietrich* haben der BGH im Jahr 2002 und das BVerfG im Jahr 2006 erstmals bestätigt,[399] dass das allgemeine Persönlichkeitsrecht nicht nur einen

---

392 Helle, Besondere Persönlichkeitsrechte, S. 39.
393 Beuthien/Schmölz, Persönlichkeitsschutz, S. 11 ff. Eine teilweise Ansicht denkt, dass diese Definition zu eng ist. Vgl. Peukert, ZUM 2000, 710, 714.
394 Helle, Besondere Persönlichkeitsrechte, S. 39.
395 BGH, GRUR 1956, 427, 429.
396 Seifert, NJW 1999, 1889, 1894.
397 BGH, GRUR 1968, 552, 554.
398 BGH, GRUR 1968, 552, 554.
399 BGH, NJW 2002, 2317, 2318; BVerfG, NJW 2006, 3409.

ideellen, sondern auch einen kommerziellen Bestandteil hat, sie implizierten zugleich, dass der kommerzialisierte Persönlichkeitsanteil vererbbar war,[400] da ein ineffektiver, auf Abwehrbefugnisse beschränkter Schutz des Persönlichkeitsrechts kein hinreichendes Mittel gegen eine unerwünschte Vermarktung der Persönlichkeit darstelle[401] und nach dem Tode des Rechtsträgers die vermögenswerten Bestandteile des Persönlichkeitsrechts fortbestehen könnten, solange die ideellen Interessen noch geschützt sind.[402] Demzufolge kommt nicht nur eine Geldentschädigung wegen der immateriellen Persönlichkeitsrechtsverletzung, sondern auch ein Schadensersatzanspruch wegen der materiellen Verletzung des kommerziellen Persönlichkeitsbestandteils in Betracht.[403] Das bedeutet, dass mit der Anerkennung der wirtschaftlichen Dimension des Persönlichkeitsrechts die Schutzausrichtung der ideellen Beeinträchtigung verändert wird.

4. *Rechtsdogmatische Erklärung*

Die vermögenswerten Bestandteile und die Vermarktung von persönlichen Identitätsmerkmalen werfen eine Grundfrage auf: Welche rechtliche Grundlage besteht hierzu und was ist der genaue Gegenstand der Vermarktung?

Aus Sicht der wirtschaftlichen Realität verkörpern die personenbezogenen Identitätsmerkmale der Person ein Vermögensinteresse. Im Rückblick auf das Immaterialgüterrecht bilden zudem Persönlichkeits- und Vermögensrecht keine unvereinbaren Gegensätze. Dennoch ist – wie oben angedeutet – aus rechtsdogmatischer Sicht die Einführung des Persönlichkeitsrechtsschutz im Zivilrecht stark von Art. 1 i. V. m Art. 2 GG geprägt. Das allgemeine Persönlichkeitsrecht wird vom BVerfG aus der Menschenwürde (Art. 1 Abs. 1 GG)[404] und der freien Entfaltung der Persönlichkeit (Art. 2 Abs. 1 GG) hergeleitet[405], während nach anderer Rechtsprechung des BVerfG alle Rechte, die einen Vermögenswert besitzen, unter den Schutz des Art. 14 GG fallen.[406] Demzufolge erscheint es, dass einerseits der ideelle Bestandteil des Persönlichkeitsrechts in Art. 1 i. V. m Art. 2 GG verwurzelt ist und sich anderseits der vermögenswerte Teil auf Art. 14 GG zurückführen lässt. D. h., dass es keine einheitliche verfassungsrechtliche Grundlage für das

400 Obergfell, in: Ulmer-Eilfort/Obergfell, Verlagsrecht, Rn. 16 i. V. m. Rn. 18.
401 BVerfG, NJW 2006, 3409, 3410.
402 BGH, NJW 2002, 2317, 2318.
403 Obergfell, in: Ulmer-Eilfort/Obergfell, Verlagsrecht, Rn. 16.
404 Teilweise Ansicht weist darauf hin, dass sich der dogmatische Standort des allgemeinen Persönlichkeitsrechts in Art. 2 Abs. 1 GG befindet und Art. 1 Abs. 1 GG insofern auf die Rolle als Auslegungsmaßstab für die Ermittlung des Inhalts und der Reichweite des Schutzumfangs begrenzt ist. Vgl. Di Fabio, in: Maunz/Dürig, GG Art. 2 Abs. 1 Rn. 128.
405 Schantz/Wolff, Das neue Datenschutzrecht, Rn. 137.
406 BVerfG, Beschluss vom 09. Januar 1991 – 1 BvR 929/89 –, BVerfGE 83, 201–216, juris.

Persönlichkeitsrecht gibt. Fraglich ist jedoch, ob die Billigung der Kommerzialisierung der persönlichen Identitätsmerkmale aus Art. 14 GG hergeleitet werden kann.

Die oben angeführte Frage bezieht sich im Wesentlichen darauf, wie sich der Schutz des vermögenswerten Gehaltes des Persönlichkeitsrechts rechtfertigen lassen kann. Zuerst hat das Gericht im Fall „*Herrenreiter*" schon eine Verbindung zwischen der freien Selbstbestimmung der Persönlichkeit und den Identitätskennzeichen hergestellt. Dabei wird der Geldersatz für den immateriellen Schaden des allgemeinen Persönlichkeitsrechts anerkannt, auch wenn diese Verletzung nicht zu einem Vermögensschaden geführt hatte,[407] d. h., das Identitätskennzeichen kann stellvertretend für dessen Träger selbst stehen. Zudem hält der BGH im Fall „*Marlene Dietrich*" am monistischen Verständnis des allgemeinen Persönlichkeitsrechts als Mutter- und Quellrecht fest[408] und bezieht den Schutz der kommerziellen Interessen an der Persönlichkeit in den durch die Persönlichkeitsrechte gewährleisteten Schutz ein.[409] Nach Ansicht des BVerfG erstreckt sich der Schutz des allgemeinen Persönlichkeitsrechts auch auf die Abbildung einer Person durch Dritte, weil das Grundgesetz ebenfalls die Elemente der Persönlichkeit gewährleisten soll, die nicht Gegenstand der besonderen grundgesetzlichen Freiheitsgarantien sind.[410] Diese Elemente stehen aber in ihrer konstituierenden Bedeutung für die Persönlichkeit nicht nach.[411] Die diesen Entscheidungen zugrunde liegende Idee ist, dass durch die unzulässige Verwendung der persönlichen Identitätsmerkmale die Menschenwürde des Identitätsmerkmalsträgers verletzt wird. Daraus folgt, dass die Identitätsmerkmale Anteil an der Würde der bezeichneten Person haben.[412] Zugleich ist der Schutz der Menschenwürde Art. 1 Abs. 1 GG zugeordnet und bezieht sich auf die menschliche Identität.[413] Nicht zuletzt bedeutet die Verknüpfung von Identitätsmerkmalen und Vermögenswert keine Verneinung der Subjektqualität ihres Trägers.[414] Zusätzlich fällt das Gebot der Vererblichkeit wegen des wirkungsvollen postmortalen Schutzes der Persönlichkeitsmerkmale des Verstorbenen, nicht wegen einer Subsumtion der Rechte unter den Begriff des Vermögens im Sinne des § 1922 BGB.[415]

---

407 Seifert, NJW 1999, 1889, 1892; Hombrecher, Jura 2004, 549, 549.

408 Peukert, ZUM 2000, 710, 711.

409 BGH, ZUM 2000, 582, 585.

410 Das allgemeine Persönlichkeitsrecht ist nichts anderes als die garantierte Grundfreiheit, die verstanden als Staatsfreiheit des Individuums, in bestimmtem Umfang auch als Schutz des Individuums durch den Staat vor Eingriffen Dritter dient. Vgl. Di Fabio, in: Maunz/Dürig, GG Art. 2 Abs. 1 Rn. 130.

411 BVerfG, Beschluss vom 03. Juni 1980 - 1 BvR 185/77 -, BVerfGE 54, 148–158, juris Rn. 16; BVerfG, ZUM 2000, 149, 154.

412 Vacca, Das vermögenswerte Persönlichkeitsbild, S. 56.

413 Hufen, JuS 2010, 1, 2.

414 Vacca, Das vermögenswerte Persönlichkeitsbild, S. 57 ff.

415 Peukert, ZUM 2000, 710, 712.

III. Nutzungsmodell der personenbezogenen Daten

1. *Zulässigkeit der Nutzung*

Die rechtliche Handlungsmöglichkeit der Person wird durch die subjektiven Rechte beschrieben und abgrenzt. Mit den subjektiven Rechten gestattet die Rechtsordnung allein dem Rechtsinhaber Verhaltensweisen, die sie anderen Rechtssubjekten versagt.[416] Die Herrschaftsrechte räumen dem Inhaber eine absolute und unmittelbare Herrschaftsmacht über einen bestimmten Gegenstand ein. Doch wird ein Herrschaftsrecht an Daten abgelehnt. Gleichwohl bestehen hier keine wesentlichen Unterschiede zwischen Daten und anderen persönlichen Identitätsmerkmalen. Dafür hat die oben dargestellte Diskussion um die Kommerzialisierung des Persönlichkeitsrechts einen Ausgangspunkt geboten. Ob und inwieweit die Rechtsordnung die Herrschaftsrechte einer Person an bestimmten Gegenständen anerkennt, ist zudem eine soziale Wertungsfrage.[417]

Das Persönlichkeitsrecht gewährleistet nicht Schutz gegen alles, was die Selbstbestimmung verletzen könnte. Weil die Information immer im Kommunikationsprozess steht, könnte die Beschränkung der Persönlichkeitsrechte auf Abwehrrechte durchbrochen werden, wenn alle personenbezogenen Daten Rechtsgegenstand sind. Muss es ein persönliches Recht nicht nur auf Unterlassung, sondern auch auf eine Leistung geben? Doch kann man in der Informationsgesellschaft nicht kommunizieren und Kommunizieren ist auch Ausdruck menschlichen Seins. Im Datenschutzgesetz bedeutet eine Nicht-Antwort nicht bloß Unterlassung, sondern eine Verweigerung. Das Persönlichkeitsrecht bzw. das Recht an eigenen Daten setzt eine wesentliche niedrigere Schwelle für die Kommunikationsverweigerung als für die Verweigerung anderer Leistungen. Es gilt, hier eine Grenze der Verrechtlichung zu finden. Im Prinzip muss diese folgerichtig beim Rechtscharakter des dahinter befindlichen Guts liegen, entsprechend der Qualifizierung des Kontakts bei Treu und Glauben.[418]

2. *Lizenzierung anstelle von Übertragung*

A. Monistisches Modell

Nach der früheren Literatur war das Persönlichkeitsrecht wegen seines höchstpersönlichen Charakters gänzlich unübertragbar.[419] Eine ähnliche Frage ist auch Gegenstand einer Reihe von gerichtlichen Entscheidungen, die oben genannt wurden.

416 Vacca, Das vermögenswerte Persönlichkeitsbild, S. 105.
417 Beuthien/Schmölz, Persönlichkeitsschutz, S. 20.
418 Druey, Information als Gegenstand, S. 330 f.
419 Forkel, NJW1993, 3181, 3181 ff.

Im Schrifttum wird teilweise die Ansicht vertreten, dass das monistische Modell für die allgemeinen Persönlichkeitsrechte gelten kann, wobei das monistische Modell des Urheberrechts als Vorbild dargestellt wird.[420] Bei einer solchen Übertragung wird nur ein Teil des Rechtsgehalts abgespalten, dann erlangt der Erwerber ein Tochterrecht vom originalen Rechtsinhaber.[421] Erlischt das Tochterrecht, fällt es automatisch ohne Rückübertragungsakt wieder an den Inhaber des Mutterrechts.[422] Diese Meinung schätzt den Schutz der ideellen Interessen und weist darauf hin, dass bei einer kommerziellen Verwertung gewichtige ideelle Interessen tangiert werden können; deshalb sind das Persönlichkeitsrecht und die einzelnen Persönlichkeitsmerkmale wie Name, Bildnis und Stimme unverzichtbar und auch unübertragbar.[423] Danach ließe sich dem Rechtsinhaber nicht nur ein Verwertungsrecht wie in den §§ 31 ff. UrhG, sondern auch ein Widerrufsrecht wie in den §§ 41 ff. UrhG einräumen.[424]

B. Dualistisches Modell

Einem dualistischen Modell wird im amerikanischen Recht schon gefolgt, wo man strikt zwischen dem „Right of Privacy" und dem „Right of Publicity" unterscheidet. Nach diesem Modell wird das Verhältnis zwischen ideellen Interessen und kommerziellen Interessen nicht als unlösbar, sondern als trennbar betrachtet.[425] Dadurch ist der vermögenswerte Bestandteil vom traditionellen Dogma der Unübertragbarkeit und Unverderblichkeit zu befreien.[426]

Die mit den Fällen *Caroline von Monacos* und *Marlene Dietrich* verbundene Entwicklung der Persönlichkeitsrechte weist eine gegenläufige Tendenz auf, das Persönlichkeitsrecht zu einem Eigentumsrecht auszubilden.[427] Zwar zeigt der BGH im Urteil in Sachen *Marlene Dietrich* nur, dass der kommerzialisierte Persönlichkeitsanteil vererbbar ist. Daraus kann jedenfalls ein Argument gewonnen werden, auch die Übertragbarkeit des kommerzialisierten Persönlichkeitsanteils zu bejahen. In der Tat handelt sich es bei Übertragbarkeit der Persönlichkeitsrechte nicht um die Übertragung der Persönlichkeit selbst, sondern darum, die Rechte an den personenbezogenen Identitätsmerkmalen zu erlangen. Der Hauptgrund dafür ist die Ablösbarkeit der persönlichen Identitätsmerkmale. Nach dem konkreten Schutzgut kann höchst verschieden sein, inwieweit die wirtschaftlichen Interessen in Betracht kommen können. Angesichts der Eigenschaft sind die Rechtsgüter

---

420 Forkel, GRUR 1988, 491, 497; Götting, GRUR 2004, 801, 805; Peukert, ZUM 2000, 710, 715 ff.
421 Forkel, GRUR 1988, 491, 494.
422 Forkel, GRUR 1988, 491, 495.
423 Götting, GRUR 2004, 801, 805.
424 Götting, GRUR 2004, 801, 805.
425 Götting, Persönlichkeitsrechte, S. 168 ff.
426 Götting, Persönlichkeitsrechte, S. 188 ff.
427 Peifer, GRUR 2002, 495, 495.

wie Leben, Körper und Gesundheit oder die inneren Werte nicht mit dem eigenen Namen oder Bildnis vergleichbar, während dies bei vom Betroffenen lösbaren personenbezogenen Daten der Fall ist.

C. Stellungnahme

Die Anerkennung, dass die Persönlichkeitsrechte nicht nur die ideellen, sondern auch die vermögenswerten Interessen gewährleisten, führt unvermeidlich zu der Frage, in welchem Verhältnis diese beiden Interessen zueinander stehen. Der Monismus nimmt die Unlösbarkeit der beiden Komponenten an, während der Dualismus die Trennbarkeit unterstützt.

Anders als im chinesischen Urheberrecht wird der urheberrechtliche Monismus sowohl durch die akademischen Kreise als auch vom Gesetzgeber anerkannt. Der Monismus ist offenbar eine Tradition des deutschen Rechts, insbesondere im Urheberrecht. Nach dem Verbindungsgrad zwischen dem Persönlichkeitsinteresse und dessen Träger ist die persönlichkeitsrechtliche Komponente dominanter und die Verflochtenheit ideeller und vermögenswerter Interessen tritt in stärkerem Maße hervor als beim Urheberrecht.[428] Derweil kann die Bedeutung der Kommerzialisierung der Persönlichkeitsrechte nicht auf das Geldverdienen reduziert werden. Vielmehr stellt sie eine wichtige Entfaltungsform der Persönlichkeit dar.[429] Darüber hinaus könnten die unautorisierte Vermarktung der Identitätsmerkmale oder sozusagen die Zwangskommerzialisierung nicht nur die Verletzung der Erwirtschaftungsbefugnis des Trägers, sondern auch die Beeinträchtigung seiner persönlichkeitsrechtlichen Selbstbestimmung herbeiführen.[430]

Außerdem kann die Aufspaltung der Komponenten von Persönlichkeitsrechten zur Verdinglichung der Persönlichkeitsrechte führen und letztlich die Kapitalmacht gegen Bürger ungebührlich erhöhen. Resultierend daraus wären die Persönlichkeitsgüter maximaler Kommerzialisierung zu unterwerfen, dann könnte sich der Persönlichkeitsrechtsschutz allmählich von der ursprünglich moralischen Sorge um die Persönlichkeit lösen.[431]

3. Anforderung an Nutzung der personenbezogenen Daten

Unter dem Aspekt des persönlichkeitsrechtlichen Rahmens ist es sicher zu erwarten, einen Analogieschluss auf Nutzung des Rechts an personenbezogenen Daten anzuwenden. Während es sich privatrechtlich beim allgemeinen Persönlichkeitsrecht nach der Rechtsprechung des BGH und der herrschenden Lehrmeinung

428 Vetter, UFITA 2016, 99, 111.
429 Ahn, Der vermögensrechtliche Zuweisungsgehalt, S. 180 f.
430 Peifer, Individualität im Zivilrecht, S. 158; Ahn, Der vermögensrechtliche Zuweisungsgehalt, S. 180 f.
431 Ahn, Der vermögensrechtliche Zuweisungsgehalt, S. 183.

um ein „sonstiges Recht" i. S. d. § 823 Abs. 1 BGB handelt,[432] ist der Schutz der personenbezogenen Daten spezialgesetzlich geregelt. Daher sollte hauptsächlich auf die urheberrechtliche Nutzung als Bezugspunkt abgestellt werden. Selbst analoge immaterialgüterrechtlichen Vorstellungen treten in der Diskussion um das Recht an personenbezogenen Daten auch abseits des Datenschutzgesetzes auf.[433] Werden die personenbezogenen Daten speziell durch die DS-GVO regelt, so sollen die Anforderungen an die Gestattung der personenbezogenen Daten das Datenschutzgesetz berücksichtigen. Wie oben ausgeführt, dient die DS-GVO nicht nur dem Schutz natürlicher Personen bei der Verarbeitung personenbezogener Daten, sondern auch dem „freien Verkehr solcher Daten". Es ist deshalb zunächst festzuhalten, dass der Schutzstandard der DS-GVO vom Vertragsrecht nicht unterlaufen werden darf.[434]

A. Einwilligung zur Nutzung und die datenschutzrechtliche Einwilligung

Geht man von der Ablösbarkeit der Persönlichkeitsmerkmale aus, ist die Einwilligung zur Nutzung der eigenen Daten theoretisch erreichbar. Im ersten Augenblick kann das urheberrechtliche Nutzungsmodell im Prinzip analog auf Nutzung der eigenen Daten angewandt werden. Unter der Einwilligung im Urheberrecht versteht man eine empfangsbedürftige Willenserklärung, für die die §§ 104ff. BGB gelten. Zudem kann die Bearbeitung oder Umgestaltung des Werks durch die stillschweigende Einwilligung erreicht werden,[435] soweit *der Betroffene ein Verhalten an den Tag legt, das für den objektiven Erklärungsempfänger als Einwilligung verstanden werden kann und dass dem Betroffenen Zweck, Art und Umfang der Veröffentlichung bekannt sind.*[436]

Die DS-GVO definiert in Art. 4 Nr. 11, was unter dem Begriff der Einwilligung zu verstehen ist. Mit der datenschutzrechtlichen Einwilligung gibt die betroffene Person zu verstehen, dass sie mit der Verarbeitung der sie betreffenden personenbezogenen Daten einverstanden ist. In der DS-GVO wird der Verarbeitungsbegriff vom Verordnungsgeber prinzipiell offen definiert und enthält deswegen die nicht gesehenen Modalitäten des Umgangs mit personenbezogenen Daten.[437] In der deutschen Literatur ist die Rechtsnatur der datenschutzrechtlichen Einwilligung umstritten. Ausgehend von der von *Ohly* aufgestellten Stufenleiter der Gestattung besteht eine Diskussion um die Trennung zwischen der datenschutzrechtlichen und der schulrechtlichen Einwilligung. Gegenüber der Bedeutung der Einwilligung

---

432 Götting, in: Götting/Schertz/Seitz, Persönlichkeitsrecht, § 1 Rn. 1.
433 Trakman/Walters/Zeller, IIC 2019, 937, 937 ff.
434 Westphalen, NJW 2016, 3745, 3748. Allerdings besteht an personenbezogenen Daten nach Analyse des ersten Kapitels kein Immaterialgüterrecht im Sinne eines „Rechts am eigenen Datum". Dazu siehe Sattler, JZ 2017, 1036, 1036 ff.
435 Schulze, in: Dreier/Schulze, UrhG, § 23 Rn. 11.
436 Fricke, in: Wandtke/Bullinger, UrhG, § 22 Rn. 15
437 Reimer, in: Sydow, DSGVO, Art. 4 Rn. 53.

im Urheberrecht wird die datenschutzrechtliche Einwilligung überwiegend als geschäftsähnliche Handlung verstanden.[438] Dennoch sind die Regeln über die Willenserklärungen grundsätzlich auf die geschäftsähnliche Handlung anwendbar.[439]

B. Nutzung durch allgemeine Geschäftsbedingungen

Aus praktischer Sicht ist vorstellbar, dass statt in der gesonderten Datenschutzbestimmung die datenverarbeitende Stelle die Klauseln zur Einholung der Einwilligung in die Nutzung in ihren Allgemeinen Geschäftsbedingungen (AGB) aufnimmt. In der Rechtsprechung stuft der BGH die formularmäßig eingeholte datenschutzrechtliche Einwilligung als AGB ein.[440] Bei einer Onlinedienstleistung gibt das Internetunternehmen in der Regel die vorformulierten Einwilligungserklärungen vor, die als AGB qualifiziert werden.[441] Hat die Verarbeitung von Kundendaten Entgeltcharakter, werden die Datenschutzerklärungen zu Vertragsbestimmungen (§ 305 Abs. 1 BGB) und unterliegen somit in vollem Umfang der AGB-Kontrolle.[442]

a. Einbeziehungsanforderungen

Über die durch das Datenschutzgesetz speziell geregelten Regeln hinaus werden die maßgeblichen Vorschriften zur Kontrolle von allgemeinen Geschäftsbedingungen in den §§ 305 bis 310 BGB festgeschrieben. § 305 Abs. 1 BGB bestimmt den Begriff und den Anwendungsbereich der AGB. Soweit es sich für eine Vielzahl von Fällen um die vorformulierten Vertragsbedingungen handelt, die der Verwender der anderen Partei bei Abschluss eines Vertrags stellt, ist die Anwendung der §§ 305 ff BGB eröffnet. Negativ wird zusätzlich verlangt, dass die Bedingungen nicht „im Einzelnen ausgehandelt" wurden.[443] Bei Vertragsschluss muss zudem der Verwender nicht nur den Vertragspartner ausdrücklich auf die Geschäftsbedingungen hinweisen (§ 305 Abs. 2 Nr. 1 BGB), sondern ihm auch die Möglichkeit verschaffen, diese in zumutbarer Weise zur Kenntnis zu nehmen (§ 305 Abs. 1 Nr. 2 BGB). Des Weiteren bedarf es des Einverständnisses der anderen Vertragspartei (§ 305 Abs. 2, letzter Halbsatz BGB).[444]

Allerdings kann der Verbraucher die Möglichkeit zur Kenntnisnahme der AGB, die ihm gemäß § 305 Abs. 2 BGB verschafft werden muss, in der Regel nicht nutzen. Angesichts dieser Umstände werden gemäß § 305c Abs. 1 BGB die AGB-Klauseln, die „so ungewöhnlich sind, dass der Vertragspartner mit ihnen nicht zu rechnen braucht", nicht Bestandteil des Vertrages.[445] Hiernach sind die Klauseln, die zwar

---

438 Siehe Kapitel 4, § 2, II, 3.
439 Wolf/Neuner, BGB AT § 28 Rn. 10 ff.
440 Ausführlich dazu siehe von Zimmermann, Die Einwilligung im Internet, S. 112 ff.
441 Nord/Manzel, NJW 2010, 3756, 3758.
442 Westphalen, NJW 2016, 3745, 3750.
443 Basedow, in: Säcker/Rixecker/Oetker/Limperg, BGB, Bd. 2, § 305 Rn. 1.
444 Härting, Internetrecht, Rn. 867.
445 Basedow, in: Säcker/Rixecker/Oetker/Limperg, BGB, Bd. 2, § 305c Rn. 1.

die durch § 305 Abs. 2 und 3 sowie § 305a BGB normierten Anforderungen erfüllen, gleichwohl nicht Vertragsbestandteil, wenn sie diejenigen des § 305c Abs. 1 BGB verfehlen.[446] So ist durch § 305c Abs. 1 BGB eine zweite Ebene der Einbeziehungskontrolle einzuführen und eine negative Einbeziehungsvoraussetzung geschaffen.[447]

b. Inhaltskontrolle

Die Inhaltskontrolle ist auf den Schutz eines Vertragspartners vor den unangemessenen Ergebnissen dieser einseitigen Gestattung ausgerichtet.[448] § 307 BGB stellt die Generalklausel der Inhaltskontrolle dar. Erstens wird die Generalklausel für die Inhaltskontrolle in Abs. 1 und Abs. 2 formuliert, wobei Abs. 1 den Grundmaßstab für die Inhaltskontrolle feststellt und Abs. 2 den Grundmaßstab konkretisiert,[449] zweitens ist die Grundvorschrift für die Schranken der Inhaltskontrolle in Abs. 3 beachtlich, drittens beziehen sich Abs. 1 S. 2 und Abs. 3 S. 2 sich auf das Transparenzgebot.[450]

Nach § 307 Abs. 3 BGB kommt eine Inhaltskontrolle anhand der §§ 308, 309 und § 307 Abs. 1 und 2 BGB nur für Bestimmungen in AGB in Betracht, wenn sie von bestehenden Rechtsvorschriften abweichen oder diese ergänzen.[451] Allerdings sollen die Klauseln über die Einwilligung zur Datenverarbeitung den inhaltlichen und formalen Kriterien des Datenschutzgesetzes nachkommen.[452] In der Rechtsprechung hat der BGH das Datenschutzgesetz als Prüfungsmaßstab für Frage nach der Feststellung einer solcher Abweichung angelegt, d. h. darin, ob durch eine Einwilligung Regelungen vereinbart worden seien, die i. S. d. § 307 Abs. 3 S. 1 BGB von Rechtsvorschriften abweichen oder diese ergänzen.[453] Nach seiner Ansicht unterliegt die Klausel, welche sich auf die Einwilligung in die Speicherung und Nutzung der Daten für die Zusendung von Werbung per Post sowie zu Zwecken der Marktforschung bezieht, gem. § 307 Abs. 3 S. 1 BGB nicht der Inhaltskontrolle, da die in §§ 4 Abs. 1, 4a Abs. 1 BDSG a. F. gestellten Anforderungen an das Vorliegen einer wirksamen Einwilligung erfüllt werden sollen.[454] Eine konkretere Analyse findet sich in der Literatur. Eine Klausel, die der Inhaltskontrolle nach § 307 Abs. 3 S. 1 BGB entzogen ist, ist nach ganz herrschender Ansicht eine „deklaratorische Klausel", die ohnehin geltendes Recht lediglich wiederholt.[455] In der Regel bedarf die

---

446 H. Schmidt, in: BeckOk, Bamberger/Roth/Hau/Poseck, BGB, § 305c Rn. 2.
447 H. Schmidt, in: BeckOk, Bamberger/Roth/Hau/Poseck, BGB, § 305c Rn. 2.
448 H. Schmidt, in: BeckOk, Bamberger/Roth/Hau/Poseck, BGB, § 307 Einleitung.
449 Hans Schulte-Nölke, in: Schulze/Dörner/Ebert, BGB, § 307 Rn. 9.
450 Hans Schulte-Nölke, in: Schulze/Dörner/Ebert, BGB, § 307 Rn. 1.
451 BGH, NJW 2008, 3055, 3056.
452 Kireg, in: Moos, Datenschutz- und Datennutzungsverträge, Teil 7 II Rz. 9 Rn. 11.
453 BGH, NJW 2008, 3055, 3056.
454 BGH, NJW 2008, 3055, 3056.
455 Nord/Manzel, NJW 2010, 3756, 3756.

Datenverarbeitung der Einwilligung des Kunden gem. §§ 4, 4a BDSG a. F., wobei die vorformulierten Einwilligungserklärungen als AGB gelten. Wenn eine solche Einwilligung die Anforderungen des § 4a BDSG a. F. erfüllt, ist sie der Inhaltskontrolle nach § 307 Abs. 3 S. 1 BGB entzogen; soweit die Einwilligungserklärung erst die Rechtslage schafft, die ohne sie nicht bestünde, kann sie nie deklaratorisch i. S. d. § 307 Abs. 1 S. 1 BGB sein.[456]

c. Widerruf

Wenn eine Nutzung der eigenen Daten vereinbart wurde, ist fraglich, ob das datenschutzrechtliche Widerrufsrecht anwendbar ist. Soweit man der betroffenen Person gemäß Art. 7 Abs. 3 DS-GVO eine freie Widerruflichkeit ihrer Einwilligung zur Nutzung zugestehen würde, würde dies im Endeffekt ein zusätzliches Vertragslösungsrecht zur Folge haben, das mit der ausdifferenzierten zivilrechtlichen Systematik ordentlicher und außerordentlicher Vertragslösungsrechte nur schwer zu vereinbaren ist.[457] Dennoch dürfte angesichts des öffentlichen Charakters des Datenschutzgesetzes, der grundrechtlichen Dimension der Widerruflichkeit der Einwilligung (Art. 8 Abs. 2 S. 1 GRCh),[458] der detaillierten Regelungen zur Einwilligung in Art. 4 Nr. 11, 6 f. DSGVO und des abschließenden Charakters der Erlaubnistatbestände nach Art. 6 Abs. 1 DSGVO[459] die Ausgestaltung einer unwiderruflichen schuldrechtlichen Gestattung als Grundlage der Datenverarbeitung nach gelegtem Recht nicht möglich sein.[460]

Allerdings kommt es bei der Rechtsfolge des Widerrufs der Einwilligung darauf an, ob die Datenverarbeitung aus anderen Rechtsgründen (Art. 6 Abs. 1 lit. B bis f DSGVO) statthaft ist. Wenn dies zutrifft, ist der Widerruf der Einwilligung ohnehin insignifikant.

C. Verwertungsgesellschaft

In der Literatur wird die Ansicht vertreten, dass beim Umgang mit den personenbezogenen Daten die verarbeitende Stelle die Rolle eines Datentreuhänders spielen kann und damit eine gegenständliche Rechtsposition bekommt.[461] Aus urheberrechtlicher Sicht kann diese Rechtsbeziehung als ein Wahrnehmungsvertrag

---

456 Nord/Manzel, NJW 2010, 3756, 3758.
457 Buchner, Informationelle Selbstbestimmung, S. 273.
458 Diese Daten dürfen nur nach Treu und Glauben für festgelegte Zwecke und mit Einwilligung der betroffenen Person oder auf einer sonstigen gesetzlich geregelten legitimen Grundlage verarbeitet werden.
459 Vgl. 2.2 S. 23. European Data Protection Supervisor (EDPS), Opinion 4/2017 on the Proposal for a Directive on certain aspects concerning contracts for the supply of digital content (14. März 2017), abrufbar unter: https://edps.europa.eu/sites/edp/files/publication/17-03-14_opinion_digital_content_en_0.pdf.
460 Sattler, JZ 2017, 1036, 1043 ff.
461 Buchner, Informationelle Selbstbestimmung, S. 277.

bezeichnet werden.[462] In der Rechtspraxis hat der BGH in „*Nena*“-Urteil darauf hingewiesen, dass der mit einem Exklusivrecht ausgestatteten Verwertungsgesellschaft ein bereicherungsrechtlicher Anspruch gegen Dritte zusteht, die ohne Einwilligung das Bildnis wirtschaftlich verwerten.[463] Dies kann aber angesichts der vielfältigen Akteure bei der Datenverarbeitung nur schwer überzeugen, das durch die Verwertungsgesellschaft verursachte Risiko des Marktversagens sollte nicht vernachlässigt werden.

§ 3 Rechtsvergleichendes Ergebnis

Ebenso wie die Begriffe „Rechtsfähigkeit“ und „Persönlichkeit“, die kulturelle Sachverhalte sind, liegt in der Ausgestaltung der Persönlichkeitsrechte und der Rechte an personenbezogenen Daten die (rechtliche) Kultur des eigenen Landes zugrunde.

Es bleibt vor allem erklärungsbedürftig, warum in China bei Begründung der allgemeinen Persönlichkeitsrechte das Verfassungsrecht kaum erwähnt wird. Nach dem Zweiten Weltkrieg brachte die Einführung des deutschen Grundgesetzes einen Verständniswandel im Persönlichkeitsrecht mit sich. Als Opfer des Zweiten Weltkriegs mangelte es jedoch China einerseits eindeutig an einer ausreichenden Motivation, über das Verhältnis zwischen dem Staat und seinen Bürgern auf Verfassungsebene nachzudenken. Anderseits gibt es in China ein Sprichwort, demzufolge es ohne die CKP kein Neues China gebe, d. h., im Kontext des sozialistischen Staatswesens enthalten die Grundrechte keine Konfrontationsoption der Bürger gegenüber dem Staat, weil die Interessen der Bürger und des Staates als im Einklang stehend betrachtet werden.[464] Allerdings muss man zugeben, dass gegenüber Deutschland sowohl die Rechtstechnik als auch die Rechtswissenschaft im China nach wie vor im Rückstand sind.

Vor der Kodifizierung des Zivilgesetzbuches orientierten sich sowohl die chinesische privatrechtliche Theorie als auch die systemische Ausgestaltung des Zivilrechts in hohem Maße an Deutschland, somit ist es leicht nachvollziehbar, dass der chinesische zivilrechtliche Persönlichkeitsschutz viel deutschen Regeln folgt. Hierzu gehören unter anderem die Einteilung zwischen allgemeinem Persönlichkeitsrecht und besonderem Persönlichkeitsrecht. Doch ist die Anerkennung der Persönlichkeitsrechte im chinesischen Zivilrecht letztlich als Reaktion auf den Terror während der Kulturrevolution im Zeitraum von 1966 bis 1976 anzusehen. Aus heutiger Sicht scheint es, dass das BGB seine Vorbildfunktion in der Ausgestaltung des Persönlichkeitsrechts im ZGB stark eingebüßt hat. Während in Deutschland das allgemeine Persönlichkeitsrecht in § 823 Abs. 1 BGB als sonstiges Recht geschützt wird, wird die Selbstständigkeit der Persönlichkeitsrechte im ZGB anerkannt. Dadurch ergibt sich in China ein Kodifizierungsbedarf für das

462 Buchner, Informationelle Selbstbestimmung, S. 290 ff.
463 BGH, GRUR 1987, 128, 128 f.
464 Chen, Vereinbarkeit des Grundrechts mit dem Zivilrecht, LR 58, 63 f.

persönlichkeitsrechtsbezogene Buch, wobei zugleich ein neues Persönlichkeitsrecht bezüglich der personenbezogenen Daten begründet wird. Dies schlägt sich in der Betonung des Gedankens eines menschenorientierten und zum Internetzeitalter gehörenden Zivilgesetzbuches nieder. Auffällig ist, dass das allgemeine Persönlichkeitsrecht nicht im ZGB geregelt ist, d. h., es mangelt an einem Oberbegriff des Persönlichkeitsrechts als Grundlage für die weitere Entwicklung des besonderen Persönlichkeitsrechts.

Was die Unterschiede anbelangt, hält sich die chinesische Ansicht daran fest, dass es beim Persönlichkeitsrecht nur um den Schutz der ideellen Interessen geht, deshalb spricht sie sich nicht dafür aus, ein Immaterialgüterrecht neu zu schaffen. Im Einklang mit dem Widerspruch von Persönlichkeitsrecht und Vermögensrecht im Zivilrechtssystem sind die Persönlichkeitsrechte am Schutz der ideellen Interessen orientiert, mit Ausnahme davon, die Nutzungsbefugnis über Identitätsmerkmale (wie den eigenen Namen und Bildnisse) als ein neues Recht zu verstehen, das sowohl das ideelle als auch vermögenswerte Interesse enthält und dessen Reichweite auf kommerzielle Verwendung eingeschränkt wird. Im Gegensatz dazu enthält das Persönlichkeitsrecht nach Ansicht der deutschen Lehre nicht nur den ideellen, sondern auch den vermögenswerten Teil. Beim kommerziellen Bestandteil des Persönlichkeitsrechts handelt es sich um den Schutz der Persönlichkeitsmerkmale, weil die menschliche Identität im Menschwürdeschutz einzuordnen ist und zugleich die Persönlichkeitsmerkmale stellvertretend für die menschliche Identität und Individualität stehen können. Demnach sind die Identitätsmerkmale mit dem Identitätsmerkmalsträger untrennbar verbunden.[465]

Darüber hinaus lässt es sich für die zwei Rechtsordnungen feststellen, dass die Persönlichkeit als ein Bestandteil des Menschen für Dritte nicht wahrnehmbar und nicht als Gegenstand der Kommerzialisierung des Persönlichkeitsrechts zu würdigen ist, während aufgrund der gedanklichen Trennbarkeit die Persönlichkeitsmerkmale Leistungsgegenstand in einem rechtsgeschäftlichen Vertrag sein können. In Anlehnung daran sind die personenbezogenen Daten als Verkehrsgut anzusehen. Zudem ist der Begriff „personenbezogenen Daten“ weit gefasst und erstreckt sich auf alle auf eine bestimmte oder bestimmbare Person bezogene Informationen, sodass der Anwendungsbereich des Datenschutzes weiter als Schutz der Privatsphäre zu verstehen und eine Überschneidung bezüglich des Schutzes der personenbezogenen Daten verständlich ist. Doch wird im Gegensatz zum Abwehrschutz der Privatheit eine vergleichsweise aktive Wirkung auf die Datenverarbeitung durch das Datenschutzgesetz betont. Darüber hinaus finden die individuelle Betätigung und Entwicklung i. S. v. Datenschutz nicht im „Innenbereich“ des Einzelnen, sondern im Kommunikationsprozess statt.

Bei der Nutzung der eigenen Daten geht es um die Ausübung des Persönlichkeitsrechts, die sich von der datenschutzrechtlichen Ordnungsmäßigkeit zu vergewissern hat. Während in Deutschland die Einordnung der Einwilligung und deren

465 Vacca, Das vermögenswerte Persönlichkeitsbild, S. 55.

Verhältnis mit dem Datenschutzgesetz und dem AGB-Recht eingehend hinterfragt werden, werden sie in China gegenwärtig kaum thematisiert. Trotz der unterschiedlichen Behandlung der Inhalte der Schutzgüter der Persönlichkeitsrechte in beiden Rechtsordnungen wird mit Hinweisen auf das monistische Persönlichkeitsrechtssystem in Deutschland und die Schutzrichtung des immateriellen Persönlichkeitsinteresses Chinas die Nutzung der Identitätsmerkmale einschließlich der personenbezogenen Daten in beiden Rechtsordnungen nach dem monistischen Modell befolgt. Kern des Modells ist nicht die Übertragung der personenbezogenen Daten, sondern die Einräumung eines Nutzungsrechts an den personenbezogenen Daten. In diesem Bereich ist die vorformulierte Einwilligungserklärung anwendbar, die in die AGB-Kontrolle und das datenschutzrechtliche Widerrufsrecht einzubeziehen ist.

4. Kapitel: Zugriff auf die personenbezogenen Daten im Rahmen des Datenschutzgesetzes

Die Akteure auf den Datenmarkt im Internet können sich grundsätzlich in zwei Kategorien gliedern: die natürliche Person und das (Internet-)Unternehmen. Hierdurch wird offensichtlich, dass das Internetunternehmen auf Daten sowohl in der Hand der natürlichen Person als auch in der Hand anderer Internetunternehmens zugreifen möchte. Dieses Kapitel setzt sich vor allem mit dem rechtskonformen Zugriff auf Daten natürlicher Personen auseinander. Die Zugriffsregeln zu Daten in unternehmerischer Hand werden im fünften Kapitel behandelt. Die Zugriffsbefugnisse der öffentlich-rechtlichen Stellen sind zudem kein Betrachtungsgegenstand dieser Arbeit.

Der erste Abschnitt nähert sich Zugriffsregeln zu Daten im Kontext von chinesischen Gesetzen. Der zweite Abschnitt geht mit der gleichen Forschungsstruktur wie der erste Abschnitt vor und behandelt die Zugangsregeln zu Daten im Rahmen der deutschen Gesetze. Nach einer Auseinandersetzung mit den deutschen Zugangsregeln zu Daten werden anschließend die chinesischen Regelungen zum Datenzugriff überprüft.

§ 1 In China

Nach dem Bericht der chinesischen Kommission für Gesetzgebung wurde die Kodifikationsbestrebung im Bereich des Schutzes der personenbezogenen Daten im Jahr 2020 auf die Agenda gesetzt.[466] Am 21. April 2021 hat die Rechtsarbeitskommission der CNV den zweiten Entwurf des Gesetzes zum Schutz der persönlichen Information veröffentlicht. Am November 2021 tritt das erste chinesische Datenschutzgesetz in Kraft.

I. Überblick über das GSPI

1. Struktur und Inhalte des GSPI

Das GSPI umfasst acht Kapitel und insgesamt 74 Artikel. Es handelt sich um die Allgemeinen Bestimmungen, die Regeln für den Verarbeitung personenbezogener Daten,

466 China wird bis 2020 ein Gesetz zum Schutz persönlicher Information und ein Gesetz zur Datensicherheit erarbeiten. 中国2020年将制定个人信息保护法、数据安全法, abrufbar unter: http://www.chinanews.com/gn/2019/12-20/9039098.shtml

die Regeln für die grenzüberschreitende Bereitstellung personenbezogener Daten, die Rechte von Einzelpersonen bei der Verarbeitung personenbezogener Daten, die Pflichten von Datenverarbeitern bei der Verarbeitung personenbezogener Daten, die Abteilungen, die die Pflicht zum Schutz personenbezogener Daten wahrnehmen, die rechtlichen Verantwortlichkeiten und die Satzung.

Nach Art. 1 GSPI sind Ziele dieses Gesetzes, die Rechte und Interessen persönlicher Information zu beschützen, den Umgang mit der Verarbeitung persönlicher Information zu regeln und die rationelle Nutzung persönlicher Daten zu fördern. Artikel 2 GSPI regelt in Übereinstimmung mit § 1034 ZGB die persönliche Information von natürlichen Personen als den gesetzlich geschützten Gegenstand und sieht vor, dass keine Organisation oder Einzelperson die persönlichen Informationsrechte und -interessen von natürlichen Personen verletzen darf. Dies bedeutet, dass das GSPI nicht nur die privatrechtlichen Beziehungen zwischen gleichgestellten Rechtssubjekten reguliert, sondern auch dasjenige Rechtsgebiet, das die Rechtsbeziehungen zwischen Trägern der öffentlichen Gewalt und einzelnen Privatrechtssubjekten betrifft, regelt. Art. 4 GSPI beschreibt den Umfang der persönlichen Informationen und legt als die Beurteilungskriterien für persönliche Informationen die Arten von Informationen fest, die als solche „identifiziert" oder „identifizierbar" sind und die „sich auf eine natürliche Person beziehen". So erstreckt das GSPI die Definition der persönlichen Information von der „Identifizierungsdoktrin" des ZGB auf die „Assoziierungsdoktrin" und erweitert allgemein den Geltungsbereich des Schutzes personenbezogener Daten. Zugleich übernimmt Artikel 4 Abs. 1 GSPI die Konzepte der „Anonymisierung" und „Deidentifizierung" in der Informationssicherheitstechnologie-Spezifikation zur Sicherheit persönlicher Daten (§§ 3.13 und 3.14) (ISSpD)[467] und legt fest, dass es sich bei den anonymisierten Informationen nicht um personenbezogene Informationen handelt, was einen vorhersehbaren Raum für die Datenverarbeitung in Unternehmen lässt. Schließlich ist Art. 4 Abs. 2 GSPI in Bezug auf die Verarbeitung der personenbezogenen Information konsistenter mit dem cCyG.

Die Grundsätze der Datenverarbeitung werden in den Artikeln 5 bis 9 GSPI dargelegt. Im Anschluss sollen die persönlichen Daten auf rechtmäßige und ordnungsgemäße Weise für einen klaren und angemessenen Zweck, innerhalb des Mindestumfangs des Handlungszwecks, mit Offenlegung der Regeln der Handhabung, der Genauigkeit der Informationen und der Sicherheitsschutzmaßnahmen behandelt werden. Art. 13 GSPI gibt die gesetzlich rechtmäßigen und ordnungsgemäßen Umstände der Datenverarbeitung vor. Gemäß Art. 13 GSPI ist die Datenverarbeitung rechtswidrig, es sei denn, dass einer der folgenden Umstände vorliegt: 1) Die Einwilligung von Betroffenen besteht; 2) die Datenverarbeitung ist für den Abschluss oder die Erfüllung eines Vertrags erforderlich; 3) die Datenverarbeitung ist für die Erfüllung gesetzlicher Pflichten oder Verpflichtungen unerlässlich; 4) die

467 Informationssicherheitstechnologie – Spezifikation zur Sicherheit persönlicher Daten信息安全技术 – 个人信息安全规范.

Datenverarbeitung ist für die Reaktion auf Notfälle im Bereich der öffentlichen Gesundheit oder für den Schutz des Lebens, der Gesundheit oder der Sicherheit von Eigentum natürlicher Personen in Notfällen unerlässlich; 5) die Verarbeitung der offengelegten personenbezogene Daten erfolgt innerhalb eines angemessenen Bereichs in Übereinstimmung mit den Bestimmungen dieses Gesetzes; 6) die Datenverarbeitung findet im angemessenen Rahmen der Durchführung von Nachrichtenberichterstattung, Überwachung der öffentlichen Meinung und anderen Maßnahmen im öffentlichen Interesse statt; 7) die Datenverarbeitung wird wegen anderer Gesetze oder Verwaltungsvorschriften festgelegter Umstände erlaubt. Die sieben oben beschriebenen Tatbestände lassen sich in zwei Gruppen einteilen: Einwilligung der Betroffenen und andere Erlaubnistatbestände. Ausnahmsweise gilt Art. 13 GSPI nicht für die sensible persönliche Information (Art. 29 GSPI). Im Allgemeinen werden diese Bestimmungen aus bestehenden einschlägigen Bestimmungen gezogen, z. B. § 999 ZGB, § § 22 Abs. 3, 41 cCyG und § § 5.3 und 5. 4 ISSpD. Außerdem bestimmt Art. 15 GSPI das Widerrufsrecht zur Einwilligung. Jedoch wird nicht festgelegt, ob der Betroffene seine Einwilligung jederzeit zurückziehen kann.

Schließlich enthält das GSPI Vorschriften über die Verarbeitung personenbezogener Daten durch die öffentliche Stelle (Artikel 33 bis 37), Vorschriften über die grenzüberschreitende Bereitstellung personenbezogener Daten (Artikel 38 und 43), die Rechte natürlicher Personen und die Pflichten der Verarbeiter bei der Verarbeitung personenbezogener Daten (Artikel 44 bis 49 und Artikel 50, 51 und 53 bis 55) sowie die zivil-, verwaltungs- und strafrechtliche Haftung für einen Verstoß gegen das GSPI oder für die Verletzung der Rechte und Interessen des Betroffenen (Art. 66 bis 71).

2. Verhältnis mit ZGB und cCyG

Die Hauptgesetze in China, die derzeit den Schutz persönlicher Daten regeln, sind das ZGB und cCyG. Darüber hinaus sieht das neu revidierte Jugendschutzgesetz den Schutz der persönlichen Daten von Minderjährigen vor. Eine der wichtigsten Aufgaben des GSPI ist die rechtssystematische Übereinstimmung mit ZGB und cCyG.

Wie Art. 2 Abs. 2 GSPI zutreffend ausgeführt hat, soll das Gesetz zum Schutz der persönlichen Information im Verhältnis zum ZGB als nicht untergeordnet angesehen werden, weil die Rechtsbeziehung zwischen Trägern der öffentlichen Gewalt und einzelnen Privatrechtssubjekten zum Geltungsbereich dieses Gesetzes gehören. Zudem hat § 92 Abs. 2 Gesetzgebungsgesetz der VR China festgestellt, dass die neuen Bestimmungen anzuwenden sind, wenn sie nicht mit den alten Bestimmungen übereinstimmen. Daher gilt das Gesetz zum Schutz der persönlichen Information vorrangig vor den Bestimmungen des ZGB.

Im Verhältnis zum cCyG soll das Gesetz zum Schutz der persönlichen Information auch als nicht untergeordnet angesehen werden. In § 1 cCyG findet sich der Zweck dieses Gesetzes, der die Gewährleistung der Cybersicherheit, die Wahrung der Souveränität des Cyberspace und der nationalen Sicherheit und des öffentlichen Interesses, den Schutz der Belange der Bürger, juristischen Personen und anderen Organisationen sowie die Förderung einer vernünftigen Entwicklung der wirtschaftlichen und sozialen Informatisierung umfasst. D. h., dass das cCyG vor allem der Sicherheit des Cyberspace dient. Nach § 2 cCyG findet das cCyG zudem nur im Bereich der Beaufsichtigung und im Management von Internetkonstruktion, -betrieb, -wartung und -nutzung in China Anwendung. Danach fallen die außerhalb des Internetbereichs auftretenden Probleme im Schutz der persönlichen Information nicht unter den Geltungsbereich des cCyG. Ohne Rücksicht auf den Lebensbereich geht es beim Gesetz zum Schutz der persönlichen Information um einen ganzheitlichen Schutz der persönlichen Information (Art. 1 GSPI). Bei der Datenverarbeitung werden sowohl der Netzbetreiber als auch die öffentliche und nicht öffentliche Stelle durch dieses Gesetz verpflichtet.

II. Datenzugriff durch Einwilligung

1. Gegenwärtige Bestimmung zur Einwilligung

Gemäß § 1035 ZGB, § 41 cCyG und Art. 13 Abs. 1 GSPI übernimmt China das sog. „starke (positive) Einwilligungsmodell" bzw. das deutliche Einwilligungserfordernis. Nach § 22 Abs. 3 cCyG und Art. 14 GSPI ist ein deutlicher Hinweis auf die Datenerhebung und die Einholung die Einwilligung des Betroffenen zu forcieren, wenn die von Internetanbieter erbrachten Netzwerkprodukte und Dienstleistungen eine auf Datenerhebung bezogene Funktion haben. Darüber hinaus darf nur die mit Netzwerk-Produkten und Dienstleistungen zusammenhängende persönliche Information verarbeitet werden (§ 41 Abs. 2 cCyG). Die Weitergabe der personenbezogenen Daten ohne Einwilligung des Betroffenen (§ 43 cCyG, Art. 21 Abs. 3 GSPI) ist verboten. Grundlegende fordert das chinesische Datenschutzgesetz, dass sich die Sammlung und Nutzung der persönlichen Information nicht nur an den Prinzipien der Legalität, Angemessenheit und Erforderlichkeit ausrichten, sondern auch klar auf den Zweck, die Methode und den Umfang des Sammelns und Nutzens der Informationen hinweisen. sollen

Ein heimlicher Zugriff auf personenbezogene Daten stellt einen schweren Eingriff in das Persönlichkeitsrecht des Betroffenen. Weil die Einwilligung des Betroffenen das Zugriffshindernis beseitigt, erscheint es, dass der Schutz der Belange der natürlichen Person den Schutz der Belange von Dritten (z.B. Internetunternehmen) überwiegt. Rechtsdogmatisch ist die Einwilligung der natürlichen Person das einzige Zugriffshindernis des Internetunternehmens. In Anlehnung an die oben angeführte Darstellung kann die Grundstruktur des starken Einwilligungsmodells „vollständige Informierung + ausdrückliche Einwilligung = rechtmäßige Verarbeitung" vorgestellt werden.[468] *Wang Liming* ist ein bekannter Befürworter solcher Einwilligungsmodelle.[469]

---

468 Cai, Die „negative Einwilligung", RF 71, 78.
469 Wang, MR 45, 52 f.

2. *Meinungsverschiedenheit zum Einwilligungsmodell*

A. Gemeine Standpunkte der unterschiedlichen Vorschläge

Zurzeit kommt jedoch den Belangen der Internetunternehmen in der Abwägung ein stärkeres Gewicht zu. Das starke Einwilligungsmodell stärkt das Selbstbestimmungsrecht der Betroffenen übermäßig und behindert den freien Verkehr der Daten und deren Nutzung. Die Kontroverse dreht sich deshalb darum, wie die Einwilligungsklauseln über den Zugriff auf persönlichen Daten besser ausgestaltet werden sollen. Hieraus ergeben sich zweidimensionale Überlegungen zur Ausgestaltung der Einwilligungsklausel. Zum einen ist die Einwilligung des Betroffenen nicht die Ermächtigungsgrundlage der Datennutzung, zum anderen wird die Bedeutung der Einwilligungsklauseln zwar anerkannt, aber die Einwilligung des Betroffenen als Ausnahmefall betrachtet.

Vor der Diskussion über die Veränderungen des starken Einwilligungsmodelles ist der Unterschied vor allem zwischen dem Schutz der Privatsphäre und dem Schutz der persönlichen Information einzubeziehen. Beim Schutz der Privatsphäre geht es um das nicht mit dem Allgemeininteresse im Zusammenhang stehende eigene, persönliche Leben, während im digitalen Zeitalter der Schutz der persönlichen Information der gemeinwohlbezogenen und wirtschaftlichen Bedeutung der persönlichen Information Rechnung tragen soll.[470] Ein gleiches Schutzniveau für alle Information über die natürliche Person ist deshalb keine gute Option für die Abwägung zwischen dem Schutz der persönlichen Information und ihrer effektiven Nutzung.[471] Hierbei ist innerhalb des Schutzes der persönlichen Information zwischen der sensiblen persönlichen Information und der nicht sensiblen persönlichen Information zu unterscheiden,[472] wobei die nicht sensible persönliche Information an vermögensrechtliche Überlegungen anknüpfen kann.[473] Mit der sensiblen persönlichen Information soll eine höhere Verarbeitungsvoraussetzung angelegt werden.

Das starke Einigungsmodell steht vor dem Hintergrund einer bestimmten Periode, die sich vom heutigen Big-Data-Zeitalter unterscheidet. Weil der Zweck der im Zeitraum von den 1950er- bis zu den 1960er-Jahren in Kraft getrennten Datenschutzgesetze nicht die Verbreitung und die Demokratisierung der Befugnisse zur Information, sondern die Erhöhung der Transparenz der Datenverarbeitung und die Gewährleistung des Rechts auf den Zugriff zu Informationen waren, gab es keinen Platz für eine individuelle Einwilligung im derzeitigen Datenschutzrechtsrahmen.[474] Später war wegen des polyzentrischen Computersystems die persönliche Information für die betroffenen Personen zugänglich geworden und ihre

470 Zhang, Von Privatsphäre zu persönlichen Informationen, Ch-R 39, 42 i. V. m. 47.
471 Mei/Liu, FGR 33, 45.
472 Zhang, Von Privatsphäre zu persönlichen Informationen, Ch-R 39, 48.
473 Peng/Chen/Sun, NTUR 93, 108.
474 Mantelero, CLSR 2014, 643, 652.

wirtschaftliche Bedeutung war allmählich hervorzuheben. Konsequenterweise stand die Einwilligung des Betroffenen in der damaligen Datenschutzordnung an.[475] Die technologische Revolution hat jedoch die Lebensverhältnisse weiter verändert. Für das heutige Big-Data-Zeitalter erscheint das starke Einwilligungsmodell zu konservativ. Ist nur mit Einwilligung des Betroffenen die weitere Datenverwendung zulässig, die für die datenbezogene Wirtschaft von großer Bedeutung ist, kann das starke Einigungsmodell nicht immer genügen, um die datenbezogene Wirtschaft zu fördern, sondern sie möglicherweise verhindern. Die Datenmenge im Big-Data-Zeitalter ist erheblich, sodass die Kosten der durch die Einzelverhandlung erbrachten Daten und der Übermittlung an jeden Kunden die effektive Datennutzung negativ beeinflussen können.[476]

Die Verwendungsbeschränkung könnte die Entdeckung der potenziellen Werte von Daten verhindern. Zum einen steht das Unternehmen vor der Herausforderung, den Zweck und die zu sammelnde Art und Menge von Daten zu bestimmen. Zum anderen möchte das Unternehmen möglichst viele Daten sammeln, um die schon bestehenden Werte der Daten zu verwerten und deren potenziell höheren Wert aufzudecken. Dies führt zu einem Spannungsfeld zwischen dem starken Einwilligungsmodell und einem auf Daten basierenden Geschäftsmodell.[477] Hinsichtlich der potenziellen Werte von Daten für Gesellschaft und Wirtschaft ist es für Datenverarbeiter in aller Regel schwierig, den Datenverwendungszweck vorhersehbar zu bestimmen.

B. Einwilligung als Ausnahmeregelung?

In Bezug auf die Ausgestaltung der Einwilligungsart sollen nach der Meinung von *Gao* die Datenerhebung und -nutzung im Prinzip ohne Einwilligung des Betroffenen erlaubt sein, es sein denn, dass diese Information sensibel ist.[478] *Ren* bringt eine ähnliche Auffassung zum Ausdruck, dass bei der Datenverarbeitung die Einwilligung des Betroffenen nicht notwendig sei, solange der Datenverarbeiter den Betroffenen über die Datenverarbeitung informiert hat.[479] Das zivilrechtliche Interesse der natürlichen Person an ihren Daten ist zwar allgemein anerkannt. Es könnte jedoch an ihnen das Interesse von öffentlichen und nicht öffentlichen Stellen bestehen. Die persönlichen Informationen sind ein notwendiges Medium für die soziale Kommunikation und das soziale Leben, denn besitzen soziale, instrumentelle und funktionale Eigenschaften.[480] Aus diesem Grund kann die Befugnis über die nicht sensitiven persönlichen Daten nicht lediglich der natürlichen Person selbst gehören. Zudem kann die Einwilligung die Informationsasymmetrien

475 Mantelero, CLSR 2014, 643, 654.
476 Cai, Die „negative Einwilligung“, RF 71, 79; Gao, RF 72, 80.
477 Peng/Chen/Sun, NTUR 93, 108.
478 Gao, Schutz der personenbezogenen Daten, RF 84, 99.
479 Ren, ZPR 126, 133.
480 Gao, Schutz der personenbezogenen Daten, RF 84, 94; *ders.*, RF 72, 76.

zwischen Unternehmen und natürlichen Person nicht beseitigen und die natürliche Person kann ihre Daten tatsächlich nicht kontrollieren. Im Vergleich mit dem starken Einigungsmodell ist die Erhöhung der Transparenz des Datenverarbeitungsvorgangs sinnvoll.[481]

Die nicht sensitive persönliche Information darf ihrer Ansicht nach ohne ausdrückliche Einwilligung zugänglich gemacht werden, Uneinigkeit besteht aber beim Haftungssubjekt. Nach Meinung von *Gao* trifft für aus der Datenverarbeitung entstandene Schäden das Haftungssubjekt die öffentliche Stelle,[482] während im Kontext von *Ren* der Datenverarbeiter für diese Schäden der Gefährdungshaftung unterliegt.[483]

C. Negatives Einwilligungsmodell: Einwilligung als Willenserklärung

Die Ausgestaltung der Einwilligungsklauseln sind nach der Meinung von Befürwortern des negativen Einwilligungsmodells notwendig und in zwei Teile zu trennen: Der erste Teil ist das aktive Einigungsmodell ausnahmsweise für sensible persönliche Information und bestimmte Rechtssubjekte oder spezielle Bevölkerungsgruppen; im zweiten Teil gilt das negative Einigungsmodell für nicht sensible persönliche Informationen.[484] Basierend darauf wird bei dem „negativen Einwilligungsmodell" (Option 1) die Einwilligung in „ausdrückliche Einwilligung" und „stillschweigende Einwilligung" unterteilt; bei dem „negativen Einwilligungsmodell" (Option 2) wird die Einwilligung in eine Einwilligung in einem negativen Sinne und eine Einwilligung in einem positiven Sinne differenziert.

a. Kritik an der Auffassung „Einwilligung als Ausnahme"

Die Kritik an der Auffassung „Einwilligung als Ausnahme" zielt hauptsächlich auf die Legitimationsgrundlage und die Rechtsnatur der Einwilligung ab.

Im Kontext des negativen Einigungsmodells kommt vor allem die Legitimationsgrundlage der Einwilligung zum Ausdruck. Die Rechtsgrundlage der Einwilligung ist nach dieser Ansicht, dass die natürliche Person ihre geistige Freiheit bzw. informationelle Freiheit verwirklichen darf.[485] Demzufolge kann sich der Betroffene entscheiden, wie sein persönlicher Charakter in der Lebenswelt zu formulieren ist.[486] Dies bedeutet allerdings, dass die informationelle Selbstbestimmung nicht zur Reduzierung des der persönlichen Informationen innewohnenden sozialen Werts führt und umgekehrt in einer Weise der Entwicklung des

481 Ren, ZPR 126, 129.
482 Gao, Schutz der personenbezogenen Daten, RF 84, 99.
483 Ren, ZPR 126, 133.
484 Lu, ZWUPS 119, 123 f; Cai, Die „negative Einwilligung", RF 71, 71 ff.
485 Ye, TR 143, 153.
486 Cai, Die „negative Einwilligung", RF 71, 73.

persönlichen Charakters diesen sozialen Wert vorantreibt. Es versteht sich, dass bei der Auffassung „Einwilligung als Ausnahme" der persönlichkeitsbezogene Charakter der persönlichen Information zu Unrecht von ihrem Sozialcharakter abgetrennt wird.[487]

Der zweite Kritikpunkt an der Ansicht „Einwilligung als Ausnahme" betrifft die Rechtsnatur der Einwilligung. Kritiker haben einen neuen Akzent gesetzt, dass die Einwilligung des Betroffenen eine Willenserklärung des Berechtigten sei.[488] Dementsprechend unterstützt die Bestimmung „Information Security Technology – Guidelines for the Protection of Personal Information in Public and Commercial Service Information Systems" diese Teilung, wobei § 5.23 deutlich nominiert, dass die Einwilligung des Betroffenen in eine ausdrückliche und eine stillschweigende Einwilligung aufgeteilt werden kann. Unter die Einwilligung fallen deswegen zwei Arten, von denen die eine die ausdrückliche Einwilligung und die andere die stillschweigende Einwilligung ist. Analog zu der Anerkennung der kommerziellen Verwertung des Bildnisses kann die Einwilligung nicht nur den Inhalt eines Vertrags über die persönliche Information bilden, sondern auch in passiver Weise die unberechtigte Verwertung der persönlichen Information beseitigen.[489] D. h., dass die Einwilligung sowohl eine aktive Verwertungsfunktion als auch als eine passive Abwehrfunktion darstellt. Die beiden Funktionen spiegeln exakt die Rechtsfolge der Ausübung des informationellen Selbstbestimmungsrechts wider.[490]

Schließlich sieht die Auffassung „Einwilligung als Ausnahme" über den Unterschied zwischen der gesetzlichen Notwendigkeit der Einwilligung und ihrer praktischen Geltung hinweg.[491] Die Bedeutung der Einwilligung ist in der informationellen Freiheit des Betroffenen verankert und darf nicht übermäßig durch ihre praktische Geltungswirkung beeinflusst werden. Jedenfalls kann die Förderung der Datenwirtschaft sich nicht auf Kosten einer beendeten individuellen Freiheit ausdehnen.

b. Inhalt des negativen Einigungsmodelles

Mit Rücksicht auf die Wichtigkeit der menschenwürdigen Freiheit halten die Unterstützer des negativen Einigungsmodelles vor allem eine gesetzliche Festschreibung der Einwilligungsklauseln für notwendig. Wie die Ansicht „Einwilligung als Ausnahmeregelung" vertritt der Standpunkt des „negativen Einigungsmodells" die Meinung, dass bei Verarbeitung der sensitiven Daten und der minderjährigen Daten eine ausdrückliche Einwilligung des Betroffenen erforderlich ist. Zudem erfordern beide Auffassungen, dass die verarbeitende Stelle die für die von ihnen

487 Cai, Die „negative Einwilligung", RF 71, 73.
488 Lu, ZWUPS 119, 123 f.; Cai, Die „negative Einwilligung", RF 71, 71 ff.
489 Lu, ZWUPS 119, 119 ff,
490 Lu, ZWUPS 119, 121 f.
491 Cai, Die „negative Einwilligung", RF 71, 77.

erbrachten Dienstleistungen irrelevanten personenbezogenen Daten nicht sammeln dürfte. D. h., dass im Regelfall die Datenverarbeitung für die Vertragserfüllung erforderlich sein soll.

Der wesentliche Unterschied zwischen den beiden Ansichten liegt in der Behandlung der nicht sensitiven Daten. Auf die Verarbeitung der nicht sensitiven Daten kann nach der Ansicht des negativen Einwilligungsmodells (Option 1) die stillschweigende Einwilligung angewendet werden, d. h., nach dem negativem Einwilligungsmodell (Option 1) ist die Datenverarbeitung ohne deutliche Einwilligung des Betroffenen erlaubt und nur im Fall der Verarbeitung der sensitiven Daten ist eine streng deutliche Einwilligung nötig. Trotz der unterschiedlichen Behandlung von der sensitiven und nicht sensitiven persönlichen Information muss die Verarbeitung der personenbezogenen Information den gesetzlichen Pflichten nachkommen, die meist in §§ 41 bis 49 cCyG regelt sind und unter anderem beispielsweise die prinzipienkonforme Verarbeitung, die konkrete und verständliche Darstellung über Verarbeitungszweck, -umfang und -weise umfassen.

Mit Rücksicht auf die Bedeutung der menschenwürdigen Freiheit bzw. der Privatautonomie geht der zweite Vorschlag des Einwilligungsmodells von der Verwertungs- und Abwehreigenschaft des Persönlichkeitsrechts aus und unterteilt die Einwilligung in eine im negativen Sinne und eine im positiven Sinne. Wird dieser Vorschlag festgelegt, kann die betroffene Person auf der negativen Ebene ihre Einwilligung jederzeit widerrufen; auf der positiven Ebene wie z. B. bei „Daten als Gegenleistung" unterliegt die jederzeitige widerrufliche Einwilligung der schulrechtlichen Vereinbarung.[492]

3. Zwischenergebnis: Datenverarbeitung ohne deutliche Einwilligung zulässig

A. Willensfähigkeit als Kern

Da die Rechtsnatur der Einwilligung die Willenserklärung ist, folgt die Einwilligung dem Tatbestand der Willenserklärung. Daher sollen bei Willensmängeln die Grundsätze zur Auslegung der Willenserklärung und die Regelungen zur Anfechtung Anwendung finden.

Anzumerken ist, dass die chinesische Zivilrechtslehre die Handlungsfähigkeit und Willensfähigkeit unterschiedlich behandelt. An die Handlungsfähigkeit ist die Rechtsfolge geknüpft. Ein von einem Handlungsunfähigen vorgenommenes Zivilrechtsgeschäft ist unwirksam (§ 144 ZGB) und ein beschränkt Handlungsfähiger führt zur schwebenden Unwirksamkeit der Rechtsfolge (§ 145 ZGB). Als Willensfähigkeit werden nach dem Verständnis der chinesischen Rechtslehre die Grundlage der Handlungsfähigkeit und eine Fähigkeit des Rechtsträgers verstanden, seine Handlung kennen und bewerten zu können.[493] D. h., dass der Ausgangspunkt

492 Lu, ZWUPS 119, 122 f.
493 Wang, Untersuchung über AT-ZGB, S. 228 f.

der Privatautonomie nicht die Handlungsfähigkeit, sondern die Willensfähigkeit ist. Allerdings sollte man die eigene Lage wie den Zustand der Bewusstlosigkeit berücksichtigen, in der es dem Rechtsträger völlig an der Handlungsfähigkeit und an der Willensfähigkeit mangelt, sodass Willensfähigkeit nicht mehr parallel zur Handlungsfähigkeit verläuft und die Rechtshandlung für ungültig angesehen wird. In bestimmten Fällen können jedoch Menschen mit beschränkter Handlungsfähigkeit eine wirksame Rechtsfolge herbeiführen.[494]

Wenn die natürliche Person die Wahl hat, ihre Daten für die nicht gewerbliche oder gewerbliche Nutzung zur Verfügung zu stellen, soll die Einwilligung des Betroffenen als abhängig vom konkreten Zustand gesehen werden. Soweit sich der Betroffene zum Ausschluss anderer von der Nutzung oder Offenlegung seiner Informationen entscheidet, soll wenigstens er die Willensfähigkeit statt der Handlungsfähigkeit haben; stellen die Daten einen Bestandteil des Leistungsgegenstandes dar, soll grundsätzlich der Betroffene Handlungsfähigkeit besitzen.[495] Dies zeigt, dass die Herbeiführung einer wirksamen Rechtsfolge nicht zwingend von Handlungsfähigkeit des Betroffenen abhängig gemacht wird. Dass die Einwilligung als Willenserklärung einzustufen ist, macht es möglich, mehr Spielraum für die Einwilligung des Betroffenen zu schaffen. In umgekehrter Weise wird der Ermessensraum des Berechtigten dadurch beschränkt, dass die Einwilligung als eine rechtsgeschäftsähnliche Handlung einzustufen ist.[496]

B. Einschränkung der jederzeitigen Widerruflichkeit der datenschutzrechtlichen Einwilligung

Im Vergleich mit der durch die Auffassung „Einwilligung als Ausnahme" nahezu aufgegebenen Einwilligungsregel kann die Zweiteilung der Einwilligung das Spannungsfeld zwischen dem Respekt der Persönlichkeit und der Informationsfreiheit besser ausgleichen. Nach dem negativen Einwilligungsmodell gilt die ausdrückliche Einwilligung als ausnahmsweise Regelung für die Verarbeitung sensitiver Daten und der Daten von besonderen Personengruppen, während in Bezug auf die nicht sensitive Information die ausdrückliche Einwilligung durch die stillschweigende Einwilligung zu substituieren ist. Somit geht die erleichterte Anforderung mit der Datenweitergabe und der zweckändernden Datenverarbeitung einher, indem der Ansporn der datenbezogenen Wirtschaft eindeutig geworden ist.

Im Rahmen des stillschweigenden Einwilligungsmodells ist der Datenerhebung keine Rechtswidrigkeit vorzuwerfen.[497] Die gesetzlichen Schutzmaßnahmen sollen für den Betroffenen umgesetzt werden.[498] Zusammenfassend kann das negative

494 Chang, Rw 106, 106 ff.
495 Lu, ZWUPS 119, 121.
496 Lu, ZWUPS 119, 122.
497 Lu, ZWUPS 119, 121.
498 Guo, S. 159.

Einwilligungsmodell wie folgt gezeigt werden: rechtskonforme Situation + stillschweigende Einwilligung = rechtmäßige Datenverarbeitung. Zugleich sollen dabei die Prinzipien der Legalität, Rechtmäßigkeit und Erforderlichkeit (zurzeit § 41 cCyG) berücksichtigt werden.[499] Dies ist die verfahrensbezogene Anforderung an die Datenverarbeitung.

Unter Berücksichtigung der engen Verbindung zwischen persönlicher Information und persönlicher Würde kann der Betroffene grundsätzlich seine Einwilligung zur Verarbeitung seiner Daten in aller Regel zu jedem Zeitpunkt widerrufen, sofern kein übergeordnetes öffentliches Interesse besteht. Hinsichtlich der Privatautonomie ist aber das Widerrufs- oder Abrufrecht des Betroffenen zu beschränken, soweit es bei der Datenverarbeitung um die aktive Nutzung seiner Information geht, beispielsweise auf Grundlage der vereinbarten Vertragskonditionen.[500]

C. Geltungsumfang: „Personenbezug" als Kriterium

Im Hinblick auf den Schutz der innerhalb der Datenverarbeitung auf der schwachen Seite stehenden Person und besonderen Bevölkerungsgruppen ist es vertretbar, ihre personenbezogenen Daten von ihrer Art unterschiedlichen Datenkategorien zuzuordnen und unterschiedlich zu behandeln. Doch gibt es bisher kein einheitliches Gesetz zum Schutz der persönlichen Information von Daten in China, geschweige denn eine Legaldefinition der persönlichen Information. Um die Art der persönlichen Information zu verstehen, ist nach speziellen Gesetzen und Bestimmungen zu suchen.

Gemäß § 76 Abs. 5 cCyG werden die persönlichen Informationen definiert als *alle Informationen, die die natürliche Person auf elektronische oder sonstige Weise allein oder in Kombination mit anderen Informationen identifizieren lassen, einschließlich, aber nicht beschränkt auf, den Namen einer natürlichen Person, das Geburtsdatum, die Identifikationsnummer, persönliche biometrische Daten, Adresse und Telefonnummer.* Darunter fallen der persönliche Name und das eigene Bild usw. Zudem wird die persönliche finanzielle Information im durch den China Financial Standardization Technical Committee festgelegten Standard über „Personal financial information protection technical specification" auf verallgemeinerte und zusätzlich aufgezählte Weise definiert (§ 3. 2 i. V. m. § 4.1.), wobei die persönliche Information deutlich weiter gefasst wird. Demgegenüber wird der Begriff der persönlichen Information in einigen durch das Ministerium für Industrie und Informationstechnologie festgelegten Bestimmungen auf eine verallgemeinerte Weise definiert,[501] die im Wesentlichen mit dem durch die § 76 Abs. 5 S. 1 cCyG genannten Begriff der persönlichen Information übereinstimmt.

---

499 Cai, Die „negative Einwilligung", RF 71, 84.

500 Lu, ZWUPS 119, 123.

501 Z. B. § 3.2 „Information Security Technology – Guidelines fort the Protection of Personal Information in Public and Commercial Service Information Systems"信息安全技术公共及商用服务信息系统个人信息保护指南, sowie § 11 „Several

Überblickt man die Vorschriften bezüglich des Begriffes der personenbezogenen Daten (Information) in vorhandenen Gesetzen und Bestimmungen, ist unschwer zu erkennen, dass der Begriff der persönlichen Information entweder auf verallgemeinerte und zusätzlich aufgezählte Weise oder lediglich auf verallgemeinerte Weise definiert wird.[502] In der Literatur wird deshalb die Meinung vertreten, dass die persönliche Information in der Tat ein weit gefasster Begriff ist. Davon betroffen ist jede Information über eine bestimmte oder bestimmbare natürliche Person, wobei der eigene Name, das Bild, Adresse, Geburtsdatum, Identifikationsnummer, Gesundheitsakte usw. eingeschlossen sind.[503] Allerdings besteht ein Meinungsstreit um die „Bestimmbarkeit" oder „Bestimmung" in China.[504] In dieser Arbeit steht nicht Erläuterung dieser zwei Begriffe im Vordergrund, daher wird darauf hier nicht weiter eingegangen.

D. Ausnahme

Gemäß § 1 cCyG sollen beim Schutz der persönlichen Information die Belange der anderen Rechtssubjekte berücksichtigt werden. Hinsichtlich der Interessenabwägung zwischen dem Betroffenen und der datenverarbeitenden Stelle gehen die chinesischen Gelehrten davon aus, dass ein gleich hoher Schutz aller persönlichen Information nicht erwünscht ist.[505] Grundidee ihrer Meinung ist, dass die sensiblen persönlichen Daten (Information) und die Informationen über Minderjährige im Kernbereich des Schutzes der persönlichen Information stehen.

Der Begriff „sensible persönliche Information" ist von der einheimischen Kultur geprägt und soll mithilfe von (chinesischen) Traditionen, sozialen Werten, Rechtstraditionen und Brauchtum bestimmt werden.[506] Aufgrund von § 12 der durch Ch-OVGH eingeführten Justizauslegung[507] zählen die genetische Information über die natürliche Person, medizinische Informationen, Daten der medizinischen Untersuchung, das Strafregister, die privaten Aktivitäten sowie die Wohnadressen zu den sensiblen persönlichen Informationen. Dementsprechend regelt § 6 Gesetz zum Schutz personenbezogener Daten in Taiwan, dass die personenbezogenen Daten über medizinische, genetische, sexuelle, gesundheitliche Untersuchungen und Kriminalität zu den sensiblen persönlichen Informationen gehören. Basierend

---

Provisions on Regulating the Market Order of Internet Information Services" 规范互联网信息服务市场秩序若干规定.

502 Liu, ZRT 19. 21.

503 Zhang, Von Privatsphäre zu persönlichen Informationen, Ch-R 39, 39 f.

504 Li, Forschung zum Schutz persönlicher Daten, S. 69; Ren, S. 13 f.

505 Zhang, Von Privatsphäre zu persönlichen Informationen, Ch-R 39, 50; Lu, ZWUPS 119, 124; Wang, Schutz personenbezogener Daten, RPR 136, 145.

506 Zhang, Von Privatsphäre zu persönlichen Informationen, Ch-R 39, 51.

507 Provisions of the Supreme People's Court on Several Issues concerning the Application of Law in the Trial of Cases involving Civil Disputes over Infringements upon Personal Rights and Interests through Information Networks.

hierauf lässt die sensible persönliche Information sich grundsätzlich als die genetische Information der natürlichen Person, medizinische Informationen, Daten der medizinischen Untersuchung, das Strafregister und die privaten Aktivitäten charakterisieren, auch braucht sie einen hochwertigen Schutzstandard.[508]

Darüber hinaus definiert das GSPI den Begriff der sensiblen persönlichen Information und macht deutlich, dass die Verarbeitung der sensiblen persönlichen Information eines bestimmten Zweckes und ausreichender Notwendigkeit darf (§ 29 Abs. 1 GSPI). Nach § 28 GSPI ist die sensible persönlichen Information eine solche, die im Falle einer Weitergabe oder unrechtmäßigen Verwendung zu einer Diskriminierung einer Person führen oder die Sicherheit einer Person oder von Eigentum ernsthaft gefährden kann, einschließlich Rasse, ethnische Zugehörigkeit, religiöse Überzeugungen, persönliche biometrische Daten, medizinische und gesundheitliche Information, Finanzkonten, persönliche Aufenthaltsorte und andere Informationen. Im Wesentlich gibt es keinen großen begrifflichen Unterschied zwischen § 28 GSPI und der Justizauslegung. Es bleibt allerdings noch eine offene Frage, ob die sensible persönliche mit der geheimen Information gleichgesetzt werden kann. Gemäß § 1032 Abs. 2 ZGB zählt die geheime Information zum Bereich der durch die höchsten Standards geschützten Privatsphäre und bezieht sich auf die Information, von der der Betroffene nicht will, dass sie jemand erfährt.

Neben der sensiblen persönlichen Information soll die Information über Minderjährige unter besonderen Schutz gestellt werden. Ein wichtiges Beispiel ist die am 1. Oktober 2019 in Kraft getretene Regelung zum Cyber-Schutz der persönlichen Daten von Minderjährigen, wobei Letztere nach dieser Regelung Jugendliche unter 14 Jahren (§ 4 sowie Art. 31 Abs. 2 GSPI) sind. Inhaltlich fordert diese Regelung, dass der Netzbetreiber nicht nur spezielles Personal einsetzt das für den Schutz der Daten Minderjähriger verantwortlich ist, sondern auch spezifische Regelungen, Nutzervereinbarung und Maßnahmen (z. B. Verschlüsselung) zum Schutz der Daten Minderjähriger festlegt (§ 8 i. V. m. § 13). Um die Daten über Kinder zu erheben, zu speichern, zu verarbeiten, zu nutzen und weiterzugeben, soll der Netzbetreiber den Vormund des Kindes in deutlicher und klarer Weise informieren und seine Genehmigung einholen (§ 9), d. h., während Verarbeitung der Daten Minderjähriger findet eine Trennung zwischen sensitiven und nicht sensitiven Daten nicht statt. Solange es um die Verarbeitung der Daten Minderjähriger geht, wird ihr technischer und gesetzlicher Schutz verlangt.

III. Datenzugriffsregeln durch andere Erlaubnistatbestände

Weil es bislang kein einheitliches Gesetz gibt, das das Erlaubnisfeld der Datenverarbeitung systematisch nominiert, bleiben die Regeln zu Datenschutz und

508 Zhang, Von Privatsphäre zu persönlichen Informationen, Ch-R 39, 50; Lu, ZWUPS 119, 124; Wang, Schutz personenbezogener Daten, RPR 136, 145.

-nutzung noch Stückwerk. Relevante Erlaubnistatbestände befinden sich im cCyG und in verwaltungsrechtlichen Ordnungen.

1. Leitungsgedenken und Überblick über die gegenwärtigen Bestimmungen

Ein fataler Schwachpunkt in der Ära von Big Data besteht darin, dass die durch Daten erbrachte Wohlfahrt eine gesammelte Erfahrung ist, während das durch Daten erbrachte Risiko von einzelnen Personen getragen wird.[509] Vor dem Hintergrund, dass sich der Einzelne einerseits völlig aus dem öffentlichen Leben zurückzieht und andererseits die heimliche Verarbeitung seiner Daten verhindert, ist e nicht zu erwarten, den Datenschutz von einzelnen Personen abhängig zu machen,[510] weshalb die Meinung vertreten wird, dass ein auf die datenverarbeitende Stelle fokussiertes Datenschutzmodell notwendig ist.[511]

Im ZGB mangelt es an der systemischen Vorschrift über andere Erlaubnistatbestände für die Verarbeitung der personenbezogenen Daten. § 1036 ZGB regelt, dass die verarbeitende Stelle unter einem der folgenden Umstände keine zivilrechtliche Haftung trägt: (1) Die Datenverarbeitung wird im zumutbaren Umfang mit Zustimmung der natürlichen Person oder ihres Vormunds durchgeführt. (2) Die Verarbeitung geht mit Informationen um, die von den Betroffenen selbst offenbart oder anderweitig rechtmäßig offenbart werden, es sei denn, der Betroffene lehnt die Informationen ausdrücklich ab oder die Verarbeitung verletzt ein starkes Interesse von Betroffenen. (3) Die vernünftigerweise durchgeführte Verarbeitung zielt auf den Schutz des öffentlichen Interesses oder die rechtmäßigen Rechte und Interessen der natürlichen Person ab. Mit Rücksicht auf den Ausdruck „keine zivilrechtliche Haftung“ lässt sich jedoch eventuell daran zweifeln, ob § 1036 ZGB als anderer gesetzlicher Erlaubnistatbestand qualifiziert wird.

Darüber hinaus haben andere Regelungen eine ergänzende und detaillierte Funktion zu den Bestimmungen des Zivilgesetzbuches. In erster Linie findet nach § 42 Abs. 1 cCyG dieses Gesetz keine Anwendung auf die verarbeiteten nicht identifizierten Daten. Wörtlich unterstreicht zwar diese Vorschrift die nicht anonymisierten Daten, darunter verbleibt aber Anwendungsraum für die anonymisierten Daten.[512] Über die anonymisierten Daten hinaus setzt das Ch-OVGH in einer Justizauslegung die zugelassene Offenbarung zur sensitiven und nicht sensitiven persönlichen Informationen ohne Einwilligung des Betroffenen fest.[513] Abgesehen

509 Tucker, S. 54.
510 Zhao, ZVUC 97, 100 f.
511 Viktor/Gukier, S. 220 f.
512 Zhang, ZHWTU 76, 76.
513 § 12 der Provisions of the Supreme People's Court on Several Issues concerning the Application of Law in the Trial of Cases involving Civil Disputes over Infringements upon Personal Rights and Interests through Information Networks nominiert

davon macht § 12 dieser Justizauslegung deutlich, dass eine Offenbarung der persönlichen Daten als rechtmäßig erachtet werden mag, wenn die Handlung im für die Förderung des öffentlichen Interesses erforderlichen Umfang erfolgt (§ 12 Abs. 2), wenn der Betroffene seine Information im Netzwerk freiwillig preisgegeben hat, diese Information schon rechtskonform zugänglich ist (§ 12 Abs. 4), die persönliche Information auf rechtmäßigem Wege erhoben worden ist (§ 12 Abs. 5) oder es durch Gesetz oder andere Verwaltungsordnungen anderweitig vorgeschrieben wird (§ 12 Abs. 6). Diese Auslegung, bei der zugelassenen Offenbarung die sensitiven persönlichen Informationen nicht von den nicht sensitiven zu trennen, ist fragwürdig. Probleme sind bei der Einbeziehung Dritter aufgetreten. Der Anwendungsbereich dieser Vorschrift ist lediglich beschränkt auf die Offenbarung der persönlichen Information und nicht ausreichend auf vielfältige Datennutzung eingegangen, beispielsweise auf die Datenerhebung und Weitergabe. Hieraus ergibt sich eine Möglichkeit, das starke Einwilligungsmodell umzugehen. Nicht zuletzt bedürfen die Begriffe „Umfang der Offenbarung", „der rechtmäßige Weg" und „Erforderlichkeit der Vertragserfüllung" weiterer Interpretation. Ob die Vereinbarung über die Datenweitergabe als der „rechtmäßige Weg" anzusehen ist, steht offensichtlich im Zusammenhang mit dem Anwendungsbereich der Einwilligung der betroffenen Person.

Über die gesetzlichen Bestimmungen hinaus sind die verwaltungsrechtlichen Ordnungen erwähnenswert. Gemäß § 16 der durch die Provinz Guizhou im Jahr 2019 verabschiedeten Sicherheitsbestimmungen für Big Data in der Provinz Guizhou[514] soll die Datensammlung auf einem rechtmäßigen Verwendungszweck beruhen und den Grundsatz des geringsten Eingriffs und der Richtigkeit befolgen. Sammlungsgegenstand, -umfang, -inhalt und -methode sollen zudem wissenschaftlich bestimmt werden und zugleich sollen die Authentizität, Integrität und Vertraulichkeit der Daten sichergestellt sein. Bei § 26 dieser Bestimmung geht es um den Schutz von Staats- und Geschäftsgeheimnissen und persönlichen Informationen, wonach die wegen öffentlicher Aufgaben veröffentlichte unternehmerische oder persönliche Information desensibilisiert werden soll. Darüber hinaus hat die durch die „National Standardisation Management Committee of the State Administration of Market Supervision and Administration" im Jahr 2020 verabschiedete ISSpD[515]zwar keine zwingende Rechtswirkung. Doch kann sie Referenzen für die Gesetzgebung des Schutzes der persönlichen Information bieten. § 5.6 ISSpD listet insgesamt elf andere Erlaubnistatbestände der Datenverarbeitung auf. Demnach ist für die öffentliche Stelle die Datenverarbeitung zu Zwecken der nationalen und

---

zwar insgesamt sieben Fälle. Dabei beziehen Abs. 1 und Abs. 3 sich doch auf das Einwilligungsmodell.

514 Sicherheitsbestimmungen für Big Data in der Provinz Guizhou贵州省大数据安全保障条例.

515 Informationssicherheitstechnologie – Spezifikation zur Sicherheit persönlicher Daten信息安全技术 个人信息安全规范.

der öffentlichen Sicherheit, der öffentlichen Gesundheit, der wichtigen Allgemeininteressen, der Gerichtsverhandlungen sowie der Nachrichtenberichte zulässig. Außerdem ist die Datenverarbeitung für die nicht öffentliche Stelle dann erlaubt, wenn die Datenverarbeitung zur Erfüllung gesetzlicher Verpflichtung dient oder für die Vertragserfüllung erforderlich ist. Eine Datenverarbeitung zum Zweck wissenschaftlicher Forschung ist ebenfalls erlaubt.

2. *Datenaustausch zwischen den datenverarbeitenden Stellen*

Die persönliche Information qualifiziert sich sowohl als das Instrument eines effizienten Sozialmanagementsystems als auch als Rohstoff für den Betrieb der Datenindustrie. So lassen sich die Entscheidung über die öffentliche Sicherheit und die Einführung des Informationsproduktes nicht von personenbezogenen Daten lösen.[516] Im ZGB besteht jedoch keine spezielle Vorschrift über den Datenaustausch zwischen den datenverarbeitenden Stellen. Zurzeit finden sich diesbezügliche Vorschriften hauptsächlich in unterschiedlichen Bestimmungen der Richtlinien.

Das im Jahr 2010 durch fünf öffentlichen Stellen in Beijing erlassene Rahmenabkommen über den Mechanismus zur Integration von Verwaltungsressourcen ist eine regionale verwaltungsrechtliche Ordnung über den Datenaustausch. Danach bestimmt § 9.2 ISSpD die Anforderung an Datenaustausch innerhalb der nicht öffentlichen Stellen. Gemäß § 9.2 ISSpD soll die nicht wegen eines Unternehmenskaufs, der Fusion, der Reorganisation oder des Bankrotts vorzunehmende Datenteilung/-übertragung von persönlichen Informationen die folgenden Anforderungen erfüllen: Eine Abschätzung der Sicherheitsauswirkungen auf die persönlichen Daten sollte im Voraus durchgeführt und alsdann sollen die in Übereinstimmung mit den Ergebnissen der Abschätzung stehenden Schutzmaßnahmen zu diesen persönlichen Daten hergestellt werden (§ 9.2.a). Die datenverarbeitende Stelle soll nicht nur die betroffenen Personen über die Zwecke und den Umfang des Datenaustausches sowie den Zustand von Datennutzung, und -schutz seitens des Datenempfängers informieren, sondern auch diese erteilten Daten desensibilisieren (§ 9.2.b und h). Bemerkenswert ist jedoch, dass grundsätzlich die sensiblen persönlichen Daten wie beispielsweise die biologischen Daten nicht übertragen werden dürfen. Erforderlichenfalls soll die datenverarbeitende Stelle nicht nur der Verpflichtung zur Mitteilung des Betroffenen nachkommen, sondern auch eine ausdrückliche Einwilligung des Betroffenen nachholen (§ 9.2.c und i). In § 9.2.c spiegelt sich das „negative Einwilligungsmodell" wider. Darüber hinaus sollen der Datengeber und der Datenempfänger eine Vereinbarung über Pflichten und Verantwortung treffen (§ 9.2.d). Stellt der Datengeber fest, dass der Datenempfänger gegen die Anforderungen von Gesetzen, Ordnungen oder gegen den abgeschlossenen Vertrag verstößt, soll er den Datenempfänger unverzüglich auffordern, die entsprechenden Schutz- und Abhilfemaßnahmen zu stellen und zu ergreifen. Falls

516 Shan, SRW 57, 57 f.

erforderlich, kann er vom Vertragsverhältnis mit der anderen Partei zurücktreten und so den Datenaustausch beenden (§ 9.2.g). Die datenverarbeitende Stelle soll die Verantwortung für Verstöße gegen den Datenschutz tragen (§ 9. 2. h).

3. *Widerspruchsart des Betroffenen*

Der Betroffene darf Einwendungen gegen die Verarbeitung seiner Daten erheben. Nach § 49 cCyG und § 12 der Ordnung über den Schutz der persönlichen Daten von Telekommunikations- und Internetbenutzern[517] soll die datenverarbeitende Stelle einen Verwaltungsmechanismus, der für Benutzerbeschwerden verantwortlich ist, einrichten. Gemäß § 12 der Bekanntmachung über den Schutz personenbezogener Daten und die Verwendung umfangreicher Daten zur Unterstützung der gemeinsamen Präventions- und Kontrollarbeit[518] darf jede Organisation und jedermann die illegale Sammlung, Nutzung und Weitergabe von persönlichen Daten der staatlichen Cyberspace-Verwaltung und dem staatlichen Sicherheitsbüro melden.

Bei anderen Erlaubnistatbeständen öffentlicher und nicht öffentlicher Stellen fällt im täglichen Leben die Wirkung des Widerspruches möglicherweise anders aus. Voraussehbar ist es schwer, die Einwendung gegen die öffentliche Stelle für begründet zu halten. Zudem wird die Amtsbefugnis der staatlichen Cyberspace-Verwaltung nicht durch das cCyG geregelt, sodass sie nicht in der Lage ist, die Einwendung des Betroffenen zu behandeln. Schließlich führt der Mangel an einem einheitlichen Gesetz zum Datenschutz zu einer nebulös mächtigen Abschottung der zuständigen Behörde. Aus diesen Gründen bleibt die Wirkung des Widerspruches gegen die Datenverarbeitung abzuwarten.

4. *Verhältnis zur Einwilligung*

In China wird die Frage nach dem Verhältnis zwischen der Einwilligung und anderen Erlaubnistatbeständen kaum thematisiert. Dennoch besteht im Grunde zwischen ihnen entweder ein Gleichrangigkeitsverhältnis oder eine Ordnungsbeziehung.

Nach dem Wortlaut scheint es, dass ein Gleichrangigkeitsverhältnis angenommen wird, was aber nicht der Realität entspricht. Während sich China mit der neuen Coronavirus-Epidemie im Jahr 2020 konfrontiert sah, folgte der Umgang der Telekommunikationsbetreiber mit allgemeinen Kundeninformationen dem negativen Einwilligungsmodell.[519] Aus praktischer Sicht ist stets klar, dass die öffentliche Stelle während der Durchführung der offiziellen Angelegenheit die Einwilligung

517 Bestimmung über den Schutz der persönlichen Daten von Telekommunikations- und Internetbenutzern电信和互联网用户个人信息保护规定.

518 Hinweis zum Schutz personenbezogener Daten unter Verwendung von Großdaten zur Unterstützung der gemeinsamen Präventions- und Kontrollarbeit关于做好个人信息保护利用大数据支撑联防联控工作的通知.

519 Deng, CT 64, 66.

des Betroffen nicht einholen kann. Innerhalb der Beziehung zwischen der öffentlichen Stelle und der betroffenen Person haben die anderen Erlaubnistatbestände Vorrang vor der Einwilligung.

In Bezug auf das Verhältnis zwischen dem Betroffenen und der nicht öffentlichen Stelle kann man aus dem negativen Einwilligungsmodell ableiten, dass die Einwilligung des Betroffenen gleichrangig mit den anderen Erlaubnistatbeständen ist. Eine dem negativen Einwilligungsmodell entsprechende Theorie ist die aus den USA stammende „berechtigte Erwartung“. Selbst wenn keine ausdrückliche Einwilligung des Betroffenen vorliegt, gilt nach der Theorie der „berechtigten Erwartung“ die Datenverarbeitung in einigen Situationen als erlaubt, solange sie in der Situation sowohl von der datenverarbeitenden Stelle und der betroffenen Person als auch durch die Gesellschaft als vernünftig erachtet wird.[520] Offensichtlich können die sog. vernünftigen Situationen die anderen Erlaubnistatbestände enthalten. Geht man von den Leitlinien zur Kodifikation des ZGB aus, dass sowohl die wirtschaftliche Funktion der Daten im Informationsverkehr als auch der Schutz des persönlichen Informationsrechts berücksichtigt wird, vertritt *Wang* als der Befürworter des starken Einwilligungsmodells auch die Ansicht, dass in einigen Situationen für den Austausch der relativ nicht sensitiven personenbezogenen Daten innerhalb der nicht öffentlichen Stellen das negative Einwilligungsmodell akzeptiert werden kann.[521] Gegenwärtig trifft das negative Einwilligungsmodell auf eine überwiegende Zustimmung in der Literatur; so wäre denkbar, dass eigentlich kein großer Unterschied zwischen der Einwilligung und anderen Erlaubnistatbestände besteht.

§ 2 In Deutschland

Weil in Europa der Datenschutz einerseits auf dem Schutz der Privatsphäre und andererseits auf dem Schutz des allgemeinen Persönlichkeitsrechts beruht,[522] ist die vorliegende Untersuchung vor allem dem Verhältnis zwischen dem Schutz der Privatsphäre und dem Schutz des Allgemeinen Persönlichkeitsrechts im Bereich des Umgangs mit persönlicher Information gewidmet. Ausgehend davon soll es hier um die Zugriffsregel zu persönlicher Information gehen.

I. Grundlage

1. Zulässigkeitstatbestände als öffentliche Regulierungsregel

Die Vermeidung problematischer Datenverarbeitung stellt einen positiven Schutzauftrag an den Staat oder die jeweils zuständige politische Gemeinschaft dar.[523]

520 Wang, MR 45, 55 f.
521 Wang, MR 45, 55.
522 Gola, in: Gola, DS-GVO, Einl., Rn. 1.
523 Aldenhoff, Legitimation von Datenverarbeitung, S. 53.

Das Verbot mit Erlaubnisvorbehalt ist mit dem Zweck des Datenschutzes verbunden. Dem in Art. 5 Abs. 1 lit. a DS-GVO normierten Grundprinzip zufolge, dass die Verarbeitung der personenbezogenen Daten auf rechtmäßige Weise erfolgen soll, begründet Art. 6 Abs. 1 DS-GVO ein Verbot mit Zulässigkeitstatbeständen.[524] Danach ist die Datenverarbeitung grundsätzlich verboten, sofern sie nicht durch die DS-GVO ausdrücklich erlaubt ist. Nach der DS-GVO verbleibt es bei nur sechs „Bedingungen" für die rechtmäßige Verarbeitung der nicht sensitiven personenbezogenen Daten (Art. 6 Abs. 1 i. V. m. Art. 9 DS-GVO). Zwar scheinen nach dem Erwägungsgrund 40 der DS-GVO diese aufgelisteten Bedingungen gleichwertig zu sein und keinem Stufenverhältnis zu unterliegen, jedoch gibt es eine Diskussion um ihr Verhältnis.[525] Dies wird im folgenden Abschnitt zu erklären sein.

Während der Privatheitsschutz einen eigenen rechtlichen Wert darstellt und sich kaum mit dem Rechtssubjekt verbindet, könnte der stärkere Datenschutz nicht nur mit der Vorstellung der Sozialgebundenheit des Individuums, sondern mit dem unternehmerischen Datenvermarktungswunsch inkompatibel sein. Die Zugriffsmöglichkeit auf personenbezogene Daten meidet dieses Spannungsfeld. Angesichts der Gemeinschaftsgebundenheit des Individuums bedarf der Betroffene nach der Rechtsprechung keiner Verfügungsgewalt über die eigenen Daten.[526] Darüber hinaus sind im Regelfall Menschen nicht grundsätzlich gegen die Verarbeitung ihrer Daten eingestellt, sondern gegen deren unberechtigte Verarbeitung.[527] Dementsprechend ist unter dem Regime der DS-GVO eine (unberechtigte) Verarbeitung grundsätzlich verboten (Verbotsprinzip).[528] Außerdem räumt die DS-GVO dem Betroffenen kein absolutes Recht an seinen Daten ein. Vielmehr ist sie darauf gerichtet, dass die zu tätigende Datenverarbeitung auf rechtskonforme Weise erfolgt.[529] Deswegen geht es bei der Ausgestaltung des Datenschutzrechts um einen Wandel der Schutzform entsprechend der Beobachtung, dass durch die Rechtsprechung der Datenschutz heute als ein prozeduraler Schutz verstanden wird. Ein legitimes Datenverarbeitungsverfahren wird hier betont und hat eine vorrangige Bedeutung gegenüber einem als materiellrechtlich verstandenen „Abwehrrecht".[530] Beispielsweise soll jeder Umgang mit personenbezogenen Daten die in Art. 5 DS-GVO festgelegten Grundsätze wie Verarbeitung nach Treu und Glauben (Art. 5 Abs. 1 lit. a Var. 2 DS-GVO), Transparenz (Art. 5 Abs. 1 lit. a Var. 3DS-GVO), Zweckbindungsgrundsatz (Art. 5 Abs. 1 lit. b DS-GVO) usw.

---

524 Kühling/Klar/Sackmann, Datenschutzrecht, Rn. 359.
525 Radlanski, Das Konzept der Einwilligung, S. 196 ff.
526 BVerfG, Urteil vom 15. Dezember 1983 – 1 BvR 209/83 –, BVerfGE 65, 1–71, juris Rn. 150.
527 On discussions about individuals not owning information about themselves, siehe Kang/Buchner, HJLT 2004, 230, 230 ff.
528 Sydow, in: Sydow, Europäische Datenschutzgrundverordnung, Einl., Rn. 71.
529 Ferretti, CMLR 2014, 843, 849, Fuß. 14.
530 Ladeur, in: Götting/Schertz/Seitz, Persönlichkeitsrecht, § 8 Rn. 74 i. V. m. Rn. 76.

befolgen. Der Gedanken der verfahrensbezogenen Anforderung an die Datenverarbeitung ist im Wesentlichen eine öffentliche Regulierungsregel.

2. Schutzkreise der personenbezogenen Daten

Vor dem Hintergrund der elektronischen Vernetzung und der Ausdehnung des Internets ist es leicht nachvollziehbar, dass die Konzeption der Privatheit auf den informationellen Gehalt einer bestimmten Lebensäußerung hinweisen kann. Der europäische Datenschutz trennt zwar den Schutz der Privatsphäre vom Schutz des allgemeinen Persönlichkeitsrechts, in Bezug auf das Thema der „personenbezogenen Daten" kann aber kein Zweifel am Zusammenhang zwischen beiden Rechtskreisen bestehen. Diskussionswürdig ist vor allem, ob im Bereich des Datenschutzgesetzes ein verallgemeinertes Schutzniveau für personenbezogenen Daten erreichbar ist.

In Bezug darauf hat das BVerfG eine mit den drei Schutzkreisen der Privatheit vergleichbare Ansicht vertreten, dass die Intimsphäre als individuell unantastbarer Bereich gegenüber der staatlichen Gewalt im besonderen Maße Achtung und Schutz verdienen soll.[531] Die Rede vom unantastbaren Bereich bedeutet zugleich, dass es wohl einen antastbaren individuellen Bereich gibt. Daher bestätigt dies, dass ein abgestufter Schutz personenbezogener Daten möglicherweise keine bloße Spekulation ist.

Da in der Regel solche Sachverhalte als privat angesehen werden, die nur einen begrenzten Kreis von Menschen, z. B. die Familie und Freunde, oder ausschließlich einen Menschen selbst etwas angehen,[532] kommt es normalerweise zu einer Deckungsgleichheit zwischen dem Kreis der an dem Verhalten selbst Beteiligten und dem Kreis der anderen, die auf entsprechenden Informationen zugreifen wollen. In der Vor-Computerzeit stand die Diskussion über die Schutzumschreibung der Privatheit stets im Vordergrund.

Angesichts der vielfältigen Beteiligten beim Umgang mit Information ist ein abgestufter Privatsphärenschutz in den Blick zu nehmen. Für das BVerfG mag es zwar dahinstehen, ob bei der betroffenen Sphäre zwischen der Intim-, Individual- und Privatsphäre zu unterscheiden sei. Die wohl herrschende Meinung hat aber diese Einteilung angenommen.[533] In ihr bezieht sich die Intimsphäre auf den

---

531 BVerfG, Beschluss vom 24. Juni 1993 – 1 BvR 689/92 –, BVerfGE 89, 69–91, juris Rn. 51.

532 Rüpke/v. Lewinski/Eckhardt, Datenschutzrecht, § 4, Rn. 25.

533 Hager, in: Staudingers, BGB, § 823, C187. Die Sphäre nach Hubmann, Persönlichkeitsrecht S. 268, der aber zwischen Individualsphäre, Privatsphäre und Geheimsphäre unterscheidet. Hier geht es auch um eine Unterscheidung zwischen dem funktionalen Geheimnisbegriff und dem auf einen konkreten Inhalt ausgerichteten Begriff. Nach dem funktionalen Geheimnisbegriff sind die bestimmten Tatsachen geheim und sollen es bleiben. Ausgehend davon bedingt der Geheimnisschutz, dass der Inhalt nicht bekanntgegeben wird. D. h., es darf nicht davon abhängen, wie „intim" die im „geschützten Gefäß" enthaltene Tatsache ist. Bei dem am konkreten

persönlichsten Bereich, z. B. das Sexualleben, die gesundheitlichen und psychischen Belange oder Details der Körperpflege. Diese Sphäre ist absolut geschützt und für sie besteht auf keinen Fall die Abwägungsmöglichkeit mit anderen Belangen.[534] Dementsprechend werden die sensitiven personenbezogenen Daten durch die DS-GVO besonders geregelt. Ausnahmen können beispielsweise die freiwillige Preisgabe des Kernbereiches, oder Notwehrsituationen oder Konstellationen sein, wenn es im zwingenden öffentlichen Interesse geboten erscheint.[535] Als der zweite geschützte Bereich umfasst die Privat-, Individual, oder Geheimsphäre sowohl den räumlichen als auch den zeitlichen Bereich, den der Betroffene geheim halten will. Innerhalb dieses Bereichs kann man sich entscheiden, wann und innerhalb welcher Kreise Sachverhalte offenbart werden.[536] Geschützt ist beispielsweise die vertrauliche Kommunikation unter Eheleuten.[537] Mit Blick auf die Gewährleistung eines informationellen Bereiches lässt sich freilich vom Schutz einer elektronischen Privatsphäre sprechen.

Indes bestehen bei der Konkretisierung des Schutzumfangs der Privatheit unterschiedliche Meinungen. Es wird Kritik an der Einteilung geübt, z. B., es gebe kein absolutes Recht auf „Geheimsphäre“ oder dem Schutz der Intimsphäre könne ein Vorrang vor der künstlerischen Freiheit eingeräumt werden.[538] Zudem scheint es zwar, dass die Abgrenzung zwischen Intimsphäre und Individual- und Privatsphäre nicht klar herausgearbeitet wird. Beispielsweise umfasst der sogenannte an den Schutz der Privatheit anknüpfte „Kernbereich“ nicht nur die Ausdrucksformen der Sexualität, die als Intimsphäre gelten kann, sondern auch die privatpersönliche Kommunikation des Einzelnen mit sich selbst oder mit vertrauten Menschen,[539] was zur individuellen Privatsphäre gehört. Des Weiteren wird der Kernbereich auch als unantastbar angesehen und unterliegt damit der Abwägung mit gegensätzlichen Interessen.[540] Doch verfehlt die Rechtsprechung eine deutliche Bewertung für Abwägung zwischen dem Informationsinteresse der Öffentlichkeit und dem Schutz der individuellen Privatsphäre.

Bemerkenswert ist schließlich das Verhältnis zwischen dem Schutz der oben genannten intimen Bereiche und dem neuen Datenrecht. Wie bereits angedeutet, gehört die privat-persönliche Kommunikation des Einzelnen zum unantastbaren

---

Inhalt ausgerichteten Begriff wird mit „Geheimnis“ das bezeichnet, was nicht bekannt ist. Druey, Information als Gegenstand, S. 251 f, S. 176 f.

534 Hager, in: Staudingers, BGB, § 823 C188.

535 Hager, in: Staudingers, BGB, § 823 C188; BVerfG, Beschluss vom 15. Januar 1970 – 1 BvR 13/68 –, BVerfGE 27, 344–355, juris Rn. 9.

536 Hager, in: Staudingers, BGB, § 823 C189.

537 BGH, NJW 2012, 767, 768, Rn. 15.

538 Götting, in: Götting/Schertz/Seitz, Persönlichkeitsrecht, § 1 Rn. 6; Hager, in: Staudingers, BGB, § 823, C 191.

539 BVerfG, Urteil vom 3. März 2004 – 1 BvR 2378/98 –, BVerfGE 109, 279–391, juris Rn. 124.

540 Rüpke/v. Lewinski/Eckhardt, Datenschutzrecht, § 5 Rn. 16.

Bereich, hier genießt nach Ansicht des BVerfG der Betroffene einen speziellen Schutz seiner Informationstechnischen Systeme, d. h. ein Grundrecht auf Gewährleistung der Vertraulichkeit und Integrität informationstechnischer Systeme (IT-Grundrecht).[541] Als besondere Ausprägung des Persönlichkeitsschutzes wird der Schutz des IT-Grundrechts vorrangig vor dem Schutz des Rechts auf informationelle Selbstbestimmung befriedigt,[542] d. h., der Schutzbereich des informationellen Selbstbestimmungsrechts erstreckt nicht auf andere informationstechnische Systeme.

II. Datenzugriff durch Einwilligung

Aufgrund des informationellen Selbstbestimmungsrechts darf sich der Betroffene entscheiden, „welche ihn betreffenden Information in bestimmten Bereichen seiner sozialen Umwelt bekannt" sein dürfen.[543] Mittels Einwilligung kann ein rechtswidriger Eingriff in das informationelle Selbstbestimmungsrecht beseitigt werden.

1. Einwilligungserfordernis in der DS-GVO

Die Regelungen zur Einwilligung lassen sich nicht mehr dem BDSG, sondern unmittelbar der DS-GVO entnehmen. In der DS-GVO wird im Hinblick auf den Grundsatz des Verbots mit Erlaubnisvorbehalt die Einwilligung als ein zentraler Erlaubnistatbestand für eine legitime Datenverarbeitung angesehen.[544] Derzeit ist die konkrete Festschreibung der Einwilligung abschließend in der DS-GVO geregelt. Hiernach gibt es keine ergänzenden nationalen Normen, die eine horizontale Bedeutung haben.[545]

A. Überblick über die Anforderungen an die wirksame Einwilligung

Die Wirksamkeitsvoraussetzungen der datenschutzrechtlichen Einwilligung lassen sich in inhaltliche und formale Anforderungen untergliedern.[546] Unter den formalen Anforderungen werden beispielsweise das Transparenzgebot, der Erteilungszeitpunkt der Einwilligung und die Person des Einwilligenden erfasst.[547] Zudem unterliegt die Einwilligung gemäß Erwägungsgrund 32 der DS-GVO keinem Formerfordernis, damit kann sie in schriftlicher, elektronischer oder mündlicher Weise abgeben werden.

541 BVerfG, NJW 2008, 822; Roßnagel/Schnabel, NJW 2008, 3534, 3535.
542 Rüpke/v. Lewinski/Eckhardt, Datenschutzrecht, § 5 Rn. 14 f.
543 Ladeur, in: Götting/Schertz/Seitz, Persönlichkeitsrecht, § 8 Rn. 31.
544 Specht/Mantz, Europäisches und deutsches Datenschutzrecht, § 9 Rn. 25.
545 Kühling/Klar/Sackmann, Datenschutzrecht, Rn. 491.
546 Schulz, in: Gola, DS-GVO, Art. 7, Rn. 1.
547 Kühling/Buchner, in: Kühling/Buchner, DS-GVO/BDSG, DS-GVO Art. 7 Rn. 24, 30 f.

Inhaltlich finden sich der Begriff der „Einwilligung" und ihre wirksamen Grundvoraussetzungen in Art. 4 Nr. 11 DS-GVO, weiter verdeutlicht durch Art. 7 DS-GVO. Außerdem muss in Hinsicht auf Erwägungsgrund 42 der DS-GVO der Betroffene vor Abgabe seiner Einwilligung wissen, in welchem Umfang er sie erteilt, wer der Verantwortliche ist und auf welche Zwecke sich die Verarbeitung bezieht. Dennoch spielt die Freiwilligkeit der Einwilligung die zentrale Rolle für ihre Wirksamkeitsbeurteilung.[548] Dabei wird unabhängig vom bestehenden Ungleichgewicht zwischen dem Betroffenen und dem Verantwortlichen (Erwägungsgrund 43 der DS-GVO) ein allgemeines Kopplungsverbot (Art. 7 Abs. 4 DS-GVO) etabliert. Demnach darf kein unbilliger emotionaler oder wirtschaftlicher Druck auf die betroffene Person ausgeübt werden, um ihre Einwilligung zu erhalten.[549] Gemäß Art. 7 Abs. 4 DS-GVO ist bei der Beurteilung der Freiwilligkeit zu berücksichtigen, ob die Einwilligung für die Erfüllung eines Vertrags erforderlich ist.[550] Der Erwägungsgrund 43 Satz 2 bezieht sich wiederum ausdrücklich auf diesen Normtext: „*Die Einwilligung gilt nicht als freiwillig erteilt, [...] wenn die Erfüllung eines Vertrags, einschließlich der Erbringung einer Dienstleistung, von der Einwilligung abhängig ist, obwohl diese Einwilligung für die Erfüllung nicht erforderlich ist.*"

Das durch Art. 7 Abs. 4 DSGVO (früher durch § 4a BDSG a. F.) geregelte Kopplungsverbot nimmt Bezug auf das Merkmal der freien Entscheidung (ohne Druck und Zwang) aus Art. 4 Nr. 11 DSGVO[551]und bezweckt den Schutz der eigenständigen Willensbetätigung des Nutzers bei der Einwilligung.[552] D. h., dass das sog. Kopplungsverbot im Wesentlichen mit der Freiwilligkeit der Einwilligungserklärung verbunden ist. Demnach kommt wiederum insbesondere Art. 7 Abs. 4 DS-GVO in Betracht. Das Kopplungsverbot besteht, wenn die Daten, in deren Erhebung eingewilligt werden soll, für den Vertragszweck oder für die Abwicklung des Geschäfts nicht erforderlich sind und die Verweigerung der Einwilligung nicht ohne Nachteil für die betroffene Person erfolgt.[553]

Obschon Art. 7 Abs. 4 DS-GVO in der Überlegung verankert wurde, dass das durch die Einwilligung verkörperte Selbstbestimmungsrecht des Betroffenen in der Praxis nicht zu einer aufoktroyierten Fremdbestimmung führt, wird mit dieser Vorschrift ersichtlich in die Privatautonomie eingegriffen.[554] Vor diesem Hintergrund ist das Kopplungsverbot nicht absolut und bei der Anwendung der Norm ist der Verhältnismäßigkeitsgrundsatz zu berücksichtigen.[555] Zunächst wird die Erforderlichkeit der Datenverarbeitung dann bejaht, wenn in einem

548 Kühling/Buchner, in: Kühling/Buchner, DS-GVO/BDSG, DS-GVO Art. 7 Rn. 41.
549 Taeger, in: Taeger/Gabel, DSGVO/BDSG, DS-GVO Art. 7 Rn. 85.
550 Taeger, in: Taeger/Gabel, DSGVO/BDSG, DS-GVO Art. 7 Rn. 88.
551 Taeger, in: Taeger/Gabel, DSGVO/BDSG, DS-GVO Art. 7 Rn. 85.
552 Heckmann/Paschke, in: Ehmann/Selmayr, DS-GVO, Art. 7 Rn. 94.
553 Golland, MMR 2018, 130, 132 f.
554 Schulz, in: Gola, DS-GVO, Art. 7, Rn. 27.
555 Schulz, in: Gola, DS-GVO, Art. 7, Rn. 27.

Gegentätigkeitsverhältnis eine Preisgabe der personenbezogenen Daten der Gegenstand des Hauptleistungspflicht ist. Hier ist eine Koppelung zulässig.[556] In der Praxis ist aber eine Differenzierung zwischen der Einwilligung als vertragscharakteristischer Hauptleistungspflicht und der Einwilligung im Sinne der einwilligungsbasierten Datenverarbeitung oftmals gar nicht möglich. Entscheidend soll immer sein, ob dem Betroffenen ein anderer zumutbarer Zugriff auf die fragliche Leistung möglich ist.[557] Eine Kopplung zwischen der Vertragserfüllung und der Einwilligung ist zulässig, wenn es die Alternative des „take it or leave it" gibt,[558] d. h., der Abschluss eines Vertrags darf nicht von der Einwilligung abhängig gemacht werden, wenn dem Betroffenen ein anderer Zugriff zu einer gleichwertigen vertraglichen Leistung ohne die Einwilligung nicht oder nicht in zumutbare Weise möglich ist (§ 28 Abs. 3b BDSG a. F.).

Ein Verstoß gegen das Kopplungsverbot führt zur Unwirksamkeit der Einwilligung. Hängt die zugelassene Datenverarbeitung vom Einverständnis des Betroffenen ab, gibt es im Fall der Verweigerung oder Unwirksamkeit der Einwilligung keine Möglichkeit eines Rückgriffs auf den gesetzlichen Zulässigkeitstatbestand, weil sie als Verstoß gegen den Grundsatz von Treu und Glauben behandelt wird.[559]

B. Besonderes Einwilligungserfordernis

Die DS-GVO enthält spezielle Regeln, die ein Einwilligungserfordernis explizit für manche Bevölkerungsgruppen und Verarbeitungszwecke anordnen.

a. Sensible Daten

Nach der EG-Datenschutzrichtlinie können zwar die Mitgliedstaaten bestimmen, dass eine konkludente Einwilligung auf nicht sensitive Daten konkrete Anwendung findet. Doch hat das BDSG a. F. eine derartige Regelung nicht akzeptiert.[560] Gemäß Erwägungsgrund 32 der DS-GVO ist die Abgabe der Einwilligung durch Stillschweigen oder Untätigkeit nicht möglich.[561]

Gemäß Art. 9 Abs. 1 ist die Verarbeitung von Daten, aus denen die rassische oder ethnische Herkunft, politische Ansichten, religiöse oder weltanschauliche Überzeugungen oder die Zugehörigkeit zu einer Gewerkschaft hervorgehen, sowie von genetischen Daten, biometrischen Daten zur Identifizierung einer Person, Gesundheitsdaten oder Daten zum Sexualleben oder der sexuellen Orientierung grundsätzlich nicht erlaubt, es sei denn, deren Verarbeitung ist nach Art. 9 Abs. 2 bis 4 DS-GVO möglich.

---

556 Kühling/Buchner, in: Kühling/Buchner, DS-GVO/BDSG, DS-GVO, Art. 7 Rn. 48.
557 Buchner, Informationelle Selbstbestimmung, S. 269.
558 Kühling/Buchner, in: Kühling/Buchner, DS-GVO/BDSG, DS-GVO, Art. 7 Rn. 49.
559 Buchner/Petri, in: Kühling/Buchner, DS-GVO/BDSG, DS-GVO, Art. 6 Rn. 23.
560 Kloepfer, Informationsrecht, § 8 Rn. 78.
561 Gola, in: Gola, DS-GVO, Art. 4 Rn. 84.

b. Abgabe der Minderjährigen

Nach den Erwägungsgründen 38, 58 und 65 DS-GVO bedürfen Kinder unter Berücksichtigung der spezifischen Gefahren bei der Verarbeitung ihrer Daten eines besonderen Schutzes.[562] Gemäß Art. 8 DS-GVO ist die Einwilligung von Kindern, die unter 18 Jahren sind (Art. 8 Abs. 1), bei „Diensten der Informationsgesellschaft" zulässig.[563].

Hinzu kommt, dass sich die Einwilligung von Minderjährigen auf die umstrittene Frage nach der Rechtsnatur der Einwilligung bezieht. Soweit die Rechtsnatur der Einwilligung eine tatsächliche Handlung ist, ist Geschäftsfähigkeit nicht erforderlich,[564] d. h., die Abgabe der Einwilligung von Minderjährigen ist ohne einen Vertreter möglich. Ist die Einwilligung als rechtsgeschäftliche Handlung einzustufen, sind die Vorschriften des BGB zu Willenserklärung grundsätzlich anwendbar. Die Rechtsnatur der Einwilligung wird im folgenden Abschnitt behandelt.

c. Forschung

Um den Konflikt zwischen der Forschungsfreiheit und der informationellen Selbstbestimmung zu lösen, räumt die DS-GVO der Forschung viele „Privilegien" ein.[565] Nach Erwägungsgrund 32 der DS-GVO ist es möglich, die Zwecke der wissenschaftlichen Forschung nicht völlig anzugeben, d. h., die konkludente Abgabe der Einwilligung wird durch Erwägungsgrund 32 der DS-GVO nicht ausgeschlossen, solange sie sich nicht auf sensitive Daten bezieht.[566] Mit anderen Worten ist eine pauschale Einwilligung im Bereich der wissenschaftlichen Forschung (Erwägungsgrund 33) erlaubt.

562 Conrad/Hausen, in: Auer-Reinsdorff/Conrad, Handbuch IT § 36 Rn. 205.

563 Doch löst Art. 8 DS-GVO nicht das praktische Problem, wie z. B. ein Diensteanbieter im Internet verlässlich und datenschutzkonform erkennen oder prüfen soll, ob ein Internetnutzer jünger als 16 oder gar jünger als 13 Jahre alt ist. Siehe Conrad/Hausen, in: Auer-Reinsdorff/Conrad, Handbuch IT, § 36 Rn. 207.

564 Gola/Klug/Körffer, in: Gola/Schomerus, BDSG, § 4a Rn. 25.

565 In Art. 5 Abs. 1 lit. b DS-GVO findet sich eine Ausnahme von der Zweckbindung für die Weiterverarbeitung für Forschungszwecke, in Art. 5 Abs. 1 lit. e DS-GVO eine Ausnahme von der Speicherbegrenzung, in Erwägungsgrund 33 eine Ausnahme vom Bestimmtheitsgrundsatz für eine Einwilligung, in Art. 9 Abs. 2 lit. j DS-GVO eine Ausnahme vom Verbot der Verarbeitung besonderer Kategorien personenbezogener Daten, in Art. 14 Abs. 5 lit. b DS-GVO eine Einschränkung der Informationspflicht und in Art. 17 Abs. 3 lit. d DS-GVO eine Einschränkung der Löschpflicht. Nach Art. 89 Abs. 2 DS-GVO können Mitgliedstaaten weitere Einschränkungen der Rechte der betroffenen Person vorsehen. Siehe Rossnagel, ZD 2019, 157, 159.

566 Krohm, ZD 2016, 368, 371 f.

d. Werbung

In der Literatur werden Daten als Mittel zur Erfüllung eigener Geschäftszwecke nicht mit Daten zum Zweck von Werbung gleichgesetzt.[567]

Die DS-GVO kennt keine den §§ 28 und 29 BDSG a. F. vergleichbare Differenzierung und sowohl die Datenverarbeitung für eigene Geschäftszwecke als auch jene, die geschäftsmäßig zum Zwecke der Übermittlung erfolgt, wird von Art. 6 DS-GVO erfasst.[568] Nach altem Recht kam § 28 BDSG a. F. zur Anwendung, wenn die Daten als Mittel zur Erfüllung eigener Geschäftszwecke dienten.[569] § 28 BDSG a. F. behandelt Fälle, in denen die Datenverarbeitung nicht als Selbstzweck ausgeübt wird, sondern als Hilfsmittel zur Optimierung der Erreichung der gesellschaftlichen Zwecke des Anwenders eingesetzt wird, die nicht in der Speicherung, Weitergabe oder der sonstigen Verarbeitung der personenbezogenen Daten bestehen.[570] Dagegen geht es bei Daten zu Werbungszwecken nicht um sog. Hilfsmittel zur Erfüllung des Geschäftszwecks, sondern um die geschäftsmäßige Erhebung mit dem Ziel der Werbung, z. B. im typischen Geschäftsmodell von Facebook, Myspace und weiterer sozialer Netzwerke, die ihre IT-Dienstleistungen nur für Mitglieder verfügbar machen, deren personenbezogenen Daten sie zu Werbezwecke verwenden.[571] Aus diesem Grund wird § 28 BDSG a. F. aus dem Vertrag mit dem Inhalt „Daten als Leistung" ausgeschieden. Vor diesem Hintergrund geht *Langhanke* davon aus, dass bei Daten zu Werbungszwecken die gesetzlichen Erlaubnistatbestände nicht griffen und die Erteilung der datenschutzrechtlichen Einwilligung nach § 4a BDSG a. F. erforderlich sei.[572]

2. Eine einheitliche Rechtsform der datenschutzrechtlichen Einwilligung

A. Einseitige Einwilligung

Die Einwilligung stellt einerseits ein wichtiges Instrument zur Ausübung des informationellen Selbstbestimmungsrechts dar. Sie erlaubt anderseits dem Betroffenen, selbst über die Rechtfertigung von Eingriffen in sein informationelles Selbstbestimmungsrecht zu entscheiden. Anerkennt man sie untereinander als trennbar, geht es sowohl bei der europäischen Datenschutzordnung als auch beim BDSG a. F. grundsätzlich um die einseitige Einwilligung.[573] Die Haupteigenschaft der einseitigen Einwilligung ist die freie Widerruflichkeit. Diese Festschreibung beruht

---

567 Langhanke, Daten als Leistung, S. 101.

568 Schulz, in: Gola, DS-GVO, Art. 6 Rn. 65.

569 Die Erfassung der wirtschaftlichen Interessen in Art. 6 Abs. 1 lit. f DSGVO erfolgt im Anwendungsbereich des § 28 Bundesdatenschutzgesetzes (BDSG). Specht, GRUR Int. 2017, 1040, 1046.

570 BT- Drs. 7/1027, S. 27.

571 Langhanke, Daten als Leistung, S. 99 ff.

572 Langhanke, Daten als Leistung, S. 104.

573 Dazu und zum folgenden Buchner, Informationelle Selbstbestimmung, S. 231 ff.

einerseits auf die Sorge, dass es im Regelfall für den Betroffenen unmöglich sei, den Vorgang der Datenverarbeitung völlig und die Tragweite seiner Einwilligung zu überblicken und richtig einzuschätzen; andererseits bestehe die Gefahr, dass sich die datenverarbeitende Stelle eine unwiderrufliche Befugnis über die persönlichen Daten beschaffe und auf diese Weise in das informationelle Selbstbestimmungsrecht eingreifen könne. Aus diesem Grund gilt im Datenschutzrecht ein höheres Schutzniveau als notwendig und mittels des Widerrufsrechts wird der Person eine Korrekturmöglichkeit im privatrechtlichen Verhältnis zur Verfügung gestellt.[574]

B. Schuldvertragliche Einwilligung

Unter der Einwilligung im datenschutzrechtlichen Sinne versteht die deutsche Lehre die einseitige Einwilligung im engeren Sinne. Im Vergleich mit der einseitigen Einwilligung gehört die schuldvertragliche Einwilligung zum notwendigen Inhalt eines Vertrags.[575] In Fällen, in denen die Einwilligung als Zahlungsmittel oder selbst als Bestandteil eines Vertragsverhältnis eingesetzt wird,[576] wird die Einwilligung des Betroffenen als eine schuldvertragliche Einwilligung betrachtet. Zusammenfassend versteht man unter der Einwilligung, die von einer rechtsgeschäftlichen Bedeutung ist, beispielsweise wenn sie selbst zum vertraglichen Gegenstand wird, nicht die einseitige, sondern die schuldvertragliche Einwilligung. Daher wird die jederzeitige Widerruflichkeit der Einwilligung im schuldvertraglichen Sinne nicht haltbar sein.

C. Auslegungsergebnis

Betracht man die klassische Situation, z. B. die Unterstützung der Grundfunktionen eines sozialen Netzwerks und eine kostenfreie App gegen die Möglichkeit der Datennutzung, wird deutlich, dass eine Datenverarbeitung in diesen Situationen tatsächlich nicht erforderlich ist.[577] Eine Zweiteilung der Einwilligung erscheint sinnvoll, da die beiden Szenarien und die damit verbundenen Risiken sowie der Einfluss auf das Konzept der Einwilligung tatsächlich so verschieden sind, dass sie auch eine unterschiedliche Würdigung erfordern.[578] Im Zusammenhang der Trennung zwischen der einseitigen und der schuldvertraglichen Einwilligung kann nur bei der Ersteren die Rechtsnatur der Einwilligung infrage gestellt werden. Dagegen ist es bei der schuldvertraglichen Einwilligung unstreitig, dass diese Ausübungsform des informationellen Selbstbestimmungsrechts auf einen rechtsgeschäftlichen Charakter hinweist.[579] In Anlehnung daran scheint eine Trennung

574 Buchner, Informationelle Selbstbestimmung, S. 233 f.
575 Buchner, Informationelle Selbstbestimmung, S. 237.
576 Buchner, Informationelle Selbstbestimmung, S. 237.
577 Buchner, DuD 2016, 155, 159.
578 Radlanski, Das Konzept der Einwilligung, S. 118; Hoeren, ZD 2011, 145, 145.
579 Buchner, Informationelle Selbstbestimmung, S. 237.

der datenschutzrechtlichen und der schuldvertraglichen Einwilligung im Datenschutzgesetz vernünftig zu sein.

Dennoch kann die Rechtsnatur der Einwilligung nicht von einer unterschiedlichen Ausübungsform abgeleitet werden. Die Zweiteilung ist unerheblich für die Beurteilung der Rechtsnatur der Einwilligung, da sie tatsächlich wiederum mit der Anforderung an die Wirksamkeit der Einwilligung verbunden ist.[580] Ob eine bestimmte Datenverarbeitung für die Vertragserfüllung unerlässlich ist, lässt sich nicht generalisierend beantworten. Sobald von einer kommerziellen Verwertung der personenbezogenen Daten ausgegangen wird, geht es in der Praxis meist nicht nur um eine einwilligungsbasierte, sondern auch um eine von der Einwilligung abgelöste Datenverarbeitung.

Darüber hinaus ist es für datenverarbeitende Stellen oft schwer zu bestimmen, welche Daten für Erfüllung eines Schuldverhältnisses erforderlich sind und wie weit der jeweilige Vertragszweck bei der Datenerhebung tatsächlich ausreicht, weshalb im Regelfall große Unternehmen zu einer Pauschaleinwilligung neigen. Bemerkenswert ist zugleich, dass man die vertragliche Erforderlichkeit künstlich konstruieren könnte, sodass der Einwilligung nie eine eigenständige Legitimationswirkung zukäme.[581] Aus diesen Gründen vermag eine Trennung zwischen der einseitigen und der schuldvertraglichen Einwilligung nicht zu überzeugen.

3. *Rechtsnatur der datenschutzrechtlichen Einwilligung*

Die Rechtsnatur der datenschutzrechtlichen Einwilligung ist noch umstritten. In der Literatur wird die Einwilligung als Realakt interpretiert, als eine geschäftsähnliche Handlung oder als einseitige rechtsgeschäftliche Erklärung angesehen.[582] Fraglich ist jedoch zunächst, ob die Rechtsnatur der Einwilligung für alle Situationen, in denen sich die datenschutzrechtliche Einwilligung verwenden ließe, pauschal bestimmt werden kann.

A. Als Realhandlung

Die Lehrmeinung der Realhandlung geht davon aus, dass es sich bei der datenschutzrechtlichen Einwilligung um eine Art Bestimmung über das allgemeine Persönlichkeitsrecht handelt. Dagegen sei der rechtsgeschäftliche Erfolg nicht ersichtlich. Daher wird die Einwilligung als Realakt qualifiziert.[583] In Anlehnung daran setzt die Willenserklärung des Betroffenen nicht notwendigerweise dessen

580 Radlanski, Das Konzept der Einwilligung, S. 118 f.
581 Radlanski, Das Konzept der Einwilligung, S. 119.
582 Hager, in: Staudingers, BGB, § 823, C 176; Ingold, in: Sydow, DSGVO, Art. 7 Rn. 13; in der älteren Literatur wird sie auch als Willenserklärung angesehen. Vgl. Frömming/Peters, NJW 1996, 958, 958 ff.
583 Spindler/Nink, in: Spindler/Schuster, BDSG, § 4a Rn. 3.

Geschäftsfähigkeit voraus, die bloße Einsichtsfähigkeit des Erklärenden über die Tragweite seiner Handlung ist ausreichend.[584]

Im Datenschutzgesetz wird bislang zuerst auf die Einsichtsfähigkeit abgestellt, was durchaus sachgerecht ist.[585] Beispielsweise können die Minderjährigen ab dem 16. Lebensjahr in die Datenverarbeitung einwilligen, wenn sie die nötige Einsichtsfähigkeit aufweisen. Nach der hier vertretenen Ansicht wird ab dem 16. Lebensjahr die Einsichtsfähigkeit normalerweise vorliegen.[586] Ist die datenrechtliche Einwilligung ein Realakt, kommt konsequenterweise eine Stellvertretung nicht in Betracht.

B. Als rechtsgeschäftliche Erklärung

Im Gegensatz zur Lehre der Realhandlung sprechen beispielsweise *Simitis*, *Ingold* und *Kloepfer* von der Einwilligung als einer rechtsgeschäftlichen Erklärung.[587]

Im Kontext der auf Einsichtsfähigkeit beruhenden Lehre kann der Betroffene zwar flexibler auf die Verwendung seiner Daten reagieren. In Kenntnis der konkreten Verarbeitungsabsichten und -bedingungen soll aber verlässlich beurteilt werden, inwieweit der Betroffene selbst über die Verarbeitung seiner Daten entscheiden kann. Wann der Minderjährige die Einsichtsfähigkeit besitzt, ist vor allem im Cyberspace schwer zu beurteilen. Es wird angeführt, die durch ein bestimmtes Alter festgestellte Einsichtsfähigkeit ignoriere diesen jeweiligen Verwendungszusammenhang.[588] Hier sind exemplarisch das Arbeitsleben (§ 113 BGB) und die Verarbeitung der Sozialdaten (§ 36 Sozialgesetzbuch I[589]) zu nennen. Ausgehend davon soll die Einwilligung gesetzlichen Vorschriften folgen, z. B. dergestalt, dass die Einwilligung als nichtig gilt, wenn der Gesetzgeber die Verarbeitung untersagt (§ 134 BGB).

In der Rechtspraxis stuft der BGH die formularmäßig eingeholte datenschutzrechtlichen Einwilligung als Allgemeine Geschäftsbedingungen ein.[590] Im Hinblick auf den Schutzzweck des AGB-Gesetzes ist die darauf bezogene Vorschrift auf eine vom Verwender vorformulierte einseitige rechtsgeschäftliche Erklärung des anderen Teils anzuwenden, die im Zusammenhang mit einem Vertragsverhältnis

---

584 Spindler/Nink, in: Spindler/Schuster, BDSG, § 4a Rn. 3.

585 Ernst, in: Paal/Pauly, DS-GVO, O Art. 4 Rn. 68.

586 Kinder bis zum siebten Lebensjahr in Anlehnung an § 828 Abs. 1 BGB und § 10 StGB i. V. m. §§ 1 Abs. 2, 3 JGG haben grundsätzlich keine Einsichtsfähigkeit, Gleiches sollte in Anlehnung an § 19 StGB auch bis zum 14. Lebensjahr gelten. Vgl. Spindler/Nink, in: Spindler/Schuster, BDSG, § 4a Rn. 4.

587 Simitis, in: Simitis, BDSG, § 4a Rn. 21; Ingold, in: Sydow, DSGVO, Art. 7 Rn. 14; Kloepfer, Informationsrecht, § 8 Rn. 75.

588 Simitis, in: Simitis, BDSG, § 4a Rn. 21.

589 Wer das 15. Lebensjahr vollendet hat, kann Anträge auf Sozialleistungen stellen und verfolgen sowie Sozialleistungen entgegennehmen.

590 BGH, GRUR 2008, 1010, 1011; BGH, MMR 2010, 138, 139; LG Berlin, MMR 2014, 563, 566.

steht.[591] *Entscheidend sei, dass der Verwender bei der von den Kunden abzugebenden Erklärung die rechtsgeschäftliche Gestaltungsfreiheit für sich ebenso in Anspruch nehme wie bei der Vorformulierung eines Vertragstextes und dass der Kunde nur darauf, ob er die Erklärung abgeben wolle, nicht aber auf ihren Inhalt Einfluss habe.*[592] Im Bereich der AGB-Kontrolle ist der BGH von einer rechtsgeschäftlichen Erklärung ausgegangen.

C. Als rechtsgeschäftsähnliche Handlung

Ausgehend von der Kenntnis, dass die Vorschriften über Willenserklärungen grundsätzlich Anwendung sowohl auf die rechtsgeschäftliche Erklärung als auch auf rechtsgeschäftsähnliche Handlung finden, ist eine Entscheidung im Streit zwischen dieser und der Lehre vom „Realakt" nötig. Zwar ist die Zulässigkeit der Datenverarbeitung von der Einwilligung der Betroffenen abhängig, sie beruht aber zugleich darauf, dass der Betroffene bei der Entscheidung über die Abgabe der Einwilligung Kenntnis von der Verarbeitungsbedingungen (§ 4a BDSG a. F.) nehmen soll, d. h., der Wille des Betroffenen soll präzise und korrekt wiedergegeben werden.[593] Bei näherem Hinsehen zeigt sich, dass die Einwilligung des Betroffenen einen Eingriff in sein informationelles Selbstbestimmungsrecht erlaubt,[594] weshalb es für den Schutz der Daten des Betroffenen von Bedeutung ist, was er im Zeitpunkt der Abgabe seiner Einwilligung gewollt hat. Demnach ist hier der Ort, um den Streit zwischen der Ansicht zur „rechtsgeschäftlichen Erklärung" und der Ansicht zur „geschäftsähnlichen Handlung" zu entscheiden.

D. Auslegungsergebnis

Da auf nationaler Ebene die Einwilligung des Betroffenen auf die Ausübung seines Rechts auf informationelle Selbstbestimmung zurückgreifen kann, bezieht sich der Disput auf die Einwirkungsmöglichkeit des Betroffenen bzw. darauf, ob er Einfluss auf den Umgang mit ihren Daten nehmen kann.

Der überwiegende Teil des Schrifttums tendiert dazu, die Einwilligung als geschäftsähnliche Handlung einzuordnen.[595] Bezüglich des Bereiches des AGB-Gesetzes stellt in der Literatur die datenschutzrechtliche Einwilligung keinen Vertragsbestandteil, sondern eine einseitige, vom Vertrag zu betrachtende Erklärung dar,[596] sodass man an der AGB-Qualität von vorformulierten Einwilligungserklärung

---

591 BGH, NJW 2000, 2677, 2677.

592 BGH, NJW 2000, 2677, 2677.

593 Simitis, in: Simitis, BDSG, § 4a Rn. 25.

594 Kühling/Seidel/Sivridis, Datenschutzrecht, Rn. 305.

595 Schulz, in: Gola, Gola, DS-GVO, Art. 7 Rn. 9; Kühing/Seidel/Sivridis, Datenschutzrecht, Rn. 309; Kühling, in: Wolff/Brink, Datenschutzrecht § 4a Rn. 2; Hevers, Informationszugangsansprüche, S. 352; Pohl, Die datenschutzrechtliche Einwilligung, S. 121; Langhanke, Daten als Leistung, S. 44 f.

596 Langhanke, Daten als Leistung, S. 148 ff.

zweifeln könnte.[597] Nach § 4a BDSG a. F. sei es erforderlich, dass die verarbeitende Stelle den Verbraucher zu Beginn des Nutzungsvorgangs über Art, Umfang und Zweck der Erhebung und Verwendung personenbezogener Daten in allgemein verständlicher Form unterrichtet.[598] Es scheint zugleich heikel für das stark an das öffentliche Recht angelehnte Datenschutzrecht, dies anhand des AGB-Rechts zu überprüfen.[599]

Außerdem bietet die Einordnung als geschäftsähnliche Handlung mehr Vorteile als jene als rechtsgeschäftliche Erklärung. Zum einen können – wie bereits angedeutet – die Vorschriften über die Willenserklärung für die geschäftsähnliche Handlung gelten. Zum anderen bietet die Einordnung der Einwilligung als geschäftsähnliche Handlung angemessene und differenzierte Lösungen für den Umstand, dass es nicht um die Tätigung eines Rechtsgeschäfts, sondern um die selbständige Wahrnehmung von Grundrechten geht. Dies ist insbesondere im Recht der Minderjährigen relevant,[600] weil im Rahmen von geschäftsähnlichen Handlungen jeder Einzelfall differenziert betrachtet werden kann. Geht es um die Ausübung der Persönlichkeitsrechte, kann die Einwilligungs- auf die Einsichtsfähigkeit angewiesen sein. Wenn vor dem Hintergrund der persönlichkeitsrechtlichen Kommerzialisierung die Einwilligung einen vermögensrechtlichen Schwerpunkt bekommt, muss es auf die Geschäftsfähigkeit ankommen.[601] Angesichts der Kommerzialisierung von Daten wird immer eine einwilligungsbasierte Datenverarbeitung angenommen und im Anschluss daran die Rechtsnatur der Einwilligung zumindest als geschäftsähnliche Handlung anerkannt.[602]

III. Datenzugriff durch andere Erlaubnistatbestände

Auch wenn der Betroffene seine Einwilligung nicht abgibt, besteht eine Alternative für die datenverarbeitende Stelle. Im Gegensatz zur Einwilligung, die wie ein freiwilliges Rechtsverzicht wirkt, findet mittels anderer Erlaubnistatbestände ein Eingriff in die individuellen Interessen statt.

---

597 Westphalen, NJW 2016, 3745, 3745 ff.; es reicht aber, wenn die Einwilligung unmittelbar vor der Unterschrift im Text steht und die Möglichkeit besteht, die Einwilligung zu verweigern, dazu BGH, MMR 2008, 731, 733; weiter dazu siehe Redeker, Hoeren/Sieber/Holznagel, Multimedia-Recht, Teil 12 Rn. 111.

598 LG Berlin, ZD 2012, 276, 281. Doch können Einwilligungsklauseln nach Erwägungsgrund 42 Satz 3 DSGVO in der Tat einer Inhaltskontrolle nach den §§ 307 ff. BGB unterliegen. Dazu siehe Härting, Datenschutz-Grundverordnung, Rn. 380.

599 Nietsch, CR 2014, 272, 278.

600 Kühling/Seidel/Sivridis, Datenschutzrecht, Rn. 309.

601 Radlanski, Das Konzept der Einwilligung, S. 122.

602 Schulz, in: Gola, DS-GVO, Art. 7 Rn. 9.

1. *Abwägungsinstrument*

Anknüpfend an der Systematik der DS-RL finden die in Art. 6 DS-GVO normierten Erlaubnistatbestände grundsätzlich gleichermaßen Anwendung auf die Verarbeitung (nicht sensitiver) personenbezogener Daten durch öffentliche und nicht öffentliche verarbeitende Stellen.[603] Der wichtige Unterschied zwischen beiden verarbeitenden Stellen besteht darin, dass die von der öffentlichen Stelle unternommene Datenverarbeitung Prinzipien wie dem Gesetzesvorbehalt und dem Bestimmtheitsgrundsatz unterworfen ist und jeder Eingriff in die Freiheit des Einzelnen seine Rechtsgrundlage in einem (formellen) Gesetz haben muss.[604]

Art. 6 DS-GVO stellt klar, dass unter Datenschutz kein „Supergrundrecht", sondern, jedenfalls zwischen Privaten, ein klassisches Abwägungsrecht verstanden wird.[605] Nach Art. 6 Abs. 1 UAbs. 1 lit. b DS-GVO muss die Verarbeitung zur Vertragserfüllung erforderlich sein oder der Durchführung vorvertraglicher Maßnahmen dienen.[606] Als ein Kompromiss zwischen dem Unionsrecht und dem gewachsenen nationalen Recht bezweckt Art. 6 Abs. 1 UAbs. 1 lit. c DS-GVO, die bereits erlassenen mitgliedstaatlichen Vorschriften über die Zulässigkeit der Datenverarbeitung aufrechtzuerhalten.[607] Für Art. 6 Abs. 1 UAbs. 1 lit. d DS-GVO steht der Gedanke im Vordergrund, dass in Notsituationen die Gewährleistung lebenswichtiger Interessen vorrangig gegenüber dem Schutz personenbezogener Daten ist.[608] Klassische Anwendungsbeispiele dafür sind die körperliche Unversehrtheit, medizinischen Notfälle, Bewusstlosigkeit usw.[609] Unter Art. 6 Abs. 1 UAbs. 1 lit. c DS-GVO zu subsumieren sind typischerweise die administrativ ausgeführten Staatsaufgaben, sie müssen an dieser Stelle nicht erläutert werden.

Art. 6 Abs. 1 UAbs. 1 lit. f DS-GVO normiert die zentrale Abwägungsklausel der DS-GVO[610], ihre Adressaten sind ausschließlich private Verantwortliche.[611] Demnach ist eine Datenverarbeitung dann zulässig, wenn sie zur Sicherung der berechtigten Interessen des Verantwortlichen oder eines Dritten erforderlich ist, sofern die Interessen oder die Grundrechte und die Grundfreiheit des Betroffenen, die den Schutz personenbezogener Daten erfordern, nicht überwiegen, insbesondere

---

603 Schulz, in: Gola, DS-GVO; Art. 6 Rn. 9. Die Verarbeitung sensibler Daten ist nur in den engen Grenzen des Art. 9 Abs. 2 DS-GVO ausnahmsweise zulässig.

604 Schulz, in: Gola, DS-GVO, Art. 6 Rn. 2.

605 Schulz, in: Gola, DS-GVO, Art. 6 Rn. 4.

606 Nicht diesen Vorschriften zuzuordnen sind beispielsweise die Angebote sozialer Netzwerke wie Facebook, die Kundenbindungssysteme und sonstige Onlinedienste. Dazu siehe auch Kühling/Klar/Sackmann, Datenschutzrecht, Rn. 374.

607 Kühling/Klar/Sackmann, Datenschutzrecht, Rn. 380.

608 Kühling/Klar/Sackmann, Datenschutzrecht, Rn. 385.

609 Schulz, in: Gola, Gola, DS-GVO, Art. 6 Rn. 47; Kühling/Klar/Sackmann, Datenschutzrecht, Rn. 386.

610 Schulz, in: Gola, Gola, DS-GVO, Art. 6 Rn. 56.

611 Kühling/Klar/Sackmann, Datenschutzrecht, Rn. 398.

dann, wenn es beim Betroffenen um ein Kind geht.[612] Insgesamt setzt die Anwendung dieser Vorschrift kein Überwiegen der Belange des Betroffenen voraus. Nach Ansicht der Gelehrten unterliegen dem berechtigen Interesse die datenschutzrechtlichen Grundsätze, d. h., dieses Interesse ist zunächst auf Grundlage der Zweckbestimmung und nicht durch beispielsweise den Erforderlichkeitsgrundsatz und das Gebot von Treu und Glauben zu bestimmen.[613] Im Allgemeinen soll dieses berechtigte Interesse angesichts des Gedankens, dass bei dem Fall des Rechtskonflikt das absolute Recht Vorrang vor dem relativen Recht hat,[614] zumindest parallel zum Recht des Betroffenen stehen. Doch wird in Anbetracht der Weite der berechtigten Interessen die Erwartung an die Filterwirkung der Bedienung der Erforderlichkeit nicht zu hoch angesetzt, weil diese Vorschrift keinen Begriff des „berechtigten Interesse" (bekannt aus § 28 Abs. 1 Nr. 2 BDSG a. F.) bestimmt.[615] Darunter könne alle ideellen, wirtschaftlichen oder rechtlichen Interessen fallen.[616] Die Abwägungsprüfung ist nach wie vor keine einfache Beurteilung, weshalb eine Leitlinie dafür mittels staatlicher Auslegung oder gerichtlichen Entscheidungen festgelegt werden muss und nicht der einseitigen Festlegung nicht öffentlicher Verantwortlichen überlassen werden darf.[617]

2. Verhältnis des Erlaubnistatbestände

A. Gleichrangiges Verhältnis

Nach Erwägungsgrund 40 und Art. 17 Abs. 1 lit. b DS-GVO unterliegen die sechs Zulässigkeitstatbestände keinem Stufenverhältnis und beanspruchen grundsätzlich nebeneinander Geltung.[618] Demnach besteht eine Wahlmöglichkeit für die datenverarbeitende Stelle, welchen Erlaubnistatbestand sie für eine Verarbeitung personenbezogener Daten heranziehen möchte, auch kann sie eine Einwilligung (zusätzlich) erhalten. Das Selbstbestimmungsrecht zu den eigenen Daten könnte deshalb entwertet werden, wenn die datenverarbeitende Stelle bei der Verweigerung einer solchen Einwilligung die Verarbeitung der von ihr gewünschten Informationen über andere gesetzliche Erlaubnistatbestände erzwingen kann. Konsequenterweise ist ein Widerruf der betroffenen Person dann wirkungslos. Doch suggeriert das Abstellen auf die datenschutzrechtliche Einwilligung nicht, dass der Betroffene eine Entscheidungsmacht über seine Daten hat.[619] Immerhin

612 Specht, GRUR Int. 2017, 1040, 1046.
613 Schulz, in Gola, DS-GVO, Art. 6 Rn. 57.
614 Ferretti, CMLR 2014, 843, 859.
615 Schulz, in: Gola, Kühling/Klar/Sackmann, Art. 6 Rn. 58.
616 Stellungnahme 06/2014 zum Begriff des berechtigten Interesses des für die Verarbeitung Verantwortlichen gemäß Artikel 7 der Richtlinie 95/46/EG, S. 30 f.; Schulz, in: Gola, DS-GVO, Art. 6 Rn. 57; Reimer, in: Sydow, DSGVO, Art. 6 Rn. 54.
617 Ferretti, CMLR 2014, 843, 861.
618 Schulz, in: Gola, DS-GVO, Art. 6 Rn. 10; Reimer, in: Sydow, DSGVO, Art. 6 Rn. 8.
619 Buchner/Petri, in: Kühling/Buchner, DS-GVO/BDSG, DS-GVO Art. 6 Rn. 23.

besteht kein Ausschließlichkeitsrecht an Daten. Geht es um die Einholung der Einwilligung, signalisiert die datenverarbeitende Stelle der betroffenen Person, dass es für die Zulässigkeit einer Datenverarbeitung allein auf ihr Einverständnis ankommen soll.[620] Mangels Transparenz ist aber eine irreführende Einwilligung für den Betroffenen unwirksam. Demnach wäre es in sich widersprüchlich und damit unzulässig, wenn die Stelle im Falle der Verweigerung oder Unwirksamkeit einer Einwilligung alternativ doch wieder auf einen gesetzlichen Erlaubnistatbestand zurückgreifen könnte.[621]

B. Durchbrechung des Gleichrangigkeitsverhältnisses

Ein Zweifel am Gleichrangigkeitsverhältnis der sechs aufgelisteten Erlaubnistatbestände entsteht sowohl aus dem Schutz der Betroffenen als auch aus dem Bedürfnis der Unternehmen.

Radlanski hat darauf hingewiesen, dass die Einwilligung zwar dem Betroffenen eine Macht gebe, den Umgang mit Daten zu legitimieren oder zu verbieten, wegen der anderen Erlaubnistatbestände existiere aber diese Macht tatsächlich nicht.[622] Zudem hat er in seinem Gutachten im Auftrag des Bundesinnenministeriums vorgeschlagen, dass *im neuen Datenschutzgesetz die gesetzlichen Erlaubnistatbestände und die Einwilligung nicht mehr auf gleiche Stufe gestellt [...], sondern unter eindeutigem Vorrang der Einwilligung jeweils für sich geregelt werden sollten.*[623] Abweichend von *Radlanski* sieht *Uecker* die Einwilligung nicht als Ausdruck der Selbstbestimmung des Betroffenen, sondern vor allem als eine als Pflicht wahrgenommene Lästigkeit. Er weist dann auf das Defizit der Einwilligung hin, dass für die datenverarbeitende Stelle die Einholung einer wirksamen Einwilligung mit zahlreichen Unsicherheiten geknüpft sei und mit Rücksicht auf das jederzeitige Widerrufsrecht der betroffenen Person sowie die noch ungeklärte Gültigkeitsdauer die einmal wirksam eingeholte Einwilligung nur wenig verlässlich sei.[624]

Wenn für die verarbeitende Stelle die gesetzlichen Erlaubnistatbestände zur Verfügung stehen, lohnt sich eine genaue Prüfung, ob eine Rechtsgrundlage in Form eines (formellen) Gesetzes existiert, ob der Zweck eines Vertrags bzw. der Vertragsanbahnung oder ein berechtigtes Interesse die Verarbeitung rechtfertigen können.[625] Im Vergleich mit den vielfältigen Anforderungen an die verantwortliche

---

620 Buchner/Petri, Kühling/Buchner, DS-GVO/BDSG, DS-GVO Art. 6 Rn. 23.

621 Schulz, in: Gola, DS-GVO, Art. 6 Rn. 11; Conrad/Treeger, in: Auer-Reinsdorff/Conrad, Handbuch IT, § 34 Rn. 449.

622 Radlanski, Das Konzept der Einwilligung, S. 202 f.; nach Meinung von Buchner hat die Einwilligung gegenüber den gesetzlichen Erlaubnistatbeständen nicht nur eine gesteigerte, sondern auch eine herausragende praktische Bedeutung. Deswegen gilt die Einwilligung grundsätzlich vorrangig vor den gesetzlichen Erlaubnistatbeständen. Dazu siehe Buchner, Informationelle Selbstbestimmung, S. 255 f.

623 Roßnagel/Pfitzmann/Garstka, Modernisierung des Datenschutzrechts, S. 72.

624 Uecker, ZD 2019, 248, 250.

625 Uecker, ZD 2019, 248, 251.

Stelle und die betroffenen Personen beim Ersuchen um Einwilligung, beispielsweise die Einsichtsfähigkeit, können die gesetzlichen Erlaubnistatbestände durch das zusätzliche und deutliche Kriterium der Datenverarbeitung die betroffenen Personen besser schützen und das Bedürfnis der verarbeitenden Stelle befriedigen.

§ 3 Rechtsvergleichendes Ergebnis und Hinweis für China

I. Ähnlichkeiten

Schon der Name des Datenschutzgesetzes in beiden Rechtsordnungen lässt erkennen, dass nicht der Schutz der kommerziellen Interessen, sondern der Schutz der natürlichen Personen das zentrale Ziel ist. Um die Lebensgestaltungsfreiheit des Betroffenen während der Datenverarbeitung zu gewährleisten, folgen die beiden Rechtsordnungen nicht nur dem Prinzip des Verbots mit Erlaubnisvorbehalt, dem starken Einwilligungsmodell, vielmehr legen der chinesische Gesetzgeber und der europäische Ordnungsgeber der verantwortlichen Stelle viele gesetzliche Informationspflichten auf.

Die grundlegenden Anforderungen an die Datenverarbeitung umfassen hauptsächlich die Rechtmäßigkeit, das Zweckentfremdungsverbot, die Transparenz, die Erforderlichkeit usw. Darüber hinaus legen die Mehrdeutigkeit des Begriffs „Personenbezug" und die erforderliche Interessenabwägung zwischen den Belangen des Betroffenen und jenen der anderen nahe, innerhalb des Systems des Datenschutzes eine abgestufte Schutzkreise herzustellen. Dabei ist nach der Ansicht in beiden Ländern ein hohes Datenschutzniveau für sensitive Daten und besondere Personengruppen herzustellen.

II. Differenzen

Die Einwilligung ist nach wie vor eine vollwertige Entscheidung über den Datenzugriff. Die chinesischen Gelehrten vertreten einerseits, dass die durch die DS-GVO nominierten Erlaubnistatbestände als Referenzmodell dienen könnten. Die in der DS-GVO festgeschriebenen Erlaubnistatbestände erscheinen andererseits überprüfungswürdig.

In China ist noch nicht geklärt, welche Rechtsnatur die datenschutzrechtliche Einwilligung hat. Außerdem kann die von chinesischen Gelehrten dargestellte Ausgestaltung des datenschutzrechtlichen Einwilligungsmodells wesentlich von dem durch die DS-GVO nominierten Einwilligungsmodell abweichen. Die Ausgestaltung der Einwilligungsklauseln geht ihrer Ansicht nach in eine andere Richtung, wobei das sog. strenge Einwilligungsmodell verändert werden soll. Diese Sichtweise wird grundsätzlich durch Interessenabwägung zwischen dem Betroffenen und den verarbeitenden Stellen untermauert.

Um das Freiwilligkeitsprinzip in Bezug auf die Preisgabe und die Verwendung von personenbezogenen Daten zu stärken, dürften es die Einwilligungsklauseln nach der Meinung von chinesischen Rechtsgelehrten erlauben, dass Betroffene über die Verarbeitung ihrer Daten entscheiden und somit eine bestimmte Rechtsfolge nach ihrem Willen einzutreten hat. Dieser Vorschlag liegt nach dem ersten Anschein im Trend der zunehmenden Individualisierung. Ferner spiegelt er die Meinung der meisten chinesischen Gelehrten wider, dass sich das Persönlichkeitsrecht von einer negativen Schutzform zur positiven Anerkennung entwickelt habe.[626] Das Dogma begründet das Persönlichkeitsrecht als ein positives Recht. Außerdem möchten die chinesischen Gelehrten mit der Veränderung des Einwilligungsmodells die Interessengegensätze zwischen dem Betroffenen, dem öffentlichen Interesse und dem Interesse datenverarbeitender Stellen bewältigen. Da die natürliche Person von ihren Daten gewerblichen Gebrauch machen kann, erscheint es ihrer Ansicht nach eine gute Idee zu sein, ein standardmäßiges Einwilligungsmodell im Datenschutzgesetz anzulegen. Im Gegensatz zu Deutschland, wo die datenschutzrechtliche Einwilligung die Rolle eines Rechtsverzichts spielt, stellt die Einwilligung im Rahmen des „negativen Einwilligungsmodells" eine aktive Rechtsausübung dar.

Nach der chinesischen Ansicht kann die Einwilligung nicht nur eine negative Abwehrfunktion (Abwehrbefugnis), sondern auch eine aktive Nutzungsfunktion (Dispositionsbefugnis) zeigen. Ungeachtet der negativen oder aktiven Funktion soll die Rechtsnatur der Einwilligung als Willenserklärung eingestuft werden. Eine stillschweigende Einwilligung kann dazu führen, dass die datenverarbeitende Stelle auf dem Grundsatz der Zweckbindung verharrt. Demzufolge ist auch vorstellbar, die hohen Kosten der Datenerhebung zu vermeiden und demnach die datenbezogene Wirtschaft anzuspornen. Beim Fall der Zweckänderung verzichtet die DS-GVO demgegenüber auf die stillschweigende Einwilligung (Erwägungsgrund 32 der DS-GVO), weil die Bedingungen für die Übermittlung oder Nutzung bei Zweckänderung in Art. 6 Abs. 4 DSGVO vorgeschrieben werden, was zuvor in § 28 Abs. 2, 3 BDSG a. F. nominiert wurde.

III. Hinweise über Gestaltung der Einwilligung in China

Die Ausgestaltung des datenbezogenen Zugriffssystems im Datenschutzgesetz soll sowohl die ökonomische als auch verwaltungsrechtliche Wirkung berücksichtigen. Nach der DS-GVO kann der Datenzugriff insgesamt durch sechs Rechtsgrundlagen gestützt werden, während im cCyG die Einwilligung des Betroffenen die einzige Rechtsgrundlage ist. Vor diesem Hintergrund muss der chinesische Gesetzgeber mit Einfügung anderen Erlaubnistatbestände die zu strenge Datenverarbeitungssituation ändern. Doch ist es besorgniserregend, dass das von chinesischen Gelehrten vorgeschlagene negative Einwilligungsmodell beim Umgang mit personenbezogenen Daten im privaten Bereich zu flexibel gehandhabt werden könnte.

---

626 Wang, GS 40, 40 ff.; *ders*, JZPU 845, 845 ff.; Fan/Cao, ZSU 86, 86 ff.

Dabei wird möglicherweise auf der verwaltungsrechtlichen Wirkung des Datenschutzgesetzes „herumgeritten".

1. *Reflexion über die Ziele des chinesischen Datenschutzrechts*

Um den chinesischen Standpunkt zu verstehen, soll zuerst der Zweck des heutigen chinesischen Datenschutzrechts rekapituliert werden. Schon lange gibt es im Bereich des Immaterialgüterrechts den konzeptionellen Konflikt zwischen dem chinesischen Gesetzgeber und dem chinesischen Richter. Der Gesetzgeber verfolgt hier einen Utilitarismus statt der Arbeitstheorie des natürlichen Rechts, während der chinesische Richter als Befürworter des natürlichen Rechts auftritt.[627] Jedoch müsste sich die gerichtliche Entscheidung nach Ansicht des chinesischen Theoriekreises auf die immaterialgüterrechtlichen Grundsätze und die vorhandene Gesetzgebungspolitik stützen.[628] Weil der Utilitarismus einflussreich ist, müsste das Gesetz das unternehmerische Interesse bedienen und die effizienteste Nutzung der Datenressourcen durch eine verantwortliche Stelle erreichen.[629]

Hier ist eine Auseinandersetzung mit dem Einfluss des Utilitarismus und des natürlichen Rechts in der gerichtlichen Aktivität nicht vorzunehmen, weil es im gegenwärtigen chinesischen Justizsystem an einem angemessenen Prozess zum Schutz der bürgerlichen Grundrechte sowie an vorgesehenen Mitteln der Streitbeilegung zur Lösung des Grundrechtskonflikts mangelt. Ungeachtet der rechtspolitischen Plädoyers und der theoretischen Wertentscheidung ist die geschützte Grundlage des unternehmerischen Interesses zu erläutern. Rechtsdogmatisch bieten das vorhandene chinesisches Datenschutzgesetz bzw. § 1 cCyG im Gegensatz zur Art. 1 DS-GVO diverse Deutungen für die Cybersicherheit an. Wegen der vielfältigen Schutzzwecke des cCyG werden Zweifel bleiben, ob das cCyG als ein Gesetz zum Schutz der personenbezogenen Daten qualifiziert werden kann.

Dieses echte Datenschutzgesetz muss deshalb seine Ziele widerspruchsfrei nominieren, freilich immer mit Blick auf die datenbezogenen Interessenlagen. Das grundlegende Ziel dieses Gesetzes darf auf keinen Fall den Schutz des unternehmerischen Interesses enthalten, auch wenn die digitale Wirtschaft eng an die personenbezogenen Daten anknüpft. Im Rahmen des Gesetzes zum Schutz der personenbezogenen Daten sollte der Schutz der natürlichen Personen an die erste Stelle rücken. Daran muss sich der freie Datenverkehr messen, wobei das Interesse der datenverarbeitenden Stelle in Betracht gezogen werden darf. Immerhin soll das Datenschutzgesetz nicht nur der kommerziellen Verwertung der personenbezogenen Daten dienen. Wie bereits der Name dieses Gesetzes deutlich macht, ist es unvorstellbar, dass der Schutz des unternehmerischen Interesses und der Schutz der natürlichen Person gleichrangig nebeneinanderstehen. Noch schwieriger zu

627 Cui, Ch-R 144, 152.
628 Cui, Ch-R 144, 155.
629 Cui, RF 3, 12 ff.

erfassen ist das Interesse der privaten Stelle im Umgang mit dem Schutz der personenbezogenen Daten. Es steht vielmehr im Zusammenhang mit der Gestaltung des Erlaubnistatbestands der Datenverarbeitung.

2. Reflexion über das negativen Einwilligungsmodell

Zwar zeigt die Einordnung der Einwilligung als Willenserklärung den Respekt gegenüber dem Freiheitgehalt des Betroffenen. Doch würde dieser Respekt das Datenschutzrecht des Betroffenen möglicherweise gefährden und die datenschutzrechtlichen Ziele nicht völlig in Betracht ziehen.

A. Unzureichende Berücksichtigung von datenschutzrechtlichen Zielen

Die DS-GVO bietet zwei Aspekte für das Verständnis zum Hauptinhalt der datenschutzrechtlichen Ziele: Zum einen ist der Datenschutz nicht nur eine Art des Persönlichkeitsschutzes, sondern auch eine solche des präventiven Diskriminierungsschutzes.[630] Zum anderen beziehen sich die Interessen an einem freien Datenfluss (Art. 1 Abs. 1 DS-GVO) insbesondere auf die Meinungs-, Informations- und Forschungsfreiheit sowie die unternehmerische Freiheit,[631] d. h., das unternehmerische Interesse ist nur eines der in der DS-GVO zum Ausdruck kommenden Interessen, wenngleich das wirtschaftliche Potenzial der Verarbeitung der personenbezogenen Daten bekanntlich groß ist.

Im Gegensatz dazu unterbreiten die chinesischen Gelehrten zurzeit im Namen des Respekts vor der Privatautonomie einen Vorschlag für die Gestaltung von Einwilligungsklauseln. Es ist vorstellbar, dass nach dem sog. negativen Einwilligungsmodell die datenverarbeitende Stelle die personenbezogenen Daten ohne ausdrückliche Einwilligung und die Kenntnis des Betroffenen verarbeiten darf, solange sie den gesetzlichen (prozessualen) Anforderungen genügt, etwa der Datenverarbeitung zum Zweck der Erfüllung einer gesetzlichen Pflicht, der Datenverarbeitung, die zur Erfüllung eines Vertragsverhältnisses erforderlich ist, usw.[632] Doch soll, wie bereits gesagt, der Datenschutz nicht nur der vom Staat oder von Privaten ausgehenden Gefährdung Sorge tragen, sondern auch zur Prävention gegen Diskriminierungen dienen.[633] Gerade jetzt, wo durch Big Data ohne Bewusstsein des Betroffenen eine Beurteilung über den Einzelnen aufgrund von gesammelten Daten erfolgen könnte, kommt erschwerend hinzu, dass er tatsächlich nicht in der Lage ist, Verstöße im Umgang mit seinen Daten festzustellen oder rechtlich geltend zu machen. Beim Umgang mit dem wirtschaftsmächtigen Internetunternehmen ist die betroffene Person ein „kleiner Mann", der den Verarbeitungsvorgang

---

630 Buchner, in: Kühling/Buchner, DS-GVO/BDSG, DS-GVO Art. 1 Rn. 9 i. V. m. Rn. 14.
631 Buchner, in: Kühling/Buchner, DS-GVO/BDSG, DS-GVO Art. 1 Rn. 15.
632 Cai, Die „negative Einwilligung", RF 71, 80 f.
633 Buchner, in: Kühling/Buchner, DS-GVO/BDSG, DS-GVO Einführung Rn. 3 i. V. m. Art. 1 Rn. 9 und Rn. 14.

seiner Daten nicht kontrollieren kann. Darüber hinaus sollte eine offene Gesellschaft nicht in ein soziales Aggregat verwandelt werden, das auf Kontrolle, Überwachung, tatsächlicher oder prädiktiver Profilerstellung, Klassifizierung, sozialer Sortierung und Diskriminierung basiert.[634] Sowohl aus individuellem als auch aus gesellschaftlichem Grund ist Paternalismus im Datenverarbeitungsvorgang nicht zu vermeiden, weshalb das Abstellen auf zwangsweise prozessuale Pflichten für die Datenverarbeitung eine sinnvolle Maßnahme zum Schutz der Person ist. Die Auflösung des Interessenkonflikts soll deshalb nicht nur bloß dem privatautonomen Aushandeln der Parteien vorbehalten bleiben, sondern auch als Aufgabe des Gesetzgebers verstanden werden. Daher sollte sich das (zukünftige) Gesetz zum Schutz personenbezogener Daten auf die Präventionsmethode im öffentlichrechtlichen Sinne und die Risikoregulierung im Rahmen des öffentlichen Rechts stützen.[635]

B. Eine einheitliche Rechtsform der Einwilligung

Nach dem negativen Einwilligungsmodell kann der Betroffene seine Einwilligung in zwei Formen abgeben: als datenschutzrechtliche Einwilligung zur Verarbeitung seiner Daten und als auf Abschluss eines Nutzungsvertrages gerichtete Erklärung. Sie beide können als Willenserklärung verstanden werden.[636] Mit den zwei Formen vergleichbar ist eine Unterscheidung zwischen einer einseitigen Einwilligung und einer „schuldvertraglichen" Einwilligung nach der deutschen Literatur. Wie die Diskussion über die negative und die aktive Ausübung des informationellen Selbstbestimmungsrechts nahelegt, bezieht sich die Bewertung der Rechtsnatur der Einwilligung vor allem auf die Frage, ob es im Datenschutzrecht eine einheitliche Rechtsform der Einwilligung gibt, was in der chinesischen Literatur zum Datenschutz nicht weiter thematisiert wird.

Ungeachtet dessen, ob die Einwilligung der rechtsgeschäftlichen Erklärung oder der rechtsgeschäftsähnlichen Handlung zugeordnet wird, kann die Willenserklärungsregelung für die Einwilligung gelten. Doch sollte man sich vor allem den Unterschied zwischen dem zivilrechtsgesetzlichen und dem datenschutzgesetzlichen Ziel vor Augen führen. Das traditionelle Zivilrecht schätzt die Privatautonomie hoch, während das Datenschutzgesetz öffentlich-rechtliche Überlegungen hervorhebt. Nachvollziehbar werden bei der Ausgestaltung der datenschutzrechtlichen Normen die Regelungen aus dem traditionellen Zivilrecht nur dann in Betracht gezogen, wenn die entsprechenden bürgerlich-rechtlichen Vorschriften nicht im Widerspruch zu einer spezifisch datenschutzrechtlichen Wertung stehen[637] oder ein bestimmter Fall schon nicht durch das spezifische Gesetz geregelt

634 Ferretti, CMLR 2014, 843. 849.
635 Fan/Cao, RS 99, 120.
636 Cai, Die „negative Einwilligung", RF 71, 71 ff.; Lu, ZWUPS 119, 199 ff.
637 Buchner, Informationelle Selbstbestimmung, S. 239.

wird.[638] Der ursprüngliche Ausgangspunkt des Datenschutzgesetzes ist nicht der Schutz des datenbezogenen Verkehrs zwischen Privaten, sondern der Schutz der natürlichen Person und die Prävention gegen Diskriminierung, usw. Mit der Einwilligung legitimiert der Betroffene die verantwortliche Stelle, seine Daten zu verarbeiten, womit vor allem die Ausübung seiner Dispositionsbefugnis verknüpft ist. Doch könnte ein stillschweigendes Einwilligungsmodell zu unvorhersehbaren Konsequenzen führen.

Offensichtlich ist ungeachtet der Rechtsnatur der Einwilligung die Abgabe der Einwilligung von voll geschäftsfähigen Personen in der Regel unproblematisch. Im Hinblick auf die Wirksamkeitsfrage der Einwilligung stellt die chinesische Literatur nicht auf die Geschäftsfähigkeit, sondern auf die Willensfähigkeit des Betroffenen ab. Hier ist die sog. Willensfähigkeit ähnlich beschaffen wie die in der deutschen Literatur diskutierte Einsichtsfähigkeit von Minderjährigen. Problematisch ist aber, dass die Willensfähigkeit des Betroffenen den Verantwortlichen mit erheblichen Rechtsunsicherheiten belasten könnte, da sie im Einzelfall geprüft werden muss. Eine solche Prüfung könnte aber im Internetbereich nur schwer durchgeführt werden.

Nicht zuletzt geht die DS-GVO auch ersichtlich davon aus, dass eine Einwilligung „im Kindesalter gegeben" bzw. von einer Person mit beschränkter Handlungsfähigkeit erteilt werden kann, solange die Verarbeitung ihrer Daten einen bestimmten Maßstab erfüllt. Mit anderen Worten: Die Frage nach die Rechtsnatur der Einwilligung sollte nicht überwertet werden,[639] da man immer im Einzelfall prüfen muss, welche einzelnen Vorschriften zur Disposition der personenbezogenen Daten Anwendung finden können. Dies gilt auch für die DS-GVO. Um einen Schritt zurückzutreten, lässt sich ferner sagen, dass kein materielles Bedürfnis für entsprechende Abgrenzungen besteht, da sich der Fokus auf die einzelnen materiellen Wirksamkeitsvoraussetzungen, wie sie durch die DSGVO aufgestellt werden, richten muss.[640]

C. Unordentliches Binnenverhältnis der Erlaubnistatbestände

Warum die dritte Stelle von der befugten Stelle die personenbezogenen Daten des Betroffen erwerben darf, kann durch die stillschweigende Einwilligung des Betroffenen erklärt werden. Dies scheint einen offenbaren Vorteil zu haben: Die datenverarbeitende Stelle kann bei den hohen Kosten der Datenverarbeitung sparen. Es bleibt jedoch äußerst fragwürdig: Worin liegt der Unterschied bzw. wie steht es um das Verhältnis zwischen der Einwilligung im Sinne des negativen Einwilligungsmodells und den anderen Erlaubnistatbeständen?

638 „Vorrang des Sonderrechts vor dem Allgemeinrecht" in § 92 Gesetzgebungsgesetzes der VR China.

639 Götting, Persönlichkeitsrechte als Vermögensrechte, S. 166.

640 Albert Ingold, in: Sydow, DSGVO, Art. 7 Rn. 13.

Auch in Deutschland lassen sich die Einwilligungsklauseln, die aus Sicht der chinesischen Rechtsgelehrten als strenges Einwilligungsmodell betrachtet werden, immer mit einer begrenzten oder nachgeordneten praktischen Bedeutung betrachten.[641] Nach Art. 6 Abs. 1 f oder Art. 7 Abs. 4 DS-GVO ist die Verarbeitung der personenbezogenen Daten legitimiert, soweit sie für eine Vertragserfüllung erforderlich ist. Ausgehend davon sind im konkreten Fall die Anforderungen an Erforderlichkeit einzubeziehen. Dies könnte aber dazu führen, dass die datenverarbeitende Stelle „vorsorglich" auf eine Einwilligung des Betroffenen zurückgreift,[642] sodass die Einwilligung zu einem bloßen Aushängeschild gestaltet würde. Aus praktischer Sicht hängt diese Frage eher mit der Regulierung der AGB und dem Kriterium der gesetzlichen Erlaubnistatbestände zusammen. Aus umgekehrter Perspektive erscheint jedoch das sog. strenge Einwilligungsmodell – wie es sich die chinesische Lehre vorstellt – nicht sonderlich streng zu sein.

Außerdem besteht die Gefahr, im Rahmen des negativen Einwilligungsmodells das Verbot mit Erlaubnisvorbehalt zu umgehen. Ein Rückgriff auf die anderen Erlaubnistatbestände könnte möglicherweise immer ausgeschlossen werden, wenn die datenverarbeitende Stelle zuvor gegenüber dem Betroffenen seine als Willenserklärung betrachtete Einwilligung eingeholt hat. Demzufolge wird das Widerrufsrecht des Betroffenen beschränkt, weil die Widerruflichkeit der Einwilligung durch das Vertragsverhältnis bzw. die Formulierung der Einwilligungsklauseln zurückgehalten wird, sodass das Datenschutzgesetz nicht weiter greift. Wenn im Kontext der stillschweigenden Einwilligung des Betroffenen eine Datenverarbeitung ohnehin zulässig ist, werden konsequenterweise die anderen gesetzlichen Erlaubnistatbestände im stillschweigenden Einwilligungsmodell ausgelöst. Umgekehrt bedeutet dies, dass trotz der Verweigerung des Betroffenen noch andere Datenzugriffsmöglichkeiten für das Unternehmen zur Verfügung stehen. An dieser Stelle sollte sich der Gesetzgeber über den Schutz der personenbezogenen Daten und nicht über den Schutz des unternehmerischen Interesses Sorgen machen. In der chinesischen Literatur findet sich die Befürchtung, dass im Rahmen der DS-GVO hohe Transaktions- und Kommunikationskosten anfallen könnten.[643] Genügt die verarbeitende Stelle den gesetzlichen Erlaubnistatbeständen, ist nicht überzeugend, warum die zusätzlichen Kosten für die Einholung der Einwilligung entstehen sollten. Gerade in diesen Fällen, in denen die Vertragserfüllung nicht von der Einwilligung abhängig ist, z. B. bei Unterstützung der Grundfunktionen eines sozialen Netzwerks, wird die Einwilligung getrennt[644] und vom Willen des Betroffenen gelöst. Dass ohne ausdrückliche Einwilligung des Betroffenen die Zweckänderung der datenverarbeitenden Stelle oder eine Übermittlung der personenbezogenen Daten an eine andere Stelle erfolgen dürften, mag die Prämisse des

641 Buchner, Informationelle Selbstbestimmung, S. 254.
642 Buchner, Informationelle Selbstbestimmung, S. 254.
643 Ding, Die Notlage des privatrechtlichen Schutzes persönlicher Daten, RF 194, 194 ff.
644 Buchner, DuD 2016, 155,159.

Datenschutzrechts unterhöhlen. Eine zuverlässige Lösung für den Interessenausgleich bei der Datenverarbeitung wäre nicht die Veränderung des Einwilligungsmodells, sondern ein Aufbrechen des Gleichrangigkeitsverhältnisses zwischen der Einwilligung und anderen gesetzlichen Erlaubnistatbeständen, um dann die Einwilligung des Betroffenen in eine untergeordnete Position zu bringen.[645]

645 Teilweise wird die Ansicht vertreten, dass geprüft werden soll, welche Datenverarbeitung im jeweiligen Verwendungskontext problematisch ist, nicht, welche Daten erhoben werden. Aldenhoff, Legitimation von Datenverarbeitung, S. 57

5. Kapitel: Lauterkeitsrechtlicher Datenschutz: Zugriff durch Web-Crawler

Dieses Kapitel konzentriert sich auf die Zugriffsregeln für Daten in unternehmerischer Hand im Kontext des Internets. In dem Bemühen um eine effektive Informationsgewinnung wird weithin eine Robot/Crawler-Suchmaschinentechnologie (auch als „Web-Crawler" bezeichnet) durch Suchmaschinen wie Google und Baidu zur Seitenerfassung eingesetzt. Zurzeit kommt dem Web-Crawler nicht nur in der Suchmaschinenoptimierung, sondern auch im individuellen oder geschäftlichen Bereich große Bedeutung zu. Nachdem er weitestgehend die Dateien aus dem Internet automatisch extrahiert hat, werden das für den Internetbenutzer erzeugte Resultat oder die gezielte Seite in eine „normal aufgezeichnete" Web-Browser-Surf-Session konvertiert.[646] Im Anschluss daran gilt es, die wettbewerbsrechtliche Einordnung der Anwendung des Web-Crawlers im Speziellen mit einem Schwerpunkt auf der Frage zu erörtern, ob ohne Genehmigung des durchsuchenden Internetunternehmens die Nutzung des Web-Crawlers rechtskonform wäre und inwieweit der Web-Crawler eine unlautere Wettbewerbshandlung darstellen könnte.

Bei der Anwendung eines Web-Crawlers wäre ein Schutz durch das Datenbankrecht denkbar. Dies würde jedoch einerseits wiederum in die unendliche Diskussion um das Verständnis des entnommenen Datenbankteils führen. Anderseits ist die aktuelle Situation zu Web-Crawlern aus rechtsvergleichender Sicht kaum diskussionswürdig, weil es im ChUrhG kein mit dem deutschen UrhG vergleichbares Datenbankrecht i. S. d. Leistungsschutzrechts gibt.[647]

Jenseits des Vermögensrechtsschutzes zu Daten bleibt der Rückgriff auf den lauterkeitsrechtlichen Schutz. Vor diesem Hintergrund werden in den ersten zwei Abschnitten die genannten Fragen aus lauterkeitsrechtlicher Sicht jeweils für China und Deutschland erörtert. Anschließend wird ein Ergebnis für die rechtsvergleichende Beobachtung dargestellt.

§ 1 Technische Grundlage: der unfokussierte/fokussierte Web-Crawler

Die auf die Nutzung des Web-Crawlers gerichteten Zugriffsregeln sollten vor allem den üblichen Typ des Web-Crawlers berücksichtigen. Zwar wurde der

646 Li/Liu, CT 82, 82 f.

647 Aus deutscher Leistungsschutzrechte könnte Anwendung des Web-Crawlers datenbankrechtlich zulässig sein. Schapiro/Zdanowiecki, MMR 2015, 497, 500.

Web-Crawler in den letzten 20 Jahren stetig weiterentwickelt, grundsätzlich basiert er aber auf dem Muster, webbasierte Inhalte ausgehend von mindestens einem Startpunkt herunterzuladen, iterativ weiterzuverarbeiten und strukturiert abzuspeichern.[648] Generell lässt sich der Web-Crawler in den Allzweck-Web-Crawler (auch als unfokussierter Web-Crawler bezeichnet) und den fokussierten Web-Crawler unterteilen.[649] Sie unterscheiden sich hauptsächlich unter Gesichtspunkten wie den durchsuchten Objekten, den technischen Prinzipien, der Datenerfassung und dem Verwendungszweck.

Um einen großen Datenspeicher aufzubauen, wird in der Regel der unfokussierte Web-Crawler eingesetzt. Dagegen zielt der fokussierte Web-Crawler auf bestimmte, thematisch relevante Segmente im Internet.[650] Es versteht sich von selbst, dass der fokussierte Web-Crawler höhere menschliche Bedürfnisse nach Informationsqualität bedient. Bei der Nutzung eines fokussierten Web-Crawlers werden die speziellen Informationsbedürfnisse anfänglich festgestellt, es werden nicht alle zur Zielseite gehörenden Informationen heruntergeladen, sondern nur die relevanten Inhalte,[651] beispielsweise die Benutzerbewertungs- und Warenverkaufsinformationen einer E-Commerce-Plattform. Technisch beruhen zwar alle Crawler auf einem gemeinsamen technischen Prinzip, das simuliert, dass der Benutzer eine Zugriffsanfrage an den Server sendet, um die vom Server zurückgegebenen Daten und Informationen zu erhalten. Der fokussierte Crawler setzt jedoch häufig Techniken wie das Fälschen von User-Agents, das Wechseln der IP oder das Knacken von Verifizierungscodes ein, um die Erkennung und Verifizierung des Netzzugriffs vorzutäuschen und somit die Zielseite wiederholt zu besuchen.[652]

Schließlich weicht der Verwendungszweck des fokussierten Crawlers vom Allzweck-Web-Crawler ab. Der Allzweck-Web-Crawler wird regelmäßig im Internetbereich als Suchmaschine verwendet; er greift unterschiedslos auf Websites zu, baut einen Informationsindex auf und bietet schließlich den Benutzern ein Suchportal zur Website.[653] Somit kann er als ein grundlegender Service für alle Internetbenutzer gelten. Dagegen geht der fokussierte Web-Crawler das Problem der Informationsflut im Internet an und richtet mehr Aufmerksamkeit auf die Relevanz und Qualität der Daten (Informationen),[654] die für persönliche, wissenschaftliche oder kommerzielle Zwecke gebraucht werden könnten.

---

648 Die Erklärung über Crawler (fokussiert/nichtfokussiert), abrufbar unter: https://www.enzyklopaedie-der-wirtschaftsinformatik.de/wi-enzyklopaedie/lexikon/technologien-methoden/crawler-fokussiert-nicht-fokussiert.

649 Bedi/Anjali/Hema, CEE 2013, 613, 613.

650 Kwiatkowski/Höhfeld, IWP 2007, 69, 69

651 Lu/Zhan/Zhou, MPE 2016, 1, 1.

652 Zhang, Rechtliche Regulierung, 20.11.2020.

653 Zhang, Rechtliche Regulierung, 20.11.2020.

654 Chakrabarti/Van den Berg/Dom, Focused crawling, CN 1999, 1623, 1624.

§ 2 In China

Weil es, wie im zweiten Kapitel angedeutet, kein Vermögensrecht an Daten gibt, wird in Regelfall das Wettbewerbsrecht im Streit um einen unberechtigten Datenzugriff einschlägig sein.

I. Kernproblem bei Nutzung des Web-Crawlers

Sicherlich wird die durchsuchte Internetplattform die entsprechenden Gegenmaßnahmen ergreifen, um einen unbefugten Zugriff zu verhindern. Im Internet sind das „Robots Exklusion Protocol" (auch bezeichnet als robots.txt-Datei) und technische Mittel wie Anti-Crawler die häufigsten Gegenmaßnahmen,[655] um den unerwünschten Datenzugriff zu bekämpfen. Die robots.txt-Datei zeigt dem Web-Crawler an, welche Seiten oder Dateien durch den Crawler abgerufen werden dürfen; die technische Mittel der Anti-Crawler sind solche, die einen Zugriff durch den Web-Crawler mit technischer Mittel verhindern. Beispielsweise ist ein Verifizierungscode erforderlich, wenn eine Website durchgesucht werden soll. Damit wird ermöglicht, nicht menschliche Besucher auszuschließen.

Nach der gegenwärtigen Ansicht der chinesischen Gerichte ist eine nicht mit der robots.txt-Datei in Einklang stehende Verwendung eines Web-Crawlers rechtswidrig.[656] In Entscheidungen gehen die Gerichte regelmäßig von § 2 Generalklausel cUWG aus und erklären, dass die unbefugte Verwendung des Web-Crawlers hier die Wettbewerbsordnung auf dem Markt durchbricht und die rechtmäßigen Interessen des betroffenen Unternehmens oder Verbrauchers beeinträchtigt (§ 2 Abs. 1 cUWG). Im Hinblick darauf, dass zum einen die robots.txt-Datei selbst und diesbezügliche Handlungsweisen nicht im Gesetz deutlich definiert sind und sie zum anderen keine Eigenschaft des technischen Zwangs an sich hat, sodass sie nicht imstande ist, die Suchmaschine zu „blockieren" oder zu „brechen",[657] ist es diskussionswürdig, ob sie als ein Handelsbrauch i. S. d. § 2 Abs. 1 cUWG angesehen werden kann und die Verwendung des Web-Crawlers eine unlautere wettbewerbswidrige Handlung ist.

II. Repositionierung des cUWG und dessen Reaktion auf das Internet

Das erste cUWG, das am 2. September 1993 vom NVK verabschiedet wurde, wurde nach 24 Jahren erstmals novelliert. Am 4. November 2017 hat der NVK den entsprechenden Entwurf verabschiedet. Das neue Gesetz trat am 1. Januar 2018 in Kraft. Im Jahr 2019 modifizierte der Gesetzgeber die Artikel 9, 17 und 21

---

655 Ding, Wem gehören die Daten? ZHWRU 69, 71.

656 Shanghai Volksgericht für Geistiges Eigentum, Hu 73, Nr. 242 (2016) 上海知识产权法院 (2016) 沪73民终242号民事判决书.

657 Ning/Wang, JxS 161, 162.

der Fassung aus dem Jahr 2017 und fügte mit Artikel 23 Verfahrensbestimmungen über Geschäftsgeheimnisprozesse ein. Diese Änderungen sind indes nicht relevant für den hier betrachteten Gegenstand. Jedoch betrifft das cUWG-2017 viele wichtige mit dem Betrachtungsgegenstand dieser Arbeit in Beziehung stehende Themen: die Repositionierung des cUWG, das Hinzufügen der Internetklauseln und die offizielle Anerkennung der Generalklausel. Damit ist die Fassung aus 2017 diskussionswürdiger als jene des Jahres 2019.

1. Verhältnis zum Immaterialgüterrecht

Aus heutiger Sicht erscheint es verwunderlich, dass neben den wettbewerbsgesetzlichen Inhalten das erste cUWG (1993 Version) antimonopolistische Inhalte beinhaltete. Dieses Problem wurde durch das cUWG-2017 gelöst. Gemäß § 1 cUWG-2019 ist das neue cUWG als ein Marktwettbewerbsrecht positioniert und darauf ausgerichtet, eine gesunde und ordentliche Wettbewerbsordnung im Marktverkehr zu fördern, aufrechtzuerhalten und zu schützen. Das bedeutet, dass das neue cUWG allein die unlautere Wettbewerbshandlung im Marktverkehr regelt und den Schutz des konkreten Rechts nicht in Betracht zieht.[658] Diese durch das cUWG-2017 getroffene Selbstpositionierung hat eine große Bedeutung für die Bestimmung des Verhältnisses zwischen dem cUWG und dem Immaterialgüterrecht.

Die immaterialgüterrechtliche Gesetzgebung in China ist stark durch das internationale immaterialgüterrechtliche Übereinkommen beeinflusst worden. Im Pariser Übereinkommen von 1883 gab es keine Vorschrift zur unlauteren Wettbewerbshandlung. In Brüssel wurde am 14. Dezember 1900 das Pariser Übereinkommen revidiert. In dieser Version bezieht sich § 10 Abs. 2 und 3 auf den Schutz vor unlauteren Wettbewerb. Seither bildet der Schutz gegen unlauteren Wettbewerb einen Teil des gewerblichen Schutzrechts. Danach wurden durch die Stockholmer Konferenz im Jahr 1967 die auf den Schutz vor unlauteren Wettbewerb bezogenen Vorschriften überarbeitet. Am 19. März 1985 wurde China Mitglied dieser Konvention. Weil es zu diesem Zeitpunkt an einem systematischen Gesetz zum Schutz des geistigen Eigentumsrechts und dem Schutz gegen unlauteren Wettbewerb mangelte, übernahm China viele Vorschriften des Pariser Übereinkommens, weshalb China zum einen den Schutz gegen unlauteren Wettbewerb zu einem Teil des geistigen Eigentumsrechts werden ließ.[659] Zum anderen beinhalte das ältere cUWG eine Vorschrift nicht nur zum Wettbewerbsverhalten, sondern auch über den Schutz des geistigen Eigentums.

Das Immaterialgüterrecht regelt das auf die Verletzung des geistigen Eigentumsrechts bezogene Verhalten, während das Wettbewerbsgesetz die auf dem Markt geschehende unlautere Wettbewerbshandlung reguliert. Dennoch wird im Fall eines Verstoßes gegen das geistige Eigentum auch in das Wettbewerbsrecht

658 Kong, Pandect, S. 43.
659 Kong, Pandect, S. 52.

eingegriffen. Ausgehend davon kann das Wettbewerbsgesetz einen zusätzlichen Schutz des Rechts am geistigen Eigentum bieten. Mit Rücksicht darauf wird die Meinung des Ch-OVGH vertreten, dass das Recht des geistigen Eigentums vorrangig anwendbar sei, solange ein Verstoß gegen das geistige Eigentumsrecht vorliegt; nur wenn eine unlautere Wettbewerbshandlung vorliege, für die es kein spezielles gesetzliches Verbot gibt, könne dann das Gericht das cUWG auf den Streit anwenden.[660] Bemerkenswerterweise bedeutet dies nicht, dass kein Zusammenhang zwischen den beiden Gesetzen besteht. Die immaterialgüterrechtlichen Vorschriften sowie die diesbezüglichen Justizauslegungen können dann im Streit etwa um die unlautere Benutzung des Unternehmensnamens, der Verpackung, der Dekoration und des Kennzeichens oder bei einer Geschäftsgeheimnisverletzung in Betracht gezogen werden, wenn im Wettbewerbsgesetz eine ausdrückliche Vorschrift zu diesem Streitgegenstand fehlt. Laut Justizauslegung kann beispielsweise das Wettbewerbsgesetz rechtliche Erkenntnisse aus den immaterialgüterrechtlichen Grundsätzen und Methoden bieten, was die Feststellung von Verletzung und die Berechnung der Schadenersatzsumme angeht.[661]

2. *Die Verwandlung des gerichtlichen Beurteilungsparadigmas*

Wie oben angedeutet, wird wegen des Einflusses der internationalen Konventionen der wettbewerbsgesetzliche Streit vom Zuständigkeitsbereich des immaterialgüterrechtlich zu befassenden Gerichts erfasst.[662] Dies führt zu einer unerfreulichen Trägheit des Denkens in der Rechtspraxis dergestalt, dass bei der Beurteilung der unlauteren Wettbewerbshandlung das Vorliegen eines rechtmäßigen Interesses einen wesentlichen Baustein bildet.[663]

A. Verhalten statt legalen Interesses

Lange Zeit gingen die chinesischen Gerichte gewöhnlich davon aus, dass die Beurteilung des unlauteren Wettbewerbsverhaltens der Bestätigung eines legalen

660 Cao Jianmin, Stärkung des gerichtlichen Schutzes der Rechte an geistigem Eigentum, gesetzmäßige Regulierung der Marktwettbewerbsordnung-Rede auf dem nationalen Symposium über Gerichtsverfahren im Bereich geistiges Eigentum 加大知识产权司法保护力度，依法规范市场竞争秩序–在全国知识产权审判工作座谈会上的讲话.

661 Vgl. § 17 von der Auslegung des Obersten Volksgerichts zu einigen Fragen der Rechtsanwendung bei der Verhandlung von Zivilprozessen bezüglich unlauteren Wettbewerbs 最高人民法院关于审理不正当竞争民事案件应用法律若干问题的解释.

662 Vgl. Abs. 1 S. 2 Bestimmungen des Obersten Volksgerichts über die Zuständigkeit der Gerichte für geistiges Eigentum in Peking, Shanghai und Guangzhou. 最高人民法院关于北京、上海、广州知识产权法院案件管辖的规定.

663 Tao, SW 9, 9 f.

Interesses der klagenden Partei unterliegt und nicht die Rechtsfertigungsprüfung einer unerlaubten Wettbewerbshandlung als der entscheidende Punkt gilt.[664] Dieses Prüfungsschema verwechselt die Beurteilung des unlauteren Wettbewerbsverhaltens mit derjenigen der Verletzung des geistigen Eigentums, weil sich einerseits das Wettbewerbsgesetz auf die Regelung der unlauteren Wettbewerbshandlung auf dem Markt bezieht und andererseits das lauterkeitsrechtlich geschützte legale Interesse kein gesetzliches Recht sein soll.[665] Wird ein Interesse in der Form eins zivilrechtlichen Rechts geschützt, soll das Gericht nicht das Wettbewerbsgesetz, sondern das entsprechende spezielle Gesetz in Betracht ziehen.

Im Schrifttum sollte das Gericht nach der Meinung des früheren berühmten Richters *Kong* darauf achten, dass angesichts der Werteordnung des cUWG der grundlegende Entscheidungsschwerpunkt nicht auf dem Vorhandensein eines bestimmten Interesses oder Rechtsgutes, sondern auf der Prüfung der Unlauterkeit eines Wettbewerbsverhaltens liegen sollte. Ob das streitige Wettbewerbsverhalten unter die durch das cUWG klar aufgelisteten unlauteren Wettbewerbshandlungen zu subsumieren ist oder unter den Geltungsbereich der Generalklausel fällt, soll aufgrund des konkreten Sachumstands, der Wettbewerbsmerkmale und -regeln zu beurteilen sein. Bei der gerichtlichen Beurteilung sollen schließlich gemäß Abs. 1 cUWG dem Wettbewerbsinteresse, den Verbraucherbelangen und dem öffentlichen Interesse Rechnung getragen und die Auswirkungen des Wettbewerbsverhaltens auf die Wettbewerbsordnung bemessen werden.[666]

B. Anwendungsvoraussetzung des cUWG

In der Rechtspraxis ist das Bestehen eines Wettbewerbsverhältnisses zwischen den streitenden Parteien als logischer Anwendungsstartpunkt für eine gerichtliche Beurteilung des wettbewerbsgesetzlichen Streits anzusehen.[667] Des Weiteren unterteilt das chinesische Gericht das Wettbewerbsverhältnis in ein unmittelbares und ein mittelbares Wettbewerbsverhältnis. Allerdings liegt zwischen beiden weder eine entgegengesetzte Beziehung noch eine Überschneidungsbeziehung vor. Das mittelbare Wettbewerbsverhältnis ist als eine Ergänzung zum unmittelbaren Wettbewerbsverhältnis anzusehen.[668]

Wären in diesem Kontext beide Streitparteien im selben Geschäft oder in derselben Branche tätig, ist leicht zu erkennen, dass zwischen ihnen ein unmittelbares

---

664 Haidian Volksgericht, Beijing, Nr. 13155 (2013) 北京市海淀区人民法 (2013) 海民初字第13155民事判决书; Das Erste Mittlere Beijing-Volksgericht, Nr. 3283 (2014) 北京市第一中级人民法院 (2014）一中民终字第3283号民事判决书; Shanghai Pudong neues Gebiet Volksgericht, Nr. 528 (2015) 上海市浦东新区人民法院 (2015) 浦民三(知)初字第528号民事判决书.

665 Zhang, JZPU 183, 189 f.

666 Kong, Pandect, S. 45 f.

667 Jiao, Kritik an Pragmatismus Ch-R 150, 155 f.

668 Chen, Rw 18, 25.

Wettbewerbsverhältnis besteht. Selbst wenn sie unterschiedliche oder einander kaum ähnliche Waren oder Dienstleistungen anbieten, d. h. ein mittelbares Wettbewerbsverhältnis vorliegt, könnte die streitige Wettbewerbshandlung ebenfalls als ein unlauteres Wettbewerbsverhalten i. S. d. cUWG angesehen werden, soweit die streitige Wettbewerbshandlung die legitimen Interessen anderer Unternehmer schädigt und die soziale und wirtschaftliche Ordnung stört.[669] Nach einer empirischen Studie eines chinesischen Rechtswissenschaftlers zu 176 Urteilen zu lauterkeitsrechtlichen Streitigkeiten im Internetbereich hat stets der Geschäftsumfang als Beurteilungskriterium dafür zu dienen, ob ein Wettbewerbsverhältnis zwischen beiden Parteien besteht. In Betracht kommen neben dem Geschäftsumfang der Dienstleistungsgegenstand und die gewerbliche Interessenverknüpfung zwischen beiden Parteien, z. B., ob das streitige Wettbewerbsverhalten zur Ersetzung des klagenden Dienstes führen oder in Form einer Schmälerung des klagenden Interesses das Interesse des beklagten Unternehmens fördern könnte. Tritt einer der oben genannten Faktoren auf, kann das Bestehen eines Wettbewerbsverhältnisses begründet sein.[670]

Im Hinblick auf die Entwicklung der digitalen Wirtschaft ist das Wettbewerbsverhältnis als lauterkeitsrechtliche Anwendungsvoraussetzung heutzutage umstritten. Die Entwicklung des Internets erzeugt und fördert einen Internetmarkt, in dem die Grenze zwischen den unterschiedlichen Branchen aufgeweicht und verwischt worden ist. Unter dem weitreichenden Einfluss der dezentralen und unstrukturierten Entwicklung der Internetwirtschaft stellen sich die Wettbewerbssituation und das Wettbewerbsverhalten als ein grenzüberschreitender Verkehrswettbewerb dar, wobei der Datenbesitz im mehrdimensionalen Wettbewerb stattfindet. Ein Unternehmer streift vielfältige Gebiete des Internetmarkts, damit ist ein grenzüberschreitender Wettbewerb im Internetmarkt üblich geworden, d. h., seitens Geschäftsumfanges bewegt sich der heterogene Wettbewerb auf den homogenen Wettbewerb zu. Dabei spielt vor allem die Zahl der Internetbenutzer eine entscheidende Rolle.

Während der Gestaltung der geschäftlichen Wettbewerbsstrategie entwickeln sich zudem die Verbraucher im Internetzeitalter zur Hauptwerbequelle für Internetprodukte und -dienstleistungen, weshalb sie nicht nur als Verbraucher im Wortsinne, sondern auch als Produzenten tätig werden. Eine solche Identität wird als die eines Proconsumers bezeichnet. Gilt der Produzent als Wertschöpfer, kann der Internetbenutzer einen Wert für das Netzwerk erbringen, selbst wenn er als ein stiller Netzwerkknoten im Internet nichts weiter tut. Ähnlich wie in der industriellen Wirtschaft, in der der Unternehmer die Schwelle des Kostenwettbewerbs mit dem Produktionsumfang setzte, ist in der verbrauchergeführten digitalen Welt der Vorteil des Internetbenutzers zur wichtigsten Wettbewerbsstrategie

669 Haidian Volksgericht, Beijing 0108, Nr. 31800 (2017) 北京市海淀区人民法院(2017)京0108民初31800号民事判决书.

670 Chen, Rw 18, 23.

von Internetunternehmen geworden. Vor diesem Hintergrund könnte jede auf den Internetbenutzer ausgerichtete Geschäftshandlung möglicherweise als ein direktes oder indirektes Wettbewerbsverhältnis zu anderen Internetunternehmen bewertet werden. Exemplarisch hat das Zweite Mittlere Volksgericht Beijing in einer Wettbewerbsstreitsache darauf hingewiesen, dass, obwohl das klagende Unternehmen hauptsächlich im Bereich der Instant-Messaging-Software und das beklagte Unternehmen hauptsächlich im Bereich der Sicherheitssoftware tätig sind, der Wettbewerbsvorteil im Netzdienst hauptsächlich vom Grad und der Breite der Anwenderbindung abhängt.[671] Teilen sie trotz unterschiedlicher Hauptmärkte unter anderem auf dem Netznutzermarkt und dem Markt für Netzwerbung und andere Netzdienste die gleichen Wettbewerbsinteressen, liegt ein Wettbewerbsverhältnis zwischen den ursprünglichen Beklagten vor.[672]

Geht man schließlich von einer geschäftlichen Wettbewerbssituation aus, stellt ein dynamischer Wettbewerb auf dem Internetmarkt eine reguläre Situation dar. Daher können der Wettbewerbszustand und das daraus abgeleitete Wettbewerbsverhältnis auf dem Internetmarkt nicht leicht festgestellt werden. Im Gegensatz dazu sind normalerweise die Marktordnung und die Verbraucher auf dem Internetmarkt zu identifizieren, weil heute jeder Unternehmer um Verbraucher und ihre Daten kämpft. Gegenüber der Rechtspraxis vertreten chinesische Rechtswissenschaftler die Meinung, dass die wettbewerbsgesetzliche Anwendungsvoraussetzung vom Kriterium eines Bestehens der Wettbewerbsbeziehung hin zu einem der „Zulässigkeit der Handlung" verschoben werden sollte, weil sich die Relativität der Wettbewerbsbeziehung in der dynamischen Internetwirtschaft aufgelöst habe.[673] Doch fehlt es an einer systemischen Erklärung zum Grund der Wettbewerbshandlung als Anwendungsvoraussetzung des Wettbewerbsrechts.

C. Übertragung auf Internetbereich

Angesichts des engen Zusammenhangs zwischen dem Wettbewerb auf dem Internetmarkt und der Informatiktechnologie ist eine disruptive Innovation üblich. Damit besteht kein Zweifel daran, dass die Innovation und die Entwicklung der Netzwerk-Ökonomie möglicherweise behindert werden könnten, wenn das aus dem traditionellen wirtschaftlichen Wettbewerb abgeleitete Beurteilungsparadigma direkt auf die Netzwerk-Ökonomie angewendet wird.[674] Angesichts des dynamischen Geschäftsmodells im Internet ist es für die Beurteilung eines streitigen Wettbewerbs im Internetbereich vor allem angemessen, die Lauterkeit der Wettbewerbsmittel und nicht das stationäre Interesse der klagenden Partei zu

671 Das zweite Mittlere Beijing-Volksgericht, Nr. 12237 (2011) 北京市第二中级人民法院民事判决书 (2011) 二中民终字第12237号.

672 Das zweite Mittlere Beijing-Volksgericht, Nr. 12237 (2011) 北京市第二中级人民法院民事判决书 (2011) 二中民终字第12237号.

673 Chen, Rw 18, 18; Feng, TR 175, 175.

674 Du/Sha, CAJ 84, 84 ff.

bewerten.[675] Beispielweise darf aus einem mit dem Geschäftsmodell „Freie Dienstleitung + Werbung" konfrontierten Handelsverhalten nicht bedenkenlos abgeleitet werden, dass es diesem an wettbewerbsgesetzlicher Lauterkeit fehlt,[676] weil das auf dem Internetmarkt beobachtbare Geschäftsmodell regelmäßig durch den dynamischen Wettbewerb geformt wird. Das bedeutet, dass die sich die aus diesem Geschäftsmodell ergebende Wettbewerbsordnung schnell verändern könnte. Infolgedessen ist zu bedenken, dass in der heutigen Entscheidungspraxis das Gericht das Werbungblockierungsverhalten für illegal hält, weil es so aussieht, als ob es den Wettbewerbserfolg bzw. die Wettbewerbsordnung künstlich im Voraus einstellt.[677]

Darüber hinaus findet der Wettbewerb im Internetbereich nicht mehr lediglich auf Ebene des Preises oder der Qualität, sondern auf Ebene der Technik und ihrer Kriterien statt. Obwohl die Technologieneutralität eines der Grundkonzepte des Internets ist, ist das durch die Technologie implementierte Wettbewerbsverhalten nicht gleichbedeutend mit der Neutralität der Technologie selbst. In Anlehnung daran kann der heute auf neuer Technologie beruhende Handelswettbewerb nicht unbedingt als eine lautere Wettbewerbshandlung i. S. d. cUWG gewertet werden. Dazu vertritt der Ch-OVGH den klaren Standpunkt, dass der Wettbewerb und die Innovation im Internetbereich die legalen Rechte und Interessen anderer Unternehmer nicht verletzen sollten; das grundsätzliche Beurteilungskriterium ihrer Lauterkeit besteht nicht nur darin, ob sie der Errichtung einer gerechten und fairen Wettbewerbsordnung zugutekommen, sondern auch darin, ob sie mit den Interessen der Verbraucher und der Allgemeinheit in Einklang stehen.[678] Die Auslegung des Ch-OVGH verändert in der Tat die Ansicht, das Vorliegen eines Wettbewerbsverhältnisses als Anwendungsvoraussetzung des Wettbewerbsrecht anzusehen. Angesichts der vielfältigen Schutzsubjekte des Wettbewerbsrechts ist die Zulässigkeit der Handlung als Anwendungsvoraussetzung geeigneter als das Kriterium „Geschäftsumfang". Man kann aber hier die Diskussion um diese Frage außer Acht lassen, weil es bei der Lauterkeitsprüfung in Bezug auf den Web-Crawler in der Regel um den Streit zwischen Unternehmen geht.

3. Web-Crawler fällt nicht unter Internetklauseln

§ 12 cUWG wird als Norm der Internetklauseln bezeichnet und spiegelt den Einfluss des Internets auf das neue cUWG wider. § 12 cUWG besteht aus zwei Absätzen, wobei sich Abs. 1 cUWG auf die Bestimmung der Zuständigkeit dies Gesetzes bezieht. Demnach fällt das im Internetgeschehen unlautere Wettbewerbsverhalten

675 Kong, Sub-Pandect, S. 522 ff.
676 Yu, CAJ 112, 125 f.
677 Zhang, JZPU 183, 196.
678 Das Oberste Volksgericht der VR China, Nr. 5 (2013) 最高人民法院 (2013) 民三终字第5号民事判决书.

unter den Geltungsbereich des Gesetzes. § 12 Abs. 2 cUWG bringt eine weitere Regulierung für das gezielte Wettbewerbsverhalten mit sich und orientiert sich unter anderem an dem mit der Nutzung des technischen Mittels verbundenen unlauteren Wettbewerbsverhalten im Internet. Darüber hinaus ist § 12 Abs. 2 Nr. 4 cUWG eine Auffangklausel für andere Handlungen, die den ordnungsgemäßen Betrieb oder die rechtlich angebotenen Onlineprodukte oder Dienstleistungen eines anderen Unternehmens stören oder sabotieren.

Nach Auslegung des Rechtsausschusses des NVK ist der bei § 12 cUWG zugrunde liegende Gedanke, dass das im Internet geschehende unlautere Wettbewerbsverhalten als die Ausweitungsfolge des traditionellen unlauteren Wettbewerbsverhalten noch zum Zuständigkeitsbereich dieses Gesetzes gehört; angesichts der Tatsache, dass im Internet ein spezielles unlauteren Wettbewerbsverhalten stattfinden könnte, wird eine neue und bestimmte Vorschrift als Reaktion darauf erlassen, wobei eine Auffangklausel für die Erfüllung des zukünftigen Entwicklungsbedarfs zu bieten ist.[679]

Inhaltlich stellt § 12 cUWG auf die folgenden unlauteren Wettbewerbshandlungen im Internet ab. Die erste geregelte unlautere Wettbewerbshandlung ist das Einstellen eines Links oder die Erzwingung einer URL-Umleitung in rechtlich bereitgestellten Netzwerkprodukten oder -dienstleistungen anderer Unternehmer (§ 12 Abs. 2, Nr. 1 cUWG). Wenn ein Benutzer eine Suchmaschine nach Schlüsselwörtern verwendet, fügt der andere Betreiber auf der Suchergebnisseite vor dieser Seite ein paar Sekunden Werbung ein. In der Zwischenzeit, soweit man auf die Anzeigenseite klickt, springt man ab sofort zu einem neuen Fenster der Seite mit der Anzeigenwerbung; wenn man nicht auf die Anzeigenseite klickt, wird die gewollte Suchergebnisseite nach einigen Sekunden dargestellt. Dies fällt unter § 12 Abs. 2, Nr. 1 cUWG.[680] Es ist jedoch ein eindeutiges Defizit, dass die durch Nr. 1 geregelten Wettbewerbshandlungen korrekt angezeigt werden, sodass es an einem flexiblen Raum für die Rechtspraxis mangelt. Nach maßgeblicher Meinung soll sich das Gericht nicht streng an den Wortlaut der Nr. 1 halten, sondern den Streit je nach Umständen behandeln.[681]

§ 12 Abs. 2, Nr. 2 cUWG ist eine Regelung zu Irreführung, Betrug oder Zwang zur Änderung, Abschaltung oder Deinstallation eines legalen Onlineprodukts oder -dienstes anderer Netzbetreiber. Die durch Nr. 3 geregelte unlautere Wettbewerbshandlung bezieht sich auf eine bösgläubige Inkompatibilität eines rechtlich bereitgestellten Onlineprodukts oder -dienstes anderer Netzbetreiber. Nr. 3 beruht auf dem Wertungskonzept der Netzzusammenschaltung und zielt darauf ab, ein

---

679 Bericht des Rechtsausschusses des CNV über die Revision des cUWG (revidierter Entwurf) 全国人民代表大会法律委员会关于<中华人民共和国反不正当竞争法（修订草案）>修改情况的汇报, abrufbar unter:http://www.npc.gov.cn/zgrdw/npc/xinwen/2017-11/04/content_2031357.htm.

680 Wang, Auslegung über cUWG, S. 45.

681 Kong, Sub-Pandect, S. 533.

gemeinsames, mitverwaltetes, offenes und duldsames Internet zu schaffen. Zudem wird die böswillige Ansicht nach den Grundsätzen von Treu und Glauben, der Geschäftsethik und anderen damit verbundenen Faktoren umfassend beurteilt.[682] Anschließend ist Nr. 4 eine Auffangklausel. Der Wortlaut dieses Satzes ist derart nebulös, dass seine praktische Anwendung notwendig zu dem im cUWG als Generalklausel angesehenen § 2 gerechnet werden soll.[683]

Als ein Symbol, das neue cUWG mit der Zeit anzupassen, werden die Internetklauseln im Schrifttum scharf kritisiert. Sie sind kein sich aus der Vergleichsmessung ergebendes Szenarium, sondern eine induktive Folge der bestehenden Fälle im Internet. Hinter diesen Klauseln gibt es kein einheitliches Rationalitätskriterium und deshalb ist die Überschneidung der Anwendungsbereiche beider evident.[684] Überblickt man die genannten konkreten unlauteren Wettbewerbshandlungen, d. h. Umleitung des Aufrufziels, Störung der Benutzungsfreiheit von Benutzern und böswillige Inkompatibilität, so ist unschwer zu erkennen: Der durch den Web-Crawler verursachte wettbewerbsgesetzliche Streit ist nicht unter § 12 cUWG zu subsumieren.[685] Vor diesem Hintergrund kommt § 2 cUWG in Betracht.

III. § 2 cUWG als Generalklausel im neuen cUWG

1. Sinnverwandlung des § 2 cUWG

Im cUWG 2019 wird § 2 cUWG 2017 nicht geändert. Die Inhalte der neuen § 2-cUWG-Novelle 2017 übernehmen zwar hauptsächlich die Inhalte des § 2 cUWG a. F. Doch wird die Positionierung des § 2 vom Gesetzgeber modifiziert.

Im alten cUWG regelte § 2 die Wettbewerbsprinzipien und bestimmte die Definition des unlauteren Wettbewerbs. Nach der Auslegung des Gesetzgebers wurde § 2 cUWG 1993 jedoch anfänglich nicht als Generalklausel, sondern als Beschränkungsklausel der elf in §§ 5 bis 15 cUWG 1993 genannten speziellen Verhaltensweisen angesehen.[686] Der Grund besteht darin, dass diese aufgelisteten Wettbewerbshandlungen mit den Verstößen gegen „die Bestimmungen „dieses Gesetzes“[687] i. s. v. § 2 Abs. 2 cUWG a. F. gemeint sind. Um zu vermeiden, dass der wettbewerbsgesetzliche Schutzbereich durch Wettbewerbsprinzipien

682 Wang, Auslegung über cUWG, S. 45.
683 Kong, Sub-Pandect, S. 545.
684 Jiang, Internet-Klauseln, JZPU 180, 184.
685 Jiang, Die Anwendung der lauterkeitsrechtlichen Generalklausel, EGE 44, 45.
686 Zhong, Handbuch des Wettbewerbsrechts, S. 26.
687 In der vor 2008 geltenden Fassung des deutschen Wettbewerbsrechts fand sich eine ähnliche Bestimmung. Es handelt sich um § 4 Nr. 11 UWG aF., wonach derjenige, der einer gesetzlichen Vorschrift zuwiderhandelt, die auch dazu bestimmt ist, im Interesse der Marktteilnehmer das Marktverhalten zu regeln, als unlauter i. S. v. § 3 gilt. Diese Bestimmung wird aber durch § 4 Nr. 4 „gezielte Behinderung“ UWG ersetzt.

unangemessen erweitert und somit der freie und faire Wettbewerbsordnung beeinträchtigt wird, interpretiert der Ch-OVGH jedoch, dass „die Bestimmungen dieses Gesetzes" i. S. v. § 2 Abs. 2 cUWG a. F. nicht mehr auf die in diesem Gesetz aufgelisteten Verhaltensweisen anwendbar sind, stattdessen auf das unvorhersehbare neue Wettbewerbsverhalten.[688] Diese Auslegung wird durch die chinesischen Gerichte weiterverfolgt, weshalb der Ausdruck „die Bestimmungen dieses Gesetzes" im neuen cUWG beibehalten wird. Danach erfüllt § 2 cUWG die Auffangfunktion der Generalklausel.

2. *Inhaltsverwandlung und Tatbestand des § 2 cUWG*

§ 2 cUWG 2019 besteht aus drei Sätzen. Inhaltlich schreibt § 2 Abs. 1 cUWG 2019 vor, dass das Unternehmen in Produktions- und Vertriebsaktivitäten den Grundsätzen der Freiwilligkeit, Gleichheit, Gerechtigkeit und von Treu und Glauben folgen, das Gesetz und die allgemein anerkannten Verkehrssitten einhalten muss. Zudem ist das „Einhalten des Gesetzes" in § 2 Abs. 1 ein neuer Inhalt und wird nicht im cUWG 2017 normiert.

Darüber hinaus revidiert der Gesetzgeber den Inhalt des § 2 Abs. 2 cUWG 1993. Hiernach ist das Interesse der Verbraucher ein Kriterium für die Beurteilung unlauterer Wettbewerbshandlungen geworden. Gemäß § 2 Abs. 2 cUWG 2019 wird ein Verhalten, das die rechtmäßigen Rechte und Interessen der anderen Unternehmen oder Verbraucher verletzt, als unlautere Wettbewerbshandlung angesehen. Ein solcher Ausdruck wird im § 2 cUWG 1993 nicht vorgeschrieben. Dieser Unterschied führt zu jeweils eigenen Entscheidungsgedanken zur unlauteren Wettbewerbshandlung. Nach früherer Ansicht des Ch-OVGH sollte die Heranziehung von § 2 cUWG 1993 als das gerichtliche Entscheidungskriterium die folgenden Voraussetzungen gleichzeitig befriedigen. Die erste Voraussetzung ist, dass es in den geltenden Gesetzen keine Vorschrift über die streitige Wettbewerbshandlung gibt. Die zweite Voraussetzung ist die Bestätigung, dass eine Verletzung der legalen Rechte und Interessen des Unternehmers vorliegt. Die dritte Voraussetzung ist, dass gegen den Grundsatz von Treu und Glauben und die allgemein anerkannten Verkehrssitten verstoßen wird.[689] Der zweiten Voraussetzung kann jedoch nicht gefolgt werden. Rechtsdogmatisch wird diese aus § 2 Abs. 2 cUWG 1993 abgeleitet. Während gemäß § 2 Abs. 2 cUWG 1993 nur die Interessen des Unternehmers als wettbewerbsgesetzlich geschützter Gegenstand angesehen wird, stellen nach dem neuen § 2 cUWG die Interessen von Verbrauchen und der Allgemeinheit ein

---

688 Hinweis des Obersten Volksgerichts über die Abgabe von Stellungnahmen zu mehreren Fragen im Zusammenhang mit Gerichtsverfahren in Bezug auf geistiges Eigentum, die unter der gegenwärtigen Wirtschaftslage dem Gesamtziel dienen 最高人民法院关于当前经济形势下知识产权审判服务大局若干问题的意见.

689 Das Oberste Volksgericht der VR China, Nr. 1065(2009) 最高人民法院 (2009) 民申字第1065号民事裁定书.

wichtiges Kriterium für die Beurteilung der unlauteren Wettbewerbshandlung dar. Allerdings bedeutet der Schutz dieser vielfältigen Interessen nicht, dass das neue cUWG ein absolutes Ausschließlichkeitsrecht schafft. Dieses Gesetz ist auf die Regulierung über die Wettbewerbshandlung aufgerichtet, bei der Beurteilung der unlauteren Wettbewerbshandlung steht nicht das Bestehen der schutzbaren Rechtsinteressen, sondern die Lauterkeitsprüfung in Bezug auf das streitigen Wettbewerbsverhalten selbst im Vordergrund, was oben schon beschrieben worden ist.

§ 2 Abs. 3 des neuen cUWG wie § 2 Abs. 3 cUWG 1993 beziehen sich auf die Begriffsbestimmung des „Unternehmers". § 2 Abs. 3 des neuen cUWG definiert den Unternehmer als eine juristische Person, eine andere Wirtschaftsorganisation oder eine Einzelperson, die auf dem Gebiet des Warenverkehrs oder einer auf Gewinn gerichteten Dienstleistung tätig ist. In China bestehen zwei Theorien zum Beurteilungskriterium des „Unternehmers". Die erste ist die „Qualifikationstheorie", wonach die Erteilung eines Gewerbescheins erforderlich ist. Eine auf dem Gebiet von Warenabsatz oder der Dienstleistungen tätige Person kann nur dann als Unternehmer i. S. d. cUWG qualifiziert werden, wenn sie einen offiziellen Gewerbeschein hat. Die zweite ist die sogenannte „Verhaltenstheorie". Nach dieser Theorie gilt eine Person, die keinen Gewerbeschein hat, als Unternehmer i. S. d. cUWG, sofern sie erwerbswirtschaftlich tätig ist.[690] Die Qualifikationstheorie wird heute nicht akzeptiert, weil sie offensichtlich im Widerspruch zur ökonomischen Lebenswelt steht, in der es schon viele rechtmäßige, aber ohne Gewerbeschein tätige Unternehmen gibt. Zudem verliert die Qualifikationstheorie die Fähigkeit, Probleme wie die Feststellung der Haftung des gesetzlichen Vertreters oder des Angestellten des Unternehmens zu lösen.[691]

3. Konkretisierung des § 2 Abs. 1 cUWG im Internetbereich

Im Schrifttum ist umstritten, welcher Absatz als Generalklausel zu würdigen ist. Teilweise wird vertreten, dass § 2 Abs. 1 cUWG die Generalklausel sei.[692] Teilweise sieht aber die Lehre den ganzen § 2 cUWG als Generalklausel.[693] Die überwiegende Ansicht in gerichtlichen Entscheidungen vertritt, dass als § 2 Abs. 2 cUWG § 2 Abs. 1 cUWG ein entscheidender Faktor für Generalklausel ist.[694]

690 Kong, Pandect, S. 178 f.
691 Kong, Pandect, S. 179 ff.
692 Xie, S. 31 f.
693 Wang, Untersuchung über die Erweiterung des lauterkeitsrechtlichen Geltungsbereichs, ZGCAS 64, 74; Zheng/Fan, SRW 124, 131.
694 Das Oberste Volksgericht der VR China, Nr. 1065 (2009) 最高人民法院 (2009) 民申字第1065号民事裁定书.

A. *Umsetzung des § 2 Abs. 1 cUWG durch Rechtsprechung*

Laut § 2 Abs. 1 cUWG müssen die Unternehmer im Marktverkehr den Grundsätzen der Freiwilligkeit, Gleichheit, Gerechtigkeit und von Treu und Glauben folgen sowie das Gesetz und die Geschäftsethik beachten. Demnach wird die streitige Wettbewerbshandlung als eine unlautere Wettbewerbshandlung beurteilt, wenn sie gegen das Gesetz oder den Grundsatz von Glauben und Treue oder die Geschäftsethik verstößt. Während ein Verstoß gegen das Gesetz relativ leicht zu erkennen ist, werden der Grundsatz von Treu und Glauben und die Geschäftsethik abstrakt gedacht.

Als ein wichtiger Grundsatz im Zivilrecht und eine grundlegende Verhaltensrichtlinie der zivilen Tätigkeiten räumt der Grundsatz von Treu und Glauben dem Richter einen gewissen Spielraum ein. Dieser Grundsatz ist nicht auf einen konkreten Sachverhalt ausgerichtet, auch wenn das Ch-OVGH einige juristische Dokumente veröffentlicht hat, um den Spielraum gewissermaßen einzuschränken. Demnach wird die allgemein anerkannte Verkehrssitte als Konkretisierung des Prinzips von Treu und Glauben angeboten.[695] Dies wird in Rechtspraxis allgemein akzeptiert.[696] Darüber hinaus hat der Ch-OVGH in seinen Entscheidungen weiter darauf hingewiesen, dass die allgemein anerkannte Verkehrssitte eher durch die in einem bestimmten Geschäftsbereich bestehende Geschäftsethik von ökonomisch agierenden Menschen widerspiegelt werden kann.[697] Dies zeigt den Umstellungsprozess des § 2 Abs. 1 cUWG: Vom Grundsatz von Treu und Glauben bis hin zur allgemein anerkannten Verkehrssitte und schließlich zu der in einem bestimmten Geschäftsbereich bestehenden Geschäftsethik des ökonomischen Menschen gehen die Auslegungsmaßstäbe. Dadurch wird § 2 Abs. 1 cUWG nach und nach konkretisiert.

Trotz aufkommender Zweifel an der Anwendungsvoraussetzung des Wettbewerbsgesetzes setzt die gerichtliche Beurteilung der streitigen Wettbewerbshandlung gewöhnlich voraus, dass ein Wettbewerbsverhältnis zwischen dem Kläger

---

695 Hinweis des Obersten Volksgerichts über die Abgabe von Stellungnahmen zu mehreren Fragen im Zusammenhang mit Gerichtsverfahren in Bezug auf geistiges Eigentum, die unter der gegenwärtigen Wirtschaftslage dem Gesamtziel dienen关于当前经济形势下知识产权审判服务大局若干问题的意见; Hinweis zu mehreren Fragen im Zusammenhang mit der Förderung der Entwicklung und des Wohlstands der sozialistischen Kultur und der koordinierten und unabhängigen wirtschaftlichen Entwicklung durch die volle Ausschöpfung der Funktion von Prozessen zum geistigen Eigentum 关于充分发挥知识产权审判职能作用推动社会主义文化大发展大繁荣和促进经济自主协调发展若干问题的意见.

696 Das Oberste Volksgericht der VR China, Nr. 5 (2013) 最高人民法院 (2013) 民三终字第5号民事判决书; Das Oberste Volksgericht der VR China, Nr. 1065 (2009) 最高人民法院 (2009) 民申字第1065号民事裁定书.

697 Das Oberste Volksgericht der VR China, Nr. 1065 (2009) 最高人民法院 (2009) 民申字第1065号民事裁定书.

und dem Beklagten vorliegt.[698] Vor diesem Hintergrund ist allerdings zu beachten, dass aus einem gegen die Prinzipien des cUWG verstoßenden Wettbewerbsverhalten nicht abgeleitet werden kann, dass dieses Verhalten unbedingt ein unlauteres Wettbewerbsverhalten i. S. d. cUWG ist. Daher ist nach der Feststellung des Wettbewerbsverhältnisses weiter zu analysieren, ob das streitige Verhalten gegen diese Grundsätze verstößt.

B. Kritik

In der Literatur finden sich überwiegend Meinungen, die § 2 Abs. 1 cUWG als Generalklausel kritisch gegenüberstehen. Sie halten es eher für angemessen, § 2 Abs. 2 cUWG als Generalklausel des cUWG zu betrachten, da im Vergleich mit den oben genannten Defiziten der Absatz 2 der Norm eine konkrete Bestimmung der durch unlauteren Wettbewerb verursachten Ergebnisse enthält und er somit funktionsfähiger und zielgerichteter ist, um die Zulässigkeit eines streitigen Wettbewerbsverhalten zu bemessen.[699] Zurzeit setzt sich *Jiang* für die systemische Trennung der Moral und der Generalklausel ein.[700]

Aus ökonomischer Sicht sieht sie einerseits den Vorteil des allgemein anerkannten Handelsbrauches darin, dass er die soziale Wohlfahrt optimieren könne, denn der allgemein anerkannte Handelsbrauch richte sich auf substanzielle Gerechtigkeit. Andererseits sei er in der Lage, bei der Lösung komplexer Probleme erhebliche Vorteile mit geringer Fehlerwahrscheinlichkeit zu erzielen.[701] Trotzdem weist sie sich darauf hin, dass der allgemein anerkannte Handelsbrauch Defizite zeige. Erstens sei der moralische Standard pluralistisch, während das Spiel des Marktwettbewerbs im Allgemeinen universell und nachweisbar sei. Ein pluralistischer Moralstandard bedeute zugleich, dass die Moral keine klaren Verhaltensgrenzen und -richtlinien für den Wettbewerber biete. Zweitens seien die Moral und der Handelsbrauch ein Szenario der Interessenausgleichslösung, die in einer bestimmten Epoche geformt würden, d. h., sie könnten dem aktuellen Zeitablauf möglicherweise hinterherhinken. Absehbar sei auch, dass eine vernünftige gesetzliche Regelung allmählich eine Kluft zu den Bedürfnissen der Gesellschaft aufweisen werde. Hier stelle die Verkehrssitte keine Ausnahme dar. Die Aufgabe der Generalklausel betreffend sei sie nach dieser Meinung auch eine andere als die der Verkehrssitte. Die Verkehrssitte sei eine Gewohnheit in einem festgelegten Geschäftsbereich, während sich die Generalklausel des cUWG auf die unabsehbare Wettbewerbshandlung im gegenwärtigen oder wohl neuen Geschäftsbereich richten solle. Im Hinblick auf die rasche Entwicklung der Technologie verfüge

698 Jiao, Kritik an Pragmatismus Ch-R 150, 155 f.

699 Yu, CAJ 112,120; Jiang, Die Anwendung der lauterkeitsrechtlichen Generalklausel, EGE 44, 49.

700 Dazu und folgende Jiang, Die Anwendung der lauterkeitsrechtlichen Generalklausel, EGE 44, 44 ff.; Jiang, Faktoren der Geschäftspraxis, LR 72, 72 ff.

701 Jiang, Faktoren der Geschäftspraxis, LR 72, 73.

deswegen nicht jedes Wettbewerbsverhalten über einen messbaren ethischen Beurteilungsrahmen. Aus diesem Grund sei die allgemein anerkannte Verkehrssitte nicht geeignet, ein zurzeit ungewöhnliches Wettbewerbsverhalten zu beurteilen, das eine neue Interessenstruktur auf dem Markt formen könne.[702]

Zusammenfassend ist ein nicht der bestehenden Geschäftsmethode entsprechendes Wettbewerbsverhalten nicht unbedingt unlauter. Zugleich ist ein dem bestehenden Geschäftsmodell entsprechendes Wettbewerbsverhalten nicht unbedingt vollständig zulässig. Dies zeigt, dass der Standard der Lauterkeitsprüfung objektiviert werden muss.[703]

C. Stellungnahme

Für *Vinton Cerf* („Vater des Internets" und Erfinder des TCP-IP-Protokolls) und sein Team ist der Hauptzweck der Ausgestaltung des Internets, ein offenes und zugängliches System herzustellen.[704] Aus dem Beitrag dieses Gestaltungskonzepts kann heute jedermann ein Segment des Internets aufbauen, solange er die Internetprotokolle befolgt, die dementsprechende Software nutzt und einen Punkt generiert, der ihm den Zugriff von anderen Akteuren und auf andere Akteure ermöglicht. Mangels einer zentralen Kontrollverbindung wird das gesamte Internetsystem organisch wachsen. Daher kann man davon ausgehen, dass das Internet grundsätzlich für alle Menschen offen ist. Nachdem am 1.1.1983 das ARPANET (The Advanced Research Projects Agency Network) offiziell auf die Protokollfamilie TCP/IP umgestellt wurde, entwickelt sich das Internet wie ein Lebewesen organisch und dehnt sich weltweit rasch aus.

Die Merkmale des Internets beziehen sich nach der Ansicht von *Hu*, die der Chinesischen Akademie für Ingenieurwesen angehört, auf folgende Aspekte: Der erste Aspekt ist die durch Informationsgerechtigkeit geförderte soziale Gerechtigkeit; die Öffnung und die freie Zugänglichkeit werden als zweiter Aspekt und das Grundprinzip des Internets angesehen; die von der Basis ausgehende Initiative bildet als dritter Aspekt ein wichtiges Element des Internetgeistes; der vierte Aspekt des Internets ist die Netzneutralität und schließlich ist das Internet ein Bereich mit unendlichem Innovationspotenzial.[705]

Es lässt sich sagen, dass die Netzzusammenschaltung das zentrale Merkmal des Internets ist. Die vollständige und ungehinderte Nutzung und Verbreitung vorhandener Informationen im Internet stehen im Einklang mit dem Informationsaustausch als Position des Internets. In Anbetracht dessen steht die gegen eine Internetentwicklung oder das gemeinsame Interesse der Internetunternehmer

702 Jiang, Die Anwendung der lauterkeitsrechtlichen Generalklausel, EGE 44, 46 f.; Jiang, Faktoren der Geschäftspraxis, LR 72, 78 f.

703 Jiang, Formale und materielle Funktionen der Generalklausel, SRW 140, 144.

704 In Vint Cerf's Future, Internet Packets Fall from Sky, abrufbar unter: https://internethalloffame.org/blog/2012/04/11/vint-cerfs-future-internet-packets-fall-sky.

705 Hu, NG 1, 6 f.

verstoßende Handlung im Widerspruch mit dem grundlegenden Gedanken des Internets. Zudem ergeben sich die Kernpunkte, der Grundsatz von Glauben und Treu sowie die Geschäftsethik, in gewissem Maße aus der traditionellen „offline" erfolgenden Wirtschaftstätigkeit. Das Wettbewerbsgesetz sollte die Wertkonzepte des Internets wie „Öffnung und freie Zugänglichkeit, Austausch und Effizienz" berücksichtigen.

In Bezug auf die Frage nach dem Beurteilungskriterium der Unlauterkeit zeichnen die akademischen Kreise noch kein einheitliches Bild. Um die unterschiedliche Interessenlage im Wettbewerb abzuwägen, vertritt *Fan* den Standpunkt, dass die allgemein anerkannte Verkehrssitte nur dann als eines der Beurteilungskriterien des unlauteren Wettbewerbsverhaltenes angesehen wird, wenn sie selbst eine im Einklang mit dem Ziel des cUWG stehende Verkehrssitte ist und zugleich ihre Anwendung mit dem grundgesetzlichen Gedanken verbinden soll.[706] *Jiang* geht von einer ökonomischen Analyse aus und denkt, dass die Markwirkung mehr als der Moralstandard passe, um zu beurteilen, ob die streitige Wettbewerbshandlung legitim ist.[707] Die Ansicht des Richters *Yu* stellt auf eine Kombination dieser beiden Auffassungen ab.

Dieser Artikel folgt den Ansichten von Richter Yu. Bei Anwendung der Generalklausel zur Beurteilung der unlauteren Wettbewerbshandlung sollen einerseits sowohl das auf Förderung des Wettbewerbes aufgestellte Ziel des cUWG als auch die Interessen von Unternehmern, Verbrauchern und Allgemeinheit in Betracht gezogen werden.[708] Andererseits soll die Markwirkung des Wettbewerbsverhalten wie ein klassisches Beispiel für das Phänomen, dass „das schlechte Geld das gute verdrängt", berücksichtigt werden.[709] Schlussendlich ist bei Anwendung der Generalklausel zur Beurteilung einer streitigen Wettbewerbshandlung das Kriterium „der allgemein anerkannten Verkehrssitte" in der Literatur abzulehnen, die Ziele des cUWG und die Markwirkung der Wettbewerbshandlung sind als Beurteilungsfaktoren anzuerkennen.

Fraglich ist jedoch, wie die Darstellung des „Verstoßes gegen dieses Gesetz" in § 2 Abs. 2 cUWG erklärt werden soll, soweit § 2 Abs. 2 cUWG allein als Generalklausel gelten soll. In der Regel bezieht sich der Begriff „Verstoß gegen dieses Gesetz" auf die wettbewerbsrechtlichen Grundprinzipien, die in § 2 Abs. 1 cUWG dargestellt werden.[710] Dies zeigt den engen Zusammenhang zwischen § 2 Abs. 1 cUWG und § 2 Abs. 2 cUWG. § 2 Abs. 2 cUWG allein als Generalklausel anzusehen, steht nicht in Übereinstimmung mit seinem Wortlaut. Nach hier vertretener Auffassung sind § 2 Abs. 1 cUWG i. v. m. § 2 Abs. 2 cUWG als Generalklausel zu qualifizieren.

---

706 Fan, JR 84, 94 i. V. m. 89.
707 Jiang, Formale und materielle Funktionen der Generalklausel, SRW 140, 146.
708 Yu, CAJ 112, 120.
709 Yu, CAJ 112, 124.
710 Kong, Pandect, S. 244.

IV. Lauterkeitsbewertung des Web-Crawlers

Anlass für die Anwendung eines Web-Crawler können viele Bedürfnisse geben. Eine aus rechtlicher Sicht verbindliche Typologie besteht derzeit nicht. Typischerweise bezieht sich die Anwendung des Web-Crawler auf zwei Subjekte: seinen Betreiber und die abgerufene Website. Da die Nutzung des Web-Crawlers keine Berücksichtigung in den Internetklauseln des cUWG findet, wird das Gericht in Rechtspraxis der Generalklausel mehr Gewicht verleihen. Zugleich sollte man beachten, dass das Vorliegen eines Wettbewerbsverhältnisses in der Rechtspraxis noch als Anwendungsvoraussetzung des cUWG angesehen wird. Generell ist zunächst zu untersuchen, ob ein Wettbewerbsverhältnis zwischen dem Betreiber des Web-Crawlers und der abgerufenen Website besteht.

1. Grundlegender Analyserahmen

Der Begriff und das Merkmal des Wettbewerbsverhältnisses werden nicht im cUWG erwähnt. Das Kriterium „Wettbewerbsverhältnisses" wird im Schrifttum weiter konkretisiert. Hiernach geht es bei Beurteilung des Wettbewerbsverhältnisses zuerst um die Wettbewerbshandlungen, die im Allgemeinen entweder in einer unangemessenen Erhöhung des eigenen Wettbewerbsvorteils oder im Untergraben und der Reduzierung des Wettbewerbsvorteils der Konkurrenten liegen.[711] Zugleich könnten sie sich sowohl speziell auf die Konkurrenten als auch speziell auf die Verbraucher ausrichten. Umgekehrt lässt sich sagen, dass nicht nur die bestimmten Unternehmer, sondern auch die unbestimmten Unternehmer durch eine unangemessene Wettbewerbshandlung absichtlich angegangen werden könnten. Unter der am Verbraucher orientierten Wettbewerbshandlung kann man die auf die unbestimmten Unternehmer zielende Wettbewerbshandlungen verstehen, in denen das Verhältnis zwischen beiden Streitparteien ein mittelbares Wettbewerbsverhältnis ist.[712]

Wenn eine Wettbewerbshandlung auf einen bestimmten Wettbewerber zielt und die Streitparteien im gleichen Bereich tätig sind, ist ein unmittelbares Wettbewerbsverhältnis leicht erkennbar. Sofern der Handlungszweck die unangemessene Erhöhung des eigenen Wettbewerbsvorteils ist und dadurch die Interessen des unbestimmten Wettbewerbers beeinträchtigt werden, könnte eine auf den unbestimmten Wettbewerber zielende Wettbewerbshandlung als unlautere Wettbewerbshandlung i. S. d. cUWG angesehen werden, weil die Interessen des unbestimmten Wettbewerbers eine Wettbewerbsordnung repräsentieren können.[713]

In einer anderen Situation, in der die Wettbewerbshandlung gegen einen bestimmten Unternehmer gerichtet ist, der in einem anderen Geschäftsbereich

711 Dazu und folgend Jiao, Kritik an Pragmatismus Ch-R 150, 158 ff.

712 Jiao, Kritik an Pragmatismus Ch-R 150, 159.

713 Jiao, Kritik an Pragmatismus Ch-R 150, 158.

tätig ist, könnte das Verhältnis zwischen beiden Parteien als mittelbares Wettbewerbsverhältnis anzusehen sein, wobei die Verletzung der Interessen des anderen Unternehmens als eine mittelbare Verletzung verstanden wird. Beispielsweise sieht der Gesetzgeber eine unlautere Wettbewerbshandlung in einer solchen, die den Namen, die Verpackung oder die Dekoration einer bekannten Ware kopiert und sie in einer nicht identischen oder unähnlichen Ware nutzt, sodass eine Verwechslung oder Fehlidentifikation hervorgerufen und damit das Prinzip des Marktwettbewerbs beeinträchtigt wird.[714] Auffallend dabei ist aber nicht, dass diese Handlung einen unlauteren Wettbewerb für den betroffenen Unternehmer der nachgeahmten Waren ist, sondern, dass der Akteur mit seinem Wettbewerber auf unlautere Weise in Konkurrenz steht.[715]

Allerdings ist den chinesischen Rechtsgelehrten bewusst, dass der begriffliche Umfang des Wettbewerbsverhältnisses von den Gerichten allmählich erweitert wird. Es kommen Zweifel an dem Wettbewerbsverhältnis als Ausgangspunkt für Beurteilung von Fällen unlauteren Wettbewerbs auf.[716] Sie befürworten, statt des Wettbewerbsverhältnisses die Lauterkeit der streitigen Wettbewerbshandlung als Ausgangspunkt zu wählen.[717] Man kann jedoch sicherstellen, dass sowohl im mittelbaren Wettbewerbsverhältnis als auch im unmittelbaren Wettbewerbsverhältnis die Frage nach der Lauterkeit der streitigen Wettbewerbshandlung immer als ein Kernpunkt behandelt wird. Schließlich ist die Verhaltenslegitimität stets das Schlüsselkriterium für die Bewertung eines Falls von unlauterem Wettbewerb.

2. Die robots.txt-Datei als eine allgemein anerkannte Verkehrssitte?

Umstritten, ob die robots.txt-Datei als ein Kriterium für die Bewertung der Lauterkeit der streitigen Wettbewerbshandlung verwendet werden kann. Chinesische Gerichte vertreten die Ansicht, dass einerseits zwar die robots.txt-Datei als Protokoll bezeichnet werde, sie aber im Wesentlichen eine technische Ordnung sei, die darauf hinweise, welche Inhalte von einem Web-Crawler gecrawlt werden dürfen und welche nicht, weshalb sie nicht als eine rechtliche Vereinbarung oder ein Vertrag qualifiziert wird. Andererseits ist angesichts der Tatsache, dass sie von der gesamten Internetbranche anerkannt und eingehalten wird, die robots.txt-Datei als eine allgemein anerkannte Verkehrssitte i. S. d. cUWG zu qualifizieren. Im Anschluss daran soll den Suchmaschinenbetreiber für die Nichtbeachtung der

---

714 Antwort der Staatlichen Verwaltung für Industrie und Handel über die qualitative Behandlung der unbefugten Verwendung von gleichen oder ähnlichen Namen, Verpackungen und Dekorationen, die bekannten Produkten anderer Hersteller eigen sind, bei nicht identischen und nicht ähnlichen Produkten (1998) Nr. 267.国家工商行政管理局关于在非相同非类似商品上擅自将他人知名商品特有的名称、包装、装潢作相同或者近似使用的定性处理问题的答复. 工商公字(1998)第267号.

715 Jiao, Kritik an Pragmatismus Ch-R 150, 160 f.

716 Chen, Rw 18, 18; Feng, TR 175, 175; Siehe auch oben, 5. Kapitel, § 2, 2, B.

717 Chen, Rw 18, 18.

robots.txt-Datei die rechtliche Haftung treffen.[718] Dementsprechend hat das Erste Mittlere Volksgericht Beijing in anderen Fällen betont, dass der klagende Internetbetreiber seine Rechte wirksam schützen könne, sofern er eine die robots.txt-Datei eingerichtet hat.[719] Einige Gelehrte haben Kenntnis von entsprechenden gerichtlichen Entscheidungen genommen und meinen dass die Rechtswirksamkeit der robots.txt-Datei vom Gericht anzuerkennen sei, solange sie vom Internetbetreiber verwendet wird.[720]

Es bleibt jedoch äußerst fragwürdig, ob die robots.txt-Datei als eine allgemein anerkannte Verkehrssitte angesehen werden kann. Erstens ist – wie oben aufgeführt – festzuhalten, dass sich die allgemein anerkannte Verkehrssitte selbst für Beurteilung des unlauteren Wettbewerbsverhaltens als ungeeignet erweist. Zweitens kann aus der gerichtlichen Ansicht nur abgeleitet werden, dass die Nichtverwendung der robots.txt-Datei als Nachweis der stillschweigenden Erlaubnis für Datencrawling gelten kann. Doch gilt ihre Nutzung nicht als Grundlage der Ablehnung des angemessenen Datencrawlings. Überzeugender ist daher, dass das Internet eine öffentliche, gleiche, koordinierbare und gemeinsame Wertkonzeption betont und die Entwicklung der Internetgeschäfte auf eine Rahmenbedingung des freien Wettbewerbs angewiesen ist. Bei Anerkennung der robots.txt-Datei als eine allgemein anerkannte Verkehrssitte müssen daher die Interessen der Verbraucher und anderen Internetunternehmer beachtet werden. Solange der Internetbetreiber mittels der robots.txt-Datei die Ausgabe von Informationen kontrollieren kann, werden die Informationskosten für die Konsumentscheidungen steigen, weshalb beim Aufstellen der robots.txt-Datei die vielfältigen Interessenlagen gegeneinander abzuwägen sind.[721] Darüber hinaus könnte die Marktposition dieser Internetunternehmer durch die robots.txt-Datei weiter gestärkt werden, weil der Wettbewerb im mehrdimensionalen Geschäftsbereich tätig sein kann, wenn z. B. die größte Firmensuchmaschine „Baidu" sowohl als eine Suchmaschine als auch ein Inhaltsdienst ist. So besteht die Möglichkeit, dass ein in der Suchmaschinenbranche tätiger Internetunternehmer marginalisiert wird. Aus diesen Gründen wird die robots.txt-Datei nicht als Kriterium für die Lauterkeitsbewertung der Nutzung des Web-Crawler qualifiziert.

---

718 Das Erste Mittlere Beijing-Volksgericht, Nr. 2668 (2013) 北京市第一中级人民法院民事判决书 (2013) 一中民初字第2668号.

719 Das Erste Mittlere Beijing-Volksgericht, Nr. 6273 (2006) 北京市第一中级法院 (2006) 一中民初字第6273号民事判决书; Das Erste Mittlere Shanghai-Volksgericht, Nr. 23(2009) 上海市第一中级法院 (2009) 沪一中民五(知)初字第23号民事判决书.

720 Zhang, Die Anwendung der lauterkeitsrechtlichen Generalklausel, Rw 46, 50; Yang/Qu, Rw 30, 30.

721 Fan, JR 84, 92.

3. *Interessenabwägung*

Greift der Nutzer des Web-Crawlers ohne Erlaubnis des Internetunternehmers auf dessen Daten zu, soll er nach einer Entscheidung des Volksgerichts für Geistiges Eigentum Shanghai die wettbewerbsgesetzliche Verantwortung dafür tragen.[722] Die chinesischen Gelehrten melden Zweifel daran an, denn einerseits ist die robots.txt-Datei selbst nicht als die allgemein anerkannte Verkehrssitte i. S. d. § 2 Abs. 1 cUWG zu verstehen, andererseits wird § 2 Abs. 1 cUWG selbst bei der Bewertung der Verhaltenslegitimität nicht qualifiziert. Seiner Meinung nach ist es sachgerechter, § 2 Abs. 2 cUWG als ein substanzielles Kriterium zu betrachten.

A. Interessen des Verbrauchers und sonstigen Unternehmers

Nach § 1 cUWG i. V. m. § 2 Abs. 2 cUWG müssen regelmäßig bei der Lauterkeitsbewertung der streitigen Wettbewerbshandlung sowohl die Verkehrsordnung als auch die Interessen von Verbrauchern und anderen Unternehmern Beachtung finden.

Verbraucher haben ein Interesse, die Freiheit zu genießen, sich ungehindert aus öffentlichen Quellen informieren zu dürfen. Durch den fokussierten Web-Crawler können die vom Internetbenutzer gewollten Informationen erreicht werden. Als Grundeinstellung im Internetbereich der Öffentlichkeit erleichtert das Suchmaschinenunternehmen zudem das Auffinden von massiven Informationen, d. h., es kann als ein integraler Bestandteil des Dienstes an den Interessen der Öffentlichkeit gelten. Zugleich ist die Suchmaschinentechnik auf den Web-Crawler angewiesen, wobei der unfokussierte Web-Crawler eine wichtige Rolle spielt. Ohne Web-Crawler wird die Suchmaschine nicht in der Lage sein, ihre Dienstleistung zu erfüllen, ohne sie würden die Internetbenutzer möglicherweise von dem riesigen Informationsfluss im Netzwerk überwältigt werden. Aufgrund der Technikbedürftigkeit kann der Internetbenutzer selbst oder mithilfe der Suchmaschine die gewünschten Informationen im Internet erhalten.

Die Netzzusammenschaltung ist ein wichtiger Baustein zum Aufbau des Internets und ein Mittel zur Förderung der Internetwirtschaft. Doch hat die derzeitige Internetindustrie eine ständig wachsende „hohe Mauer“ gegenüber der Datenverarbeitung und dem Datenzugriff errichtet. Dass beispielsweise das Internetunternehmen Baidu in China, das sowohl das größte Suchmaschinenunternehmen darstellt als auch im Bereich der Inhaltsdienste tätig ist, mittels der robots.txt-Datei nicht nur das kleine Suchmaschinenunternehmen 360 verdrängt, sondern auch die größte Sozialnetzplattform Weixin gegen Konkurrenten wie Didi, Taobao und Tiktok abschirmt, steht im Widerspruch zum Wertkonzept des Internets und den Interessen der Internetbenutzer.[723] Um eine Datenhegemonie zu vermeiden, sollte daher die Verwendung von Daten-Crawlern nicht streng verboten werden.

---

722 Shanghai Volksgericht für Geistiges Eigentum, Hu 73, Nr. 242 (2016) 上海知识产权法院 (2016) 沪73民终242号 (2016) 沪73民终242号民事判决书.

723 Fan, BAT, 20.11.2020.

B. Einschränkung der Nutzung des unfokussierten Web-Crawlers

Im Internetgeschäft sind die am direktesten mit robots.txt konfrontierten Websitebetreiber die Suchmaschinen- und die Onlineinhaltsdienste. Zweifellos ist die robots.txt-Datei nicht die Rechtsgrundlage für die Trennung der Verbindung von Web-Crawler und Website und zudem sollte die Verwendung des Web-Crawlers dem Prinzip des Interessenausgleichs folgen.[724]

Mit der Verwendung des unfokussierten Web-Crawlers entsteht in der Regel eine Win-win-Situation: Die Suchmaschine ermöglicht eine effiziente Informationsgewinnung und -aggregierung und dadurch werden viele Benutzer angezogen. Zugleich kann der Betreiber der Website profitieren, weil diese durch die Suchmaschine bekannt gemacht wird. Allerdings kann ein Interessenkonflikt dadurch erzeugt werden, dass sich die Suchmaschine auf andere Geschäftsbereiche erstrecken möchte und der aus anderen Websites gewonnene Inhalt anschließend auf der Website der Suchmaschine präsentiert wird. Unter diesen Umständen könnten die Internetbenutzer möglicherweise nicht gewillt sein, die jeweilige Website zu besuchen. Daher wird die Einführung einer Einschränkung der Verwendung des unfokussierten Web-Crawlers in Betracht gezogen. Zunächst ist bei Ausgestaltung des Beschränkungsinstrumentes den Interessen von Website, Privaten und der Öffentlichkeit gemeinsam Rechnung zu tragen. Dementsprechend darf der Website-Inhaber nicht durch die robots.txt-Datei der Suchmaschine verbieten, den Inhalt seiner Website zu crawlen. Das Crawling sollte sich zugleich in einem vernünftigen Rahmen vollziehen und das Interesse der zugegriffenen Website nicht beeinträchtigen.

Im Schrifttum werden konkretisierte Kriterien für die Abwägung dieser abweichenden Interessenlage angegeben, die diese Arbeit unterstützt. *Ding* geht zuerst von der Kontexttheorie aus und ist der Ansicht, dass sowohl der Schutz des Interesses des Individuums als auch der Schutz des Interesses von Unternehmen an den konkreten Kontext geknüpft ist. Ausgehend von der Kontexttheorie reiht er die mit der Verwendung des Web-Crawlers tangierten Rechtsfiguren auf. Ganz oben auf der Leiter stuft er den Privatsphärenschutz der Internetbenutzer ein. Einerseits habe der Privatsphärenschutz Vorrang vor dem Schutz der unternehmerischen Interessen; andererseits solle unter der Prämisse des Privatsphärenschutzes die Verbesserung von Datenaustausch und Netzzusammenschaltung vorangetrieben werden. In der nächsten Stufe sei die Eigenschaft des Internetunternehmens zu berücksichtigen. Grundsätzlich sei es zulässig, wenn der Web-Crawler von einer öffentlichen Stelle zum Zweck von Interessen der Allgemeinheit verwendet wird. Um das Datenmonopol zu verhindern, solle es in gewissem Maße erlaubt sein, dass die zu größeren Unternehmen gehörigen Rohdaten durch Dritte durchsucht werden. In der niedrigsten Stufe komme der Verwendungszweck oder -bereich der zugegriffenen Daten in Betracht. Bei dieser Stufe gehe es um den

724 Fan, JR 84, 91.

lauterkeitsrechtlichen Streit. Es wird als wettbewerbswidrige Trittbrettfahrerei angesehen, wenn der Verwender des Web-Crawlers die erlangten Daten im selben oder ähnlichen Geschäftsbereich wie das durchsuchte Internetunternehmen verwendet. Im Umkehrschluss sei es zulässig, wenn die erlangten Daten in einem anderen Kontext verwendet werden.[725]

C. Strenge Einschränkung der Nutzung des fokussierten Web-Crawlers

Der Web-Crawler selbst und seine Nutzungsart sind zwei völlig verschiedene Dinge. Wegen des Grundsatzes der Technologieneutralität darf der Web-Crawler selbst nicht als ein illegales Werkzeug anzusehen sein. Doch könnte die Nutzung des Web-Crawlers zum rechtlichen Streit führen, weshalb sie sich grundsätzlich unter die robots.txt-Datei und in den technischen Mitteln des Anti-Crawlers fügen soll.

Im Vergleich zum unfokussierten Web-Crawler hat der fokussierte einen konkreten und bestimmten Zweck, die begehrten Daten aus einer anderen Website herunterzuladen. Diese Daten besitzen einen vergleichsweise höheren Wirtschafts- oder Forschungswert, anderenfalls hätte der Verwender des Web-Crawlers keinen Beweggrund, ein Computerprogramm zur fokussierten Suche zu schreiben. Um diesen Zweck zu erreichen, muss der Betreiber des Web-Crawlers die Daten einzelner Websites vorbestimmen und dann kontinuierlich durchsuchen. Je öfter der fokussierte Web-Crawler die gezielte Website besucht, desto größerer ist der Betriebsdruck der Website. Eine weitere Konsequenz der kontinuierlichen Suche ist, dass die Zugriffsgeschwindigkeit der konventionellen Benutzer auf die Website begrenzt wird. Dies führt nicht nur zu einer Erhöhung des Zeitaufwandes der Internetbenutzer, sondern auch zu einer Reduzierung der Bedienfreundlichkeit. In dieser Angelegenheit kommt § 12 Abs. 2 Nr. 4 i. V. m. § 2 cUWG in Betracht.

In einem Fall, der sich im Jahr 2019 ereignete, erließ das Eisenbahntransportgericht Hanzou eine Verfügung, die Verwendung des fokussierten Web-Crawlers sei verboten.[726] Dies ist das erste Mal, dass ein chinesisches Gericht die Verwendung des fokussierten Web-Crawlers für nicht erlaubt erklärt hat. Der gerichtlichen Verfügung liegt der Schutz der Interessen von Internetplattform und -benutzern zugrunde.[727] Zum einen sorgt das Gericht sich darum, dass die Verwendung des fokussierten Web-Crawler die im System der durchsuchten Internetplattform gespeicherten personenbezogenen Daten (Informationen) verletzen könnte. Zum anderen vertritt es die Ansicht, dass der fokussierte Web-Crawler

725 Ding, Wem gehören die Daten? ZHWRU 69, 81 ff.

726 Hanzhou Eisenbahntransportgericht, II, Zhe 8601, Nr. 2435 (2019) 杭州铁路运输法院民事裁定书 (2019) 浙8601民初2435号之二; Hanzhou Eisenbahntransportgericht, III, Zhe 8601, Nr. 2435 杭州铁路运输法院民事裁定书 (2019) 浙8601民初2435号之三.

727 Im lauterkeitsrechtlichen Fall ist das chinesische Gericht daran gewöhnt, ein schutzwürdiges Interesse zu bestimmen. Sun/Ou, Vj 77, 77 ff.

nicht nur die Netzwerkbandbreite der durchsuchten Internetplattform belegt und deren Ressourcen für den Dienstleistungsbetrieb der grundlegenden Produkterfahrung eingrenzt, sondern auch die Verletzungsmöglichkeit der datenbezogenen Rechte und Interessen erhöht.[728] Über die gerichtliche Verfügung hinaus ist § 16 des vom „Internet Information Office of China" am 28.5.2019 erlassenen Entwurfs zur Datensicherheits-Verwaltungsmethode zu beachten, wonach der Netzbetreiber, der die automatisierten Mittel zum Zugriff auf die Website und zur Sammlung von Website-Daten verwendet, den normalen Netzbetrieb der zugegriffenen Website nicht behindern darf. Handlungen, die einen starken Einfluss auf den Netzbetrieb haben, beispielsweise, wenn die automatisierte Besucherzahl ein Drittel über der durchschnittlichen täglichen Besucherzahl liegt, sind zu beenden, wenn die durchsuchte Website die automatisierten Besuche und Sammlung untersagt.[729] Auch wenn der Web-Crawler nicht zur Überlastung des Servers führt, könnte er dennoch unzulässig sein, denn das Gericht wird es als Trittbrettfahrerverhalten ansehen, das gegen den Grundsatz von Treu und Glauben verstößt.[730] Unter der Stärkung des Konzepts der Datensicherheit wird die Nutzung des fokussierten Web-Crawler grundsätzlich verboten.[731]

§ 3 In Deutschland

I. Überblick zum UWG

In Deutschland kann das Wettbewerbsrecht im engen Sinne als Lauterkeitsrecht bezeichnet werden, das hauptsächlich im Gesetz gegen den unlauteren Wettbewerb (UWG) geregelt ist.[732] Das Wettbewerbsrecht im weiteren Sinne, das heute unter das Gesetz gegen unlauteren Wettbewerb sowie das Gesetz gegen Wettbewerbsbeschränkungen (Kartellrecht) fällt, entstand erst nach dem Ende der merkantilistischen Geschäftsmodelle des Ancien Régime.[733] Die folgende Darstellung geht auf das Wettbewerbsrecht im engen Sinne ein.

728 Hanzhou Eisenbahntransportgericht, II, Zhe 8601, Nr. 2435 (2019) 杭州铁路运输法院民事裁定书 (2019) 浙8601民初2435号之二.

729 Rundschreiben des Staatlichen Internet-Informationsbüros der Volksrepublik China zur Einholung öffentlicher Stellungnahmen zu den Maßnahmen für die Verwaltung der Datensicherheit (Entwurf für die Einholung von Stellungnahmen) 国家互联网信息办公室关于《数据安全管理办法（征求意见稿）》公开征求意见的通知, abrufbar unter: http://www.gov.cn/xinwen/2019-05/28/content_5395524.htm.

730 Sun/Ou, Vj 77, 81.

731 Yang, Kriminelle Beurteilung von Web-Crawler, RF 185, 186.

732 Vieweg/Fischer, Wirtschaftsrecht, S. 237.

733 Ekey, Grundriss, Rn. 6 i. V. m. Rn. 12.

1. *Entstehung und Einwicklung des UWG*

Im 18. und 19. Jahrhundert entwickelten sich mit Entstehung der Gewerbefreiheit in Europa Freiräume der unternehmerischen Tätigkeit, die vor allem eine rasante industrielle und kommerzielle Entwicklung bedingten.[734] Der Term „unlauterer Wettbewerb" ist eine Übersetzung der „concurrence déloyale", die im französischen Recht im 19. Jahrhundert bereits als ein eigenständiges Rechtsgebiet auftrat. Ursprünglich hinkte die Entwicklung des deutschen Wettbewerbsrechts dem französischen Recht hinterher.[735] Wegen der fortschreitenden Technikentwicklung und der beginnenden Industrialisierung reichten jedoch die Selbstregulierungsmechanismen der Zünfte und Innungen nicht mehr aus. Mit der Gewerbeordnung vom 21.6.1869 wurde der auf den liberalen Grundüberzeugungen jener Zeit ausgerichtete Grundsatz der Gewerbefreiheit eingeführt[736] und es wurden Kräfte des wirtschaftlichen Wettbewerbs freigesetzt.[737] Zwar gab es schon in einzelnen Bundesstaaten Gesetze über den gewerblichen Rechtsschutz. Doch erfüllten sie die Bedürfnisse der Praxis nur bedingt. Nach der Reichsgründung 1871 wurde zunächst das Markenschutzgesetz von 1874 erlassen, dem 1876 das Gesetz betreffend das Urheberrecht an gewerblichen Mustern und Modellen und an fotografischen Erzeugnissen, 1877 das Patentgesetz sowie 1891 das Gebrauchsmustergesetz folgten. Die erste gesetzliche Regelung des unlauteren Wettbewerbs war in den §§ 15, 16 des Gesetzes zum Schutze der Warenbezeichnungen vom 12.5.1894 enthalten.[738] Dabei ging es zwar um die Regulierung zur Vermeidung der Nachahmung und unrichtiger Ursprungsangaben bei Waren, diese blieb jedoch lückenhaft. Ging die Rechtsprechung vom MarkenschutzG aus, wurde vor den Kodifikationen des Lauterkeitsschutzes eine böswillige, auf Schädigung des Konkurrenten und Täuschung des Publikums berechnete Benutzung eines fremden Markenzeichens nicht als eine unerlaubte Handlung angesehen.[739] In der Folge wurde schließlich am 27.5.1896 das erste Gesetz zur Bekämpfung des unlauteren Wettbewerbs erlassen.

Dieses erste Wettbewerbsgesetz war ganz auf Einzelfallfragen maßgeschneidert und enthielt keine dem § 1 UWG a. F. bis 2004 entsprechende Generalklausel.[740] Zugleich bot das im Jahr 1900 in Kraft getretene BGB wenig Hilfe für das UWG von 1896, die Gerichte hielten sich insbesondere bei der Anwendung des § 826 BGB auf Wettbewerbsstreitigkeiten zurück.[741] Weil das Gesetz von 1896 *„völlig kasuistisch*

---

734 Ekey, Grundriss, Rn. 12.

735 Beater, ZEuP 1996, 201, 200 f.

736 Erdmann/Loschelder, in: Gloy/Loschelder/Danckwerts, Wettbewerbsrecht, § 1 Rn. 3.

737 Köhler, in: Köhler/Bornkamm/Feddersen, UWG, Einleitung Rn. 2.1.

738 Köhler, in: Köhler/Bornkamm/Feddersen, UWG, Einl., Rn. 2.2.

739 Fezer, in: Fezer/Büscher/Obergfell, UWG, Einl., Rn. 6.

740 Köhler, in: Köhler/Bornkamm/Feddersen, UWG, Einl. Rn. 2.2; Ekey, Grundriss, Rn. 18.

741 Beater, ZEuP 1996, 201, 202; Wegen des Vorsatzerfordernisses ist der Anwendungsbereich des § 826 BGB zu eng, so setzten in der Literatur nach Inkrafttreten des BGB Bemühungen ein, neben § 826 BGB auch die Vorschrift des § 823 Abs. 1 BGB

gefasst war und des großen Zuges entbehrte"[742] sowie sich die in es gesetzten Hoffnungen nur zum Teil erfüllten, sollte die Einführung der Generalklausel dem abhelfen.[743] So kam das neue Gesetz gegen den unlauteren Wettbewerb vom 1.10.1909 zustande. Seine herausragendste Neuerung war die Generalklausel in § 1, die bis 2004 Bestand hatte.[744] Dieses aus dem Jahr 1909 stammende Gesetz blieb nahezu unverändert in Kraft, bis es in dieser Form 2004 abgelöst wurde.[745] Die Reform zog einerseits die zunehmende europäische Harmonisierung in Betracht und kodifizierte andererseits die durch die Rechtsprechung zur Generalklausel (§ 1UWG a. F.) entwickelten Fallgruppen der Unlauterkeit. Danach wurde das Gesetz im Zuge der Reformen 2008, 2015 und 2018 verändert. Anlässe für diese Veränderungen gaben die Richtlinie 2005/36/EG über unlautere Geschäftspraktiken von Unternehmen gegenüber Verbrauchern (UGP-RL), die weiteren Angleichungen an die UGP-RL und die Umsetzung der Geheimnisschutzrichtlinie EU/2016/943.[746]

2. *Wandel der Schutzsubjekte des UWG*

§ 1 UWG zeigt die Geltungsgrenze und das Schutzsubjekt des Gesetzes auf. Damit werden der Mitbewerber, der Verbraucher und sonstige Marktteilnehmer als die selbstverständlichen Schutzsubjekte des UWG angesehen.[747] Weder das Wettbewerbsgesetz von 1896 noch das UWG von 1909 enthielten eine damit vergleichbare Bestimmung. Die Schutzzwecke des UWG wurden erst im Laufe der Zeit von Rechtsprechung und Wissenschaft herausgearbeitet.[748] Seit der umfassenden Novellierung im Jahr 2004 hat der Gesetzgeber in § 1 UWG den Gesetzeszweck dargestellt. Danach dient das UWG dem Schutz der Mitbewerber, der Verbraucher, sonstiger Marktteilnehmer und der Allgemeinheit.

Vor der UWG-Reform im Jahre 2004 hat sich der Gesetzgeber ausdrücklich nicht auf bestimmte Schutzzwecke im UWG festgelegt. Die Belange des Publikums haben zwar in der Beratung zum UWG 1896 eine wichtige Rolle gespielt,[749] ursprünglich war das UWG jedoch als reiner Mitbewerberschutz angelegt.[750] Zudem wurde der Schutz gegen die mittelbaren Eingriffe in Unternehmen, wobei es insbesondere

---

zum Schutz des lauteren Wettbewerbes zu aktivieren. Emmerich/Lange, Unlauterer Wettbewerb, S. 3.

742 Kohler, Der unlautere Wettbewerb, S. 63.

743 Schricker, GRUR Int. 1996,473, 473.

744 Die früheren Generalklauseln der § 1 UWG und § 3 UWG wurden im UWG 2004 durch eine neue Generalklausel in § 3 UWG (2004) ersetzt, die durch Beispieltatbestände in den §§ 4–7 UWG konkretisiert wurde.

745 Kur, UCP 2014, 11, 14 f.

746 Vieweg/Fischer, Wirtschaftsrecht, S. 238 f.

747 Podszun, in: Harte-Bavendamm/Henning-Bodewig, UWG, § 1 Rn. 2.

748 Köhler, in: Köhler/Bornkamm/Feddersen, UWG, § 1 Rn. 1.

749 Pastor, GRUR 1969, 571, 574.

750 Köhler, in: Köhler/Bornkamm/Feddersen, UWG, § 1 Rn. 1.

um die Beeinflussung von Kunden und Lieferanten ging, von allen Senaten des RG abgelehnt.[751] Ein Umdenken über die Schutzsubjekte fand Anfang der 1930er-Jahre statt und war mit einer sozialrechtlichen Interpretation des UWG verknüpft.[752] Nach überwiegender Meinung wurde ein Wandel von einem reinen Mitbewerberschutz zu einem sozialrechtlichen Verständnis angelegt. Dem sozialrechtlichen Verständnis folgend liegt das Kennzeichen des unlauteren Wettbewerbs nicht allein in der Beeinträchtigung eines subjektiven Rechts oder Rechtsgutes eines Mitbewerbers. In dem Verstoß gegen objektive Verhaltensnormen, denen sich die Wettbewerber im Interesse aller Marktbeteiligten und der Allgemeinheit unterwerfen, kann er ebenfalls begründet sein.[753] Im frühen Schrifttum war die Erweiterung des Kreises der Schutzsubjekte des UWG umstritten. *Baumbach* dachte, dass dieser Funktionswandel des UWG ein Irrtum sei.[754] Daraus ergibt sich Frage, wann der Schutz der Verbraucher und der Allgemeininteressen in der Rechtspraxis als umfassendes Prinzip bei der Bewertung strittiger Wettbewerbshandlungen angewandt worden ist.

Nach dem Inkrafttreten des UWG 1909 veränderte die Rechtsprechung allmählich das Verständnis vom Schutzzweck des UWG.[755] Hier gilt zunächst, dass der wettbewerbsrechtliche Funktionswandel den Leistungen der privatrechtlichen Rechtsfortbildung im 20. Jahrhundert zu verdanken ist.[756] Der Gedanke, dass das UWG dem Schutz der allgemeinen Interessen dient, knüpfte ursprünglich an die Prüfung der Klagelegitimation an und beschränkte sich auf Fälle, in denen sich der Verletzte vom unberechtigten Kläger verfolgt glaubte.[757] Nach der gesetzlichen Einführung der Klagebefugnis zugunsten der Verbraucherschutzverbände wird der Verbraucherschutz nunmehr dogmatisch begründet.[758]

Außerdem wurden in der Rechtspraxis die Interessen der Allgemeinheit in zunehmende Maße berücksichtigt. Im Jahre 1928 hatte das RG in seiner *Markenverband*-Entscheidung erstmals ausgesprochen, dass ein öffentliches Interesse an der Verfolgung von Verstößen gegen das Wettbewerbsrecht in diesem Fall aus § 1 UWG bestehe.[759] In der *Markenverband*-Entscheidung wollte die Unterlassungsklage der Verbände aus § 13 Abs. 1 UWG, der an sich nur den Konkurrenten

751 Sack, VersR 2006, 1001, 1001 f.
752 Eppe, WRP 2005, 808, 810.
753 Osterrieth/Schönig, in: Fezer/Büscher/Obergfell, UWG, Allgemeine Marktbehinderung (S 1), Rn. 40.
754 Unter Berufung auf Ohly in: Ohly/Sosnitza, UWG, A. Entwicklung Rn. 33; RGZ 120, 47, 49; Schwartz, GRUR 1967, 333, 336.
755 Allerdings war in ersten Jahren des Bestehens des UWG von 1909 der Schutz des Mitbewerbers vor unlauteren geschäftlichen Handlungen als alleiniges Schutzsubjekt des UWG anzusehen. Eppe, WRP 2005, 808, 810.
756 Schricker, GRUR Int. 1996, 473, 476.
757 Schwartz, GRUR 1967, 333, 336.
758 Eppe, WRP 2005, 808, 811.
759 RGZ 120, 47, 49; Schwartz, GRUR 1967, 333, 335.

schützen solle, den Auswüchsen des Wettbewerbs im öffentlichen Interesse entgegentreten.[760] Diese Auffassung ist nicht nur in den Fällen täuschender Werbung, sondern – seit 1936 – auch im Rahmen des § 1 UWG ein fester Bestandteil der Rechtsprechung des RG geworden.[761] Für die Fälle täuschender Werbung war der Gedanke des Allgemeininteresses als neue Erkenntnis im Sinne eines Publikumsschutzes zu verstehen, d. h., unter dem Interesse der Allgemeinheit wurde durch die Rechtsprechung des Reichsgerichts insbesondere auch das Interesse der Verbraucher (Publikum) verstanden.[762] Vor diesem Hintergrund liegt das Kriterium, ob der Lehrsatz des Reichsgerichts den Schutz der Allgemeinheit vor unlauterem Wettbewerb als tragendes Prinzip enthält, im Feld der Generalklausel des § 1 UWG.[763] Danach wurde in der *Diamantine*-Entscheidung erstmals der Gesetzeszweck, im öffentlichen Interesse den Auswüchsen im Wettbewerb gegenzusteuern, unter die Generalklausel gefasst.[764] Nach Arbeiten deutscher Gelehrter haben das Reichsgericht beginnend mit der *Markenschutzverband*-Entscheidung von 1928 bis zur *Diamantine*-Entscheidung von 1936 und der BGH mit seinem Urteil zur progressiven Kundenwerbung von 1954 bis zum *Anzeigenblatt*-Urteil von 1968 den Schutz des „öffentlichen Interesses", des „Interesses des Publikums", der „Belange der Allgemeinheit" sowie des „Interesses der Verbraucher" zu Zielsetzungen des UWG erhoben.[765]

Die Wandlung des Schutzzwecks wird schließlich durch das Dogma anerkannt. Einer der inhaltlichen Schwerpunkte der UWG-Reform im Jahre 2004 war die ausdrückliche Erwähnung der Verbraucher als Schutzsubjekt (§ § 1 S. 1 und 3 UWG).[766] Zudem wird gemäß § 1 S. 2 UWG das Allgemeininteresse an einem unverfälschten Wettbewerb im Rahmen des Schutzsubjekts begründet. So wird nicht nur das Horizontalverhältnis zu Konkurrenten, sondern auch das Vertikalverhältnis zwischen Anbieter und Abnehmer betrachtet. Dies bedeutet, dass die von der Rechtsprechung anerkannte sog. Schutzzwecktrias[767] durch das Gesetz akzeptiert wird.[768] Nach dem Wortlaut des „unverfälschten Wettbewerbes" kann aber die Verletzung wettbewerbsfremder Rechtsgüter die Anwendung des UWG nur dann rechtsfertigen, wenn wettbewerbsbezogene Umstände hinkommen.[769]

---

760 Nastelski, GRUR 1969, 322, 322; RG vom 24.01.1928 in RGZ 120, 47, 49.
761 Nastelski, GRUR 1969, 322, 322
762 Köhler, in: Köhler/Bornkamm/Feddersen, UWG, § 1 Rn. 1.
763 Schwartz, GRUR 1967, 333, 337.
764 Schwartz, GRUR 1967, 333, 337.
765 Samwer, GRUR 1969, 326, 327.
766 Ebert-Weidenfeller, in: Hasselblatt, Gewerblicher Rechtsschutz, § 12 Rn. 11.
767 Vieweg/Fischer, Wirtschaftsrecht, S. 237.
768 Ungern-Sternberg/Schaub, in: Gloy/Loschelder/Danckwerts, Wettbewerbsrecht, § 23 Rn. 1.
769 Ungern-Sternberg/Schaub, in: Gloy/Loschelder/Danckwerts, Wettbewerbsrecht, § 27 Rn. 2.

Nicht zuletzt werden aufgrund der legislativen Vorgabe die Marktteilnehmer, insbesondere die Verbraucher und die Mitbewerber, durch das UWG gleichermaßen und gleichrangig geschützt.[770] Soweit den betroffenen Vorschriften kein Vorgang des einen oder anderen Schutzzwecks zu entnehmen ist, können ihre Konflikte lediglich auf dem Weg des wechselseitigen Nachgebens und wechselseitiger Anpassung durch Herstellung praktischer Konkordanz gelöst werden.[771]

3. *Schutzgut des UWG*

Bei der Frage nach dem Schutzobjekt des UWG geht es darum, was als das durch das UWG geschützte Rechtsgut anzusehen sein kann. Der Wandel der Schutzsubjekte des UWG zeigt, dass sich das Gesetz in Lauf der Zeit gewandelt hat. Das Schutzobjekt geht mit Veränderungen der Schutzsubjekte des UWG einher.

A. Ausschließlichkeitsrecht als ursprünglicher Ausgangspunkt

Ursprünglich zielte das UWG lediglich auf Mitbewerberschutz ab, hier lag die Bekämpfung des unlauteren Wettbewerbes im Interesse der privaten Konkurrenten. Die Frage nach dem zutreffenden Schutzobjekt basierte zuerst auf der damals vorherrschenden Auffassung, dass den wettbewerbsrechtlichen Ansprüchen ein subjektives Ausschließlichkeitsrecht als Substrat zugrunde liegen müsse.[772] Zudem waren die wesentliche Zielsetzung der UWG-Novelle von 1896 die Abwehr und der Ausgleich ungerechtfertigter Vorteile unlauterer Konkurrenz, so wurde unter der UWG-Novelle von 1896 eine subjektivrechtlich auf den Schutz der Individualrechte der Wettbewerber zielende Privatrechtsordnung verstanden.[773] Nach Inkrafttreten des BGB hatte das Reichsgericht erstmals in der *Privatklinik*-Entscheidung vom 1902 ein subjektives Recht am eingerichteten und ausgeübten Gewerbebetrieb als sonstiges Recht i. S. d. § 823 Abs. 1 BGB anerkannt.[774] Hintergrund war an der Wende zum 20. Jahrhundert das zivile Unrecht notwendig gedacht als Verletzung eines subjektiven Rechts.[775] Nach gerichtlicher Ansicht schützte § 823 Abs. 1 BGB das Recht am Gewerbebetrieb und dieses Recht war als Schutzobjekt anzusehen. Parallel zur oben ausgeführten unternehmensrechtlichen Theorie betrifft die persönlichkeitsrechtliche Theorie die Persönlichkeit in ihrer gewerblichen Betätigung als den durch den unlauteren Wettbewerb angegriffenen Gegenstand.[776] In der Folgezeit traten unterschiedliche Meinungen auf, beispielsweise die vom *Ulmer*

---

770 BT- Drs. 15/1487 zu § 1 UWG, 15. Kritik siehe beispielsweise Säcker, WRP 2004, 1199, 1207.
771 Dreher/Kulka, Wettbewerbs- und Kartellrecht, § 1B II 5 Rn. 97.
772 Sosnitza, in: Heermann/Schlingloff, UWG § 1 Rn. 4.
773 Fezer, in: Fezer/Büscher/Obergfell, UWG, § 1 Rn. 59.
774 Sack, Das Recht am Gewerbebetrieb, S. 7.
775 Fezer, in: Fezer/Büscher/Obergfell, UWG, § 1 Rn. 62.
776 Lux, Der Tatbestand, S. 267.

dargestellte Doppelaspektivität des UWG, *Hefermehls* Lehre vom Interessenschutz und die pluralistische Wettbewerbstheorie.[777]

B. Kritik und Stellungnahme

Sowohl die persönlichkeitsrechtliche als auch die unternehmensrechtliche Schutzrichtung beruht auf einer subjektivrechtlichen Grundlage.[778] Doch wird die Anerkennung des Wettbewerbsrechts als absolutes Recht heftig kritisiert, weil beispielsweise die irreführende Werbung nicht als Persönlichkeitsrechtsverletzung anzusehen sein kann und sich das Recht am Gewerbebetrieb von den ausdrücklich in § 823 Abs. 1 BGB genannten Rechtsgütern und Rechten unterscheidet.[779] In der *Kindersaugflaschen*-Entscheidung hatte der BGH auch darauf hingewiesen, dass die Vorschriften gegen den unlauteren Wettbewerb kein Ausschließlichkeitsrecht an einem bestimmten Schutzobjekt gewährten.[780] Darüber hinaus finden sich auch Argumente wider die Rechtfertigung des Rechts am Gewerbebetrieb im Schrifttum. *Canaris* hat am Recht am Gewerbebetrieb scharfe Kritik geübt und hält es für einen verfehlten Versuch einer Ausweitung des Schutzes vor primären Vermögensschäden.[781] *Sack* weist darauf hin, dass dieses Recht in der Rechtspraxis nur als lückenfüllender Auffangtatbestand gewohnheitsrechtlich anerkannt wird und sich durch Auslegung der Generalklauseln des § 3 UWG und des § 826 BGB keine Lücken ergäben, die mit diesem Recht geschlossen werden müssten.[782] Weil ein genereller Schutz gegenüber unlauteren geschäftlichen Handlungen durch § 3 UWG vorgesehen wird, bleibt kaum Anwendungsraum für das allgemeine Deliktsrecht, soweit die lauterkeitsrechtliche Anwendungsvoraussetzung erfüllt ist.[783]

Allerdings hat der BGH diese Argumente bislang nicht wirklich völlig akzeptiert und zeigt, dass die unberechtigte Schutzrechtsverwarnung als ein rechtswidriger Eingriff in eine nach § 823 Abs. 1 BGB geschützte Rechtsposition gewertet wird.[784] Daher wird angesichts des Betrachtungsgegenstands dieser Arbeit auf die Rechtsfertigung des Rechts am Gewerbebetrieb nicht weiter eingegangen, weil die Kenntnis über die Funktion dieses Recht, gesetzliche Schutzlücken zu schließen und als Auffangtatbestand zu dienen, vermittelt wurde. Die Analyse, ob die Verwendung

---

777 Fezer, in: Fezer/Büscher/Obergfell, UWG, § 1 Rn. 63 ff.
778 Fezer, in: Fezer/Büscher/Obergfell, UWG, § 1 Rn. 64.
779 Siehe Fußnote 206 von Lux, Der Tatbestand, S. 267; Sack, VersR 2006, 1001, 1003.
780 BGH, GRUR 1962, 243, 245.
781 Canaris, Grundstrukturen, VersR 2005, 577, 584; allerdings gibt es unterschiedliche Meinungen darüber. Dazu siehe beispielsweise Croon-Gestefeld, JA 2016, 1374, 1374 ff.
782 Sack, VersR 2006, 1001, 1004.
783 Wagner, Säcker/Rixecker/Oetker/Limperg, BGB, Bd. 7, § 823 BGB Rn. 319.
784 BGH, NJW 2005, 3141, 3141; Förster, in: BeckOk, Bamberger/Roth/Hau/Poseck, BGB, § 823 Rn. 198.

des Web-Crawlers als Eingriff in das Recht am Gewerbebetrieb gewertet werden soll, kann nach der Prüfung im Rahmen des UWG unternommen werden.

Nicht zuletzt wird heute auch anerkannt, dass die Vorschriften gegen den unlauteren Wettbewerb kein Ausschließlichkeitsrecht an einem bestimmten Schutzobjekt gewähren.[785] Stattdessen schenkt man der Diskussion um die Frage nach dem geschützten Kreis der Interessen Aufmerksamkeit. Im Schrifttum bestehen unterschiedliche Ansichten. Als Schutzobjekt des UWG wird z. B. als die Institution des Wettbewerbs, teilweise eine bestimmte Ordnung des Wettbewerbs angesehen[786] oder es gilt als nicht einheitlich definierbar.[787] Allerdings zeigt § 1 UWG zumindest, dass sich das Gesetz zum Schutz der Interessen dieser Schutzsubjekte (der Marktteilnehmer und der Allgemeinheit) gegen die unlautere „geschäftliche Handlung“ wendet.

C. Wettbewerbsfunktionale Schutzrichtung

Im Wirtschaftsverkehr findet sich Wettbewerb überall. Über die Definition des Begriffs „Wettbewerb“ wird jedoch viel gestritten.[788] Ursprünglich wurde der lauterkeitsrechtliche Schutzzweck nicht im UWG 1909 normiert, sondern in der Rechtspraxis und der Literatur herausgearbeitet.[789] In früheren Entscheidungen hat das Bundesverfassungsgericht den Leistungswettbewerb als Schutzgut normiert.[790] Inhaltlich sind die wirtschaftliche Handlungsfreiheit der Marktteilnehmer, die Freiheit der Entscheidungsbildung von unangemessenen unsachlichen Einflüssen sowie der Schutz der Wettbewerber gegen die gezielten Behinderungen, die unredlichen Nachahmungen und die Rufschädigung als Bestandteile der Funktionsbedingung anzusehen.[791] Im UWG 2004 wurde die in § 1 UWG 1909 entwickelte Schutzzwecktrias übernommen. Auf grundrechtlicher Ebene schützten Art. 2 Abs. 1, 12 und 14 GG sowie Art. 16, 17 und 15 Grundrechte-Charta das Unternehmen, das wettbewerbliche Aktivitäten entfaltet.[792] Textuell schützen die lauterkeitsrechtlichen Normen im Interesse eines unverfälschten Wettbewerbs (§ 1 S. 2 UWG) Unternehmen und Marktteilnehmer gegen unanständige geschäftliche Handlungen.[793] Demnach ist Gegenstand des Lauterkeitsrechts das gesamte

---

785 BGH, GRUR 1962, 243, 245.

786 Unter Berufung auf Fezer, in: Fezer/Büscher/Obergfell, UWG, § 1 Rn. 123 ff.

787 Ungern-Sternberg/Schaub, in: Gloy/Loschelder/Danckwerts, Wettbewerbsrecht, § 23 Rn. 15.

788 Dreher/Kulka, Wettbewerbs- und Kartellrecht, Einl., Rn. 3 ff.

789 Köhler, in: Köhler/Bornkamm/Feddersen, UWG, § 1 Rn. 1 f.

790 BVerfG, NJW 2003, 277, 278; BVerfG, GRUR 2002, 455; BVerfG, GRUR 2008, 81, 82.

791 Ungern-Sternberg/Schaub, in: Gloy/Loschelder/Danckwerts, Wettbewerbsrecht, § 23 Rn. 18; die Auslegung des einfachen Rechts und damit auch die Herleitung von Schutzgütern aus einer Rechtsnorm bzw. aus § 1 UWG ist Aufgabe der Fachgerichte, dazu siehe BVerfG, NJW 2003, 277, 278 und BVerfG, GRUR 2008, 81, 82 f.

792 Podszun, in: Harte-Bavendamm/Henning-Bodewig, UWG, § 1 Rn. 40.

793 Dreher/Kulka, Wettbewerbs- und Kartellrecht, § 1 Rn. 50.

unternehmerische Marktverhalten im Wettbewerb.[794] Auf lauterkeitsrechtlicher Ebene geht die Lehre von dem in der Gesetzesbegründung ausgeführten Begriff des „unverfälschten" Wettbewerbs aus und verweist darauf, dass die Schutzrichtung des UWG der „unverfälschte und damit funktionsfähige Wettbewerb" sei.[795] Im Übrigen geht es in § 1 S. 2 UWG nicht um den Schutz des Leistungswettbewerbs.[796] Der Begriff der Wettbewerbsverfälschung wird mit dem Funktionieren der marktwirtschaftlichen Grundmechanismen in Zusammenhang gebracht, hier wird die Lauterkeit nicht als ein bloßes Zusatzmoment des Wettbewerbs, sondern als eine Funktionsbedingung verstanden.[797] Demnach zielt das Gesetz gegen unlauteren Wettbewerb auf eine Garantie der *Interessen der Marktteilnehmer an einem wirksamen Wettbewerb und damit am Erhalt der Funktionsbedingungen des Wettbewerbs,*[798] *soweit geschäftliche Handlungen von Wettbewerbern auf sie Einfluss haben.*[799] Mangelt es an hinreichenden anderen Kriterien zur Bestimmung der Unlauterkeit, können dabei die Auswirkungen auf die grundlegenden Funktionen des Wettbewerbs in Betracht gezogen werden.[800]

II. Anwendbarkeit des UWG im Fall von Nutzung des Web-Crawlers

Im Gegensatz zum Immaterialgüterrecht verleiht der lauterkeitsrechtliche Schutz keine ausschließlichen Rechte *erga omnes*, sondern verbietet bestimmte Handlung und ahndet einen Verstoß delikts-, ordnungs- oder strafrechtlich.[801] Aus praktischer Hinsicht ermöglicht diese Regulierungsform eine angemessene Handhabung der Anwendung des Web-Crawlers im Internet.

Ein mit der Anwendung des Web-Crawlers vergleichbarer Begriff ist der des „Screen Scrapings". Unter ihn werden alle Verfahren zum Auslesen von Texten von Computerbildschirmen gefasst. Heute wird der Ausdruck „Screen Scraping" ausschließlich mit Blick auf Websites verwendet.[802] Vor diesem Hintergrund bezeichnet das Screen Scraping speziell die Technologien, die zwei Vorgänge enthalten: Der erste Schritt ist das Abrufen der betroffenen AnbieterWebsite und der darin integrierten Datenbank, der zweite Schritt ist das Extrahieren der für die

794 Fezer, in: Fezer/Büscher/Obergfell, UWG, Einleitung Rn. 433.
795 BT- Drs. 14/1487, S. 15; Podszun, in: Harte-Bavendamm/Henning-Bodewig, UWG, § 1 Rn. 78.
796 Köhler, in: Köhler/Bornkamm/Feddersen, UWG, § 1 Rn. 44.
797 Podszun, in: Harte-Bavendamm/Henning-Bodewig, UWG, § 1 Rn. 78.
798 Podszun, in: Harte-Bavendamm/Henning-Bodewig, UWG, § 1 Rn. 78.
799 Ungern-Sternberg/Schaub, in: Gloy/Loschelder/Danckwerts, Wettbewerbsrecht, § 23 Rn. 18.
800 Hetmank, GRUR 2014, 437, 439 f.
801 Drexl/Hilty/Desaunettes/Greiner/Kim/Surblyte/Wiedemann, GRUR Int. 2016, 914, 916.
802 Hoeren, Internetrecht, Rn. 283.

konkrete Suchanfrage des Nutzers relevanten Daten.[803] Da sich das Screen Scraping sich auf das Gewinnen von benötigten bzw. gezielten Daten bezieht, ist die Technologie beinahe dieselbe wie diejenige des fokussierten Web-Crawlers.

1. Anwendungsvoraussetzung des UWG

§ 1 UWG ist Ausgangspunkt des UWG. Hiernach sind Mitbewerber, Verbraucher und sonstige Marktteilnehmer vor unlauteren geschäftlichen Handlungen geschützt. So ist das Vorliegen einer konkreten Handlung der Ansatzpunkt für eine wettbewerbsrechtliche Beurteilung. Zugleich kann das Unternehmen i. S. v. § 2 Abs. 1 Nr. 6 UWG n zwei Typen unterschieden werden: Mitbewerber i. S. v. § 2 Abs. 1 Nr. 3 UWG und sonstige gewerbliche Marktteilnehmer i. S. v. § 2 Abs. 1 Nr. 2 UWG.[804] Gemäß § 2 Abs. 1 Nr. 3 UWG ist Mitbewerber jeder Unternehmer, der mit einem oder mehreren Unternehmern als Anbieter oder Nachfrager von Waren oder Dienstleistungen in einem konkreten Wettbewerbsverhältnis steht. Entscheidend kommt es hiernach vor allem auf das Vorliegen einer geschäftlichen Handlung und eines konkreten Wettbewerbsverhältnisses zwischen dem Anwender des Web-Crawler und der abgerufenen Website an.

A. Entwertung des Wettbewerbsverhältnisses bei Anwendung des UWG

Wörtlich findet sich der Begriff „Wettbewerbsverhältnis“ nicht im UWG. Anders als die heutige Ansicht, dass die geschäftliche Handlung als Zentralbegriff zur Abgrenzung des sachlichen Anwendungsbereichs des Lauterkeitsrechts verstanden wird,[805] setzte nach früherem Verständnis die Anwendung des UWG das Wettbewerbsverhältnis voraus.[806] Beispielweise wurde in tatbestandlichen Voraussetzungen der früheren Generalklausel des § 1 UWG (Verstoß gegen die guten Sitten) die Feststellung des Wettbewerbsverhältnisses als ein Teil des Tatbestandsmerkmals „Handeln zu Zwecken des Wettbewerbs“ angesehen.[807] Im Hinblick auf diesen Wandel ist die Beziehung zwischen der geschäftlichen Handlung und dem Wettbewerbsverhältnis vor allem diskussionswürdig.

Schon seit den 1970er-Jahren gab es im Schrifttum skeptische Stimmen zur Voraussetzung eines Wettbewerbsverhältnisses bei der Anwendung des UWG.[808] Allmählich wurde das Wettbewerbsverhältnis in der Rechtspraxis entwertet. Im Fall *„Rolls-Royce“* standen zwar die Parteien (Automobilhersteller und Werbeagentur) grundsätzlich nicht im Wettbewerb,[809] der BGH wies jedoch darauf hin, dass *„die*

---

803 Schapiro/Zdanowiecki, MMR 2015, 497, 498.
804 Emmerich/Lange, Unlauterer Wettbewerb, S. 40.
805 Fezer, in: Fezer/Büscher/Obergfell, UWG, § 2 Abs. 1 Nr. 1 Rn. 1.
806 Hintz, GRUR 1988, 173, 173.
807 Abeltshauser, WRP 1997, 1143, 1144; BGHZ 3, 270, 277 ff.; Rittner, Wettbewerbs- und Kartellrecht, S. 20 f.
808 Hintz, GRUR 1988, 173, 173.
809 BGH, GRUR 1984, 204, 209.

Ausnutzung fremden Rufs als Vorspann eigener Werbung aber unter den hier festgestellten Umständen auch unabhängig von einem Wettbewerbsverhältnis hinsichtlich der in Beziehung gesetzten Waren und Leistungen als sittenwidrig im Sinne des § 1 UWG anzusehen ist.“[810] Über den Fall „*Rolls-Royce*“ hinaus sah der BGH im Fall „*Dimple*“, dass im Interesse eines wirksamen wettbewerbsrechtlichen Individualschutzes keine hohen Anforderungen an das Bestehen eines solchen Wettbewerbsverhältnisses zu stellen seien.[811]

Eine solche Entwertung des Wettbewerbsverhältnisses in den beiden Fällen wird zwar als Folge der Entscheidung des Bundesgerichtshofs zugunsten der „Bekanntheit“ als wettbewerbsrechtlich schutzfähigem Besitzstand angesehen.[812] Allerdings ist das Erfordernis eines Wettbewerbsverhältnisses unter Konkurrenten auch nicht mit dem Funktionswandel des Lauterkeitsrechts vereinbar.[813] Das Wettbewerbsunrecht anhand eines Konkurrentenbezugs festzustellen, passt nicht zur Erweiterung der lauterkeitsrechtliche Schutzfunktion. Diesem Bedenken wird dann vom Reformgesetzgeber des UWG 2004 Rechnung getragen. Der Begriff der Wettbewerbshandlung i. S. d. § 2 Abs. 1 Nr. 1 UWG 2004 setzt nicht das Vorliegen eines (abstrakten oder konkreten) Wettbewerbsverhältnisses voraus[814] und konsequenterweise ist die rechtsinhaltliche Bestimmung der Unlauterkeit im Wettbewerb materiellrechtlich unabhängig vom Vorliegen eines konkreten Wettbewerbsverhältnisses.[815]

B. Die geschäftliche Handlung als Anwendungsvoraussetzung des UWG

Nach heutiger Ansicht bildet der Begriff der geschäftlichen Handlung stets einen Ansatzpunkt für eine wettbewerbsrechtliche Beurteilung.[816] Da die geschäftliche Handlung i. S. d. § 2 Abs. 1 Nr. 1 UWG der Anwendungsabgrenzung zwischen dem UWG und dem allgemeinen Deliktsrecht dient,[817] soll das Merkmal der geschäftlichen Handlung berücksichtigt werden.

Vier wichtige Punkte können durch die Legaldefinition des § 2 Abs. 1 Nr. 1 UWG dargestellt werden: 1) ein Verhalten einer Person 2) zugunsten des eigenen oder eines fremden Unternehmens 3) vor, bei oder nach einem Geschäftsabschluss, 4) das mit der Förderung des Absatzes oder des Bezugs von Waren oder Dienstleistungen oder mit dem Abschluss oder der Durchführung eines Vertrags über Waren oder Dienstleistungen objektiv zusammenhängt.[818] In einer frühen Entscheidung

---

810 BGH, GRUR 1983, 247, 248.
811 BGH, GRUR 1985, 550, 552.
812 Mergel, GRUR 1986, 646, 650.
813 Fezer, in: Fezer/Büscher/Obergfell, UWG, § 2 Abs. 1 Nr. 1 Rn. 12.
814 Henning-Bodewig, GRUR 2004, 713, 715.
815 Fezer, in: Fezer/Büscher/Obergfell, UWG, § 2 Abs. 1 Nr. 1 Rn. 14.
816 Vieweg/Fischer, Wirtschaftsrecht, S. 240.
817 Köhler, in: Köhler/Bornkamm/Feddersen, UWG, § 2 Rn. 3.
818 Vieweg/Fischer, Wirtschaftsrecht, S. 240.

vertrat der BGH die Ansicht, dass objektiv ein Verhalten voraussetzen sei, „das geeignet sei, den Absatz oder den Bezug einer Person [...] zu begünstigen“ und subjektiv der Handelnde dabei in der „Absicht“ vorgehen musste, „den eigenen oder einen fremden Wettbewerb [...] zu fördern“.[819] In der UWG-Novelle 2008 wird zwar der Begriff der Wettbewerbshandlung durch denjenigen der geschäftlichen Handlung ersetzt, das bedeutet aber nicht, dass die Ansicht der alten Rechtsprechung und Literatur zum Begriff der Wettbewerbshandlung nicht gegenstandslos geworden ist. War eine Handlung nach früherem Recht als Wettbewerbsverhalten zu qualifizieren, ist sie als geschäftliche Handlung i. S. v. § 2 Abs. 1 Nr. 1 UWG 2008 und § 2 Abs. 1 Nr. 1 UWG 2015 zu beurteilen.[820] Im Vergleich mit der UWG-Novelle 2004 wird der Anwendungsbereich dieses Gesetzes erweitert, weil sich beispielsweise die geregelte geschäftliche Handlung auf die mit dem Abschluss oder der Durchführung eines Vertrages über Waren oder Dienstleistungen im objektiven Zusammenhang stehende Handlung erstreckt.[821]

Bei der Umschreibung des Begriffs der geschäftlichen Handlung geht es um den Begriff der Geschäftspraktiken in der UGP-Richtline. Nach Art. 2 lit. d UGP-Richtline ist dies der Fall bei *jeder Handlung, Unterlassung, Verhaltensweise oder Erklärung, kommerzielle Mitteilung [...], die unmittelbar mit der Absatzförderung, dem Verkauf oder der Lieferung eines Produkts an Verbraucher zusammenhängt.* Nach herrschender Meinung reicht der Begriff der geschäftlichen Handlung im Sinne des § 2 Abs. 1 Nr. 1 UWG weiter als jener der Geschäftspraktiken, weil der unionsrechtliche Begriff nur die unmittelbar mit der Absatzförderung, dem Verkauf oder der Lieferung eines Produkts an Verbraucher zusammenhängenden Verhaltensweisen von Gewerbetreibenden betrifft, während der Begriff gem. § 2 Abs. 1 Nr. 1 UWG umfassende Maßnahmen gegenüber allen Markteinnehmern im Horizontal- oder Vertikalverhältnis betrifft.[822] Dies ist zugleich mit dem Funktionswandel des Lauterkeitsrechts vereinbar, wonach es nicht nur auf Schutz der Interessen der konkurrierenden Unternehmen, sondern auch auf den Schutz der Interessen der Verbraucher und der Allgemeinheit ausgerichtet ist. Dementsprechend wird der Begriff nach verbreiteter Ansicht weit verstanden und umfasst jedes Verhalten einer Person vor, bei oder nach einem Geschäftsabschluss.[823]

---

819 BGH, GRUR 2004, 693, 694.

820 Der Begriff der geschäftlichen Handlung wird in der UWG-Novelle 2015 nicht verändert. Bähr, in: Heermann/Schlingloff, UWG, § 2 Rn. 6a i. V. m. 14. Allerdings weist jetzt § 3 Abs. 1 UWG kein subjektives Tatbestandsmerkmal auf. Dreher/Kulka, Wettbewerbs- und Kartellrecht, § 2B III Rn. 208.

821 Köhler, in: Köhler/Bornkamm/Feddersen, UWG, § 2 Rn. 6.

822 BGH, GRUR, 2014, 879, Rn 13; Köhler, in: Köhler/Bornkamm/Feddersen, UWG, § 2 Rn. 8; Emmerich/Lange, Unlauterer Wettbewerb, S. 20 f.

823 Fezer, in: Fezer/Büscher/Obergfell, UWG, § 2 Abs. 1 Nr. 1 Rn. 107; Bähr, in: Heermann/Schlingloff, UWG, § 2 Rn. 25.

2. Übertragung auf Benutzung des Web-Crawlers

Zu untersuchen ist vor allem, wann die bei Betrieb von unfokussierten und fokussierten Web-Crawlern in Betracht kommenden Handlungen eine geschäftliche Handlung i. S. d. § 2 Abs. 1 Nr. 1 UWG darstellen.

A. Benutzung des Web-Crawlers als geschäftliche Handlung

Der Betreiber des unfokussierten Web-Crawler ist meist ein Suchmaschinenunternehmen. Zwischen dem Suchmaschinenunternehmen und den Kunden besteht regelmäßig ein reines Nutzungsverhältnis. Das Suchmaschinenunternehmen selbst nimmt zwischen den Nutzern und der abgerufenen Website die Stellung eines tatsächlichen oder rechtlichen Vermittlers ein. Dabei kommt die konkrete Rechtsstellung auf die Ausgestaltung des Suchmaschinenunternehmens und auf dessen Funktionsweise an. In der Praxis kann die abgerufene Website zunehmend Verbots- und Schadensersatzansprüche auf vertraglicher Grundlage geltend machen. Dabei wird sie durch die Nutzungsbedingungen unterstützt, die regelmäßig den Zugriff auf Daten durch Dritte für deren eigene kommerzielle Zielen verbieten.[824] Auf die Frage, ob sie ohne hierauf gerichtete ausdrückliche Willenserklärung, lediglich durch den Realakt der Auswertung von Website, zustande kommen kann, wird im Folgenden eingegangen.

Das Verhältnis zwischen dem Anwender des fokussierten Web-Crawlers und der abgerufenen Website ist im Einzelfall zu prüfen. Der fokussierte Web-Crawler wird regelmäßig von Unternehmen eingesetzt, um Informationsprodukte oder Leistungen zu vertreiben. Daher liegt möglicherweise eine Handlung zugunsten des eigenen oder eines dritten Unternehmens vor. Dient die Handlung bei der gebotenen objektiven Betrachtung dem Ziel der Förderung des Absatzes oder Bezugs von Waren oder Dienstleistungen, wird sie als eine geschäftliche Handlung i. S. v. § 2 Abs. 1 Nr. 1 UWG betrachtet.[825] Sofern die Anwendung des Web-Crawlers einen rein privaten, redaktionellen oder forschungsorientierten Zweck erfolgt, unterfällt diese Tätigkeit nicht dem Begriffsbereich der geschäftlichen Handlung.[826]

Der Begriff der geschäftlichen Handlung ist weit konzipiert, sodass er eher die Tendenz hat, negativ auszugrenzen, was keine geschäftliche Handlung mehr sein soll.[827] Für die Beurteilung der geschäftlichen Handlung ist entscheidend, ob die Handlung einen Marktbezug aufweist, wobei es unerheblich ist, ob die einzelne Handlung an sich entgeltlich oder unentgeltlich ist, solange diese Maßnahmen letztlich der Förderung des Absatzes des Unternehmens auf diesem oder auf einem anderen Markt dienen.[828] Daher widmet sich die folgende rechtliche Betrachtung

---

824 Elteste, CR 2015, 447, 477.
825 BGH, WRP 2016, 843, 845.
826 BT- Drs. 16/10145, S. 21.
827 Bähr, in: Heermann/Schlingloff, UWG, § 2 Rn. 24.
828 Köhler, in: Köhler/Bornkamm/Feddersen, UWG, § 2 Rn. 34 f.

unmittelbar nur der lauterkeitsrechtlichen Zulässigkeit der Anwendung des Web-Crawlers Da § 3 Abs. 1 UWG nur die geschäftlichen Handlungen, die „unlauter“ sind, verbietet, ist die Prüfung der Unlauterkeit der Anwendung des Web-Crawlers die zentrale Aufgabe.

B. Betreiber des Web-Crawlers als Mitbewerber

Wenn bei dem Vertrieb des Web-Crawlers eine geschäftliche Handlung im Sinne des § 2 Abs. 2 Nr. 1 UWG vorliegt, muss danach geprüft werden, ob der Betreiber als Mitbewerber zu qualifizieren ist. Ein Mitbewerber i. S. d. UWG kann nur ein Unternehmer sein.[829] Bei Erklärung darüber, ob der Betreiber des Web-Crawlers als Mitbewerber zu qualifizieren ist, ist zunächst der Begriff „Unternehmer“ i. S. d. § 2 Abs. 1 Nr. 3 UWG zu behandeln.

a. Betreiber des Web-Crawlers als Unternehmer

Der Begriff „Unternehmer“ (§ 2 Abs. 1 Nr. 6 UWG) wird als der Inhaber des Unternehmens (vgl. § 8 Abs. 2, § 17 Abs. 2 UWG) verstanden.[830] Doch ist der Unternehmer eben nicht derjenige, der ein Unternehmen betreibt, sondern umgekehrt. Wenn jemand als Unternehmer i. S. d. § 2 Abs. 1 Nr. 6 UWG qualifiziert wird, kann man das, was er als Inhaber betreibt, als Unternehmen bezeichnen.[831]

Gemäß § 2 Abs. 1 Nr. 6 UWG fällt *jede natürliche oder juristische Person, die geschäftliche Handlungen im Rahmen ihrer gewerblichen, handwerklichen oder beruflichen Tätigkeit vornimmt*, unter den Begriff des Unternehmers nach dem UWG. Erforderlich ist nach gerichtlicher Ansicht eine auf eine gewisse Dauer angelegte, selbständige wirtschaftliche Betätigung, die darauf gerichtet ist, Waren oder Dienstleistungen gegen Entgelt zu vertreiben.[832] Es ist davon auszugehen, dass der Betreiber des unfokussierten Web-Crawlers, beispielsweise ein Suchmaschinenunternehmen, regelmäßig Unternehmen i. S. d. UWG sein wird. Bei dem fokussierten Web-Crawler ist aufgrund der unterschiedlichen Betreiber zu unterscheiden. Der Begriff des Unternehmers kann für die Einzelperson als Betreiber des Web-Crawlers, die den fokussierten Web-Crawler in ihrer freien Zeit als Hobby programmiert und unentgeltlich zur freien Benutzung anbietet, nicht gelten.

Zusammenfassend ist für Begriff des „Unternehmers“ nicht die Organisationsform, sondern die Art der Tätigkeit entscheidend. Für den „Unternehmer“ i. S. d. § 2 Abs. 1 Nr. 6 UWG ist das zentrale Begriffsmerkmal die geschäftliche Handlung und somit knüpft der Begriff des „Unternehmers“ wiederum an der geschäftlichen Handlung in § 2 Abs. 1 Nr. 1 UWG an.[833]

---

829 Fezer, in: Fezer/Büscher/Obergfell, UWG, § 2 Abs. 1 Nr. 3 Rn. 16.
830 Köhler, in: Köhler/Bornkamm/Feddersen, UWG, § 2 Rn. 20.
831 Bähr, in: Heermann/Schlingloff, UWG, § 2 Rn. 313.
832 BGH, WRP 2014, 83, Rn. 15; BGH, GRUR 2009, 871, Rn. 33.
833 Bähr, in: Münchener Kommentar zum Lauterkeitsrecht 3. Auflage 2020, UWG § 2 Rn. 315.

C. Vorliegen des Wettbewerbsverhältnisses

Zwar wird das Wettbewerbsverhältnis nicht mehr als Anwendungsvoraussetzung des UWG verstanden. Ihm kommt jedoch eine zentrale Bedeutung für die Beurteilung des Mitbewerbers zu.

Anfangs enthielt das UWG von 1909 zwei Formen der Individualklagebefugnis: Eine beruhte auf den Unterlassungsansprüchen nach § 13 UWG 1909 und eine auf den „unmittelbar verletzten" Ansprüchen auf Schadensersatz und Unterlassung, § 1 UWG 1909.[834] Nach dem Zweiten Weltkrieg wurde vom BGH eine Klagebefugnis aus der Generalklausel des § 1 UWG 1909 gewährt, soweit zwischen den Parteien ein Wettbewerbsverhältnis bestand.[835]. Die Begründung dafür ist, dass die Verletzungstatbestände des UWG a. F. ein „Handeln zu Zwecken des Wettbewerbs" verlangen.[836] Im Hinblick auf die Unklarheit der Klagebefugnis des unmittelbar Verletzten darüber, ob sie als eine selbständige Klagebefugnis neben derjenigen aus § 13 UWG 1909 anzusehen war, wies der BGH in der *Bambi*-Entscheidung von 1959 vor allem darauf hin, *wenn man nach dem Wortlaut des § 13 UWG 1909 die Ansprüche aus § 1 UWG 1909 nur denen zu geben scheint, die Waren oder Leistungen gleicher oder verwandter Art herstellen, solle damit doch nicht das Klagerecht des unmittelbar Verletzten ausgeschlossen werden.*[837] Deshalb setzt § 13 UWG nach der Sache das Bestehen eines Wettbewerbsverhältnisses zwischen den Streitparteien voraus. In der Folgezeit wurde die Selbstverständlichkeit der Klagebefugnis des unmittelbar Verletzten in der *Warnschild*-Entscheidung erstmals ausdrücklich anerkannt.[838] So geht das Konzept des konkreten Wettbewerbsverhältnisses aus der Rechtsprechung zu § 13 UWG 1909 hervor und umschreibt den Kreis der durch eine Wettbewerbshandlung unmittelbar Verletzten, die in jedem Fall aktivlegitimiert waren.[839]

Ein konkretes Wettbewerbsverhältnis besteht zwischen beiden Unternehmen, wenn sie gleichartige Waren oder Dienstleistungen innerhalb derselben Abnehmerkreise abzusetzen versuchen und daher die Wettbewerbshandlung des einen Unternehmens das andere beeinträchtigen – d. h. im Absatz behindern oder stören – kann.[840] Grundsätzlich stellt die Rechtsprechung keine hohen Anforderungen

---

834 BGH, GRUR 1956, 270, 273; BGH, GRUR 1960, 144, 146; Sack, WRP 2020, 675, 675. Zudem sollte der Schadensersatzanspruch nur dem geschädigten Mitbewerber zustehen. Bornkamm, GRUR 1996, 527, 528.

835 Sack, WRP 2020, 675, 676.

836 Allerdings vermengt diese Ansicht das tatbestandsmäßige Erfordernis einer Wettbewerbshandlung und die Voraussetzung der Klagebefugnis und besitzt keine Überzeugungskraft aufgrund der Verbandsklagen. Sack, GRUR 2011, 953, 954.

837 BGH, GRUR 1960, 144, 146.

838 BGH, GRUR 1965, 612, 615; Sack, WRP 2020, 675, 675 f.

839 Emmerich/Lange, Unlauterer Wettbewerb, S. 40.

840 BGH, WRP 2017, 1085, 1086; Alexander, WRP 2018, 765, 768; Emmerich/Lange, Unlauterer Wettbewerb, S. 40 f.

an das Bestehen eines Wettbewerbsverhältnisses. Nach der Gesetzesbegründung liegt ein konkretes Wettbewerbsverhältnis vor, wenn *zwischen den Vorteilen, die jemand durch eine Maßnahme für sein Unternehmen oder das eines Dritten zu erreichen sucht, und den Nachteilen, die ein anderer dadurch erleidet, eine Wechselbeziehung in dem Sinne besteht, dass der eigene Wettbewerb gefördert und der fremde Wettbewerb beeinträchtigt werden kann.*[841] Demnach können die Unternehmer der verschiedenen Branchen in ein wettbewerbsrechtliches Verhältnis zueinander treten, selbst wenn es keine unmittelbare Beeinträchtigung des Absatzes der beiderseitigen ungleichartigen Waren oder Dienstleistungen gibt.[842] In Rechtspraxis wird beispielsweise ein (mittelbares) Wettbewerbsverhältnis zwischen dem Betreiber eines Hotels und dem Anbieter eines mit einem Hotelbewertungsportal verknüpften Onlinereisebüros auch vom BGH bejaht.[843] In der Regel wird ein konkretes Wettbewerbsverhältnis immer angenommen, wenn die beteiligten Unternehmen sich auf demselben sachlich, räumlich und zeitlich relevanten Markt betätigen.[844]

Normalerweise ist Sinn und Zweck der Verwendung des fokussierten Web-Crawlers die Gewinnung der gewünschten Daten zum Zweck der Verbesserung der Informationspunkte oder der Erhöhung der Nutzerkomforts, jedoch nicht zum Zweck der Verletzung der Rechte an der abgerufenen Website, während der unfokussierte Web-Crawler meistens auf den Bereich der Suchmaschine angewendet wird, wobei der Letztere eine notwendige Technologie zur Informationsdurchsuchung ist. Aus Sicht der Nutzer gilt die durch Suchmaschinenunternehmen anzubietende Dienstleistung kaum als eine substituierbare Leistung der abgerufenen Website. In diesem Fall ist ein konkretes Wettbewerbsverhältnis zwischen dem Verwender des unfokussierten Web-Crawlers und der abgerufenen Website eher nicht zu bejahen. Allerdings wird die Suchmaschine einen fokussierten Web-Crawler nutzen, um eine optimale Reihenfolge ausfindig zu machen, in der URLs im Web besucht werden.[845] Mit der Erweiterung des Geschäftsbereichs besteht auch die Möglichkeit, dass sich die einzelnen Produkte oder Dienstleistungen allmählich überschneiden. Zwischen dem Betreiberunternehmen des Web-Crawlers und dem abgerufenen Unternehmen, das Waren oder Dienstleistungen anbietet, die nach ihren Eigenschaften und ihrer Zweckbestimmung ersetzbar sind, wird ein konkretes Wettbewerbsverhältnis anerkannt. Ein Wettbewerbsverhältnis ist auch dann zu bejahen, wenn sich der Kundenkreis und das Angebot der Waren oder Dienstleistungen nur teilweise decken.[846]

841 BT- Drs. 14/1487, S. 16.
842 Sack, GRUR 2011, 953, 956.
843 BGH, GRUR 2015, 1129.
844 BGH, GRUR 2007, 1079, 1081.
845 Kwiatkowski/Höhfeld, IWP 2007, 69, 70.
846 BGH, GRUR 2007, 1079, 1081.

III. Unlauterkeitswertung des Web-Crawlers im Rahmen des UWG

Durch den Vertrieb des Web-Crawlers könnten das Interesse bzw. die Monetarisierung von Online-Traffic der abgerufenen Website beeinträchtigt werden. Wird § 4 UWG beginnend mit der UWG-Novelle 2015 auf den reinen Mitbewerberschutz reduziert,[847] so kommt § 4 Mitbewerberschutz für Unlauterkeitsprüfung des Web-Crawler in Betracht. Allerdings muss zunächst der Oberbegriff der Unlauterkeit im UWG im Allgemeinen bestimmt werden. In Anlehnung daran ist zu ermitteln, unter welchen Voraussetzungen die Benutzung des Web-Crawlers in den Anwendungsbereich des § 4 Nr. 4 UWG fallen wird. Abschließend geht es darum, zu erläutern, welcher Anwendungsbereich dem Tatbestandsmerkmal der Unlauterkeit in der Generalklausel neben § 4 Nr. 4 UWG noch verbleibt.

1. Unlauterkeit als ein objektives Tatbestandsmerkmal

Ein großer Teil des deutschen Lauterkeitsrechts beruht auf den Generalklauseln der §§ 1, 3 UWG a. F.[848] Nach § 1 UWG 1909 konnte auf Schadensersatz und Unterlassung in Anspruch genommen werden, wer im geschäftlichen Verkehr zu Zwecken des Wettbewerbs Handlungen vornahm, die gegen die guten Sitten verstießen. Bei dem alten UWG stand somit der Begriff der guten Sitten im Zentrum der Betrachtung. Nach dem herrschenden Verständnis hatte eine geschäftliche Handlung gegen die guten Sitten i. S. d. § 1 UWG 1909 verstoßen, wenn *sie dem Anstandsgefühl der redlichen und verständigen Durchschnittsgewerbetreibenden widersprach oder von der Allgemeinheit missbilligt oder als untragbar angesehen wurde.*[849]

Angesichts der Wandlung des Anstandsgefühls innerhalb der Gesellschaft ist es aber ungeeignet, dass der Wertmaßstab der „guten Sitten“ nur als Verweisung auf die herrschende Sozialmoral verstanden wird.[850] Man argumentiert, dass das UWG nicht als wirtschaftlich neutrales Gesetz angesehen werden kann, wenn es um die Berücksichtigung der ordnungspolitischen Gesichtspunkte geht.[851] *Hefermehl* weist darauf hin, dass zwar das Wettbewerbsrecht ein wirtschaftspolitisch neutrales Recht sei, wenn es für die Grenzziehung zwischen lauteren und unlauteren Wettbewerbshandlung auf den Wertmaßstab der „guten Sitten“ abstellt.[852] Doch könne der rechtliche Handlungswert einer im wirtschaftlichen Bereich geschehenden Wettbewerbshandlung nicht sachgerecht festgestellt werden, wenn die getroffene wirtschaftspolitische Grundentscheidung nicht berücksichtigt werde.

---

847 Köhler, NJW 2016, 593, 594.
848 Wiebe, WRP 2002, 283, 284.
849 Sosnitza, in: Heermann/Schlingloff, UWG, § 3 Rn. 22.
850 Hefermehl, in: FS für Robert Fischer, S. 198.
851 Lindacher, BB 1975, 1311, 1312.
852 Dazu und zum folgenden Hefermehl, in: FS für Robert Fischer, S. 199.

Dass die zu treffende Wertungsentscheidung wettbewerbsbezogen ist, wird seit Ende der 1990er-Jahre vom BGH betont.[853] Allmählich wird die Auffassung eines funktionalen Verständnisses des UWG durch das überwiegende Schrifttum und die Rechtspraxis akzeptiert.[854] Nach dem funktionalen Verständnis muss der Wettbewerb fünf Funktionen erfüllen: eine funktionelle Einkommensverteilung nach der Marktleistung, die Lenkung des Angebots durch die Nachfrage, die optimale Kombination der Produktionsverfahren, die Anpassung der Produktionskapazität an außerwirtschaftliche Daten sowie die Durchsetzung des technischen Fortschritts.[855] Danach dient das Wettbewerbsrecht nicht primär dem subjektiven Rechtsschutz des Einzelnen, sondern der Sicherheit der Funktionsfähigkeit des wirtschaftlichen Wettbewerbs (der Funktionsbedingungen der Wettbewerbsordnung).[856] Die Generalklausel ist somit funktional zu verstehen und auf das Leitbild des Leistungswettbewerbs zu beziehen.[857] Des Weiteren ist daraus abzuleiten, dass für die Funktionsfähigkeit eines unverfälschten Wettbewerbs die subjektiven Umstände der Marktakteure kaum relevant sind.[858]

Zwar hat sich der in der Generalklausel des § 1 UWG a. F. normierte Begriff „Verstoß gegen die guten Sitten" in den ihm zufallenden nahezu 100 Jahren (seit 1909) sehr gut bewährt,[859] er wurde aber letztlich durch den Begriff der „Unlauterkeit" ersetzt. Als Generalklausel tritt § 3 in UWG-2004 an die Stelle von § 1 UWG a. F. und enthält ein allgemeines Verbot des unlauteren Wettbewerbs. Der Begriff der Sittenwidrigkeit wird dann durch UWG 2004 nicht übernommen.[860] Damit sollte ein einheitliches Fundament für den Begriff „Unlauterkeit" geschaffen werden. Das Gesetz sollte zum Anlass genommen werden, um bei Anwendung der neuen Generalklausel Transparenz und Vorhersehbarkeit zu schaffen.

Für diesen Wechsel der Terminologie meint die Begründung zum Regierungsentwurf, dass die *Handlungen, die gegen die guten Sitten verstoßen, ohne Rücksicht auf die Vorstellungen des Handelnden zu verhindern seien,*[861] mit anderen Worten, dass der Maßstab der guten Sitten den Wettbewerber unnötig mit dem Makel der Unsittlichkeit belastete.[862] Daher wurde eine Objektivierung der Unlauterkeit vom Gesetzgeber in der UWG-Novelle 2004 formuliert,[863] weshalb die

---

853 BGHZ, GRUR 1999, 1128, 1129 ; BGH, GRUR 2000, 237, 238. Sosnitza, in: Heermann/Schlingloff, UWG, § 3 Rn. 22; Ullmann, GRUR 2003, 817, 820.

854 Sosnitza, in: Heermann/Schlingloff, UWG § 3 Rn. 23; Wiebe, WRP 2002, 283, 284.

855 Köhler, in: Köhler/Bornkamm/Feddersen, UWG, Einl. Rn. 1.14.

856 Sosnitza, in: Heermann/Schlingloff, UWG, § 1 Rn. 4 i. V. m. § 3 Rn. 23; Wiebe, WRP 2002, 283, 284.

857 Wiebe, WRP 2002, 283, 284.

858 Sack, WRP 1985, 1, 13; Ullmann, GRUR 2003, 817, 820.

859 Ungern-Sternberg, in: FS für Erdmann, S. 741. Zudem hält Sack diesen Terminologiewechsel für eine reichlich antiquierte Vorstellung. Sack, BB 2003, 1073, 1073 ff.

860 Sosnitza, in: Heermann/Schlingloff, UWG § 3 Rn. 24.

861 BT- Drs. 14/1487, S. 30.

862 Köhler, in: Köhler/Bornkamm/Feddersen, UWG, § 3 Rn. 1.6.

863 Fezer, in: Fezer/Büscher/Obergfell, UWG, § 3 Rn. 357.

Wettbewerbshandlung in § 2 Abs. 2 Nr. 1 UWG 2004 auf das objektive Förderungsziel einer Wettbewerbshandlung verweist.[864] Dies betrifft aber zum einen nicht den Begriff der Unlauterkeit selbst, sondern den objektivierten Begriff „Wettbewerbshandlung".[865] Zum anderen ist auch bemerkenswert, dass die wettbewerbsrechtliche Unzulässigkeit der Wettbewerbshandlung nicht allein durch ihre Unlauterkeit entschieden wird, da nach § 3 UWG 2004 die unlautere Wettbewerbshandlung einen gewissen negativen Einfluss auf die Marktverhältnisse haben und damit geeignet sein muss, *„den Wettbewerb zum Nachteil der [...] Marktteilnehmer nicht nur unerheblich zu beeinträchtigen"*.[866] In Anlehnung daran spielt die Unerheblichkeit der Wettbewerbsbeeinträchtigung nicht mehr wie nach früherem Recht (§ 13 UWG a. F.) erst bei der Aktivlegitimation eine (differenzierende) Rolle, sondern ist integraler Bestandteil jedes wettbewerbsrechtlichen Verbotstatbestandes.[867] Diese spiegelt wiederum das funktionale Verständnis des Wettbewerbs bzw. Entgegenwirkung der Beeinträchtigungen des Wettbewerbs um dessen Funktionsfähigkeit willen wider.[868] Beruhend darauf muss sich die Auslegung des Begriffs der Unlauterkeit an einem Referenzsystem des hinreichend freien und fairen Wettbewerbs in der Ausprägung orientieren, die dieses System durch die geltende Rechts- und Wirtschaftsordnung erhalten hat,[869] d. h., der Begriff der Lauterkeit wird zur sprachlichen Chiffre für die Funktionsbedingungen des Wettbewerbs.[870] Dies bedeutet auch, dass die Unlauterkeit ein Tatbestandsmerkmal der Beurteilung der wettbewerbsrechtlichen Unzulässigkeit ist.[871] Zur Begründung der Unlauterkeit einer Wettbewerbshandlung ist konsequenterweise die Kenntnis der Tatumstände nicht erforderlich, sondern allein das objektive Vorliegen der Tatbestandsvoraussetzungen[872] oder sozusagen ausschließlich aus den Funktionsvoraussetzungen von Wettbewerb zu entnehmen.[873] Im Allgemeinen ist die Beeinträchtigung dann unlauter, wenn gezielt der Zweck verfolgt wird, Mitbewerber an ihrer Entfaltung zu hindern und sie dadurch zu verdrängen, oder wenn die Behinderung dazu führt, dass die beeinträchtigten Mitbewerber ihre Leistung am Markt durch eigene Anstrengung nicht mehr in angemessener Weise zur Geltung bringen können.[874] Dabei bestehen

---

864 Fezer, in: Fezer/Büscher/Obergfell, UWG, § 3 Rn. 359 i. V. m. § 2 Abs. 1 Nr. 1 B Rn. 150.

865 Groner, Der Rückgriff auf die Generalklausel, S. 85.

866 Schünemann, WRP 2004, 925, 925.

867 Schünemann, WRP 2004, 925, 925.

868 Schünemann, WRP 2004, 925, 926.

869 Sosnitza, in: Heermann/Schlingloff, UWG § 3 Rn. 35.

870 Schünemann, WRP 2004, 925, 931.

871 Omsels, WRP 2004,136, 138.

872 BGH, Urteil vom 23. Juni 2005 – I ZR 194/02 –, juris; Groner, Der Rückgriff auf die Generalklausel, S. 88.

873 Schünemann, WRP 2004, 925, 931.

874 BGH, WRP 2017, 46, 48.

dennoch Ausnahmefälle, die im alten Recht aufgrund ihrer speziellen Eigenart eine subjektive Kenntnis erforderten, z. B. die Behinderungsabsicht.[875]

2. Nutzung des Web-Crawlers fällt unter § 4 Nr. 3 UWG?

Zwar bestehen keine isolierten Internetklauseln im UWG, der Mitbewerberschutz kann aber durch § 4 UWG ermöglicht werden. § 4 UWG konkretisiert den unbestimmten Rechtsbegriff der Unlauterkeit (§ 3 Abs. 1 UWG),[876] wobei es um die wichtigsten auf den Mitbewerberschutz bezogenen Fallgruppen geht: den Schutz der geschäftlichen Wertschätzung gegen Herabsetzung (§ 4 Nr. 1) und Anschwärzung (§ 4 Nr. 2), den Nachahmungsschutz (§ 4 Nr. 3) und den Schutz vor unlauterer Behinderung (§ 4 Nr. 4). Als ein attraktives Instrument zum Schutz von Investitionen in neue Güter bietet der UWGLeistungsschutz zwar keine präzise Nutzungszuweisung, ist aber imstande, die allzu direkte Ausnutzung fremder Leistungen mit großer Rücksicht auf die Besonderheiten des Einzelfalls zu verhindern.[877]

A. Anwendungsvoraussetzungen des § 4 Nr. 3 UWG

Nach allgemeinem Verständnis gilt der wettbewerbsrechtliche Leistungsschutz nicht als eine ausnahmsweise Ergänzung des immaterialgüterrechtlichen Sonderschutzes.[878] Vielmehr geht es im Wettbewerbsrecht nicht um den Schutz von fremden und schöpferischen Leistungen, sondern um die Abgrenzung zwischen lauteren und unlauteren Ausnutzungshandlungen.[879] Jedenfalls ist der Leistungsschutz ein Reflex des Wettbewerbsschutzes. Gegenstand des wettbewerblichen Schutzes kann deshalb nicht das nachgeahmte Gut selbst, sondern allein die Art und Weise seiner Nachahmung sein.[880] Da die Daten nicht als der immaterialgüterrechtliche Gegenstand qualifiziert werden, kann man hier das Thema des Verhältnisses zwischen Wettbewerbsrecht und Immaterialgüterrecht vernachlässigen.[881]

Nach § 4 Nr. 3 UWG, dem früheren § 4 Nr. 9 UWG, ist es unlauter, nachgemachte Produkte anzubieten, wenn einer der drei genannten Tatbestände (Herkunftstäuschung, Rufausbeutung und Kenntniserschleichung) vorliegt.[882] Voraussetzung für

---

875 Groner, Der Rückgriff auf die Generalklausel, S. 86, Fuß. 371.

876 Ohly, in: Ohly/Sosnitza, UWG, § 4 Rn. 1; Schünemann, WRP 2004, 925, 925.

877 Becker, GRUR 2017, 346, 346.

878 Kur, UCP 2014, 11, 16.

879 Fezer, WRP 1993, 63, 65.

880 Stieper, WRP 2006, 291, 294.

881 Nach Ansicht von Ohly ist der UWG-Nachahmungsschutz immer dann als subsidiär zu beachten, wenn der Vorwurf der Unlauterkeit sich aus Gründen ergibt, die im Immaterialgüterrecht vollständig berücksichtigt sind. Ohly, GRUR 2007, 731, 734 f. Allerdings hat das Wettbewerbsrecht keine das Immaterialgüterrecht ersetzende Funktion. Bornkamm, GRUR 2005, 97, 102.

882 Dreher/Kulka, Wettbewerbs- und Kartellrecht, § 3 C II 2 Rn. 454.

den Schutz gem. § 4 Nr. 3 UWG ist, dass die Leistungen „wettbewerbliche Eigenart" aufweisen.[883] Das ist der Fall, wenn die konkrete Ausgestaltung oder bestimmte Merkmale von Produkten *„geeignet sind, die interessierten Verkehrskreise auf seine betriebliche Herkunft oder seine Besonderheiten hinzuweisen"*.[884] Dabei besteht eine Wechselwirkung zwischen dem Grad der wettbewerblichen Eigenart, der Art und Weise und der Intensität der Übernahme sowie der Unlauterkeit der Herkunftstäuschung.[885] Nach der Ansicht des BGH genießt zudem die gestalterische Grundidee zwar keinen wettbewerblichen Schutz, ihre Umsetzung könnte aber wettbewerblich schützbar sein.[886]

B. Schlechte Passung auf § 4 Nr. 3 lit. a und b UWG

Im Gegensatz zu § 4 Nr. 4 UWG, der die Verwendung des Web-Crawlers behandelt, schenken § 4 Nr. 3 lit. a und b UWG der Ware oder der Dienstleistung bzw. den abgerufenen Daten selbst Aufmerksamkeit. Um einen unmittelbaren Leistungsschutz der Daten zu erreichen, sollen sie als Ware im Hinblick auf die Schutzvoraussetzung der wettbewerblichen Eigenart eingeordnet werden können, d. h. geeignet sein, die interessierten Verkehrskreise auf ihre betriebliche Herkunft oder ihre Besonderheiten hinzuweisen. Demnach sollen die Daten vor allem als Ware qualifiziert werden. Grundsätzlich ist der wettbewerbsrechtliche Warenbegriff weit gefasst und beinhaltet alle wirtschaftlichen Güter, die Gegenstand des geschäftlichen Verkehrs sein können.[887] Aus heutiger Sicht können die Daten als wirtschaftliche Güter eingestuft werden und somit werden sie als Ware i. S. d. § 4 Nr. 3 UWG qualifiziert. Weiter ist noch prüfen, ob die Daten die wettbewerbliche Eigenart besitzen.

Die wettbewerbliche Eigenart wird durch § 4 Nr. 3 UWG nicht beschrieben. Doch hat sie eine mit den Schutzvoraussetzungen im Immaterialgüterrecht vergleichbare rechtliche Funktion.[888] Grundsätzlich wird die wettbewerbliche Eigenart zum einen nur solchen Erzeugnissen zugebilligt, mit deren Merkmalen der Verkehr besondere Herkunfts- oder Gütervorstellung verbindet, oder zum anderen aus der Kombination mehrerer technischer oder ästhetischer Merkmale abgeleitet.[889] Diese Kriterien spielen eine wichtige Rolle bei Beurteilung physischer Waren. Sie passen aber schlecht auf die invisiblen Daten,[890] insbesondere unstrukturierte Daten. In der Regel sind die wertvollen und zahlreichen Daten im Internet die personenbezogenen Daten, die nicht an Internetunternehmen, sondern an eine bestimmte

883 Dreher/Kulka, Wettbewerbs- und Kartellrecht, § 3 C II 2 Rn. 456.
884 BGH, WRP 2017, 1332, 1334.
885 BGH, WRP 2017, 1332, 1334.
886 BGH, Urteil vom 02. April 2009 – I ZR 144/06 –, juris, Rn. 21 f.
887 Wiebe, in: Heermann/Schlingloff, UWG, § 4 Nr. 3 § 4 Nr. 3 Rn. 51.
888 Wiebe, in: Heermann/Schlingloff, UWG § 4 Nr. 3 § 4 Nr. 3 Rn. 83.
889 Emmerich/Lange, Unlauterer Wettbewerb, S. 135 f.
890 Becker, GRUR 2017, 346, 347.

Person knüpfen. Die persönlichkeitsbezogenen Interessen tragenden Daten sind kein Fall des § 4 Nr. 3 lit. a UWG. Zugleich bietet die DS-GVO keinen Raum für eine Klagebefugnis von Mitbewerbern.[891]

Im Gegensatz zu § 4 Nr. 3 lit. a UWG fällt die Anwendung des Web-Crawlers nicht in den Bereich von § 4 Nr. 3 lit. b und c. Stattdessen werden die durch Web-Crawler abgerufenen Daten nach der Desensibilisierung als Ware im geschäftlichen Verkehr benutzt und meist als Ressource verwendet. Dies ist von dem vom Betreiber des Web-Crawlers gestalteten Algorithmus abhängig, der die Art von Endprodukten und Dienstleistungen bestimmt. Zwar könnten die Daten als die grundlegenden Ressourcen in Endprodukten oder Dienstleistungen eine wichtige Rolle spielen, ihre wettbewerbliche Eigenart ist aber in sehr hohem Maße vom Algorithmus abhängig. Soweit es an einer notwendigen Einbindung einer fremden Leistung in die eigene Leistung der Betreiber von Web-Crawlern fehlt, ist durch den Vertrieb von Web-Crawlern der lauterkeitsrechtliche Nachahmungsschutz gem. § 4 Nr. 3 UWG nicht betroffen.

C. Als unredliche Unterlagenschaffung i. S. d. § 4 Nr. 3 lit. c UWG

§ 4 Nr. 3 lit. c UWG gewährt weder Schutz für Daten „als solche" noch vor dem eigentlichen Erlangen von Daten/Informationen und dem Nachzahlungsgegenstand, sondern Schutz gegen die Verwertung der erlangten Kenntnisse im geschäftlichen Verkehr.[892]

a. Anwendungsvoraussetzung

Im Hinblick auf § 17 UWG a. F. (Verrat von Geschäfts- und Betriebsgeheimnissen) und § 18 UWG a. F. (Verwertung von Vorlagen) ist der eigenständige Anwendungsbereich des § 4 Nr. 3 lit. c UWG kleiner.[893] Eine denkbare Anwendung des § 4 Nr. 3 lit. c UWG auf Datenschutz findet sich dort, wo es beim KnowhowSchutz zu Schwierigkeiten kommt.[894]

Tatbestandselemente des § 4 Nr. 3 lit. c UWG sind die Erforderlichkeit der Kenntnisse und Unterlagen sowie die Unredlichkeit der Informationsschaffung.[895] Eine Nachahmung des Originalproduktes, die ohne die ausgeprägten Kenntnisse oder die Unterlagen nicht möglich ist, beruht auf den erforderlichen Kenntnissen.[896]

---

891 Ohly, GRUR 2019, 686, 686 ff. Wegen der unterschiedlichen Zweckverfolgung zwischen Datenschutzgesetz und Wettbewerbsrecht kann zudem ein unmittelbarer wettbewerblicher Bezug zu dem BDGS a. F. dem Individualdatenschutz nicht entnommen werden. Von Gamm, GRUR 1996, 574, 578.

892 Becker, GRUR 2017, 346, 351; Müller-Bidinger, in: Ullmann, jurisPK-UWG, § 4 Nr. 3 Rn. 158.

893 Götting/Hetmank, in: Fezer/Büscher/Obergfell, UWG, § 4 Nr. 3 Rn. 107.

894 Becker, GRUR 2017, 346, 352.

895 Müller-Bidinger, in: Ullmann, jurisPK-UWG, § 4 Nr. 3 Rn. 162 ff.

896 Müller-Bidinger, in: Ullmann, jurisPK-UWG, § 4 Nr. 3 Rn. 162.

Nach der Begründung zum Regierungsentwurf umfasst die unredliche Erlangung von Kenntnissen und Unterlagen zwei Typen: Erschleichung und Vertrauensbruch.[897] Nach der Rechtsprechung erstrecken sich die begrifflichen Inhalte der Unredlichkeit auf alle Formen der strafbaren Erlangung von Kenntnissen und Unterlagen.[898] Trotzdem ist der Tatbestand der Erschleichung weiter als der Tatbestand des Geheimnisverrates nach §§ 17 Abs. 2 und 18 UWG a. F.[899] Angesichts dessen kann man sie hier vernachlässigen und sich auf die Tatbestandselemente des § 4 Nr. 3 lit. c UWG fokussieren.

b. Übertragung auf den Web-Crawler

Im Fall des fokussierten Web-Crawlers ist vorstellbar, dass der Betreiber des Web-Crawlers dieses Verhalten nur gegen ein Unternehmen ausgeübt, sodass alle abgerufenen Daten auf dem originalen Unternehmen beruhen. Wird bewiesen, dass die Informationspunkte oder Dienstleistungen vom Betreiber des Web-Crawlers anhand unredlich erworbener Daten nachgeahmt werden, kann der Betreiber der Website in Anspruch genommen werden.[900] Es ist aber umstritten, ob § 4 Nr. 3 lit. c UWG eine wettbewerbliche Eigenart voraussetzt. Die Ansicht, die keine Erforderlichkeit der wettbewerblichen Eigenart voraussetzen will, denkt, dass der Unlauterkeitsvorwurf von den Herkunfts und Gütevorstellungen der Abnehmer unabhängig ist.[901] Demgegenüber ist die wettbewerbliche Eigenart auch auf § 4 Nr. 3 lit. c UWG anzuwenden, weil sie – wie bei den Rechten des geistigen Eigentums – dazu dient, die normative Schutzwürdigkeit einer Leistung festzulegen.[902] Die zweite Ansicht erscheint überzeugend, weil die in § 4 geregelten Fallgruppen für den Bereich dieser Tatbestände abschließend sind.[903] Um das innere Verhältnis zwischen den Klauseln in § 4 UWG und ihr Verhältnis zu § 3 Abs. 1 UWG zu klären, ist eine Schutzvoraussetzung erforderlich. Wird die wettbewerbliche Eigenart der Informationspunkte anerkannt, ist in diesem Kontext Kernpunkt, ob die

---

897 BTDrs. 15/1487.

898 BGH GRUR 2003, 356, 357

899 Emmerich/Lange, Unlauterer Wettbewerb, S. 146; Götting/Hetmank, WRP 2013, 421, 421 ff.

900 Becker, GRUR 2017, 346, 352.

901 Götting/Hetmank, in: Fezer/Büscher/Obergfell, UWG, § 4 Nr. 3 Rn. 106.

902 Nemeczek, WRP 2012, 1025, 1026; Köhler: in: Köhler/Bornkamm/Feddersen, 37. Aufl. 2019, UWG § 4 Rn. 3.60

903 Wiebe, in: Heermann/Schlingloff, UWG, § 4 Nr. 3 Rn. 6. Nach Müller-Bidinger, in: Ullmann, jurisPK-UWG, § 4 Nr. 3 Rn. 33, ist der unternehmerische Leistungsschutz erschöpfend geregelt. Anders wird in der Gesetzesbegründung betont, dass die Aufzählung des § 4 Nr. 3 nicht abschließend sein soll. Sack, GRUR, 2016, 782, 782. Ähnlich Meinung siehe Emmerich/Lange, Unlauterer Wettbewerb, S. 146, wonach der in § 4 Nr. 3 a–c UWG geregelten Fallgruppen keine abschließend ist.

Anwendung des Web-Crawlers bzw. des fokussierten Web-Crawlers als ein verwerfliches Mittel bewertet werden kann.

Ein striktes Verbot der Nutzung des Web-Crawlers ist der Ordnung der Datenfreiheit nicht förderlich und wird verhindern, dass Datennutzer öffentliche Daten auf Websites angemessen erhalten und nutzen können. Nach der *Flugvermittlung*-Entscheidung ist der automatisierte Abruf von Daten grundsätzlich zulässig, vorausgesetzt, dass der Betreiber die technischen Maßnahmen der Website nicht durchbricht.[904] So könnte die Anwendung des Web-Crawlers keinen Unlauterkeitsvorwurf begründen, wenn keine technische Zugriffssicherung oder -beschränkung überwunden wird. Über die technischen Maßnahmen hinaus könnte eine vertragliche Beziehung zwischen dem Betreiber des Web-Crawlers und der Website bestehen. Dadurch werden die Zugriffsbedingungen über die Daten eingebunden. Aufgrund eines Vertrauensbruchs liegt eine Unredlichkeit vor, wenn die im Rahmen des Vertragsverhältnisses erlangten Daten missbräuchlich zur Nachahmung ausgenutzt werden. Dies betrifft aber nicht die Unlauterkeitsprüfung in der Anwendung des Web-Crawlers.

3. Web-Crawler als gezielte Behinderung nach § 4 Nr. 4 UWG?

Die nicht unter § 4 Nr. 3 UWG subsumierte Behinderung könnte in den Bereich des § 4 Nr. 4 UWG fallen. Im Fall der Verwendung des Web-Crawlers handelt es sich zudem in der Regel nicht um eine Herabsetzung, Verunglimpfung, Anschwärzung und Nachahmung der Ware oder der Dienstleistung der abgerufenen Website. Die im Internet beobachtbaren Fälle von Wettbewerbsverstößen können in der Regel einer Fallgruppen der gezielten Behinderung nach § 4 Nr. 4 UWG zugeordnet werden.[905] Weiterhin könnten eine gezielte Behinderung der abgerufenen Websitebetreiber und somit ein Verstoß gegen § 4 Nr. 4 UWG vorliegen.

Die erstmals durch das UWG 2004 als § 4 Nr. 10 aufgenommene Vorschrift blieb im UWG 2008 unverändert und das UWG 2015 bringt zudem keine inhaltliche Veränderung, sondern lediglich eine Umnummerierung zu § 4 Nr. 4 UWG.[906] Damit lassen sich die frühere Rechtsprechung und Literatur in gewissem Umfang zur Erläuterung des Tatbestandsmerkmals der gezielten Behinderung weiterhin heranziehen.

A. Anwendungsbereich des § 4 Nr. 4 UWG

Die Unlauterkeit der individuellen Mitbewerberhinderung wird durch § 4 Nr. 4 UWG nominiert[907] und damit wird es möglich, die Rechtsprechung zu § 1 UWG

904 BGH, GRUR 2014, 785, 788.

905 Jänich, in: Heermann/Schlingloff, UWG, § 4 Nr. 4 Rn. 63.

906 Müller-Bidinger, in: Ullmann, jurisPK-UWG, § 4 Nr. 4 Rn. 2; Omsels, WRP 2004,136, 140.

907 Müller-Bidinger, in: Ullmann, jurisPK-UWG, § 4 Nr. 4 Rn. 5.

a. F. zu übernehmen.[908] Wegen der generalklauselartigen Formulierung deckt § 4 Nr. 4 UWG ein breites Feld der unlauteren Wettbewerbshandlungen ab.[909] Nach der Begründung zum Regierungsentwurf sollten alle Handlungen einschließlich solcher im Verhältnis zweier Unternehmen auf verschiedenen Wirtschaftsstufen erfasst werden.[910] Deshalb wird § 4 Nr. 4 als „kleine Generalklausel" bezeichnet.[911] So könnte ein Rückgriff auf die „große Generalklausel" (§ 3 Abs. 1 UWG)[912] im Fall der Behinderung von Mitbewerbern keine Notwendigkeit sein. Inhaltlich soll der Tatbestand des § 4 Nr. 4 UWG alle vor der UWG-Reform bekannten Erscheinungsformen[913] des Behinderungswettbewerbs einschließlich des Boykotts, des Vernichtungswettbewerbs sowie des Missbrauchs von Nachfragemacht zur Ausschaltung von Mitbewerbern einbeziehen.[914] Allerdings behandelt § 4 UWG, wie soeben gezeigt, nicht nur diese Beispiele. Zugleich weisen die Formulierung des Unlauterkeitstatbestandes des § 4 Nr. 4 und die Begründung der Bundesregierung gewisse Unstimmigkeiten gegenüber der früheren Rechtsprechung zur Behinderung nach der Generalklausel des § 1 UWG a. F. auf.[915]

Der Anwendungsbereich ist im Schrifttum umstritten. In der frühen Rechtsprechung wurde die unlautere Behinderung in die gezielte Behinderung und die sonstige unlautere Behinderung unterteilt. Die gezielte Behinderung ist regelmäßig wettbewerbswidrig, während sich die Wettbewerbswidrigkeit in Fällen, in denen eine solche Zweckrichtung nicht festzustellen ist, aus einer Abwägung aller Umstände des Einzelfalls ergeben sollte.[916] § 4 Nr. 4 UWG (§ 4 Nr. 10 a. F. UWG) weicht in zweierlei Hinsicht von der früheren Rechtsprechung ab. Wird von „dem Wortlaut, der Systematik und der Historie" ausgegangen, erfasst § 4 Abs. 4 UWG nicht die zahlreichen Sachverhalte, in denen die Behinderung des Mitbewerbers zwar unlauter, aber nicht das Ziel des Mitbewerbers ist.[917] Zudem ist in Anlehnung an die Begründung zum Regierungsentwurf zu § 4 UWG, wonach diese „nicht abschließend" sind, sondern lediglich das Ziel verfolgen, „die Generalklausel zu

908 BT- Drs. 14/1487, S. 19; Omsels, WRP 2004,136, 137.
909 Müller-Bidinger, in: Ullmann, jurisPK-UWG, § 4 Nr. 4 Rn. 6.
910 BT- Drs. 15/1487, S. 19.
911 Beater, WRP 2011, 7, 7; Omsels, in: Harte-Bavendamm/Henning-Bodewig, UWG, § 4 Abs. 4 Rn. 6.
912 Vieweg/Fischer, Wirtschaftsrecht, S. 259.
913 Omsels, WRP 2004,136, 137.
914 BT-Drs. 15/1487, S. 19; von vornherein fallen die klassischen Fälle eines unlauteren Behinderungswettbewerbs (z. B. Absatz-, Werbe- und Bezugsbehinderung, Betriebsstörung, der Boykott, die Anschwärzung, die Täuschung der Verbraucher über das Angebot eines Konkurrenten, die Drohung, die herabsetzende Werbung und die gezielte Unterbietung von Konkurrenten mit Verdrängungs- oder Vernichtungsabsicht) unter § 1 UWG a. F. Knöpfle, Die marktbezogene Unlauterkeit, S. 4.
915 Götting/Hetmank, in: Fezer/Büscher/Obergfell, UWG, § 4 Nr. 4 Rn. 10.
916 Omsels, WRP 2004,136, 140.
917 Omsels, WRP 2004, 136, 140.

präzisieren und dadurch eine größere Transparenz zu schaffen",[918] der Tatbestand der gezielten Behinderung des § 4 Nr. 4 UWG eng auszulegen und nur auf Fälle einer offensichtlichen gezielten Behinderung zu begrenzen.[919] In Fällen, die nicht unmittelbar unter den Tatbestand der gezielten Behinderung fallen, kommt allenfalls ein Rückgriff auf die Generalklausel des § 3 Abs. 1 UWG in Betracht, wobei eine Unlauterkeit dann aber nur bei Vorliegen ganz besonderer, außergewöhnlicher Umstände angenommen werden kann.[920]

B. Tatbestand des § 4 Nr. 4 UWG

a. „Gezielt"

Sprachlich haben sowohl das Verb „zielen" als auch das Substantiv „Ziel" eigenständige Bedeutung. Bei der Würdigung des Verbs „zielen" handelt es sich entweder darum, etwas auf jemanden zu beziehen oder zu richten, oder darum, einen bestimmten Zweck zu verfolgen.[921] Das Substantiv „Ziel" kann einen Punkt oder Ort bedeuten, bis zu dem jemand kommen oder den er erreichen will.[922] Beide Begriffe stellen eine intentionale Richtung auf einen Dritten oder etwas anderes dar. Geht man der alltäglichen Erfahrung nach, ist jedoch ein weiteres Verständnis erlaubt, wonach diese Mittel zum eigentlichen Zweck sein könnten.

Beruhend auf dem sprachlichen Verständnis kann das Adverb „gezielt" darauf hindeuten, dass der Verstoß gegen die fachliche Sorgfalt jedenfalls an eine Behinderungsabsicht des Handelnden anknüpft. Eine „gezielte" und damit unlautere Behinderung ist auch stets zu bejahen, wenn die Maßnahme von einer Verdrängungsabsicht getragen ist, der Handelnde somit den Zweck verfolgt, einen Mitbewerber an seiner wettbewerblichen Entfaltung zu hindern und ihn dadurch vom Markt zu verdrängen.[923] Der Eingriff, der sich unmittelbar gegen das Unternehmen des Mitbewerbers als solches richtet, kann als der unternehmensbezogene Eingriff verstanden werden. Die dazu gehörigen Fälle sind beispielsweise die rechtswidrige Vernichtung, Beschädigung oder Beeinträchtigung von Einrichtungen, Rechten und Rechtsgüter des Unternehmens.[924] In diesen Fällen werden zwar §§ 823 ff. BGB bzw. der Schutz des Rechts am Gewerbetrieb berücksichtigt, aber dieses Recht ist – wie oben erwähnt – nur subsidiär anwendbar. Nur wenn das UWG wegen einer

---

918 BT-Drs. 15/1487, S. 17.

919 Dies steht aber der soeben erwähnten in der Regierungsbegründung geäußerten Ansicht entgegen. Groner, Der Rückgriff auf die Generalklausel, S. 247.

920 Götting/Hetmank, in: Fezer/Büscher/Obergfell, UWG, § 4 Nr. 4 Rn. 10 i. V. m. Rn. 21.

921 Die Bedeutung des Verbs „zielen", abrufbar unter: https://www.duden.de/rechtschreibung/zielen#rechtschreibung.

922 Die Bedeutung des Wortes „Ziel", abrufbar unter: https://www.duden.de/rechtschreibung/Ziel.

923 BGH, GRUR 2002, 902, 905; Köhler, in: Köhler/Bornkamm/Feddersen, UWG, § 4 Mitbewerberschutz, Rn. 4.9.

924 Köhler, in: Köhler/Bornkamm/Feddersen, § 4 UWG Rn. 4.8 a.

fehlenden geschäftlichen Handlung nicht anwendbar ist, kann auf § 823 Abs. 1 BGB zurückgegriffen werden.[925] Bemerkenswert hierbei ist, dass bei bloß fahrlässigen Eingriffen §§ 823 ff. BGB anzuwenden bleiben.[926]

Im UWG gibt es keine Bestimmung für Auslegung des Adverbs „gezielt". Außerdem führt die böse Absicht nicht unbedingt zu einer unlauteren Behinderung, denn für eine Lauterkeitsbewertung ist der subjektive Kenntnisstand des Handelnden ohne Bedeutung.[927] Die Behinderung wird als zweites Tatbestandsmerkmal durch § 4 Abs. 4 UWG genannt. Auch wenn eine Zweckrichtung nicht festzustellen ist, kann daraus nicht geschlossen werden, dass die Handlung legitim ist, da eine Behinderung derart sein kann, dass der beeinträchtigte Mitbewerber seine Leistung am Markt durch eigene Anstrengung nicht mehr in angemessener Weise zur Geltung bringen kann.[928] Dies wird als ein marktbezogener Eingriff bezeichnet.[929] Ein mit dem Begriff des marktbezogenen Eingriffs vergleichbarer Begriff ist der unternehmensbezogene. Letzterer richtet sich unmittelbar gegen das Unternehmen des Mitbewerbers als solches.[930] In diesem Kontext wird die unlautere Behinderung in zwei Gruppen unterteilt: die individuelle Mitbewerberbehinderung (die gezielte unlautere Behinderung) und die allgemeine Mitbewerberbehinderung (die sonstige unlautere Behinderung).[931] Der Begriff „gezielt" wird in den Materialien zum UWG ansonsten mit dem gebräuchlichen Begriff „individuell" gleichgesetzt,[932] während in Fällen der allgemeinen Behinderung eine gezielte Verdrängungsabsicht nicht erforderlich sein kann.[933] Der Schutzzweck der allgemeinen Behinderung ist der Erhalt des Leistungswettbewerbs auf einem bestimmten Markt.[934] Bei Beurteilung des marktbezogenen Eingriffs handelt es sich um eine Gesamtwürdigung der Umstände des Einzelfalls unter Berücksichtigung der Interessen der Mitbewerber, Verbraucher und sonstigen Marktteilnehmer sowie des Interesses der Allgemeinheit an einem unverfälschten Wettbewerb.[935] Ein solcher Eingriff wird aber nicht von § 4 Nr. 4 UWG, sondern von § 3 Abs. 1 UWG erfasst.

Dass eine „gezielte" Behinderung keine Absicht erfordert, steht freilich im Widerspruch zu dem sprachlichen Verständnis und dem gesetzlichen Wortlaut.[936]

---

925 Omsels, in: Harte-Bavendamm/Henning-Bodewig, UWG, § 4 Abs. 4 Rn. 7.
926 Köhler, in: Köhler/Bornkamm/Feddersen, UWG, § 4 Rn. 4.8 a.
927 BGH, GRUR 2007, 800, 801 f.
928 BGH, GRUR 2002, 902, 905; BGH, WRP 2015, 714, 715.
929 Köhler, in: Köhler/Bornkamm/Feddersen, UWG, § 4 Rn. 4.8 b.
930 Köhler, in: Köhler/Bornkamm/Feddersen, UWG, § 4 Rn. 4.8 a.
931 Müller-Bidinger, in: Ullmann, jurisPK-UWG, § 4 Nr. 4 Rn. 28; Omsels, WRP 2004,136, 140.
932 In der Begründung ist die gezielte Behinderung auch so beschrieben, dass der Tatbestand der Nummer 10 sich auf die sogenannte individuelle Mitbewerberbehinderung bezieht. BT- Drs. 15/1487, S. 19.
933 Müller-Bidinger, in: Ullmann, jurisPK-UWG, § 4 Nr. 4 Rn. 434.
934 Müller-Bidinger, in: Ullmann, jurisPK-UWG, § 4 Nr. 4 Rn. 434.
935 Köhler, in: Köhler/Bornkamm/Feddersen, UWG, § 4 Rn. 4.8 b.
936 Götting/Hetmank, in: Fezer/Büscher/Obergfell, UWG, § 4 Nr. 4 Rn. 21.

Die Literatur vertritt auch die Ansicht, dass die Aufnahme des Tatbestandsmerkmals „gezielt“ nicht nur unglücklich, sondern verunglückt ist.[937] Zudem meint die Begründung zum Regierungsentwurf bereits, dass der Maßstab der guten Sitten den Wettbewerber unnötig mit dem Makel der Unsittlichkeit belastet, sodass für die Beurteilung der Unlauterkeit die Kenntnis oder das Bewusstsein des Wettbewerbers keine notwendige Voraussetzung ist.[938] Dies ist im Wesentlichen der Erfolg eines Rückgriffs auf die Generalklausel des § 3 Abs. 1 und fällt nicht mehr in den Bereich des § 4 Abs. 4 UWG. Entgegen der herrschenden Meinung, wonach § 4 Abs. 4 UWG keine Behinderungsabsicht verlangt, muss hier eine Behinderungsabsicht gegeben sein.[939] Wegen des objektivierten Verständnisses zum Begriff „Unlauterkeit“ hat der „subjektive Kenntnisstand des Handelnden“ regelmäßig für die rechtliche Bewertung keine Bedeutung. Systemtisch kann zwar mit dem Kriterium der Absicht des Handelnden der Anwendungsbereich des § 4 Nr. 4 UWG vom Anwendungsbereich des § 3 Abs. 1 UWG unterschieden werden, in der Praxis scheint diese Unterscheidung aber kaum Bedeutung zu haben.

b. Behinderung

Entgegen der Ansicht der herrschenden Meinung betrifft § 4 Nr. 4 UWG nur die gezielte Behinderung, die zuerst den Zweck verfolgt, Mitbewerber an ihrer wettbewerblichen Entfaltung zu hindern. Soweit eine Behinderungsabsicht nicht gegeben sein kann, kommt allenfalls ein Rückgriff auf die Generalklausel des § 3 Abs. 1 UWG in Betracht.

Die unlautere Behinderung bedarf der Abgrenzung gegenüber Beeinträchtigungen, die bloße Folge des Wettbewerbs sind. Den Begriff der Behinderung definiert das UWG jedoch nicht. In der Rechtsprechung wird er als „Beeinträchtigung der wettbewerblichen Entfaltungsmöglichkeiten der Mitbewerber“ verstanden.[940] Die Behinderung kann sich auf alle Wettbewerbsparameter des Mitbewerbers, beispielsweise Absatz, Bezug, Werbung, Produktion, Finanzierung oder Personal, beziehen.[941] Hiernach ist das Tatbestandsmerkmal der Behinderung weit auszulegen. Darin erfasst ist *jede Handlung einer Person zugunsten des eigenen oder eines fremden Unternehmens, die mit der Förderung des Absatzes oder des Bezugs von Waren oder der Erbringung oder des Bezugs von Dienstleistungen, einschließlich*

---

937 Götting/Hetmank, in: Fezer/Büscher/Obergfell, UWG, § 4 Nr. 4 Rn. 21.

938 Doch wurde im Schrifttum und auch in der Rechtsprechung davon ausgegangen, dass die Wettbewerbsabsicht nach wie vor ein subjektiver Tatbestand des Begriffs der Wettbewerbshandlung sei. Fezer, in: Fezer/Büscher/Obergfell, UWG, § 2 Abs. 1 Nr. 1 B Rn. 150.

939 Beater, WRP 2011, 7, 11 f.; Omsels, in: Harte-Bavendamm/Henning-Bodewig, UWG, § 4 Abs. 4 Rn. 6; Sack, GRUR 2016, 782, 783; Götting/Hetmank, in: Fezer/Büscher/Obergfell, UWG, § 4 Nr. 4 Rn. 21.

940 BGH, GRUR 2015, 607, 608; BGH, GRUR 2004, 877, 879.

941 BGH, GRUR 2004, 877, 879.

unbeweglicher Sachen, Rechte und Verpflichtungen in einem objektiven Zusammenhang steht.[942] Zudem muss die Behinderung nicht tatsächlich eingetreten sein; vielmehr genügt es, dass die geschäftliche Handlung zur Behinderung geeignet ist.[943] Allerdings reicht die bloß theoretische Möglichkeit einer Behinderung nicht aus.[944]

Beim Umgang mit § 4 Nr. 4 UWG werden Transparenz und Rechtssicherheit teilweise durch die Bildung von Fallgruppen typischer Formen der Behinderung zurückgewonnen. Diese Fallgruppen werden einerseits vom Gesetzgeber dargestellt und andererseits durch die Rechtsprechung entwickelt. Dies bedeutet, dass es keine konsistente Systematik der einzelnen Fallgruppen gibt, die unter den Behinderungstatbestand fallen.[945] Als Beispiele der gezielten Behinderung werden die Behinderung auf dem Beschaffungsmarkt, die Betriebsstörung, die Absatz und Vertriebsbehinderung, die Verletzung von selektiven und Direktvertriebssystemen und die Entfernung von Warencodierungen, die Preisgestaltung, die unberechtigte Abmahnung von Wettbewerbsverstößen, die Schutzrechtsverwarnung, der Boykott und die Marktstörung genannt.[946]

C. Übertragung auf den unfokussierten Web-Crawler

Die Beispieltatbestände des § 4 UWG 2008 stellen keine eigentlichen Verbotstatbestände dar. Vielmehr konkretisieren sie lediglich das Tatbestandsmerkmal der Unlauterkeit im Sinne des § 3 Abs. 1 UWG 2008.[947] Als Ausprägung der Generalklausel des § 3 Abs. 1 muss deswegen der Tatbestand des § 4 Nr. 4 UWG vor allem die allgemeine Voraussetzung des Vorliegens einer geschäftlichen Handlung, die sich gegen einen Mitbewerber richtet, erfüllen. Zudem ist nach § 2 Abs. 1 Nr. 3 UWG für den Mitbewerberbegriff ein konkretes Wettbewerbsverhältnis erforderlich. Wegen der gesetzlichen begrifflichen Ausdifferenzierung zwischen dem Mitbewerber und den sonstigen Marktteilnehmern ist mit dem im § 4 Abs. 4 UWG normierten Mitbewerber nicht der sonstige Marktteilnehmer gemeint.[948] Darüber hinaus behandelt § 4 UWG Abs. 4 UWG nur diejenigen Fälle, wenn sich die geschäftliche Handlung gezielt gegen Mitbewerber richtet oder diese übermäßig daran hindert, ihre wirtschaftliche Leistung durch eigene Anstrengungen zur Geltung zu bringen.[949] Deshalb ist im Rahmen von § 4 Nr. 4 UWG eine böse Absicht ein wichtiger Beurteilungsfaktor für die Wettbewerbskonformität eines Verhaltens.

942 Omsels, in: Harte-Bavendamm/Henning-Bodewig, UWG, § 4 Nr. 4 Rn. 13.
943 BGH, GRUR 2017, 397, 404.
944 BGH, GRUR 2017, 397, 404.
945 Omsels, in: Harte-Bavendamm/Henning-Bodewig, UWG, § 4 Abs. 4 Rn. 20.
946 Dies beruht auf der Skizzierung von Omsels. Omsels, in: Harte-Bavendamm/Henning-Bodewig, UWG, § 4 Abs. 4.
947 Köhler, WRP 2012, 638, 640.
948 Omsels, WRP 2004,136, 139.
949 Omsels, in: Harte-Bavendamm/Henning-Bodewig, UWG, § 4 Abs. 4 Rn. 6; Sack, GRUR 2016, 782, 783.

Als eine wichtige Technikunterstützung von Suchmaschinen ist der Web-Crawler ein Computerprogramm oder ein automatisiertes Skript, das die Website automatisch aufruft. Wie bereits bei den technischen Grundlagen zum Web-Crawler erörtert, verfolgt der unfokussierte Web-Crawler keinen vorbestimmten Zweck, eine bestimmte Website kontinuierlich zu durchsuchen. Umgekehrt ruft der fokussierte Web-Crawler grundsätzlich die gezielten Daten von der Website ab, d. h., der Betreiber verfolgt einen bestimmten Zweck, der auf der Basis von Einzelfallprüfungen betrachtet werden soll. Erheblich ist, ob die Anwendung des Web-Crawlers von einer Verdrängungsabsicht getragen ist. Aus gewöhnlicher Geschäftstätigkeit hat das hauptsächlich Suchdienst betreibende Suchmaschinenunternehmen keine solche böse Absicht. Zudem würde die technische Unterscheidung zwischen dem unfokussierten und dem fokussierten Web-Crawler implizieren, dass bei der Anwendung des unfokussierten Web-Crawlers eine Behinderung auf der abgerufenen Website in der Regel kaum stattfindet. Deshalb könnte sich in diesem Fall beispielsweise keine Berichtigung des technischen Ablaufs einer Web-Seite ergeben.

D. Übertragung auf den fokussierten Web-Crawler

Im themenspezifischen Bereich funktioniert der fokussierte Web-Crawler sicherlich effektiver als der unfokussierte. Um diese Funktion zu erreichen, soll der fokussierte Web-Crawler algorithmisch anders als der unfokussierte gestaltet werden. Anlass dafür ist ein vorbestimmter Zweck. Weist die durch Anwendung des Web-Crawlers ermöglichte Datensammlung den objektiven Zusammenhang mit der Förderung des Absatzes oder Bezugs von Waren oder Dienstleistungen auf, ist die Anwendung des fokussierten Web-Crawlers als eine geschäftliche Handlung zu qualifizieren. Daher liegt daher eine Handlung zugunsten des eigenen Unternehmens vor.

In Bezug auf die Unlauterkeitsprüfung ist es vor allem nennenswert, dass für die Unlauterkeit „allein ein objektiv rechtswidriges Verhalten" maßgebend ist. So spielt der subjektive Kenntnisstand des Betreibers des Web-Crawlers keine entscheidende Rolle. Allerdings erscheint es eine Anwendungsabgrenzung zwischen § 4 Nr. 4 UWG und § 3 Abs. 1 UWG zu ermöglichen. Solange die Überlastung der Server nicht durch Anwendung von fokussierten Web-Crawler verursacht wird, könnte deren Anwendung möglicherweise zulässig sein. In der Entscheidung zur *Flugvermittlung im Internet* weist der BGH darauf hin, dass in einem Fall, in dem das Angebot des Beklagten nicht auf die Störung der wettbewerblichen Entfaltung des Klägers gerichtet ist, ein automatisierter Abruf von Daten von einer Internetseite zulässig sei.[950] Zugleich deutet die Hinwegsetzung über die allgemeinen Geschäftsbedingungen der Klage auch keine unlautere Behinderung an.[951] Im Fall

950 BGH, GRUR 2014, 785, 787.
951 BGH, GRUR 2014, 785, 788.

des fokussierten Web-Crawlers kommt eine gezielte Behinderung dann nicht in Betracht, wenn die abgerufene Website ihre Leistung am Markt noch in angemessener Weise zur Geltung bringen kann.[952] Trotzdem könnte der fokussierte Web-Crawler in der Regel zur Überlastung einzelner besuchten Server führen, sodass die Seitenzugriffe dem sonstigen Nutzer den Zugriff erschweren und somit eine Beeinträchtigung des technischen Ablaufs im Sinne des § 4 Nr. 4 UWG vorliegt. Vorhersehbar ist aber eine klare rechtliche Einschätzung über die Überlastung schwer zu bestimmen.

Bemerkenswert ist jedoch, dass bei Umgehung einer technischen Schutzvorrichtung, mit der ein Mitbewerber behindert wird, durchaus ein wettbewerbsrechtlicher Verstoß vorliegen könne.[953] Demzufolge ist es denkbar, für diejenigen Unternehmen, die den mit dem Web-Crawler zu erreichenden Abruf ihrer Seiten nicht wünschen, die entsprechenden technischen Schutzmaßnahmen zu treffen.[954] In diesem Fall scheint sich eine rechtliche Einschätzung der Behinderung in ein technisches Kriterium umzuwandeln.

4. *Rückgriff auf § 3 Abs. 1 UWG*

Soweit die Auslegung ergibt, dass ein Sachverhalt nicht unter § 4 UWG zu subsumieren ist, bleibt immer noch zu prüfen, ob ein unmittelbarer Rückgriff auf die Generalklausel des § 3 Abs. 1 UWG in Betracht kommt.[955] Hier besteht Einigkeit darüber, dass die allgemeine Marktstörung nicht § 4 Nr. 4 unterfällt, sondern von § 3 Abs. 1 UWG erfasst wird.[956]

Über § 4 Nr. 4 UWG hinaus werden von § 3 Abs. 1 UWG ergänzend alle Sachverhalte erfasst. Während ihrer wettbewerbsrechtlichen Bewertung sind die über § 4 Nr. 4 UWG hinausreichenden Aspekte von Gewicht.[957] Trotz Mangels an der bösen Absicht i. S. d. § 4 Nr. 4 UWG könnte eine Behinderung vorliegen, wenn der Mitbewerber seine Leistung am Markt durch eigene Anstrengung nicht mehr in geeigneter Weise zur Geltung bringen kann.[958] Mit Blick auf die lauterkeitsrechtlichen Schutzzwecke ist die Prüfung des Behinderungstatbestands im Rahmen von Generalklauseln nicht auf Mitbewerberinteressen beschränkt, sondern hat auch die übrigen Schutzzwecke des UWG zu berücksichtigen.[959] Bei der sogenannten sonstigen Behinderung ist das Vorliegen der Unlauterkeit letztlich anhand einer Gesamtwürdigung der Umstände des Einzelfalls unter Berücksichtigung der

952 BGH, GRUR 2014, 785, 787.
953 BGH, GRUR 2014, 785, 788.
954 Dementsprechend könnte der Zugriff auf die Daten der Website, die gegen unberechtigten Zugriff besonders gesichert sind, gemäß § 202a StGB bestraft werden.
955 Köhler, in: Köhler/Bornkamm/Feddersen, UWG, § 4 Rn. 3.2b.
956 Omsels, in: HarteBavendamm/HenningBodewig, UWG § 4 Abs. 4 Rn. 8.
957 Omsels, in: HarteBavendamm/HenningBodewig, UWG § 4 Abs. 4 Rn. 8.
958 BGH, GRUR 2002, 902, 905; BGH, WRP 2015, 714, 715.
959 Beater, WRP 2011, 7, 7.

Interessen der Mitbewerber, Verbraucher und sonstigen Marktteilnehmer sowie der Allgemeinheit zu beurteilen.[960]

Es ist schwer, sowohl für den unfokussierten als auch für den fokussierten Web-Crawler eine allgemeine Marktbehinderung zu beurteilen. Ist der Schutzzweck der allgemeinen Behinderung die Sicherung des Leistungswettbewerbs auf einem bestimmten Markt, soll mit der Anwendung des fokussierten Web-Crawlers die Eignung zur Gefährdung der Funktionsfähigkeit des Wettbewerbs auf einem bestimmten Markt belegt werden. Eine Überlastung einzelner besuchter Server reicht aber für die Annahme einer strukturellen Marktstörung nicht aus. Darüber hinaus werden im Fall der Anwendung des fokussierten Web-Crawlers die abgerufenen Daten vom Betreiber vorbestimmt; diese Handlung richtet sich somit ursprünglich gezielt gegen eine Website oder bestimmte mehrere Websites. Der unfokussierte Web-Crawler hat die Tatbestandsmerkmale einer allgemeinen Marktbehinderung nicht hinreichend erfüllt.

5. *Ergänzender zivilrechtlicher Schutz*

A. *Eingriff in das Recht am Gewerbebetrieb gem. § 823 Abs. 1 BGB?*

Auch wenn die Anwendung des Web-Crawlers keine geschäftliche Handlung darstellt, können die betroffenen Marktteilnehmer nach §§ 823ff. BGB Ansprüche geltend machen, denn das UWG ist im Wesentlichen ein Sonderdeliktsrecht.[961]

Das Recht am Gewerbebetrieb stellt kein mit den in § 823 Abs. 1 BGB enumerierten Gütern vergleichbares absolutes Recht dar; vielmehr werden durch dieses Recht reine Vermögensschäden restituiert, soweit sie infolge einer Beeinträchtigung gewerblicher Aktivitäten eintreten.[962] Wegen dieser Unterscheidung ist das Recht am Gewerbebetrieb von Fall zu Fall zu prüfen. Im Allgemeinen muss die Anwendung dieses Rechts die folgenden Voraussetzungen erfüllen: Systematisch ist vor allem der Schutz des Rechts am Gewerbebetrieb lückenfüllend anzuwenden; danach muss der Eingriff unmittelbar oder betriebsbezogen gewesen sein; schließlich muss die Rechtswidrigkeit in jedem einzelnen Fall aufgrund einer Güter- und Interessenabwägung festgestellt werden.[963]

---

960 BGH, WRP 2015, 714, 715; BGH, WRP 2018, 324, 325; BGH, GRUR 2004, 877, 879; BGH, WRP 2017, 46, 48.

961 Keller, in: Harte-Bavendamm/Henning-Bodewig, UWG, § 2 Rn. 3; Bähr, in: Heermann/Schlingloff, UWG § 2 Rn. 8.

962 Hein/Wagner, Deliktsrecht, Rn. 432.

963 Wilhelmi in: Peter Westermann/Grunewald/Maier-Reimer, BGB, § 823 Rn. 49; diese Anwendungsvoraussetzungen sind eng verbunden mit der Eigenschaft des Rechts am Gewerbebetrieb, denn das Rechts am Gewerbebetrieb ist kein subjektives Recht, es verfügt nicht über feste Grenzen und muss daher von Fall zu Fall konkretisiert werden. Sowohl die Anforderung an Unmittelbarkeit als auch die Berücksichtigung der Güter- und Interessenabwägung spiegelt sich die Einzelfallprüfung wider. Hein/Wagner, Deliktsrecht, Rn. 432 ff.

Steht dem Websitebetreiber Dritten gegenüber eine Ausschließlichkeitsposition zu, ist die Website als ein Teil des eingerichteten und ausgeübten Gewerbebetriebs des Anbieters zu betrachten. Technisch könnte der fokussierte Web-Crawler zur Überlastung der Server des Websitebetreibers führen. Darin liegt aber nicht unbedingt eine Rechtsverletzung, da der Eingriff in das Recht am Gewerbebetrieb nur dann in Betracht kommt, wenn eine Lücke im Unternehmensschutz besteht, die nur mithilfe von § 823 Abs. 1 BGB geschlossen werden kann.[964] Im Fall des Web-Crawlers können §§ 4 und 3 UWG einen ausreichenden unternehmerischen Leistungsschutz bieten. So ist ein subsidiärer Schutz mit dem Recht am Gewerbebetrieb nicht geboten. Darüber hinaus ist die Rechtswidrigkeit des Eingriffs im Wege einer Güter- und Interessenabwägung im konkreten Einzelfall zu bestimmen, wobei insbesondere die betroffenen Grundrechtspositionen berücksichtigt werden.[965] Eine solche Prüfung über die Interessenabwägung kann schon im Rahmen von § 3 Abs. 1 UWG vorgenommen werden. Aus diesem Grund kann ein Rückgriff auf das Recht am Gewerbebetrieb nicht begründet werden.

B. Eingriff in das virtuelle Hausrecht?

Die Idee eines virtuellen Hausrechts stützt sich auf die Analogie zum Hausrecht über Grundstücke und Gebäude, das aus der sachenrechtlichen Befugnis und der absoluten Rechtsmacht des Eigentümers stammt.[966] Wäre die Analogie haltbar, könnte der Betreiber der Website die Nutzer von seiner Website ausschließen und ihnen den erneuten Zugriff verweigern.

a. Begriff und Inhalte des virtuellen Hausrechts

Das private „Hausrecht“ wurde bei Schaffung des BGB nicht kodifiziert und erst seit Beginn der 1990er-Jahre tritt es regelmäßig als Gegenstand und Topos in der Rechtsprechung auf.[967] Grundlage des privaten Hausrechts ist § 1004 BGB[968] und es ist nicht als eigenständiges Institut, sondern nur als Bündel von Befugnissen anzusehen, die aus anderen typischen, aber nicht notwendigerweise sachenrechtlichen Positionen fließen.[969] Man spricht vom Hausrecht, im Falle des Ausschlusses bestimmter Personen vom Zugriff zur Sache vom Hausverbot.[970] Beim sog. „visuellen“ Hausrecht geht es im Wesentlichen um kein neues Recht im Internet,

---

964 Sack, GRUR 2016, 782, 783.

965 BGH, VersR 2015, 717, 718, Rn. 15; BGH, WRP 2013, 1196, 1197, Rn. 18.

966 Witzmann, in: Wandtke/Ohst, Medienrecht, S. 364 Rn. 46.

967 Siehe zunächst nur BGH, Beschluss vom 14. März 1990 – KVR 4/88 –, juris. Unter Berufung auf von Bressensdorf, Das private „Hausrecht“, S. 20.

968 Lakkis sieht, dass das Hausrecht verankert in § 903 S. 1 BGB ist. Lakkis, in: Gsell/Krüger/Lorenz/Reymann, BGB, § 903 Rn. 112.

969 Raff, in: Säcker/ Rixecker/Oetker/Limperg, BGB, Bd. 8; § 1004 Rn. 25 f.

970 Lakkis, in: Gsell/Krüger/Lorenz/Reymann, BGB, § 903 Rn. 112.

sondern um die Anwendung der bestehenden sachenrechtlichen Regelungen bzw. der sachenrechtlichen Abwehrbefugnisse gemäß §§ 858 ff., 903, 1004 BGB[971] auf den Onlinebereich.[972]

Die Existenz des virtuellen Hausrechts wurde ursprünglich vom LG Bonn im Jahre 1999 diskutiert und Ende 2006 vom LG München I eingehender betrachtet.[973] Der Hintergrund, dass sich das LG Bonn als erstes Gericht mit dem virtuellen Hausrecht auseinandersetzte, lag im Anspruch der Klage. Um einzelne Benutzer von seiner Chat-Software auszuschließen, berief sich der Kläger gegenüber der beklagten Partei auf sein „virtuelles Hausrecht“,[974] weshalb das Gericht die Übertragung des Hausrechts auf den Onlinebereich in Erwägung zog. Ohne dogmatische Betrachtung wendete das Gericht damit die Eigentumsvorschriften der §§ 903 und 1004 BGB an. In der Berufung bestätigte das OLG Köln, dass dem Verfügungskläger grundsätzlich ein „virtuelles Hausrecht“ zustehe,[975] verzichtete aber auf eine Herleitung. Nach der Ansicht des LG München I besteht die Grundlage des virtuellen Hausrechts im Eigentumsrecht des Forumbetreibers. Sofern der Betreiber das Eigentum an der Hardware hat, auf der die Beiträge der Nutzer gespeichert werden, kann er gemäß §§ 903 S. 1 Alt. 2, 1004 BGB jeden anderen von der Nutzung der Hardware durch das Speichern von Inhalten auf dieser abhalten; eine andere Grundlage ist die Vermeidung der Speicherung der unerwünschten Inhalte oder die Haftung wegen eingestellter Beiträge.[976]

Die Existenz eines virtuellen Hausrechts ist in der Rechtsprechung mittlerweile anerkannt.[977] Demzufolge kann der Websitebetreiber grundsätzlich frei darüber entscheiden, welchen Personen er den Zugriff zu seinen Spielen gewährt und welchen nicht. Nach der Rechtsprechung, in der ein visuelles Hausrecht des Betreibers einer Internetseite anerkannt wird, kann der Verstoß gegen eine „Hausordnung“ bzw. Nutzungsbedingung als Eingriff in das virtuelle Hausrecht beurteilt werden.[978] Demnach ist der Betreiber (Eigentümer oder Besitzer) der Internetplattform nach dem visuellen Hausrecht berechtigt, sie von der Nutzung seiner Internetplattform auszuschließen, wenn die Person, die sich als berechtigte Nutzerin der

---

971 LG München I, CR 2007, 264, 266.

972 Maume, MMR 2007, 620, 622; Conraths/Krüger, MMR 2016, 310, 310.

973 Maume, MMR 2007, 620, 620; LG Bonn, MMR 2000, 109; OLG München, MMR 2007, 659.

974 LG Bonn MMR 2000, 109, 110.

975 OLG Köln, MMR 2001, 52.

976 LG München I: Persönlichkeitsrechtsverletzung durch Internetartikel und mittels Links gesetztem Foto, ZUMRD 2007, 261, 266; Hoeren, Internetrecht, Rn. 914.

977 Neben den obigen Entscheidungen hat beispielsweise der BGH im Fall „Flugvermittlung im Internet“ dieses Recht erwähnt. Zulässigkeit des automatisierten Abrufs von Daten von einer Internetseite Flugvermittlung im Internet. BGH, GRUR 2014, 785. Eine detaillierte Zusammenstellung siehe Schönfeld, Screen Scraping, S. 324 Fuß. 1233.

978 BSG, MMR 2013, 675, 675 ff.; von Schönfeld, Screen Scraping, S. 332.

Internetplattform registriert hat, die von ihr akzeptierten Nutzungsbedingungen der Internetplattform nicht einhält.[979] Sind die Nutzungsbedingungen gegenüber dem Dritten nicht durchsetzbar[980], bedarf es beim Betreiber eines virtuellen Hausrechts.[981]

b. Kritik am virtuellen Hausrecht an der Website

Aus dem privaten „Hausrecht" wurde ein virtuelles Hausrecht entwickelt. In einer Entscheidung des LG Bonn erfolgte die Herleitung des virtuellen Hausrechts aus sachrechtlichen Befugnissen an der Software und ist vor allem diskussionswürdig, weil die Software für die Sachqualität eine vergleichbare Eigenschaft wie eine körperliche Sache nach § 90 BGB aufweisen müsste. Diese Frage gilt ebenfalls für die Website. Auch wenn die Software als Sache zu qualifizieren sein sollte, ist die Rechtsgrundlage der Befugnis des virtuellen Hausrechts noch umstritten.[982]

Nach Ansicht der Befürworter besteht die Notwendigkeit dieses Rechts hauptsächlich darin, dass ohne Vertrag der Schutz des Betreibers lückenhaft sei.[983] *Schönfeld* betont, dass das virtuelle Hausrecht bereits in der Rechtsprechung mittlerweile weitgehend anerkannt sei.[984] *Bressensdorf* und *Piras* sprechen sich gegen das virtuelle Hausrecht aus. Sie gehen von dem Oberbegriff des virtuellen Hausrechts bzw. dem Begriffsinhalt des privaten Hausrechts aus und bezweifeln einerseits, ob das private Hausrecht als eine schlüssige Kategorie angesehen werden könne; anderseits passe die wechselseitige Übertragung des Hausrechts nicht auf Daten, weil es beim privaten Hausrecht nur um den physischen Zutritt und Aufenthalt gehe.[985] *Piras* analysiert die Grundlage des visuellen Hausrechts systematisch. Sie zieht die Vielfältigkeit der Internetstruktur in Betracht und weist dann darauf hin, dass es dem Betreiber der Website, der im Rahmen von Webhosting oder Webhousing einen Speicherplatz beim Provider angemietet hat, an unmittelbarem Besitz des Servers fehlt, weshalb die Herleitung eines visuellen Hausrechts aus Besitz und Eigentum bzw. der sachrechtlichen Grundlage problematisch sei.[986] Neben der

979 BSG, MMR 2013, 675, 676.

980 Bei Verletzung der Verhaltensregeln durch den Nutzer kann der Betreiber den Nutzungsvertrag ohnehin nach § 314 BGB kündigen und den Account des Benutzers löschen. Maume, MMR 2007, 620, 621.

981 Conraths/Krüger, MMR 2016, 310, 311; Wenn, jurisPR-ITR 10/2009 Anm. 4.

982 Voraussehbar ist eine Diskussion um die Frage nach der Grundlage, der Notwendigkeit und der analogen Anwendung der §§ 903, 1004 BGB. Beispielsweise soll die Website eine vergleichbare Eigenschaft wie eine körperliche Sache nach § 90 BGB aufweisen. Maume, MMR 2007, 620, 620.

983 Maume, MMR 2007, 620, 620 ff.

984 Seine Ansicht ist ein virtuelles Hausrecht ein eigenständiges Rechtsinstitut. Dazu siehe von Schönfeld, Screen Scraping, S. 330, 336.

985 Von Bressensdorf, Das private „Hausrecht", S. 82 f.

986 Nach Meinung von Piras gibt es keine Notwendigkeit für ein virtuelles Hausrecht. Piras, Virtuelles Hausrecht? S. 68 ff.

akademischen Kritik vertritt das OLG Frankfurt die Ansicht, dass sich die Befugnis zur Ausübung des Hausrechts in Räumen oder auf Grundstücken mangels vergleichbarer Interessenlage auf eine Internetseite nicht übertragen lasse.[987] Gegenüber dem Hausrecht, das die absolute Rechtsposition des Hausrechtsinhabers beschützt, liege das Wesen einer Internetseite darin, von Dritten „besucht" und damit zur Kenntnis genommen zu werden.[988] Eine vollständige und ungehinderte Nutzung und die Verbreitung vorhandener Informationen stehen im Mittelpunkt des Internets. Doch könnte das virtuelle Hausrecht dies verhindern. Außerdem kann die Nutzungsbeschränkung vor dem Besuch der Website vorgenommen werden, wenn z. B. der Betreiber der Website den Zugriff zu seinen Internetseiten auf angemeldete und zugelassene Nutzer beschränkt.[989]

Normativer Anlass für das virtuelle Hausrecht ist das Auffüllen der Schutzlücken der Internetplattform. Mit Blick auf den virtuellen Raum könnte damit jedoch das Geschäft im Internet auf allzu komplizierte Weise gestaltet sein. Die Schaffung eines virtuellen Hausrechts kann Rechtsunsicherheit für alle Beteiligten des Internets verursachen und somit dazu führen, dass mit den Veränderungen der Onlinegeschäftsmodelle nicht Schritt gehalten werden kann. Der unfokussierte Web-Crawler bildet den Grundbaustein für die Dienstleistung der Suchmaschine. Im Fall des unfokussierten Web-Crawlers überwiegen die informationsfreiheitlichen Belange. Durch die Anwendung des fokussierten Web-Crawlers könnte die Website nicht mehr ordnungsgemäß funktionieren. Nach hier vertretener Auffassung bedarf es neben den bestehenden Regelungen keines virtuellen Hausrechts, weil für die abgerufene Website § 4 Nr. 4 (i. V. m. § 3 Abs. 1) UWG und die technischen Maßnahmen ausreichend Schutz bieten.

§ 4 Rechtsvergleichendes Ergebnis und Hinweis für China

Bei der rechtlichen Behandlung der Web-Crawler lassen sich zwischen China und Deutschland gewisse Ähnlichkeiten, aber auch Unterschiede feststellen. Aus historischer Perspektive findet sich vor allem die Feststellung, dass das chinesische Wettbewerbsrecht stark durch die internationalen Konventionen beeinflusst wird, während das deutsche Wettbewerbsrecht auf eine lange Tradition zurückblickt.

1. Ähnlichkeiten und Differenzen

A. Rechtssystematische Stellung des Wettbewerbsrechts

Die rechtssystematische Stellung des Wettbewerbsrecht in beiden Ländern ist ein Marktverhaltensrecht. Demnach ist das unternehmerische Marktverhalten im

---

987 Oberlandesgerichts Frankfurt am Main, ZUM-RD 2009, 644, 645.
988 Oberlandesgerichts Frankfurt am Main, ZUM-RD 2009, 644, 645.
989 Wenn, jurisPR-ITR 8/2009 Anm. 3.

Wettbewerb Gegenstand des Wettbewerbsrecht. Eine Überschneidung zwischen Wettbewerbs- und Immaterialgüterrecht ist beiden Rechtsordnungen bewusst und sie sind sich einig, dass das Wettbewerbsrecht nicht als Ersatz für das Immaterialgüterrecht verwendet wird. Nach der chinesischen juristischen Auslegung wird die Anwendung des Wettbewerbsrechts ausgeschlossen, wenn ein Schutz durch das Immaterialgüterrecht erreicht worden ist.[990] Dies entspricht dem Grundsatz der Spezialität in Deutschland.[991]

Die Stellung des Wettbewerbsrecht im Zivilrecht in China wird kaum kommentiert. Durch den Mangel an rechtsdogmatischer Behandlung scheidet grundsätzlich die Untersuchung über ein Recht aus, das wie das Recht am Gewerbebetrieb im Verhältnis zwischen Zivilrecht und Wettbewerbsrecht eine subsidiäre Auffangfunktion hat. Analog zur rechtssystematischen Stellung des Wettbewerbsrecht im BGB, wo das Lauterkeitsrecht einen Teil des allgemeinen Deliktsrechts im Zivilrecht darstellt,[992] könnte sich der 7. Teil „Delikthaftung“ des ZGB auf die Rechtsgrundlage des cUWG stützen. Eine mit § 823 ff. BGB,[993] worin das deutsche Wettbewerbsrecht berührt wird,[994] vergleichbarere Vorschrift kann jedoch ausfindig gemacht werden. Das ZGB wird dem Wettbewerbsrecht eine rechtsdogmatische Untersuchung bescheren.

B. Schutzzweck des Wettbewerbsrechts

In beiden Rechtsordnungen wird der Schutzzweck des Wettbewerbsrechts durch § 1 nominiert. In textueller Hinsicht werden der Unternehmer und der Verbraucher ausdrücklich zum Schutzsubjekt des Wettbewerbsrechts erklärt. Dementsprechend sind die Interessen von Unternehmern und Verbrauchern wettbewerbsrechtliche Schutzobjekte. Mit Einführung des Verbrauchers als Schutzgut soll der Gesetzgeber eine Aufgliederung zwischen den Mitbewerbern und den Verbrauchern vornehmen. Zurzeit enthält das cUWG keine Bestimmung über die Individual- und die Klagebefugnis der Verbände. Ob in das Wettbewerbsrecht eine Klagebefugnis der Verbände einzubeziehen ist, lässt das chinesische Schrifttum dahinstehen.[995]

---

990 Cao Jianmin, Stärkung des gerichtlichen Schutzes der Rechte an geistigem Eigentum, gesetzmäßige Regulierung der Marktwettbewerbsordnung-Rede auf dem nationalen Symposium über Gerichtsverfahren im Bereich geistiges Eigentum 加大知识产权司法保护力度，依法规范市场竞争秩序——在全国知识产权审判工作座谈会上的讲话.

991 Müller-Bidinger, in: Ullmann, jurisPK-UWG, § 4 Nr. 3 Rn. 11.

992 Fezer, in: Fezer/Büscher/Obergfell, UWG, § 1 Rn. 121.

993 Beziehungsweise entsprechen die Verhaltensregeln im Wettbewerbsrecht den Schutzgesetzen des § 823 Abs. 2 BGB. Bornkamm, GRUR 1996, 527, 528.

994 Dreher/Kulka, Wettbewerbs- und Kartellrecht, § 1 C I 2 Rn. 99; Fezer, in: Fezer/Büscher/Obergfell, UWG, § 1 Rn. 121.

995 Jiao kritisiert das Interesse des Verbrauchers als Schutzsubjekt des Wettbewerbsrecht. Jiao, Kritik an Pragmatismus Ch-R 150, 165. Zudem hat Wu die Klagebefugnis der Verbände im deutschen Wettbewerbsrecht systematisch analysiert und stellt

Während im deutschen Wettbewerbsrecht das Interesse der Allgemeinheit an einem unverfälschten Wettbewerb als Schutzzweck gilt, enthält § 1 cUWG keine Bestimmung über den Schutz des Allgemeininteresses. Für die Schutzzwecke des cUWG unterscheidet § 1 cUWG vier Formen: Förderung einer gesunden Entwicklung der sozialistischen Marktwirtschaft, Ermutigung und Schutz des fairen Wettbewerbs, Schutz der Interessen von Unternehmen und Verbrauchern. Ob sich der Schutz des Allgemeininteresses unmittelbar aus der „Förderung einer gesunden Entwicklung der sozialistischen Marktwirtschaft, Ermutigung und Schutz des fairen Wettbewerbs" ergibt, ist ein verbleibender Punkt der vorliegenden Untersuchung.

C. *Anwendungsvoraussetzungen des Wettbewerbsrechts*

Aus rechtsvergleichender Beobachtung lässt sich feststellen, dass die lauterkeitsrechtliche Anwendung nach überwiegender richterlicher Ansicht in China nur dann eröffnet ist, wenn ein Wettbewerbsverhältnis vorliegt, während in Deutschland das Vorliegen einer Wettbewerbshandlung als eine allgemeine Anwendungsvoraussetzung qualifiziert ist. Eine solche Unterscheidung ist nachvollziehbar. Deutschland erließ das erste Gesetz zur Bekämpfung des unlauteren Wettbewerbs im Jahr 1896. Erst im Jahr 1993 verabschiedete China ein erstes Wettbewerbsgesetz. In China wurden die internationalen Konventionen als Grundmuster für die Gesetzgebung des Wettbewerbsrechts herangezogen und der Begriff des „unlauteren Wettbewerbs" hat in China keine Tradition, Gleiches gilt für ein selbst entwickeltes System wie Deutschland. Nach mehr als 100 Jahren Entwicklung ist das UWG offensichtlich fortgeschrittener als das chinesische. Auf deutscher Seite fanden sich indessen – hauptsächlich in den 1980er-Jahren – Stimmen, die sich skeptisch zum Wettbewerbsverhältnis als Anwendungsvoraussetzung äußerten.

Diese Darstellung scheint offenbar das Urteil zu implizieren, dass im Vergleich zum „Wettbewerbsverhältnis" die Wettbewerbshandlung als Voraussetzung für die lauterkeitsrechtliche Anwendung besser geeignet ist. Auf chinesischer Seite ist eine solche Verwandlung beachtenswert.

D. *Einstellung zum Web-Crawler*

Die Differenz über die Anwendungsvoraussetzungen des Wettbewerbsrechts hat keinen Einfluss auf die hier zur Anwendung des Web-Crawlers durchgeführte Forschung, weil sich der betrachtete Gegenstand dieses Kapitels auf die zwischenunternehmerische Beziehung beschränkt. In Deutschland ist bei Anwendung

---

sich anschließend die Frage, ob es eine theoretische und praktische Grundlage der Klagebefugnis der Verbände in China gibt. Der Unterlassungsanspruch der Verbandklage im UWG, TR 131, 31 ff.

des UWG auf das Unternehmen das Vorliegen eines Wettbewerbsverhältnisses erforderlich.

Unter welche lauterkeitsrechtlichen Vorschriften welcher Sachverhalt zu subsumieren ist, ist die erste mit der Unlauterkeitsprüfung des Web-Crawlers verknüpfte Frage. Zwar existieren Internetklauseln im chinesischen Wettbewerbsrecht, sie können aber die Anwendung des Web-Crawlers nicht einbeziehen. In der chinesischen Rechtspraxis wird § 2 cUWG, die „Generalklausel", als Entscheidungsgrundlage für die Unlauterkeitsprüfung des Web-Crawlers angewendet.[996] In gewissem Maße kann davon ausgegangen werden, dass die Internetklauseln des cUWG nicht die erwartete Wirkung erzielt haben. Die Konkretisierung des Begriffs „Unlauterkeit" i. S. d. § 2 cUWG hat dann einen konkreten Umstellungsprozess durchlaufen und er ist anschließend mit der Geschäftsethik des ökonomischen Menschen verknüpft, die auf einem bestimmten Geschäftsbereich beschränkt ist. Beruhend darauf ist die robots.txt-Datei mit einem Ausweis der Geschäftsethik gleichzusetzen und konsequenterweise ist die Anwendung des Web-Crawlers dann als unzulässig zu beurteilen, wenn sie nicht immer der robots.txt-Datei unterliegt. Dieses Kriterium und die robots.txt-Datei werden beide nicht von der chinesischen Rechtslehre akzeptiert. Über das Kriterium der „Unlauterkeit" besteht kein Konsens unter den chinesischen Rechtsgelehrten. Unter Berücksichtigung der Informationsfreiheit und der Förderung der Internetwirtschaft soll die Anwendung des unfokussierten Web-Crawlers ihrer Meinung nach grundsätzlich zulässig sein, während die Anwendung des fokussierten Web-Crawlers streng eingeschränkt werden soll.

Bei der Lauterkeitsbewertung des Web-Crawlers ist das deutsche Wettbewerbsrecht anwenderfreundlicher als das chinesische. § 4 Nr. 4 UWG lässt sich ohne spezielle Bestimmung über das Internet in den durch die Anwendung des Web-Crawlers verursachten Streit einbeziehen. § 4 Nr. 4 UWG konkretisiert den Begriff der Unlauterkeit (§ 3 Abs. 1 UWG) und gesetzsystematisch geht er im Fall der Mitbewerberhinderung aus der allgemeinen Generalklausel des § 3 Abs. 1 UWG hervor. Der Rückgriff auf die Generalklausel ist angesichts der weitreichenden Konkretisierungstatbestände in den §§ 4 bis 7 UWG nur in Ausnahmefällen möglich.[997] Dennoch ist eine solche getrennte Prüfungsreihenfolge im Hinblick auf das funktionelle Verständnis des Wettbewerbsrechts kaum von Bedeutung. Die objektive Betrachtung des Begriffs „Unlauterkeit" im deutschen Wettbewerbsrecht bedeutet einerseits, dass der Begriff „Verstoß gegen die guten Sitten" nicht mehr verwendet wird; andererseits ist wegen der Gesamtwürdigung der Umstände des Einzelfalls die Kenntnis des Betreibers des Web-Crawlers keine notwendige Voraussetzung. Außerdem zeigt die *Flugvermittlung*-Entscheidung, dass die dingliche Wirkung der Bedingungen zur Website von deutschen Gerichten nicht anerkannt

---

996 Beijing Volksgericht für Geistiges Eigentum, Jing 73, Nr. 588 (2016) 京73民终588号 (2016); Das Erste Mittlere Beijing-Volksgericht, Nr. 2668 (2013) 北京市第一中级人民法院民事判决书 (2013) 一中民初字第 2668 号.

997 Glöckner, GRUR 2008, 960, 965.

wird[998] und die Bewertung der Zulässigkeit des automatischen Abrufs der Daten zu einer technischen Bewertung aus juristischer Sicht geworden ist.

Bei der Unlauterkeitsprüfung des Web-Crawlers sind die Scholars in China und das deutsche Gericht der Ansicht, dass der Einsatz von unfokussierten Crawlern allgemein als akzeptabel anzusehen ist. Gegen sowohl den unfokussierten als auch den fokussierten Web-Crawler haben die chinesischen Gerichte jedoch eine härtere Haltung eingenommen. Dies steht in Zusammenhang mit dem chinesischen gerichtlichen Beurteilungsparadigma, weil das Vorliegen eines schutzwürdigen Interesses als ein starker Ausgangspunkt für die Anwendung des Wettbewerbsrechts angenommen wird. Die Daten stellen bereits wirtschaftliche Werte dar und somit sind die durch Web-Crawler abgerufenen Daten auf den ersten Blick schützbar. Ein wesentlicher innerer Grund zur unterschiedlichen Einstellung ist das Verständnis für den Begriff „Unlauterkeit". Beispielsweise wird die Gleichsetzung der Geschäftsethik i. S. d. § 2 cUWG mit der robot.txt-Datei in gewissem Maße als Anerkennung der dinglichen Wirkung der Nutzungsbedingungen der Website verstanden. Bei einem automatisierten Zugriff auf Daten von einer Internetseite schenkt der BGH dem Tatbestandmerkmal „Behinderung" i. S. v. § 4 Nr. 4 UWG Aufmerksamkeit, denn wegen des funktionalen Verständnisses des Wettbewerbsrechts wird der Verstoß gegen objektive Regelungen des Wettbewerbsrecht als Maßstab für die Erfüllung der Unlauterkeit herangezogen.[999] Die objektive Gesetzmäßigkeit des Wettbewerbsrechts bezieht sich außer auf den Schutz der Mitarbeiter auch auf denjenigen der übrigen Marktbeteiligten und der Allgemeinheit, da § 1 UWG nicht nur als Generalklausel dient, sondern auch bei der Anwendung spezieller Normen durchzusetzen ist.[1000] Daraus ergibt sich die Frage, ob eine solche Gesamtwürdigung auf das chinesische Wettbewerbsrecht übertragbar wäre. Falls die Antwort bejahend ausfällt, sollte nicht nur das Verständnis für den Begriff „Unlauterkeit", sondern auch das Wettbewerbsverhältnis als die lauterkeitsrechtliche Anwendungsvoraussetzung umstrukturiert werden bedürfen, denn die Interessen von Verbrauchern konstituieren einen der Schutzzwecke des Wettbewerbsrechts.

2. Übertragung des deutschen lauterkeitsrechtlichen Verständnisses auf das cUWG?

A. Wandlung des deutschen lauterkeitsrechtlichen Verständnisses

Die lauterkeitsrechtliche Aufgabe ist zwar nicht die Durchsetzung der aus verschiedenen Wettbewerbstheorien gefolgerten Erkenntnisse, sondern die Bewertung der Unlauterkeit der streitigen Wettbewerbshandlung.[1001] Dennoch besteht

998 BGH, GRUR 2014, 785, 790 f.
999 Groner, Der Rückgriff auf die Generalklausel, S. 86.
1000 Podszun, in: Harte-Bavendamm/Henning-Bodewig, UWG, § 1 Rn. 1.
1001 Hetmank, GRUR 2014, 437, 438.

in Deutschland Einigkeit, dass bei Erklärung der lauterkeitsrechtlichen Tatbestände das Referenzsystem eines freien Wettbewerbs in Betracht zu ziehen ist.[1002] Das Wettbewerbsrecht kann daher nicht losgelöst von den wirtschaftswissenschaftlichen Grundlagen betrachtet werden. In der Tat haben die wettbewerbstheoretischen Konzeptionen für das Verständnis des Lauterkeitsrechts erhebliche Bedeutung.[1003]

a. Individualrechtliches Verständnis

Wie oben beschrieben, tritt das Problem einer Bekämpfung des unlauteren Wettbewerbs im modernen Sinne im 19. Jahrhundert auf. Infolge der Wettbewerbstheorie von *Smith* und *Ricardo* wurde in der Anfangsphase das System des freien Wettbewerbs als sich selbst steuernden Mechanismus erkannt.[1004] Seit *Smith* werden die Eigenarten des Wettbewerbs durch die Metapher der Spielregel erläutert, die charakterisiert durch „play, effort and luck" sei.[1005] Dabei bezeichnet die Gewerbefreiheit die Entscheidung, am Spiel teilzunehmen.[1006] Damals war die Gewerbefreiheit eine neue Wirtschaftsverfassung, unter der sich ein starkes Aufblühen des Wirtschaftslebens vollzog, und als der große wirtschaftliche Fortschritt dieser Zeit anzusehen.[1007] Dementsprechend stand der politische Zeitgeist in der ersten Hälfte des 20. Jahrhunderts einem rechtlichen Eingreifen zur Verhinderung wirtschaftlicher Kartelle und Monopole entgegen.[1008] Aufgrund der allgemeinen Zentralstellung zur Zeit der Wende zum 20. Jahrhundert wurde zudem das vorauszusetzende Unrecht notwendig als die Verletzung eines subjektiven Rechts verstanden.[1009]

Man könnte die Frage stellen, ob das wettbewerbliche Lauterkeitsrecht ausschließlich ein Konkurrentenschutzrecht ist. Dazu wird argumentiert, dass die Realisierung anderer erstrebenswerter Ziele, insbesondere des Konsumentenschutzes, als Reflexwirkung des Konkurrentenschutzes betrachtet und nicht als eigentliches legislatorisches Ziel gesehen wurde,[1010] weil z. B. die Klagebefugnis der Verbände

1002 Keßler, WRP 1990, 73, 79.
1003 Sosnitza, in: Heermann/Schlingloff, UWG, Teil I. Grundlagen des Lauterkeitsrechts Rn. 2.
1004 Sosnitza, in: Heermann/Schlingloff, UWG, Teil I. Grundlagen des Lauterkeitsrechts Rn. 3. Dass nach Ansicht von *A. Smith* der Wettbewerb eines rechtlichen Rahmens bedarf, wird hier bewusst. Unter Berufung auf Leistner, Richtiger Vertrag, S. 19 ff. Hier nimmt man nur seine Theorie als einen der Faktoren über Gewerbefreiheitsgedanken in Deutschland. Bei der Frage, ob seine Theorie einen entscheidenden Einfluss auf das deutsche Konzept der Wettbewerbsfreiheit habe, handelt es sich um das sog. Adam-Smith-Problem. Wilson/Dixon, JCR 2006, 251, 251 ff.
1005 Knight, QJE 1923, 579, 607.
1006 Mestmäcker/Schweitzer, Europäisches Wettbewerbsrecht, § 3 Rn. 10.
1007 Ulmer, GRUR 1937, 769, 770.
1008 Voet van Vormizeele, NZKart 2013, 386, 387.
1009 Fezer, in: Fezer/Büscher/Obergfell, UWG, § 1 Rn. 62.
1010 Ohly in: Ohly/Sosnitza, UWG, A. Entwicklung Rn. 31.

zur Förderung gewerblicher Interessen (§ 13 Abs. 1 UWG a. F.) dieser Deutung nicht entgegenstand, als man die Verbandsklage als Einrichtung zur Durchsetzung von Unterlassungsansprüchen der Mitbewerber zurechtstutzte bzw. als einen Fall gesetzlicher Prozessstandschaft einstufte.[1011] Zusammenfassend führten der Zeitgeist, das Bestreben der Wissenschaft und das lauterkeitsrechtliche Schutzgut in herkömmlichen Figuren wie dem Persönlichkeitsrecht- oder Unternehmensschutz dazu, dass das Wettbewerbsrecht ausschließlich auf den Schutz der Konkurrenten abstellte.[1012] Dies zeigt, dass die frühen Ansätze nicht akzeptierten, die Interessen der Marktgegenseite und der Allgemeinheit in das Schutzgut des Wettbewerbsrechts einzubeziehen.[1013]

b. Sozialrechtliches und institutionelles Verständnis

Weder das UWG 1896 noch das UWG 1909 regelten den Schutzzweck des Gesetzes und neben dem allgemeinen Verbot unlauteren Wettbewerbs umfasste die Generalklausel des UWG 1909 keinen Hinweis auf die Schutzsubjekte.[1014] Die Rechtslehre lobte, dass begünstigt durch das deutsche Richterrecht, das Wettbewerbsrecht vom Individual- zum Sozialschutz weiterentwickelt wurde.[1015] Dies kam nicht von ungefähr.

Während die Franzosen ein Europa begrüßten, das die typisch französische Beschäftigung mit individueller Kreativität und Kunsthandwerk zeigte, wurde in Deutschland ein Bild des Volkes von sich selbst als Träger einer Gemeinschaftskultur gezeichnet.[1016] Angesichts der schweren Notlage des Staates und der Volkswirtschaft wies *Nussbaum* auch darauf hin, dass sich die öffentlichen Gewalten nicht auf eine Regulierung des Umlaufs der Güter innerhalb der Privatwirtschaften beschränkten, sondern die Güter selbst erfassten und von sich auf den Verbrauch zuführten, indem das neue deutsche Staatswesen den sozialistischen Gedanken seiner Verwirklichung näher zu bringen suchte.[1017] Der Niedergang der Wirtschaft in 1920er-Jahren und ein verstärkter Druck aus der Öffentlichkeit führten dann zu dem ersten gesetzgeberischen Versuch in Deutschland, dem Missbrauch wirtschaftlicher Machtstellung zu begegnen: den Erlass der Kartellverordnung vom 2.11.1923.[1018]

1011 Lindacher, BB 1975, 1311, 1311.
1012 Lindacher, BB 1975, 1311, 1311.
1013 Leistner, Richtiger Vertrag, S. 212.
1014 von Ungern-Sternberg/Schaub, in: Gloy/Loschelder/Danckwerts, Wettbewerbsrecht, § 29 Rn. 1.
1015 Schricker, GRUR Int. 1996, 473, 473 ff.
1016 Kroes, JAH 1999, 1135, 1138.
1017 Nussbaum, Das Neue Deutsche Wirtschaftsrecht, S. 28.
1018 Verordnung gegen Missbrauch wirtschaftlicher Machtstellungen v. 2. 11. 1923, RGBl. I, 1067 ff; Voet van Vormizeele, NZKart 2013, 386, 387.

Im Hinblick auf die Bindungen von Staat, Wirtschaftsgruppen und Kartellen bedarf die Wirtschaft ihrer Ordnung. Damit bestand die Gewerbefreiheit im ursprünglichen Sinne nicht mehr.[1019] Anfang der 1930er-Jahre durchbrach *Ulmer* das individualrechtliche Verständnis im Wettbewerbsrecht[1020] und betonte den Wandel des Lauterkeitsrechts von einem rein individualschützenden zu einem sozialrechtlichen Verständnis.[1021] Er zeigte, dass das Interesse der Allgemeinheit an der Lauterkeit des Wettbewerbs auch durch das Lauterkeitsrecht geschützt werde, weil während der Bekämpfung des unlauteren Wettbewerbs das Allgemeininteresse einerseits das Interesse der Gesamtheit der Mitbewerber, das von der Unlauterkeit berührt wird, und andererseits das Interesse des Volksganzen an einer gesunden und sauberen Ordnung des Wirtschaftslebens sei.[1022]

Ulmer meint, dass *Hefermehl* die rechtstheoretischen Folgerungen aus dem Wandel der Schutzrichtung des Wettbewerbsrechts gezogen habe.[1023] Er entwickelte die Institution des Wettbewerbs als einer selbstständigen Ordnungseinheit des sozialen Lebens und damit als das übergeordnete Schutzgut des gesamten Wettbewerbsrechts.[1024] Dass dem Wettbewerber ausschließliche Herrschaftspositionen zustehen, steht nach seiner Meinung mit dem Wesen des Wettbewerbs im Widerspruch. Ein richtiges Verständnis dürfte sein, die Wettbewerbsordnung selbst als Gegenstand des lauterkeitsrechtlichen Schutzzweckes zu betrachten.[1025] Dass der Schutz der Verbraucher zu den Schutzzielen des UWG gehört, wurde im Jahr 1965 durch Einführung der Klagebefugnis der Verbraucherverbände (§ 13 Abs. 1 a UWG a. F.) eindeutig durchgesetzt.[1026] Sinn und Zweck dieser Bestimmung war gerade die Wahrung des „öffentlichen Interesses" an der Lauterkeit des Wettbewerbs[1027] bzw. am Rechtsinstitut der Wettbewerbsordnung.[1028] Dies bedeutet, dass einerseits die Klagebefugnis der Verbraucherverbände evidenterweise nicht mehr als Prozessstandschaft zugunsten der Mitbewerber verstanden wird;[1029] andererseits wird das ursprünglich vom Gesetzgeber verfolgte System eines konkurrenzorientierten Deliktsschutzes durchbrochen.[1030] Als Folge einer Erweiterung der Klagebefugnis ist das Wettbewerbsrecht nicht mehr ausschließlich das Schutzrecht der

---

1019 Ulmer, GRUR 1937, 769, 770.
1020 Fezer, in: Fezer/Büscher/Obergfell, UWG, § 1 Rn. 65.
1021 Ulmer, GRUR 1937, 769, 772 ff.
1022 Ulmer, Sinnzusammenhänge, 20 f.
1023 Fezer, in: Fezer/Büscher/Obergfell, UWG, § 1 Rn. 67.
1024 Fezer, in: Fezer/Büscher/Obergfell, UWG, § 1 Rn. 67; Hefermehl, in: FS für Carl Hans Nipperdey, S. 283 ff. Im Schrifttum bestehen auch Zweifel am Schutz des Wettbewerbs als Institution. Lindacher, BB 1975, 1311, 1311.
1025 Raiser, in: Summum ius summa iniuria, S. 156.
1026 Lindacher, BB 1975, 1311, 1311.
1027 Keßler, WRP 1990, 73, 79.
1028 Raiser, in: Summum ius summa iniuria, S. 157.
1029 Lindacher, BB 1975, 1311, 1311.
1030 Keßler, WRP 1990, 73, 79.

Konkurrenten. Anschließend mündete der Schutz der Verbraucher im Jahr 2004 in der Übernahme dieses Schutzzweckgedankens in das neue UWG.[1031] Akzeptiert man diese Grundentscheidungen, geht es bei den lauterkeitsrechtlichen Tatbeständen nicht um Rechtsschutzregeln, sondern um Verhaltensregeln, die den Schutzregeln des § 823 Abs. 2 BGB entsprechen.[1032]

Im Einklang mit der Entwicklung der Schutzsubjekte hat sich die Anwendungsvoraussetzung des Wettbewerbsrechts verändert. Nach dem Zweiten Weltkrieg wurden die Individualansprüche aus dem UWG nur dann vom BGH und von der herrschenden Meinung gewährt, wenn zwischen den Parteien ein Wettbewerbsverhältnis vorlag.[1033] Die Begründung für diese Ansicht liegt in den Verletzungstatbeständen des (alten) UWG als ein „Handeln zu Zwecken des Wettbewerbs".[1034] Doch können die im UWG festgestellten Verbandsklagen dieses Tatbestandsmerkmal regelmäßig nicht erfüllen.[1035] Um den Zielen des Gesetzes zu folgen und der auf § 13 Abs. 1 UWG a. F. gestützten systematischen Auslegung zu entsprechen, wird der Passus „zu Zwecken des Wettbewerbs" in § 1 UWG a. F. teilweise im Schrifttum zu recht so verstanden, dass ein Wettbewerbsverhältnis nicht erforderlich ist.[1036]

c. *Funktionsfähiges Verständnis*

Der Weltkrieg hatte große Veränderungen in Europa zur Folge. Nach dem Ersten Weltkrieg waren die Europäer gezwungen, ihre Traditionen und ihre wirtschaftliche, soziale und politische Notlage zu überdenken, und zugleich waren die USA zu diesem Zeitpunkt zu einer Dauerpräsenz in Europa geworden.[1037] Der Franzose *Siegfried* kommentierte, dass sich die Deutschen in vieler Hinsicht dem modernen Amerika ähnelten.[1038] Ausgehend vom vollkommenen Wettbewerb[1039] stellte *Clark*

1031 von Ungern-Sternberg/Schaub, in: Gloy/Loschelder/Danckwerts, Wettbewerbsrecht, § 29 Rn. 1 ff.

1032 Bornkamm, GRUR 1996, 527, 528.

1033 Sack, GRUR 2011, 953, 954.

1034 Sack, WRP 2008, 1141, 1144; *ders.*, GRUR 2011, 953, 954; Bornkamm, GRUR 1996, 527, 528 f.

1035 Sack, GRUR Int. 1983, 565, 573.

1036 Knöpfle, Die marktbezogene Unlauterkeit, S. 9 f.

1037 Kroes, JAH 1999, 1135, 1137.

1038 Siegfried, in: Andre Philip, S. 9 i. V. m. 15. Unter Berufung auf Kroes, R. (1999). Kroes, JAH 1999, 1135, 1139.

1039 Die Wirtschaftstheorie „Vollkommene Konkurrenz" wurde in Deutschland vor allem durch die Freiburger Schule vertreten. Sosnitza, in: Heermann/Schlingloff, UWG, Teil I. Grundlagen des Lauterkeitsrechts Rn. 4 ff. Die Freiburger Schule unterschied sich zwar von der Theorie der vollkommenen Konkurrenz, verfolgte aber das Ideal der vollkommenen Konkurrenz, die ihrer Ansicht nach der einzige Weg war, um Interessenharmonie, Wohlstandswachstum und wirtschaftliche Freiheit zu erreichen. Dazu siehe Zhang, Studie über die Entwicklung der Wirtschaftsrechtstheorie, S. 269.

im Jahr 1940 die Lehre von der „*workable competition*" dar, *die aus den Erscheinungsformen des in der Wirklichkeit vorgefundenen Wettbewerbs eine Theorie des möglichen und besonders schützenswerten Wettbewerbs abzuleiten versucht.*[1040] *Ansätze einer möglichen ökonomischen Rückbindung und Fundierung des Lauterkeitsrechts sind primär im Konzept der „workable competition"*[1041], d. h. *des funktionsfähigen Wettbewerbs, zu finden.*[1042] Beispielweise wird die Erhaltung eines „unverfälschten und damit funktionsfähigen Wettbewerbs" in der Gesetzesbegründung ausdrücklich betont.[1043]

Das von *Kantzenbach* dargestellte Konzept des funktionsfähigen Wettbewerbs ist eine Fortentwicklung der „workable competition".[1044] Soweit ein Wettbewerb die oben genannten fünf Zielfunktionen erfüllt hat, wird er als funktionsfähig betrachtet. Doch zählen sowohl die Erhaltung des funktionsfähigen Wettbewerbs als auch das Vorschreiben des wirtschaftlich richtigen Verhaltens nicht unmittelbar zur Aufgabe des Wettbewerbsrechts,[1045] da es hier keine Planwirtschaft betrifft.[1046] Die Notwendigkeit der lauterkeitsrechtlichen Regelung ergibt sich aus einer wettbewerbstypischen Gefahrenlagen[1047] und sein Betrachtungsgegenstand ist, welche Handlung im Widerspruch zu der Wettbewerbsfreiheit Dritter und dem Wettbewerb als Prozess steht.[1048] Will der Gesetzgeber dem funktionsfähigen Wettbewerb folgen, soll er zunächst bestimmen, welche Interessen durch die fragliche Wettbewerbshandlung berührt sind. Im Anschluss daran können die Interessen auf ihren wettbewerblichen Bezug überprüft werden.[1049] In diesem Kontext handelt es sich um die Erläuterung der dem funktionsfähigen Verständnis entsprechenden Interessen und der darauf beruhenden (grundsätzlichen) Kriterien der Unlauterkeit.

Dass durch den Wettbewerbsprozess die Zusammensetzung und die Verteilung des laufenden Angebots an Waren and Dienstleistungen nach Käuferpräferenz gesteuert werden,[1050] ist eine wichtige Funktion des Wettbewerbs.[1051] Prägend ist dabei das Bild des Verbrauchers als „Schiedsrichter" des Wettbewerbsprozesses. Er könnte aber in seiner Schiedsrichterrolle und damit der Funktion der Steuerung, der Anpassung und der Allokation durch den Druck beim Kaufabschluss oder durch die bestimmte Wettbewerbshandlung, z. B. die irreführende Reklame,

1040 Mestmäcker/Schweitzer, Europäisches Wettbewerbsrecht, § 3 Rn. 65.
1041 Clark, AER 1940, 241, 241 ff.
1042 Micklitz/Keßler, WRP 2003, 919, 921.
1043 BT-Drs. 15/1487, S. 15.
1044 Sosnitza, in: Heermann/Schlingloff, UWG, Teil I. Grundlagen des Lauterkeitsrechts Rn. 7.
1045 Hetmank, GRUR 2014, 437, 440.
1046 Mestmäcker/Schweitzer, Europäisches Wettbewerbsrecht, § 3 Rn. 19.
1047 Hetmank, GRUR 2014, 437, 440.
1048 Mestmäcker/Schweitzer, Europäisches Wettbewerbsrecht, § 3 Rn. 19.
1049 Hetmank, GRUR 2014, 437, 438 f.
1050 Kantzenbach, Die Funktionsfähigkeit, S. 17.
1051 Götting, Wettbewerbsrecht, S. 66.

beeinflusst werden.[1052] In diesem Kontext könnte der Wettbewerb in Gefahr sein, wenn sich das Wettbewerbsrecht nur auf die Interessen von Wettbewerbern konzentriert. Im Verlauf der Zeit zeigte sich laut *Keßler* die Bedeutung der Information und der Konsumentensouveränität für die Funktionsfähigkeit des Wettbewerbs.[1053] Dass die Verbraucher frei und unabhängig entscheiden können, trägt zur Stabilisierung der Funktionsfähigkeit des Wettbewerbs bei. Eine auf Verbraucherinteressen ausgerichtete Markttransparenz setzt die freie und unabhängige Entscheidung der Konsumenten voraus.[1054] Im Hinblick auf die Schiedsrichterfunktion ist daher das Interesse von Verbrauchern lauterkeitsrechtlich schützenswert, sofern es einen wettbewerblichen Bezug aufweist.[1055]

Zwar ist es die Aufgabe der Rechtsprechung, den Begriff „Unlauterkeit" durch Fallgruppen weiter zu konkretisieren. Problematisch ist jedoch, dass er stets ein schwer zu definierendes Konzept ist. Aufgrund der Unklarheit des Begriffs „Unlauterkeit" und in Ermangelung der Kriterien des Unlauterkeitsprüfung sollte den Erkenntnissen der Wettbewerbstheorie eine Relevanz für das Lauterkeitsrecht nicht abgesprochen werden. Sie können hilfreiche Hinweise geben, welche Handlungen den Wettbewerb beeinträchtigen und welche Interessen während des Wettbewerbs berücksichtigt werden sollten und somit überprüfbare Kriterien zur Unlauterkeit im Sinne des Lauterkeitsrechts liefern. Zunächst beeinflusst die Erweiterung des lauterkeitsrechtlichen Schutzzweckes die rechtliche Beurteilung der Wettbewerbshandlung. Sie beschränkt sich nicht auf das Verhältnis zwischen den miteinander im Wettbewerb stehenden Unternehmen, sondern enthält deren Verhältnis zu Abnehmern und zu Lieferanten sowie den Allgemeininteressen.[1056] So ist das Wettbewerbsverhältnis nicht als die Anwendbarkeit des Wettbewerbsrecht zu qualifizieren. Konsens besteht dann darüber, dass eine Abwägung zwischen den Interessen, auf die in der geschäftlichen Handlung Bezug genommen wird, benötigt wird.[1057] Bei der Unlauterkeitsprüfung kann deshalb die Gesamtwürdigung der Umstände des Einzelfalls unter Berücksichtigung der Interessen der Mitbewerber, Verbraucher und sonstigen Marktteilnehmer sowie des Interesses der Allgemeinheit an einem unverfälschten Wettbewerb in Betracht gezogen werden.

1052 Hetmank, GRUR 2014, 437, 440.

1053 Wiebe, in: Fezer/Büscher/Obergfell, UWG, Umweltwerbung (S 2) Rn. 44; Keßler, WRP 1990, 73, 75 ff.; Micklitz/Keßler, WRP 2003, 919, 921.

1054 Micklitz/Keßler, WRP 2003, 919, 922.

1055 Hetmank, GRUR 2014, 437, 441.

1056 Wolfgang, in: FS für Robert Fischer, S. 197.

1057 Hetmank, GRUR 2014, 437, 442.

B. Wandel der chinesischen Wirtschaftspolitik

a. Periode der feudalen Gesellschaftsordnung

Anfangs- und Endpunkt der chinesischen feudalen Gesellschaftsordnung sind die Jahre 475 v. Chr. und 1840 n. Chr. Eine ausführliche Einführung in die chinesische Wirtschaftspolitik in diesen Perioden der feudalen Gesellschaftsordnung kann in der vorliegenden Arbeit nicht gegeben werden. Daher sollen nur einige wichtige Merkmale dargelegt werden.

Eines der Merkmale der akademischen Tradition im alten China bestand darin, dass „es keinen Unterschied zwischen spezialisierten Fächern" im modernen Sinne, sondern fünf Hauptfachklassifikationen gab, die die „konfuzianischen Klassiker (经), die Geschichte（史）, die Philosophie（子） und die Literatur（集）" umfassen.[1058] In der konfuzianischen Klassik stand die feudale Kultur Chinas an erster Stelle und zog sich durch alle Aspekte der Gesetzgebung, der Justiz und der rechtlichen Bewertungen; die juristische Literatur bestand in den konfuzianischen Klassikern der Philosophie und Literatur, während die Gesetze in der Geschichte zusammengefasst waren. Die neuere Aufteilung der Fächer nach dem Inhalt des Forschungsobjekts ist ein vom Westen gelerntes Ergebnis.[1059] D. h., dass das alte China keine eigenständigen Rechts- und Wirtschaftsfächer hervorgebracht und entwickelt hat.

Nach allgemeiner Meinung fokussierten sich die politischen Gedanken im alten China auf die Landwirtschaft, den einheitlichen Staat, die Harmonie, den Schutz der Bevölkerung und den moralischen Charakter.[1060] Die durch die natürliche Umwelt eingeschränkte bäuerliche Zivilisation war eine wichtige Voraussetzung für die Entstehung der kleinbäuerlichen Wirtschaft im alten China.[1061] Daher basierte die Wirtschaftsform des alten China auf einer kleinbäuerlichen Wirtschaft, ergänzt durch die Handelswirtschaft.[1062] Die tausendjährige bäuerliche Wirtschaft hat eine Verbreitung anarchistischer Ideen mit sich gebracht.[1063] Die ethische Bildung des Konfuzianismus spielt in hohem Maße die Rolle der Aufrechterhaltung der gesellschaftlichen Ordnung.

1058 Recherche in alter juristischer Literatur古代法学文献的检索, abrufbar unter: http://netclass.csu.edu.cn/NCourse/hep106/chap8/pages/8_1_1_4_1.htm.

1059 Xu, Erforschung der Geschichte des politischen Denkens im alten China, GpD 3, S. 3 f.

1060 Xu, Erforschung der Geschichte des politischen Denkens im alten China, GpD 3, S. 12 f.

1061 Zhu, Entstehung und Charakteristik der kleinbäuerlichen Wirtschaft, ZPB 22, 22 ff.

1062 Chen/Chen, ZcW 16, 24.

1063 Xu, Erforschung der Geschichte des politischen Denkens im alten China, GpD 3, S. 13.

Der Gedanke der Harmonie bezieht sich prinzipiell auf zwei Ebenen: die zwischenmenschliche Kommunikationsebene und die kulturelle Integrationsebene.[1064] Die familienstaatliche Struktur der traditionellen chinesischen Gesellschaft sah so aus, dass innerhalb einer Familie der Vater und innerhalb des Landes der Kaiser die höchste Macht hatte.[1065] Zwischen Familie und Staat bildete die „Familie" das staatliche Fundament und eine Stütze, der Staat verwendete die der „Familie" innewohnende Ethik, um seine Herrschaft über das Land zu verwirklichen.[1066] Diese Ethik wurde vom Konfuzianismus als eine solche Struktur entworfen, in der *„der Herrscher regieren sollte, der Minister dienen sollte, der Vater ein Vater sein sollte und der Sohn sich wie ein Sohn verhalten sollte"* („君君，臣臣，父父，子子").[1067] Daher betonte das traditionelle China nicht den Individualismus, sondern ein Familienkonzept, das nicht nur blutsverwandte Familien, sondern auch den Staat umfasste. In diesem Kontext war das traditionelle China ein paternalistischer Staat, d. h., der Herrscher bezweckte durch Schutz der Bevölkerung eine Konsolidierung seiner Herrschaft über das Land.[1068] Gleichzeitig wurde die soziale Philanthropie aufgrund des konfuzianischen Einflusses zunächst innerhalb des Clans betrieben und dann auf die gesamte Gesellschaft ausgeweitet. Damit entstand eine ethische Kultur, z. B. hoher Respekt den Alten gegenüber, die Pflege der Jungen und die gegenseitige Hilfe zwischen den Gemeinschaften.[1069] Aus Sicht der chinesischen Sprache enthält zudem die Bedeutung der „Harmonie" eine Integrationsbemühung, die den chinesischen Pragmatismus widerspiegelt, der darin besteht, die verschiedenen Ansätze zu absorbieren und zu verschmelzen, indem sie vom Einzelnen genutzt werden können.[1070] In Bezug auf die Ordnung der menschlichen Beziehungen erforderte der Konfuzianismus ursprünglich zwar, dass man sich um jeden Einzelnen kümmert. In der Folgezeit hat er sich aber zu einer extremen Idee entwickelt, „das Naturrecht zu wahren und den Egoismus abzuschaffen" („存天理，灭人欲"). Diese Idee wurde durch die Qing-Dynastie akzeptiert. Das

1064 Xu, Erforschung der Geschichte des politischen Denkens im alten China, GpD 3, S. 13.

1065 Zhang/Mi, ZSNU 24, 36.

1066 Zhang/Mi, ZSNU 24, 36.

1067 Direkte Quelle aus Yan Yuan 颜渊: The duke Jing, of Qi, asked Confucius about government. Confucius replied, „There is government, when the prince is prince, and the minister is minister; when the father is father, and the son is son". „Good! ", said the duke; „If, indeed, the prince be not prince, the minister not minister, the father not father, and the son not son, although I have my revenue, can I enjoy it? ". Dazu siehe Chinese Text Project, abrufbar unter: https://ctext.org/analects/yan-yuan/ens?searchu=孔子对曰："君君，臣臣，父父，子子.

1068 Zhang/Mi, ZSNU 24, 36; Xu, Erforschung der Geschichte des politischen Denkens im alten China, GpD 3, S. 14.

1069 Qi, Ethik des öffentlichen Interesses, S. 73 f.

1070 Xu, Erforschung der Geschichte des politischen Denkens im alten China, GpD 3, S. 14.

konfuzianische humanitäre Prinzip hatte nur die Oberfläche erfasst, aber in seinem Inneren erfolgte eine Strangulierung der Humanität.[1071]

Die kleinbäuerliche Wirtschaft, das Konzept der Menschenherrschaft und das Fehlen eines Humanismus führten dazu, dass es im alten China an einer Grundlage für Marktwirtschaft und Rechtssystem mangelte.[1072] Vor diesem gesellschaftlichen Hintergrund kam die sogenannte Wettbewerbsfreiheit nicht infrage.

b. Planwirtschaft

In historischer Perspektive ließ sich der Merkantilismus des 17. und 18. Jahrhunderts untrennbar mit einem energischen Voranschreiten der aufstrebenden Staaten verbinden.[1073] Die Entwicklung der kapitalistischen Wirtschaft war schon immer untrennbar mit dem Staat, seiner internationalen Konkurrenz, den häufigen Kriegen, der imperialistischen Aggression gegen unterentwickelte Regionen und dem anschließenden kapitalistischen globalen Profitstreben verbunden.[1074] In der modernen Weltgeschichte war China jedoch kein in fremde Länder einmarschierender Staat, sondern ein selbst halb kolonialisierter Staat. Darüber hinaus war China in seinem Krieg gegen die Aggression keine kapitalistische Industriegesellschaft, sondern ein Agrarland, das von einer kleinbäuerlichen Wirtschaft beherrscht wurde. Es zeigte sich, dass der Entwicklungsprozess Chinas und derjenige modernen westlichen Nationalstaaten völlig unterschiedlich verliefen.

Für China als einen halbkolonialen und kleinbäuerlichen Staat war es nicht möglich, einen „modernen Staatsaufbau“ zu betreiben, indem es sich wie der Westen auf die Bausteine „kapitalistische Industrialisierung + Marktwirtschaft + modernen bürokratischen Staat + liberal-demokratisches System“ stützte, weil die Bedingungen dort keine historische Grundlage aufwiesen und ihre Gesellschaftsrealität vom modernen Westen getrennt war.[1075] Nach der Gründung der Volksrepublik China im Jahr 1949 stand China vor der folgenden Frage: Wie können wir mit einer solchen sozialen und wirtschaftlichen Grundlage ein politisches und wirtschaftliches System aufbauen, das mit der modernen westlichen Industriewirtschaft und Militärmacht konkurrieren kann? Auf der Ebene der nationalen Regierungsführung erkannte die CKP die in der Marktwirtschaft angelegte eigendynamische wirtschaftliche Entwicklung nicht an, weil sie vor dem Hintergrund der Geschichte des Widerstandskrieges „natürlich“ (zu Unrecht) die liberale Demokratie und Marktwirtschaft als völlige „Bourgeoisie“ und damit als bloßen Deckmantel für die Klassenausbeutung und die imperialistische Aggression betrachtete.[1076] Außerdem

---

1071 Zhang, Studie über die Entwicklung der Wirtschaftsrechtstheorie, S. 350.
1072 Li/Lu, RF 88, 90 f.; Zhang, Studie über die Entwicklung der Wirtschaftsrechtstheorie, S. 350.
1073 Kong, RF 92, 93.
1074 Huang, Staat – Markt – Gesellschaft, EFA 42, 44 f.
1075 Huang, Staat – Markt – Gesellschaft, EFA 42, 46.
1076 Huang, Staat – Markt – Gesellschaft, EFA 42, 45.

war die Lebensgrundlage der Menschen in China nach dem Krieg rückläufig und die Gesellschaft stand am Rande des Zusammenbruchs. Nach der Gründung ging China in das Extrem einer vollständigen Planwirtschaft über.

c. Gemischte Eigentumswirtschaft und Gesetzgebungstätigkeit

Während der Periode der Planwirtschaft hat China die beiden drängendsten Probleme gelöst. Das erste war die nationale Sicherheit. China hat eine unabhängige und relativ vollständige Verteidigungsindustrie aufgebaut; weiterhin wurde ein unabhängiges und komplettes Industriesystem geschaffen.[1077] Lange Zeit blieb jedoch die Effizienz der Unternehmensproduktivität gering und die Arbeitnehmer waren gemeinhin wenig motiviert. Zudem hatten sich die Lebensumstände der Menschen kaum verbessert. Das seit Langem bestehende Problem im gesellschaftlichen Leben ist der Mangel an Konsumgütern und nicht das auf den Verbraucherschutz bezogene Problem.[1078]

Bis 1993 betrieb China ein Planwirtschaftssystem, die Wirtschaftstheorie wurde stark von der Wirtschaftstheorie der ehemaligen Sowjet- und Ostblockländer beeinflusst. Bis Anfang der 1980er-Jahre waren private Unternehmen verboten, in der Verfassung von 1982 wurde die Privatwirtschaft überhaupt nicht erwähnt.[1079] Auch wenn die „Verfassungsänderung" von 1993 für die Wirtschaftspolitik festlegte, dass „der Staat eine sozialistische Marktwirtschaft einführt" und „der Staat die Wirtschaftsgesetzgebung stärkt und die Makrosteuerung perfektioniert", war das Vermögensrechtssystem des Marktes bis dahin noch unklar, z. B. wurde die Privatwirtschaft nach wie vor als bloße Ergänzung zur öffentlichen Wirtschaft beschrieben.[1080] Erst auf dem 15. Nationalkongress der CKP Chinas 1997 wurde „die öffentliche Wirtschaft als Hauptkörper und die gemeinsame Entwicklung von vielfältigen Eigentumswirtschaften" und als „grundlegendes Wirtschaftssystem" der „100-jährigen Primarstufe des Sozialismus" festgelegt.

Die Errichtung des sozialistischen Marktwirtschaftssystems im Jahr 1993 erzwang eine Reform des Wirtschaftssystems mit dem Neuaufbau der Wirtschaftstheorie. Verschiedene westliche Wirtschaftsrechtstheorien, die an das sozialistische Marktwirtschaftssystem angepasst wurden, durchbrachen die ideologischen Schranken und wurden in China weit verbreitet, wobei das japanische „regierungsgeführte Marktwirtschaftssystem" eine wichtige Rolle spielte.[1081] Im Oktober 1992 stellte der 14. Kongress der CKP Chinas fest, dass die Errichtung eines sozialistischen Marktwirtschaftssystems das Ziel der Wirtschaftssystemreform Chinas

1077 70 Jahre wirtschaftliche Errungenschaften des neuen China新中国70年经济建设成就，abrufbar unter: http://dangshi.people.com.cn/n1/2019/1010/c85037-31392522.html.

1078 Liang, Rw 20, 20.

1079 Wu, Chinas wirtschaftlicher Reformprozess, S. 184.

1080 Wu, Chinas wirtschaftlicher Reformprozess, S. 182 f.

1081 Wang/Zhao, RW 1, S. 7 f.

sei, indem der Markt in die Lage versetzt werde, eine grundlegende Rolle bei der Zuteilung von Ressourcen unter der Makrokontrolle der sozialistischen Regierung zu spielen.[1082]

Zu Beginn der Reform- und Öffnungspolitik wurden die gesetzgeberischen Arbeitsvorhaben rasch in Angriff genommen. Das Schrifttum vertritt die Meinung, dass sich die (Wirtschafts-)Gesetzgebung nicht von Anfang an selbst entwickelt hat, sondern vom staatlichen Willen getrieben wird.[1083] Beispielsweise entstand das Konzept des chinesischen Wirtschaftsrechts in den späten 1970er-Jahren vor allem aus dem Grund, dass sich der Schwerpunkt der staatlichen Arbeit auf die Modernisierung der Wirtschaft verlagerte.[1084] Nach der Festschreibung der sozialistischen Marktwirtschaft wurde eine Reihe von Gesetzen wie das Gesetz gegen den unlauteren Wettbewerb (1993), das Verbraucherschutzgesetz (1993), das Gesetz zur Produktqualität (1993) und das Gesetz zur Werbung (1994) rasch eingeführt, um die Ordnung der Marktwirtschaft aufrechtzuerhalten, das Verhalten der Marktsubjekte zu regulieren sowie die Makrosteuerung und die soziale Sicherheit zu gewährleisten.[1085]

Im Jahr 2013 hat die 18. Plenartagung der CKP ein neues Gesamtkonzept für Chinas Wirtschaftsreform festgelegt.[1086] Nach dem darauf verabschiedeten „Beschluss des Zentralkomitees der CKP Chinas zu einigen wichtigen Fragen im Zusammenhang mit der umfassenden Vertiefung der Reform“ müsse die chinesische Gesellschaft „die Entwicklung eines modernen Marktsystems beschleunigen, in dem die Unternehmen ein unabhängiges Management und einen fairen Wettbewerb genießen, die Verbraucher freie Wahl haben und autonome Konsumentscheidungen treffen. [...] Was immer vom Markt bepreist werden kann, wird ohne ungerechtfertigte staatliche Intervention dem Markt überlassen.“[1087]

C. Stellungnahme

a. Grundton

Bevor die Analyse der Übertragbarkeit des deutschen lauterkeitsrechtlichen Verständnisses auf das cUWG erfolgt, sollte als Vorbedingung geklärt werden, dass das Wirtschaftssystem eines Landes in der Regel eng mit dem politischen System verbunden ist. Daher sollte die Bezugnahme auf das westliche Recht weder ein Prozess der totalen Verwestlichung noch ein Prozess der bloßen Fortführung

1082 Wang, Deng Xiaopings Beitrag, E&I 70, 71 f.
1083 Zhang, Zeitperspektive im wirtschaftlichen Gesetzgebungsprozess, SW 71, 73 f.
1084 Wang/Zhao, RW 1, S. 5 f.
1085 Shan, GR 10, S. 12 ff.
1086 Wu, Chinas wirtschaftlicher Reformprozess, S. 361 ff.
1087 Decision of the CCKPC on Some Major Issues Concerning Comprehensively Deepening the Reform中共中央关于全面深化改革若干重大问题的决定, abrufbar unter: http://www.china.org.cn/chinese/2014-01/17/content_31226494_3.htm.

der eigenen Tradition sein. Für den chinesischen Rechtssystemaufbau sollte die rechtliche Verbindung zwischen China und dem Westen eine Koexistenz und Interaktion sein. Das Rechtskonzept darf aus praktischer Sicht nicht nur in der Theoriebildung bestehen, sondern muss auch der gesellschaftlichen Realität entsprechen.[1088] Bekanntlich hat jede Kultur ihr eigenes Wirtschaftsmodell, das von der Geschichte geprägt wird und reich an regionalen Prägungen ist. Bei der Beurteilung, ob ein Wirtschaftsmodell in einem Staat oder einer Region angemessen ist, ist es unerlässlich, seine Kompatibilität mit der vorhandenen Kultur zu überprüfen, soweit die wirtschaftspolitischen Ziele festgelegt wurden. Dies bedeutet auch, dass ein universalisierbares Wirtschaftsmodell grundsätzlich nicht existiert. Betrachtet man die wirtschaftliche Situation Chinas, lassen sich folgende Aspekte feststellen: 1) Die kleinbäuerliche Wirtschaft ist die historische Wurzel der informellen Wirtschaft Chinas. 2) Durch die Planwirtschaft hat die staatliche Wirtschaftsstruktur einen wichtigen Anteil an der nationalen Wirtschaftsproduktion. 3) Nach der Reform des Wirtschaftssystems im Jahr 1993 bilden staatliche und private Firmen ein komplexes Wirtschaftssystem. Dies führt schließlich dazu, dass die chinesische Wirtschaft nur schwer durch die westlichen klassischen Wirtschaftstheorien verallgemeinert und geklärt werden kann.[1089] Bei Analyse der Übertragbarkeit des deutschen lauterkeitsrechtlichen Verständnisses auf das cUWG sollte man daher westlichen (deutschen) Zentralismus und Subjektivismus meiden.

Aus der Perspektive der Entstehung der mit der Marktregulierung zusammenhängenden Gesetze in China ist ihre Formulierung stark vom staatlichen Willen getrieben. Darüber hinaus fehlt ihnen die treibende Kraft für eine eigenständige Entstehung. Bei der praktischen Anwendung des Gesetzes wird eine Mischung aus dem alten Recht (dem ethischen Denken) und dem westlichen Recht gezeigt. Im Gesamtzusammenhang tendiert das chinesische Rechtsdenken nicht nur zu Ethik und Moral, sondern auch zum Pragmatismus.[1090] Aufgrund der moralischen Konzepte und des Pragmatismus wird China die unterschiedlichen Wertentscheidungen respektieren und die fortschrittlichen Theorien gerne akzeptieren. Dem traditionellen chinesischen Wirtschaftsdenken ist nicht gelungen, eine moderne Wirtschaftstheorie zu entwickeln. Dennoch können die westlichen Wirtschaftstheorien der Gesellschaft Chinas bis zu einem gewissen Grad ideologische Zugkraft verleihen.

b. Historische Erfahrung

Wie die historische Erfahrung des modernen China gezeigt hat, kann ein übermäßiges Machtgefälle zwischen Staat und Gesellschaft zu schwerwiegenden Fehlern führen. Die heutige und zukünftige Gedankenlinie für China sollte der Frage

1088 Huang, Praxis und Theorie, S. 9
1089 Huang, Praxis und Theorie, S. 24.
1090 Huang, Praxis und Theorie, S. 17

folgen, wie die Beziehungen zwischen Staat, Gesellschaft und Markt besser integriert werden können.[1091] Marktangelegenheiten gehören zum Markt und unlauterer Wettbewerb sollte sich weder mit dem Kapitalismus noch mit dem Sozialismus verbinden.[1092] Das Wettbewerbsgesetz wurde zwar ursprünglich vor dem Hintergrund des Wirtschaftsliberalismus entwickelt und orientierte sich am Schutz der Interessen unter Konkurrenten. Sein heutiger Zweck besteht jedoch im Wesentlichen darin, den fairen Wettbewerb auf dem Markt zu schützen. Mit anderen Worten besteht die Notwendigkeit des Lauterkeitsrechts darin, die wettbewerbstypische Gefahrenlage zu regulieren. Daraus ergibt sich eine Metafrage: Sollten bei der Bewertung des optimalen Wettbewerbsmarkts die Interessen der Allgemeinheit und Verbraucher beachtet werden? Dies wird zu bejahen sein.

c. Erfordernis der Marktwirtschaft

Was die „Förderung einer gesunden Entwicklung der sozialistischen Marktwirtschaft, Ermutigung und Schutz des fairen Wettbewerbs" (§ 1 cUWG) konkret bedeutet, gilt in der chinesischen Literatur als noch nicht geklärt. Aus der Paralleldarstellung und dem Schutz der Interessen von Wettbewerber und Verbraucher in § 1 cUWG lässt sich vertreten, dass die Worte etwas anderes als den Schutz der Wettbewerber und Verbraucher postulieren. Zugleich wird der Schutz des „unverfälschten Wettbewerbs" im UWG nicht nur als Schutz des freien Wettbewerbs verstanden,[1093] sondern auch der Zielsetzung des UWG gerecht.[1094] Aus rechtsvergleichender Beobachtung beinhaltet § 1 cUWG den Schutz der Allgemeininteressen.

In einer Marktwirtschaft wird die Wirtschaft durch den Markt reguliert, wobei nur wenige Eingriffsgründe für staatlichen Interventionen als legitim gelten. Unter den marktwirtschaftlichen Rahmenbedingungen werden diese Angelegenheiten, z. B. was in welcher Menge und wie produziert werden soll, durch die Kräfte von Angebot und Nachfrage und den dadurch bestimmten Preismechanismus geregelt.[1095] Die zentrale Funktion des Wettbewerbs ist die Kontrolle des Angebots und des Preisniveaus von Gütern durch das Prinzip von Angebot und Nachfrage, wobei der Erwerber für eine optimale Allokation die Rolle als Schiedsrichter spielt.[1096] Als Hauptbestandteil des Marktkonsums beeinflussen letztlich die Verbraucher nicht nur den Zweck, die Richtung und die Zukunft der gesellschaftlichen Produktion

1091 Huang, Staat – Markt – Gesellschaft, EFA 42, 55.
1092 Liang/Yang/Liu/Yang, Lexikon der Wirtschaft, S. 604.
1093 Inhaltlich beziehen sich die Gemeinwohlbelange i. S. v. § 1 UWG insbesondere auf Arbeitnehmerschutz, Umweltschutz, Tierschutz, Schutz vor Diskriminierung, Erhaltung der Volksgesundheit und der Integrität der Rechtspflege etc. Scherer, WRP 2006, 401, 402 i. V. m. 404.
1094 Hetmank, GRUR 2014, 437, 441.
1095 Liang/Yang/Liu/Yang, Lexikon der Wirtschaft, S. 173.
1096 Hetmank, GRUR 2014, 437, 448.

und Reproduktion, sondern spielen auch eine wichtige Rolle bei der Anpassung der Warenstruktur, der Überwachung der wirtschaftlichen Aktivitäten der Agenten und der Innovation von Produktions- und Geschäftstätigkeiten.[1097] Die Nachfrage der Konsumenten ist deshalb eine unerlässliche Grundlage der Marktnachfrage und -regulierung. Werden sie getäuscht, könnte es daher im Marktwettbewerb zum Auftreten von „schlechtem Geld, das das gute Geld verdrängt" kommen und der Funktion des Wettbewerbs geschadet werden.

d. Rechtsdogmatische Ebene

Rechtsdogmatisch nominiert das cUWG den Schutz des fairen Wettbewerbs, der Mitbewerber und der Verbraucher als gesetzliche Aufgabe. Ein allein am Wettbewerber orientiertes Wettbewerbsrecht steht im Widerspruch zum gesetzlichen Wortlaut. Wegen der fehlenden spontanen Entstehung des Wettbewerbsrechts nimmt der chinesische Gesetzgeber die internationalen Konventionen als Muster der Gesetzgebung, die Dreigliedrigkeit des lauterkeitsrechtlichen Schutzzweckes wird im Schrifttum derweil kaum hinterfragt. Zugleich wird auf der Ebene des innerstaatlichen Rechtssystems einerseits das geistige Eigentumsrecht als eine Art Bürgerrecht eingestuft; auf der Ebene des internationalen Rechtssystems wird andererseits der Schutz vor unlauterem Wettbewerb in der internationalen Konvention zum Immaterialgüterrecht zugeordnet.[1098] Bei lauterkeitsrechtlichen Streitigkeiten entwickelt deshalb die chinesische Rechtsprechung ein Paradigma, wonach das Vorliegen eines gesetzlich geschützten Rechtsguts als Voraussetzung zur lauterkeitsrechtlichen Anwendung herangezogen wird. Zurzeit ist sich der chinesische Gesetzgeber dessen bewusst, dass die immaterialgüterrechtlichen Schutzzwecke nicht mit den lauterkeitsrechtlichen Schutzzwecken gleichgesetzt werden. Daher enthält § 123 ZGB keine Bestimmung zum „Schutz vor unlauterem Wettbewerb".

In Zukunft ist in China abzuwarten, wie die Tatbestandmerkmale der Unlauterkeit objektiviert dargestellt werden. Diese Arbeit ist der Meinung, dass der Wortlaut „Geschäftsethik" i. S. d. § 2 Abs. 1 cUWG die Objektivierung des Kriteriums für die Lauterkeitsprüfung behindert. Um dies zu lösen, wäre es besser, in § 2 Abs. 1 cUWG „die Unternehmer sollten im Marktverkehr den Grundsätzen der Freiwilligkeit, Gleichheit, Gerechtigkeit und von Treu und Glauben folgen sowie das Gesetz und die Geschäftsethik wahren" zu streichen. Hiernach wird § 2 Abs. 2 cUWG als Generalklausel verstanden, wodurch sich die strikte Haltung zum Verbot einer Anwendung des Web-Crawlers, insbesondere des fokussierten Typs, entspannen könnte.

1097 Wang, Die Bedeutung der Verbraucher, YS 49, 49 ff.
1098 Kong, RF 92, 96.

e. Geringe Gewichtung des Wettbewerbsverhältnisses im Internetbereich

Rechtsdogmatisch kann das Vorliegen eines Wettbewerbsverhältnisses als Voraussetzung der Anwendbarkeit lauterkeitsrechtlicher Regelungen nicht begründet werden. Als Argument wird vorgebracht, dass der Verbraucher gemäß § 1 cUWG ausdrücklich zum Schutzsubjekt des Wettbewerbsrechts erklärt wurde.[1099] Außerdem ist im deutschen Wettbewerbsrecht das Erfordernis eines „konkreten Wettbewerbsverhältnisses“ aus dem Tatbestandsmerkmal „Handeln zu Zwecken des Wettbewerbs“ abgeleitet worden, während nach § 2 Abs. 2 cUWG eine unlautere Wettbewerbshandlung vorliegt, wenn ein Unternehmen bei seinen Produktions- oder Vertriebsaktivitäten die Ordnung des Marktwettbewerbs stört und die rechtmäßigen Rechte und Interessen der anderen Unternehmen oder Verbraucher schädigt. In diesem Kontext wird die Anwendung des chinesischen Wettbewerbsrechts nicht durch das Tatbestandsmerkmal „Handeln zu Zwecken des Wettbewerbs“ gebunden. Außerdem besteht kein unbedingt logischer Zusammenhang zwischen der „Wettbewerbshandlung“ und dem „Wettbewerbsverhältnis“ in der Internetwirtschaft, weil sich der Wettbewerb im Internet in der Regel um die Internetnutzer dreht, d. h., die Wettbewerbshandlung im gesamten Internetbereich stattfindet.[1100] Ob die im Internetbereich stattfindende Wettbewerbshandlung unlauter ist, könnte vom Vorliegen eines Wettbewerbsverhältnisses unabhängig sein. Es bleibt eine offene Frage, ob der Begriff des „Wettbewerbsverhältnisses“ noch eine Rolle in der Lauterbarkeit der Internetwirtschaft spielt.

f. Sonstige Bemerkung

Abschließend ist zu beachten, dass das derzeitige cUWG keine Regelungen wie eine Verbrauchergeneralklausel oder eine Verbandsklagebefugnis im Interesse von Verbrauchern ähnlich jener in Deutschland enthält. Die Aufnahme der Verbandsklagebefugnis im cUWG fällt nicht in den Gegenstand dieser Vorschriften. Vielmehr hat das deutsche lauterkeitsrechtliche Verständnis wertvolle Hinweise für das gerichtliche Beurteilungsparadigmata zum unlauteren Wettbewerb gegeben. Das cUWG ist eine Mischform aus öffentlichem Recht und Privatrecht.[1101] Eine Wettbewerbshandlung könnte gleichzeitig einen Verstoß gegen zivilrechtliche und verwaltungsrechtliche Normen darstellen (§§ 13 ff. und 18 ff. cUWG). Gemäß § 16 Abs. 1 cUWG hat jede Organisation oder Einzelperson das Recht, eine vermutete unlautere Wettbewerbshandlung der Direktion für Aufsicht und Inspektion zu melden, im Anschluss muss die Direktion diese Meldung würdigen. Dies kann die Verbraucher in gewissem Maße schützen.

1099 Zheng/Yang, SRW 64, 64.
1100 Chen, Rw 18, 33.
1101 Kong, RF 92, 92.

Zusammenfassung und Ausblick

Gegenstand der vorliegenden Untersuchung war der Datenschutz und -zugriff aus rechtsvergleichender Sicht. Die Untersuchung wurde auf einen verbraucherorientierten Internetbereich beschränkt und ging hauptsächlich von §§ 111 und 127 ZGB aus. Die wichtigsten Ergebnisse der Untersuchung werden wie folgt zusammengefasst:

Historisch und rechtsinstitutionell ist die Verbindung des chinesischen und des deutschen Zivilrechts jedenfalls erkennbar. Nach dem Eintritt in das 21. Jahrhundert möchte der chinesische Gesetzgeber den Fortschritt mit und in der Normsetzung vorantreiben. Die Bestimmung zum Schutz der persönlichen Information und der Daten im ZGB spiegelt die Gedanken „eines menschenorientierten und zum Internetzeitalter gehörenden Zivilgesetzbuches" wider. Während im Jahre 1970 Hessen bereits ein erstes Datenschutzgesetz erließ, ist der Datenschutz in China ein neues Rechtsgebiet. Der Begriff der „Daten" wird durch das ZGB nicht eindeutig bestimmt und muss als mit dem Begriff der „Information" in geltenden Gesetzen und den justiziellen Auslegungshilfen verschlungen betrachtet werden. Aus Sicht der Informationstheorie und der Semiotik werden Daten als Träger der Information verstanden. In Verbindung mit der begrifflichen Trennung zwischen dem Begriff des „Rechtsgegenstands" und dem Begriff des „Rechtsobjekts" werden die Daten im Kontext der Rechtswissenschaft als Rechtsobjekt verstanden. Außerdem bieten die chinesische Privatrechtstheorie, die Strukturanordnung von §§ 111 und 127 ZGB im ZGB sowie die Vorschriften der §§ 126, 127 ZGB einen Diskussionsraum für die Frage, ob der Schutz der Daten in den Formen des Zivilrechts oder in solchen anderweitigen Interessen erreicht werden kann. Demzufolge können der Schutz der Daten selbst und derjenige des Dateninhaltes auseinanderfallen. Durch diese Arbeit wird klargestellt, dass es bei § 111 ZGB um den Schutz des mit der Person verbundenen Dateninhaltes bzw. Datenschutzes im persönlichkeitsrechtlichen Sinne geht, während § 127 ZGB auf den Schutz der Daten im vermögensrechtlichen Sinne hinweist.

Die chinesische Terminologie „Cai Chan" kann sich auf die beiden deutschen Termini „Eigentum" und „Vermögen" erstrecken. Gewisse Parallelen insbesondere zum Sachenrecht sind aber in China und Deutschland zu finden. Eine Gemeinsamkeit beider Rechtsordnungen zeigt sich etwa darin, dass im Sachenrechtsbereich die Körperlichkeit eine wichtige Voraussetzung der Sachqualität ist. Deshalb lehnt die Arbeit ab, Daten als sachenrechtlichen Gegenstand zu behandeln.

Während in chinesischen Literaturen infolge des semiotischen Verständnisses über die immaterialgüterrechtliche Ontologie das Immaterialgüterrecht als ein reines Vermögensrecht verstanden wird, wird in Deutschland das Immaterialgüterrecht in der Regel mit Ausnahme des Leistungsschutzrechts nicht losgelöst von Persönlichkeitsinteressen betrachtet. Demzufolge sind die Daten nicht als Werk im urheberrechtlichen Sinne. Trotzdem fungieren sowohl das semiotische Verständnis der immaterialgüterrechtlichen Ontologie als auch der Schutz der Investitionsleistung im Leistungsschutzrecht als ein Berührungspunkt zwischen dem Leistungsschutzrecht und dem Schutz der Daten. Daten sind nicht mit dem Signal gleichzusetzen, somit sind sie nicht im Sendeunternehmensrecht des ChUrhG zuzuordnen. Ein mittelbarer Schutz der Daten kann zwar durch das Datenbankrecht erreicht werden. Im Hinblick auf dessen nebulöse Schutzvoraussetzungen und den Mangel einer rechtsdogmatischen Stütze im ChUrhG erscheint die Umsetzung des Datenbankrechts im ChUrhG schwierig. Im Internetbereich, wo die Internetbenutzer als wichtigste Datenerzeuger wirken, könnte das Softwarerecht an Daten zu einem Schutzungleichgewicht zwischen dem Urheber des Softwarerechts und dem Internetbenutzer führen. Mit § 123 ZGB wird vom chinesischen Gesetzgeber festgestellt, dass der Schutz von Geschäftsgeheimnissen den Immaterialgüterrechten zugeordnet ist. In beiden Rechtsordnungen lässt sich in diesem Bereich eine Bezugnahme auf den mittelbaren Schutz der Daten finden. Dies stellt vielmehr einen Schutz von Dateninhalten statt von Daten selbst dar. Deshalb ist diese Arbeit der Ansicht, dass § 127 ZGB eine Schützbarkeit aller Daten nicht begründet und im Wesentlichen eine Hinweisklausel über den Schutz der Vermögensinteressen an Daten bleibt.

Das chinesische Persönlichkeitsrecht hat keinen ähnlichen historischen Prozess durchlebt wie das deutsche Persönlichkeitsrecht, das ursprünglich durch das im Jahr 1900 in Kraft getretene BGB abgelehnt wurde und dessen dogmatische Begründung durch das Grundgesetz vorangetrieben wurde. Nach dem chinesischen Verständnis sollte das Persönlichkeitsrecht angesichts der gesellschaftlichen Entwicklung und der historischen Erfahrung aus dem rechtlichen Vakuum der Kulturrevolution als ein selbständiges Recht behandelt werden, um die Person besser zu beschützen und ihre eigene freie Entfaltung zu respektieren. So entsteht das Buch „Persönlichkeitsrecht" in dem ZGB, wobei der rechtliche Status des Schutzes personenbezogener Daten und der Privatsphäre auf der Ebene des ZGB erhöht wird.

Das vierte Buch „Persönlichkeitsrecht" des ZGB deutet auf einen anderen persönlichkeitsrechtlichen Weg als das BGB. Die Befürworter gehen von der Externalisierung ethischer Werte aus und erklären die Schutzbedürftigkeit der „leibfern" ausgebreiteten ethischen Werte der Person. Die Ablösbarkeit der Rechtsqualifikation der Person von den Persönlichkeitsinteressen bedingt eine anfechtbare Gleichsetzung zwischen dem Persönlichkeitsrechtssubjekt und dem Persönlichkeitsrechtsgegenstand. Daher verändert die Anerkennung des Buchs „Persönlichkeitsrecht" im ZGB das Verständnis von dem Persönlichkeitsrecht als Abwehrrecht und lässt sich das Verwertungsrecht in das Persönlichkeitsrecht einbetten. In Deutschland wird die Anerkennung der Nutzungsbefugnis des Persönlichkeitsrechts durch die Rechtsprechungen ermöglicht.

Als Folge des positivrechtlichen Verständnisses enthält das Persönlichkeitsrecht nicht nur die Abwehrbefugnis, sondern auch die aktive Nutzungsbefugnis über die materiellen und ideellen Persönlichkeitsinteressen. Demnach besitzt die Person die Freiheit, die als Träger der Persönlichkeitsinteressen betrachteten

Identitätsmerkmale selbst zu bestimmen, zu verändern und selbst zu benutzen. Während im deutschen Persönlichkeitsrecht die Identitätsmerkmale stellvertretend für die bezeichnete Person stehen können und einen mutmaßlich unverfügbaren Anteil an der Würde der bezeichneten Person haben, werden sowohl das vermögenswerte Persönlichkeitsinteresse als auch die persönlichkeitsrechtliche Aufspaltung wie in den USA nach wohl herrschender Meinung in China nicht angenommen. Vielmehr versucht China einerseits, ein lediglich am ideellen Persönlichkeitsinteresse orientiertes Persönlichkeitsrecht zu schaffen; anderseits wird das Verwertungsrecht der eigenen Identitätsmerkmale weder als ein reines Vermögensrecht noch als ein reines Persönlichkeitsrecht, sondern im Rahmen des Persönlichkeitsrechts ausnahmsweise als das immaterielle Persönlichkeitsinteressen enthaltende Vermögensrecht betrachtet. Daher stellt nach dem Verständnis der chinesischen Gelehrten die sog. Kommerzialisierung des Persönlichkeitsrechts eine Kommerzialisierung personenbezogener Identitätsmerkmale dar. Die Nutzungsbefugnis personenbezogener Identitätsmerkmale stammt aus der Entfaltung immanenter ideeller Persönlichkeitsinteressen und sollte aber ausnahmsweise als ein eigenständiges Vermögensrecht betrachtet werden können. Im deutschen Persönlichkeitsrecht werden die vermögenswerten Persönlichkeitsinteressen als Bestandteil des einheitlichen Persönlichkeitsrechts angesehen. An dieser Stelle zeigt die vorliegende Arbeit, dass China eine zurückhaltende Haltung in der Interpretationshaltung der Inhalte der Persönlichkeitsgüter beibehält. Trotz der restriktiven Auslegungshaltung in China lässt sich mit Blick auf den Inhalt des Persönlichkeitsrechts in beiden Rechtsordnungen feststellen, dass eine völlige Übertragung des Persönlichkeitsrechts in hohem Maße nicht unterstützt wird.

§ 111 ZGB ist der rechtsdogmatische Ort für den Schutz der Persönlichkeitsinteressen an Daten. Im Zuge der Kodifizierung des Buches „Persönlichkeitsrecht" im ZGB war das persönliche Informationsrecht als ein selbstständiges Recht umstritten, ist heutzutage im Schrifttum aber weithin anerkannt. Aus Sicht der Befürworter des selbstständigen Rechts geht es beim Privatschutz um die Regulierung der unberechtigten Offenbarung der auf die Privatsphäre bezogenen persönlichen Daten (Information), während das persönliche Informationsrecht sich auf Regulierung der Datenverarbeitung fokussiert. Wird dem gefolgt, enthält der Betroffene ein aktives Verwendungsrecht über seine eigenen Daten. Die Ausgestaltung der Schutzkreise der personenbezogenen Daten und der Regelungen zum Zugriff auf personenbezogene Daten in China bleibt gegenüber der deutschen Ausgestaltung weit zurück. Im Prinzip ist klar festgelegt, dass die personenbezogenen Daten als verkehrsfähige Immaterialgüter aus dem heutigen Geschäftsmodell resultieren, das die wesentlichen Inhalte der personenbezogenen Daten nicht verändern kann, die das ideelle Interesse der Betroffenen tragen. Bisher wird das Datennutzungsmodell in China nur am Rande behandelt. In Kenntnis der Unübertragbarkeit und der Eigenschaft der positiven Verwertung des persönlichen Informationsrechts schlägt diese Arbeit vor, dass China bei der Ausgestaltung des Nutzungsmodells der personenbezogenen Daten auf den urheberrechtlichen Monismus Deutschlands in Bezug nehmen kann.

Im Hinblick auf die Interessenabwägung zwischen dem Schutz des Individuums und dem unternehmerischen Datenvermarktungswunsch hat die Rechtsvergleichung vor allem ergeben, dass nicht nur der Persönlichkeitsrechtsschutz, sondern auch der freie Datenfluss als Ziel des Datenschutzgesetzes zu betrachten ist. Um dem Ziel des Schutzes personenbezogener Daten Rechnung zu tragen, sieht der Gesetzgeber die öffentlich- und die privat-rechtlichen Regeln vor.

Als die symbolische Darstellung des informationellen Selbstbestimmungsrechts ist die datenschutzrechtliche Einwilligung umstritten. Ähnlichkeit und Differenz bestehen zwischen der Unterteilung der Einwilligung in die einseitige und schuldrechtliche Einwilligung in Deutschland und der Unterteilung der Einwilligung im negativen und positiven Sinne in China. Diese Vorschläge des Einwilligungsmodells stellen fest, dass die Einordnung der datenschutzrechtlichen Einwilligung als Rechtfertigungsgrund für den berechtigen Datenverarbeiter keine Rechtswirkung gegenüber Dritten entfaltet. Die Differenz liegt im Ausgangspunkt der Unterteilung der datenschutzrechtlichen Einwilligung. Die chinesische Lehrmeinung basiert auf der Abwehr- und Verwendungseigenschaft des Persönlichkeitsrechts, während die Unterteilung der einseitigen und schuldrechtlichen Einwilligung in Deutschland aus der Stufenleiter der Einwilligung im Zivilrecht stammt. Theoretisch ist die Unterteilung der datenschutzrechtlichen Einwilligung sinnvoll. Doch fokussiert das Datenschutzgesetz der beiden Rechtsordnungen nicht die schuldrechtliche Transaktion der personenbezogenen Daten zum geregelten Gegenstand, sondern den Schutz der natürlichen Personen. Die Einschränkung der jederzeitigen Widerruflichkeit der datenschutzrechtlichen Einwilligung würde die Machtkluft zwischen den Betroffenen und dem Unternehmen erhöhen. Der Unterschied zwischen den unterschiedlichen Konstruktionen ist zudem in der Praxis gering. Daher folgt diese Arbeit der monistischen und nicht der dualen Einwilligung.

Es ist unvernünftig, die Lösung des Konfliktes zwischen dem Schutz der natürlichen Person und dem Datennutzungswunsch des Internetunternehmens allein durch Einwilligung zu gelangen. Im chinesischen Datenschutzgesetz sollte das starke Einwilligungsmodell beibehalten werden. Die Achtung des Persönlichkeitsschutzes ist die Voraussetzung für den Nutzung der personenbezogenen Daten. Unter Berücksichtigung der Einholung der Einwilligung mit den zahlreichen Unsicherheiten und der Interessenabwägung der Akteure bei der Datenverarbeitung wird vorgeschlagen, den anderen gesetzlichen Erlaubnistatbeständen den Anwendungsvorrang vor der datenschutzrechtlichen Einwilligung einzuräumen und die von AGB umfasste Einwilligung zur Datenverarbeitung zwingend mit dem Datenschutzgesetz in Einklang zu bringen. Auf diese Weise werden einerseits die Unsicherheiten bei der Einholung der Einwilligung beseitigt; andererseits werden die betroffenen Personen durch das deutliche Kriterium der anderen Erlaubnistatbestände besser gewährleistet.

Im Fall des automatisierten Abrufs von Daten von einer Internetseite wird in beiden Rechtsordnungen festgestellt, dass sich das betroffene Internetunternehmen hauptsächlich auf das Wettbewerbsgesetz beruft. Im lauterkeitsrechtlichen Bereich verfolgen die beiden Rechtsordnungen einen ähnlichen Regelungsstil, der

Generalklausel und Aufzählungsbestimmungen kombiniert. Rechtsdogmatisch hat das Wettbewerbsrecht beider Länder ein dreidimensionales Schutzziel festgelegt. In der Rechtspraxis hatte die chinesische Rechtsprechung jedoch verkannt, dass die Schutzrichtung des Wettbewerbsrechts nicht die objektive wirtschaftliche Wettbewerbshandlung ist, sondern die Rechte und Interessen der Mitbewerber sind. Aus historischer Beobachtung geht diese Formel auf den Einfluss der internationalen Konventionen auf China zurück, wo es vor der in den 1980er-Jahren einsetzenden Wirtschaftsreformpolitik an autochthonen kulturellen und wirtschaftlichen Motiven für eine eigenständige Entstehung von Wettbewerbsgesetz fehlte. Geprägt vom individualrechtlichen Verständnis betrachtet die chinesische Rechtsprechung das Vorliegen eines Wettbewerbsverhältnisses als Anwendungsvoraussetzung des Wettbewerbsrechts und vernachlässigt, die der Interessen der Verbraucher und der Allgemeinheit zu berücksichtigen.

Ob die Nutzung des Web-Crawlers unlauter ist, ist im Licht der hier gegebenen Erwägungen differenziert zu beantworten. In China ist die Wettbewerbsstreitsache um die Nutzung des Web-Crawlers nicht unter den Internetklauseln, sondern unter der Generalklausel des cUWG zu subsumieren. Dies könnte in gewissem Maße als Misserfolg der Internetklauseln angesehen werden. Während in Deutschland die Lauterkeitsprüfung der Nutzung des Web-Crawlers unter § 4 UWG fällt und diese grundsätzlich als lauter anzusehen ist, betrachten die chinesischen Gerichte das Kriterium der Unlauterkeit als die in einem bestimmten Geschäftsbereich bestehende Geschäftsethik von ökonomischen Menschen und setzen dann die robots.txt-Datei dieser Geschäftsethik gleich. Infolgedessen wird die Nutzung sowohl des unfokussierten als auch des fokussierten Web-Crawlers in der Regel als unlauter beurteilt. Diese Ausführungen bleiben aus Sicht der chinesischen Scholars fragwürdig und haben das fehlerhafte Verständnis für das Kriteriums der „Unlauterkeit" in China offenbart. Angesichts des Gedankens der universalen Netzzusammenschaltung und der Tatsache, dass der unfokussierte Web-Crawler den Grundbaustein des Onlinesuchdienstes bildet und mit dem Interesse der Internetnutzer im Zusammenhang steht, ist diese Arbeit der Ansicht, die robots.txt-Datei sei der Geschäftsethik i. S. d. § 2 Abs. 1 cUWG gleichzusetzen.

Die rechtsvergleichende Untersuchung zeigt zudem, dass das Recht am Gewerbebetrieb und das virtuelle Hausrecht in Deutschland ein unklares Bild für China bieten. Im Fall der Nutzung des Web-Crawlers ist der subsidiäre Schutz durch das Recht am Gewerbebetrieb nicht geboten; das virtuelle Hausrecht führte zur Rechtsunsicherheit in Fragen der Internetnutzung.

Über das Richterrecht und die Rechtswissenschaft hinaus sind die Gesamtwürdigung bei der Lauterkeitsprüfung und das Verständnis für den Begriff „Unlauterkeit" im deutschen Wettbewerbsgesetz mit den Erkenntnissen der Wettbewerbstheorie verknüpft. Trotz der unterschiedlichen politischen und kulturellen Hintergründe der beiden Länder erweitert Deutschland das chinesische Verständnis für die Unlauterkeitsprüfung und könnte als Vorbild für das heutige China herangezogen werden. Die historische Erfahrung, die Wirtschaftsreform der heutigen VR China und § 1 cUWG schaffen in China die Grundlage, bei Anwendung der

Generalklausel zur Unlauterkeitsprüfung eine Gesamtwürdigung der Umstände des Einzelfalls einzuführen. Insbesondere wären die in § 1 cUWG ausdrücklich vorgesehenen anderen Schutzsubjekte beim Tatbestandsmerkmal „Wettbewerbsverhältnis“ weniger zufriedenstellend erfüllt. Aus der justiziellen Auslegung haben die chinesischen Gerichte allmählich die Meinung vertreten, das Vorliegen eines Wettbewerbsverhältnis als Anwendungsvoraussetzung des Wettbewerbsgesetzes zu verstehen. Diese Änderung ist zu begrüßen.

Schließlich bleibt die Frage nach dem objektivierten Verständnis für den Begriff „Unlauterkeit“ offen. Hier kann nur eine vorsichtige Einschätzung abgegeben werden, dass der Wortlaut „Geschäftsethik“ i. S. d. § 2 Abs. 1 cUWG die Objektivierung des Kriteriums für den Begriff „Unlauterkeit“ behindert. Um dies zu lösen, schlägt diese Arbeit vor, § 2 Abs. 1 cUWG zu streichen und dann § 2 Abs. 2 cUWG als Generalklausel zu verstehen. In Zukunft ist in China abzuwarten, wie die Tatbestandmerkmale der Unlauterkeit objektiviert dargestellt werden.

Literaturverzeichnis

Abeltshauser, Thomas: Redaktionelle Presseäußerungen im Lichte von § 1 UWG, WRP 1997, 1143 ff. (zit.: Abeltshauser, WRP 1997, 1143)

Aebi-Müller, Regina E.: Personenbezogene Informationen im System des zivilrechtlichen Persönlichkeitsschutzes: unter besonderer Berücksichtigung der Rechtslage in der Schweiz und in Deutschland. Bern 2005. (zit.: Aebi-Müller, Personenbezogene Informationen, §...Rn....)

Ahlberg, Hartwig/Götting, Horst-Peter (Hrsg.): BeckOK Urheberrecht, 29. Edition, München 2010. (zit: Bearbeiter, in: Ahlberg/Götting, UrhG, §...Rn....)

Ahn, Byung Ha: Der vermögensrechtliche Zuweisungsgehalt des Persönlichkeitsrechts. Eine grundlagenorientierte Studie, Berlin 2009. (zit.: Ahn, Der vermögensrechtliche Zuweisungsgehalt, S....)

Ahrens, Hans-Jürgen u.a. (Hrsg.): Festschrift für Willi Erdmann: zum 65. Geburtstag, München 2002. (zit.: Verfasser, in: FS für Erdmann, S....)

Albers, Marion: Informationelle Selbstbestimmung, Baden-Baden 2005. (zit.: Albers, Informationelle Selbstbestimmung, S....)

Aldenhoff, Christian: Legitimation von Datenverarbeitung via AGB? in: Sobala, Felix; Raabe, Lea; Kelsch, Jakob; Hennig, Martin; Edeler, Lukas; Aldenhoff, Christian (Hrsg.), Digitalität und Privatheit, Bielefeld, 2019, S. 37 ff. (zit.: Aldenhoff, Legitimation von Datenverarbeitung, S....)

Alexander, Christian: Aktuelle lauterkeitsrechtliche Problemfelder von Online-Vergleichsportalen, WRP 2018, 765 ff. (zit.: Alexander, WRP 2018, 765)

Alsleben, Brigitte: Duden, das Herkunftswörterbuch – Etymologie der deutschen Sprache, 4. Aufl., Mannheim 2007. (zit.: Alsleben, Duden, S....)

Ann, Christoph: Know-how – Stiefkind des Geistigen Eigentums?, GRUR 2007, 39 ff. (zit.: Ann, GRUR 2007, 39)

Arndt, Hans-Wolfgang/Fetzer, Thomas/Scherer, Joachim/Graulich, Kurt (Hrsg.): Telekommunikationsgesetz, TKG, 2. Aufl., Berlin 2015. (zit.: Bearbeiter, in: Arndt/Fetzer/Scherer/Graulich, TKG, §...Rn....)

Auer-Reinsdorff, Astrid/Conrad, Isabell (Hrsg.): Handbuch IT- und Datenschutzrecht, 3. Aufl., München 2019. (zit.: Bearbeiter, in: Auer-Reinsdorff/Conrad, Handbuch IT, §...Rn....)

Bamberger, Heinz Georg/Roth, Herbert/Hau, Wolfgang/Poseck, Roman (Hrsg.): BeckOK BGB, 53. Ed., München 2020. (zit.: Bearbeiter, in: Bamberger/Roth/Hau/Poseck, BeckOK BGB, §...Rn....)

Beater, Axel: 100 Jahre Gesetz gegen den unlauteren Wettbewerb – Eine Würdigung aus deutscher, rechtsvergleichender und europäischer Sicht, ZEuP 1996, 201 ff. (zit.: Beater, ZEuP 1996, 201)

Ders.: Das gezielte Behindern im Sinne von § 4 Nr. 10 UWG, WRP 2011, 7 ff. (Beater, WRP 2011, 7)

Becker, Maximilian: Lauterkeitsrechtlicher Leistungsschutz für Daten, GRUR 2017, 346 ff. (zit.: Becker, GRUR 2017, 346)

Becker, W./Eierle, B./Fliaster, A./Ivens, B./Leischnig, A./Pflaum, A./Sucky, E.: Geschäftsmodelle in der digitalen Welt, Wiesbaden 2019. (zit.: Becker, Geschäftsmodelle, S.…)

Bedi, Punam/Anjali, Thukral/Hema, Banati: Focused crawling of tagged web resources using ontology. Computers & Electrical Engineering 2013, 613 ff. (zit.: Bedi/Anjali/Hema, CEE 2013, 613)

Berberich, Matthias: Virtuelles Eigentum, Tübingen 2010. (zit.: Berberich, Virtuelles Eigentum, S.…)

Beuter, Claudia: Die Kommerzialisierung des Persönlichkeitsrechts, elektronische Ressource, Diss., Konstanz 2000. (zit.: Beuter, Die Kommerzialisierung, S.…)

Beuthien, Volker/Schmölz, Anton S.: Persönlichkeitsschutz durch Persönlichkeitsgüterrechte: Erlösherausgabe statt nur billiger Entschädigung in Geld, München 1999.(zit.: Beuthien/Schmölz, Persönlichkeitsschutz, S.…)

Bornkamm, Joachim: Das Wettbewerbsverhältnis und die Sachbefugnis des Mitbewerbers, GRUR 1996, 527 ff. (zit.: Bornkamm, GRUR 1996, 527)

Ders.: Markenrecht und wettbewerbsrechtlicher Kennzeichenschutz – Zur Vorrangthese der Rechtsprechung. Gewerblicher Rechtsschutz und Urheberrecht, GRUR 2005, 97 ff. (zit.: Bornkamm, GRUR 2005, 97)

Brink, Stefan/Wolff, Heinrich Amadeus (Hrsg.): Beck'scher Online-Kommentar Datenschutzrecht, 33. Edition Stand, München 2020. (zit.: Bearbeiter, in: Brink/Wolff, Datenschutzrecht, §…Rn.…)

Bröcher, Julia/Hoffmann, Marie-Louise/Sabel, Tatjana: Dogmatische Grundlagen des Markenrechts: interdisziplinäre Untersuchung der Funktionenlehre und des gesetzlichen Schutzbereichs, Münster 2005. (zit.: Bröcher/Hoffmann/Sabel, Dogmatische Grundlagen, S.…)

Buchner, Benedikt: Grundsätze und Rechtmäßigkeit der Datenverarbeitung unter der DS-GVO, DuD 2016, 155 ff. (zit.: Buchner, DuD 2016, 155)

Ders.: Informationelle Selbstbestimmung im Privatrecht, Tübingen 2006. (zit.: Buchner, Informationelle Selbstbestimmung, S.…)

Burkert, Herbert: Die Konvention des Europarates zum Datenschutz, CR 1988, 751 ff. (zit.: Burkert, CR 1988, 751)

Cai, Xingyue: Die „negative Einwilligung" der betroffenen Personen und ihre normative Struktur (数据主体的"弱同意"及其规范结构), Rechtsvergleichende Forschung, 2019(4), 71 ff. (zit.: Cai, Die „negative Einwilligung", RF 71)

Canaris, Claus-Wilhelm: Grundrechte und Privatrecht, AcP 1984, 201 ff. (zit.: Canaris, AcP 1984, 201)

Ders.: Grundstrukturen des deutschen Deliktsrechts, VersR 2005, 577 ff. (zit.: Canaris, Grundstrukturen, VersR 2005, 577)

Cao, Xianfeng: Zwischen dem Recht und dem rechtlichen Interesse – Eine Lektüre des Gegenstands der unerlaubten Handlung (在权利与法益之间—对侵权行为客体的解读), Gegenwärtige Rechtswissenschaft, 2005, 19(5), 85 ff. (zit.: Cao, GR 85)

Cao, Xiangjian: Konzeptionelle Konstruktion und theoretische Vereinheitlichung des Rechtsgegenstands (权利客体的概念构造与理论统一), Juristisches Forum, 2017(5), 30 ff. (zit.: Cao, JF 30)

Chakrabarti, Soumen/Van den Berg, Martin/Dom, Byron: Focused crawling: a new approach to topic-specific Web resource discovery, Computer networks 1999, 1623 ff. (zit.: Chakrabarti/Van den Berg/Dom, Focused crawling, CN 1999, 1623)

Chang, Aoxiang: Willensfähigkeit, Handlungsfähigkeit und Willensautonomie (意思能力, 行为能力与意思自治), Rechtswissenschaft, 2019(3), 106 ff. (zit.: Chang, Rw 106)

Chen, Bin: Die Bedeutung einer erneuten Betrachtung des „Wettbewerbsverhältnisses" im Lauterkeitsrecht in der Internetwirtschaft (互联网经济下重读"竞争关系"在反不正当竞争法的意义), Rechtswissenschaft, 2019(7), 18 ff. (zit.: Chen, Rw 18)

Chen, C./Park, T./Wang, X./Piao, S./Xu, B./Chaturvedi, R.K./Fuchs, R./Brovkin, V./Ciais, P./Fensholt, R./Tømmervik, H.: China and India lead in greening of the world through land-use management, Nature Sustainability 2019, 122 ff. (zit.: Chen/Park/Wang, et al., NS 2019, 122)

Chen, Daoying: Vereinbarkeit des Grundrechts mit dem Zivilrecht im Lichte der allgemeinen Persönlichkeitsrechte im deutschen Recht (从德国法上的一般人格权看宪法权利与民事权利的协调), Law Review, 2011(5), 58 ff. (zit.: Chen, Vereinbarkeit des Grundrechts mit dem Zivilrecht, LR 58)

Chen, Lin/Chen, Xudong/Zhan, Shen: Historische Position des traditionellen chinesischen Wirtschaftsdenkens (中国传统经济思想的历史地位), Forschungen zur chinesischen Wirtschaftsgeschichte, 2016(2), 16 ff. (zit.: Chen/Chen, ZcW 16)

Chen, Weizuo: Geschichte, Hindernis und Ausweg der modernen Zivilgesetzbuchkodifizierung (现代民法典编纂的沿革、困境与出路), Chinesische Rechtswissenschaft, 2014(5), 252 ff. (zit.: Chen, Ch-R 252)

Chen, Xiao: Schutz personenbezogener Information im Zusammenhang mit der Kodifizierung des Zivilgesetzbuches (民法典编纂视野下的个人信息保护)，Chinesische Rechtswissenschaft, 2019(4), 26 ff. (zit.: Chen, Ch-R 26)

Clark, John M: Toward a concept of workable competition, The American Economic Review 1940, 241 ff. (zit.: Clark, AER 1940, 241)

Coing, Helmut: Zur Entwicklung des zivilrechtlichen Persönlichkeitsschutzes, JZ 1958, 558 ff. (zit.: Coing, JZ 1958, 558)

Conraths, Timo/Krüger, Stefan: Das virtuelle Hausrecht des Online-Spiel-Betreibers, MMR 2016, 310 ff. (zit.: Conraths/Krüger, MMR 2016, 310)

Croon-Gestefeld, Johanna: § 823 Abs. 1 BGB: Die Rahmenrechte, JA 2016, 1374 ff. (zit.: Croon-Gestefeld, JA 2016, 1374)

Cui, Guobin: Theoretische Grundlage für die begrenzte Ausschließlichkeit von großen Daten (大数据有限排他权的理论基础), Rechtswissenschaftliche Forschung, 2019(5), 3 ff. (zit.: Cui, RF 3)

Ders.: Kritik an der judikativen Rechtsetzung im immaterialgüterrechtlichen Bereich (知识产权法官造法批判), Chinesische Rechtswissenschaft, 2016(1), 144 ff. (zit.: Cui, Ch-R 144)

Däubler, Wolfgang/Klebe, Thomas/Wedde, Peter/Weichert, Thilo: Bundesdatenschutzgesetz, Kompaktkommentar zum BDSG, 5. Aufl., Frankfurt a.M., 2016. (zit.: Bearbeiter, in: Däubler/Klebe/Wedde/Weichert, BDSG, §...Rn....)

Delp, Ludwig: Das Recht des geistigen Schaffens in der Informationsgesellschaft, 2. Aufl., München 2003. (zit.: Delp, Das Recht des geistigen Schaffens, S....)

Deng, Xiaopin: Emanzipierung des Geistes, Suche nach Wahrheit aus Fakten, Einigkeit und Vorausschau (解放思想，实事求是，团结一致向前看), People's Daily, 01.07.1978, S.1. (zit.: Deng, Emanzipierung des Geistes, PD, 1978, S. 1)

Deng, Weihui: Soziale Verpflichtungen von Telekommunikationsbetreibern gegenüber der Kundeninformation (电信运营企业对客户信息的社会义务), Chinesische Telekommunikationsindustrie, 2020(4), 64 ff. (zit.: Deng, CT 64)

Ding, Ersu: Peirces Trichotomie des Zeichens (论皮尔士的符号三分法), Zeitschrift der Universität für Internationale Studien in Sichuan, 1994(03), 10 ff. (zit.: Ding, ZUISS 10)

Ding, Xiaodong: Die Notlage des privatrechtlichen Schutzes persönlicher Daten und der Ausweg (个人信息私法保护的困境与出路), Rechtswissenschaftliche Forschung, 2018(6), 194 ff. (zit.: Ding, Die Notlage des privatrechtlichen Schutzes persönlicher Daten, RF 194)

Ders.: Wem gehören die Daten? – Plattformdatenbesitz und Datenschutz vor Web-Crawler (数据到底属于谁？—从网络爬虫看平台数据权属与数据保护), Zeitschrift der Huadong Wirtschafts- und Rechtswissenschaftlichen, 2019(5), 69 ff. (zit.: Ding, Wem gehören die Daten? ZHWRU 69)

Dreher Meinrad/Kulka, Michael: Wettbewerbs- und Kartellrecht: Eine systematische Darstellung des deutschen und europäischen Rechts, 10. Aufl., Heidelberg 2018.(zit.: Dreher/Kulka, Wettbewerbs- und Kartellrecht, §... Rn....)

Dreier, Thomas/Schulze, Gernot: Urheberrechtsgesetz, 6. Aufl., München 2018. (zit.: Bearbeiter, in: Dreier/Schulze, UrhG, §...Rn....)

Drexl, Josef/Hilty, Reto M./Desaunettes, Luc/Greiner, Franziska/Kim, Daria/Surblyte, Gintare/Wiedemann, Klaus: Ausschließlichkeits- und Zugangsrechte an Daten: Positionspapier des Max-Planck-Instituts für Innovation und Wettbewerb vom 16.8. 2016 zur aktuellen europäischen Debatte, GRUR Int. 2016, 914 ff. (zit.: Drexl/Hilty/Desaunettes/Greiner/Kim/Surblyte/Wiedemann, GRUR Int. 2016, 914)

Drexl, Josef: Neue Regeln für die Europäische Datenwirtschaft? NZKart 2017, 339 ff. (zit.: Drexl, NZKart 2017, 339)

Dreyer, Gunda/Kotthoff, Jost/Meckel, Astrid/Hentsch, M. A.: Urheberrecht, Urheberrecht, 4. Auflage, München 2018. (zit.: Bearbeiter, in: Dreyer/Kotthoff/Meckel/Hentsch, UrhG, §...Rn....)

Druey, Jean Nicolas: Information als Gegenstand des Rechts: Entwurf einer Grundlegung, Zürich 1995. (zit.: Druey, Information als Gegenstand, S....)

Du, Qian/Sha, Li: Ausgestaltung eines Beurteilungswegs für unlauteren Wettbewerb im Kontext der Netzwerkökonomie (网络经济语境下不正当竞争裁判路径的构建), Chinesische Angewandte Jurisprudenz 2020(1) 84 ff. (zit.: Du/Sha, CAJ 84)

Ehmann, Eugen/Selmayr, Martin: Datenschutz-Grundverordnung: DS-GVO, 2. Aufl., München 2018. (zit.: Bearbeiter, in: Ehmann/Selmayr, DS-GVO, Art...Rn....)

Ehmann, Horst: Das allgemeine Persönlichkeitsrecht – zur Transformation unmoralischer in unerlaubte Handlungen, in: Bürgerliches Recht, Canaris, Claus-Wilhelm/Heldrich, Andreas (Hrsg.), 2000, 613 ff. (zit.: Ehmann, in: Canaris/Heldrich, 613)

Ders.: Der Begriff des Allgemeinen Persönlichkeitsrechts als Grundrecht und als absolut-subjektives Recht, in: Staithopoulos, Michael u. a. (Hrsg.), Festschrift für Apostolos Georgiades; München 2005, S. 113 ff. (zit.: Ehmann, in: FS für Apostolos Georgiades, 113)

Ekey, Friedrich L.: Grundriss des Wettbewerbs- und Kartellrechts, Heidelberg 2016. (zit.: Ekey, Grundriss, S....)

Elteste, Ulrike: Screen Scraping: Wechselwirkungen zwischen Datenbankrecht und Vertragsrecht, CR 2015, 447 ff. (zit.: Elteste, CR 2015, 447)

Emmerich, Volker/Lange, Knut Werner: Unlauterer Wettbewerb, 11. Aufl., München 2019. (zit.: Emmerich/Lange, Unlauterer Wettbewerb, S....)

Ensthaler, Jürgen: Industrie 4.0 und die Berechtigung an Daten, NJW 2016, 3473 ff. (zit.: Ensthaler, NJW 2016, 3473)

Eppe, Mark: Verbraucherschutz im UWG und BGB, WRP 2005, 808 ff. (zit.: Eppe, WRP 2005, 808)

Fan Changjun: Branchenpraktik und unlauterer Wettbewerb (行业惯例与不正当竞争), Jurists Review, 2015(5), 84 ff. (zit.: Fan, JR 84)

Ders.: Das neue chinesische UWG, GRUR Int. 2019, 144 ff. (zit.: Fan, GRUR Int. 2019, 144)

Fan, Shaokun/Cao, Xianjian: Die Struktur der Rechte der persönlichen Identität und eine Kritik an ihrer Kommerzialisierung (标表型人格权的构造与人格权商品化批判), Sozialwissenschaften in China, 2018(7), 139 ff. (zit.: Fan/Cao, SC 139)

Dies.: Privatwesen des Persönlichkeitsinteresses bei persönlichen Informationen (论个人信息人格利益的隐私本质), Rechtssystem und Sozialentwicklung, 2019 (4), 99–120. (zit.: Fan/Cao, RS 99)

Dies.: Beitrag und Aufgabe des Entwurfs des Buches „Persönlichkeitsrechts" (民法典人格权编(草案)的贡献与使命), Zeitschrift der Shandong Universität (Edition Philosophie und Sozialwissenschaft), 2019, 86 ff. (zit.: Fan/Cao, ZSU 86)

Fang, Shaokun: Das Rechtssystem der Verarbeitung in Sicht des Sachenrechts (论加工的物权法规制), Tsinghua Rechtswissenschaft, 2017(2), 56 ff. (zit.: Fang, TR 56)

Fang, Xinjun: Das äußere Erscheinungsbild des inneren Systems und die Verwirklichung der Konsistenz des Zivilrechtssystems – Kommentar zu den Grundprinzipien des AT-ZGB (内在体系外显与民法典体系融贯性的实现—对《民法总则》基本原则规定的评论), Juristische Zeitschrift der Peking Universität, 2017(3)m, 567 ff. (zit.: Fang, JZPU 567)

Ders.: Begriff und Hierarchie des Rechtsgegenstandes (权利客体的概念及层次), Rechtswissenschaftliche Forschung, 2010(2), 36 ff. (zit.: Fang, RF 36)

Feng, Shujie: Lauterkeitsrechtliche Regulierung über das „Trittbrettfahrer" ("搭便车"的竞争法规制), Tsinghua Rechtswissenschaft, 2019(1), 175 ff. (zit.: Feng, TR 175)

Ferretti, Federico: Data Protections and the Legitimate Interest of Data Controllers: Much Ado about Nothing or the Winter of Rights, Common Market L. Rev. 51 (2014), 843 ff. (zit.: Ferretti, CMLR 2014, 843)

Fezer, Karl-Heinz/Büscher, Wolfgang/Obergfell, Eva Inés (Hrsg.): Lauterkeitsrecht: UWG, Kommentar zum Gesetz gegen den unlauteren Wettbewerb, 3. Aufl., München 2016. (zit.: Bearbeiter, in: Fezer/Büscher/Obergfell, UWG, §... Rn....)

Fezer, Karl-Heinz: Leistungsschutz im Wettbewerbsrecht, WRP 1993, 63 ff. (zit.: Fezer, WRP 1993, 63)

Fitzner, Uwe/Lutz, Raimund/Bodewig, Theo (Hrsg.): BeckOK Patentrecht, 17. Edition, München 2020.(zit.: Bearbeiter, in: Loth/Hauck, PatG, §...Rn....)

Forkel, Hans: Lizenzen an Persönlichkeitsrechten durch gebundene Rechtsübertragung, GRUR 1988, 491 ff. (zit.: Forkel, GRUR 1988, 491)

Ders.: Zur Zulässigkeit beschränkter Übertragungen des Namensrechtes, NJW1993, 3181 ff. (zit.: Forkel, NJW1993, 3181)

Frömming, Jens/Peters, Butz: Die Einwilligung im Medienrecht, NJW 1996, 958 ff. (zit.: Frömming/Peters, NJW 1996, 958)

Funke, Michael: Dogmatik und Voraussetzungen der datenschutzrechtlichen Einwilligung im Zivilrecht, Baden-Baden 2017. (zit.: Funke, Dogmatik und Voraussetzungen der datenschutzrechtlichen Einwilligung im Zivilrecht, S....)

Gantz, John/David, Reinsel: Extracting value from chaos, IDC iview 2011, 1 ff. (zit.: *Gantz/David, IDC iview* 2011, 1)

Garner, Bryan A./Black, Henry Campbell: Black's law dictionary, Eagan, MN. 1999. (zit.: Garner/Black, Black's law dictionary, S....)

Gao, Fuping: Gesetzmäßige Grundlage der Verwendung von persönlicher Information (个人信息使用的合法性基础), Rechtsvergleichende Forschung, 2019(2), 72 ff. (zit.: Gao, RF 72)

Ders.: Schutz der personenbezogenen Daten: von der individuellen Kontrolle zur sozialen Kontrolle (个人信息保护：从个人控制到社会控制), Rechtswissenschaftliche Forschung, 2018(03), 84 ff. (zit.: Gao, Schutz der personenbezogenen Daten, RF 84)

Garai, Hugh/Cochrane, Peter: Managing information, Aldershot 1997. (zit.: Garai/Cochrane, Managing information, S....)

Glöckner, Jochen: Wettbewerbsbezogenes Verständnis der Unlauterkeit und Vorsprungserlangung durch Rechtsbruch, GRUR 2008, 960 ff. (zit.: Glöckner, GRUR 2008, 960)

Gloy, Wolfgang/Loschelder, Michael/Danckwerts, Rolf (Hrsg.): Handbuch des Wettbewerbsrechts, 5. Aufl., München 2019.(zit.: Bearbeiter, in: Gloy/Loschelder/Danckwerts, Wettbewerbsrecht, §...Rn....)

Götting, Horst-Peter/Schertz, Christian/Seitz, Walter (Hrsg.): Handbuch Persönlichkeitsrecht, Presse- und Medienrecht, 2. Aufl., München 2019. (zit.: Bearbeiter, in: Götting/Schertz/Seitz, Persönlichkeitsrecht, §...Rn....)

Götting, Horst-Peter/Hetmank, Sven: Unlautere Leistungsübernahme durch Mitarbeiterabwerbung, WRP 2013, 421 ff. (zit.: Götting/Hetmank, WRP 2013, 421.)

Götting, Horst-Peter: Persönlichkeitsrechte als Vermögensrechte, Tübingen 1995. (zit.: Götting, Persönlichkeitsrechte, S....)

Ders.: Sanktionen bei Verletzung des postmortalen Persönlichkeitsrechts GRUR 2004, 801 ff. (zit.: Götting, GRUR 2004, 801)

Ders.: Sanktionen bei Verletzung des postmortalen Persönlichkeitsrechts, GRUR 2004, 801 ff. (zit.: Götting, GRUR 2004, 801)

Ders.: Wettbewerbsrecht: das neue UWG, München 2005. (zit.: Götting, Wettbewerbsrecht, S....)

Gola, Peter (Hrsg.): Datenschutz-Grundverordnung: DS-GVO, 2. Aufl., München 2018. (zit.: Bearbeiter, in: Gola, DS-GVO, Art....Rn....)

Gola, Peter/Schomerus, Rudolf: BDSG Bundesdatenschutzgesetz, 12. Aufl., München 2015.(zit.: Bearbeiter, in: Gola/Schomerus, BDSG, §...Rn....)

Golland, Alexander: Das Kopplungsverbot in dem Datenschutzgrundverordnung-Anwendungsbereich, ökonomische Auswirkungen auf Web 2.0-Dienste und Lösungsvorschlag, MMR 2018, 130 ff. (zit.: Golland, MMR 2018, 130)

Gordon, Harold R: Right of Property in Name, Likeness, Personality and History, Northwestern University Law Review, 55(5), 1960, 553 ff. (zit.: Gordon, NULR 1960, 553)

Gresbrand, A./Martinek, M./Odom, T./Rotermund, N./Will, R./Pißler, K. B.: Gesetz der Volksrepublik China zum Schutz der Rechte und Interessen von Verbrauchern. Zeitschrift für Chinesisches Recht, ZChinR 2014, 69 ff. (zit.: Gresbrand/Martinek/Odom/Rotermund/Will/Pißler, ZChinR 2014, 69)

Groner, Markus: Der Rückgriff auf die Generalklausel des § 3 UWG zur Bestimmung der Unlauterkeit einer Wettbewerbshandlung, Baden-Baden 2008. (zit.: Groner, Der Rückgriff auf die Generalklausel, S....)

Gsell, Beate/Krüger, Wolfgang/Lorenz, Stephan/Reymann, Christoph (Hrsg.): Beck-online, Großkommentar zum Zivilrecht, München 2020. (zit.: Bearbeiter, in: Gsell/Krüger/Lorenz/Reymann, BGB, §...Rn....)

Guo, Hua/Song, Yawen/Cao, Ruhong/Qiu, Ling: Logische Beziehung und Transformationsmodell zwischen Daten, Information, Wissen und Information (数据、信息、知识与智慧), Informationswissenschaft, 2005, 23(12), 1786 ff. (zit.: Guo/Song/Cao/Qiu, Iw 1786)

Guo, Yu: Untersuchung über das Gesetz zum Schutz persönlicher Daten (个人数据保护法研究), Beijing Universität Verlag, Beijing 2012. (zit.: Guo, S....)

Härting, Niko: Datenschutz-Grundverordnung, Köln 2016. (zit.: Härting, Datenschutz-Grundverordnung, S....)

Ders.: Internetrecht, 6. Aufl., Köln 2017. (zit.: Härting, Internetrecht, Rn....)

Han, Xuzhi: Untersuchung über das Personeninformationsrecht im Bürgerlichen Gesetzbuch (个人信息权载入民法典刍议), Zeitschrift der Technische Universität Wuhan (Edition Sozialwissenschaften), 2017(3), 137 ff. (zit.; Han, ZTUW 137)

Harte-Bavendamm, Henning/Henning-Bodewig, Frauke (Hrsg.): Gesetz gegen den unlauteren Wettbewerb (UWG), 4. Aufl., München 2016. (zit.: Bearbeiter, in: Harte-Bavendamm/Henning-Bodewig, UWG, §...Rn....)

Hartl, Michael: Persönlichkeitsrechte als verkehrsfähige Vermögensgüter, elektronisch Ressource, Diss. Univ. Konstanz 2004. (zit.: Hartl, Persönlichkeitsrechte, S....)

Hasselblatt, Gordian (Hrsg.): Münchener Anwaltshandbuch gewerblicher Rechtsschutz, 5. Aufl., München 2017. (zit.: Bearbeiter, in: Hasselblatt, Gewerblicher Rechtsschutz, §...Rn....)

Hattenhauer, Hans: Grundbegriffe des bürgerlichen Rechts, 2. Aufl., München 2000. (zit.: Hattenhauer, Grundbegriffe, S....)

He, Lianhong: Forschung über die Vernünftigkeit der Übertragung des Urheberpersönlichkeitsrechts (著作人身权转让之合理性研究), Studien in Recht und Wirtschaft, 2001(3), 47 ff. (zit.: He, SRW 47)

Heermann, Peter W./Schlingloff, Jochen (Hrsg.): Münchener Kommentar zum Lauterkeitsrecht, 3. Aufl., München 2020. (zit.: Bearbeiter, in: Heermann/Schlingloff, UWG, §...Rn....)

Hefermehl, Wolfgang: Der Anwendungsbereich des Wettbewerbsrechts, in: Festschrift für Carl Hans Nipperdey zum 60. Geburtstag, 21. Januar 1955. München; Berlin 1955, 283 ff. (zit.: Hefermehl, in: FS für Carl Hans Nipperdey, 283)

Ders.: Entwicklung im Recht gegen unlauteren Wettbewerb, in: Festschrift für Robert Fischer, Berlin, New York1979, 197 ff. (zit.: Hefermehl, in: FS für Robert Fischer, 197)

Helle, Jürgen: Besondere Persönlichkeitsrechte im Privatrecht: Das Recht am eigenen Bild, das Recht am gesprochenen Wort und der Schutz des geschriebenen Wortes, Tübingen 1991. (zit.: Helle, Besondere Persönlichkeitsrechte, S....)

Henning-Bodewig, Frauke: Das neue Gesetz gegen den unlauteren Wettbewerb, GRUR 2004, 713 ff. (zit.: Henning-Bodewig, GRUR 2004, 713)

Hetmank, Sven: „Wettbewerbsfunktionales Verständnis "im Lauterkeitsrecht, GRUR 2014, 437 ff. (zit.: Hetmank, GRUR 2014, 437)

Hevers, Erik: Informationszugangsansprüche des forschenden Wissenschaftlers, Berlin 2015. (zit.: Hevers, Informationszugangsansprüche, S....)

Hintz, Bernd: Die Bedeutung des Wettbewerbsverhältnisses für die Anwendung des UWG, GRUR 1988, 173 ff. (zit.: Hintz, GRUR 1988, 173)

Hoeren, Thomas/Sieber, Ulrich/Holznagel, Bernd (Hrsg.): Handbuch Multimedia-Recht, Rechtsfragen des elektronischen Geschäftsverkehrs, 50. EL Oktober, München 2019. (zit.: Bearbeiter, in: Hoeren/Sieber/Holznagel, Multimedia-Recht, Teil....Rn....)

Hoeren, Thomas: Dateneigentum – Versuch einer Anwendung von § 303a StGB im Zivilrecht, MMR 2013, 486 ff. (zit.: Hoeren, MMR 2013, 486)

Ders.: Information als Gegenstand des Rechtsverkehrs. Prolegomena zu einer Theorie des Informationsrechts, MMR-Beilage 1998, 6 ff. (zit.: Hoeren, MMR-Beil. 1998, 6)

Ders.: Internetrecht, 3. Aufl., Berlin 2018. (zit.: Hoeren, Internetrecht, Rn....)

Ders.: Wenn Sterne kollabieren, entsteht ein schwarzes Loch–Gedanken zum Ende des Datenschutzes, ZD 2011, 145 ff. (zit.: Hoeren, ZD 2011, 145)

Hombrecher, Lars: Entschädigung in Geld bei Verletzung des Allgemeinen Persönlichkeitsrechts, Jura 2004, 549 ff. (zit.: Hombrecher, Jura 2004, 549)

Hou, Hong: Vom oligarchischen Muster des Verbraucher-Internets zu einer industriellen Internet-Ökologiegemeinschaft (从消费互联网寡头格局迈向产业互联网生态共同体), Tsinghua Business Review, 2019(04), 72 ff. (zit.: Hou, TBR 72)

Hu, Qiheng: Internetgeist (互联网精神), Naturwissenschaft und Gesellschaft, 2013(4), 1 ff. (zit.: Hu, NG 1)

Huang, Zongzhi: Staat – Markt – Gesellschaft: Die unterschiedlichen Wege der Modernisierung von China und Westen (国家—市场—社会: 中西国力现代化路径的不同), Exploration und Freie Ansicht, 2019(11), 42 ff. (zit.: Huang, Staat – Markt – Gesellschaft, EFA 42)

Ders.: Praxis und Theorie: Eine Studie über die Geschichte und Realität der chinesischen Sozioökonomie und des chinesischen Rechts (实践与理论: 中国社会经济与法律的历史与现实研究), Law Press Beijing 2015. (zit.: Huang, Praxis und Theorie, S.…)

Hufen, Friedhelm: Die Menschenwürde, Art. 1 I GG, JuS 201, 1 ff. (zit.: Hufen, JuS 2010, 1)

Husserl, Gerhart: Der Rechtsgegenstand: Rechtslogische Studien zu einer Theorie des Eigentums, Berlin 2013.(zit.: Husserl, Der Rechtsgegenstand, S.…)

Ji, Yang: Zuständigkeitsgrenzen zwischen dem Recht auf rechtliche Selbstbestimmung und dem Verbrechen gegen die persönlichen Daten der Bürger (法益自决权与侵犯公民个人信息罪的司法边界), Chinesische Rechtswissenschaft, 2019(4), 66 ff. (zit.: Ji, Ch-R 66)

Jiang Ping: Niedergang und Aufstieg (枯荣与沉浮), Law Press (法律出版社), Beijing 2010. (zit.: Jiang, S.…)

Jiang, Ge: Überdenken und Interpretation der lauterkeitsrechtlichen Internet-Klauseln (《反不正当竞争法》网络条款的反思与解释), Juristische Zeitschrift der Peking Universität, 2019(1), 180 ff. (zit.: Jiang, Internet-Klauseln, JZPU 180)

Dies.: Die Anwendung der lauterkeitsrechtlichen Generalklausel auf Internetbereich (《反不正当竞争法》一般条款在互联网领域的适用), Elektronisches Geistiges Eigentum, 2014(10), 44 ff. (zit.: Jiang, Die Anwendung der lauterkeitsrechtlichen Generalklausel, EGE 44)

Dies.: Faktoren der Geschäftspraxis bei der Lauterkeitsbewertung der Wettbewerbshandlung (竞争行为正当性评价中的商业惯例因素), Law Review, 2019(2), 72 ff. (zit.: Jiang, Faktoren der Geschäftspraxis, LR 72)

Dies.: Formale und materielle Funktionen der Generalklausel des Lauterkeitsrechtes (反不正当竞争法一般条款的形式功能与实质功能), Studien in Recht und Wirtschaft, 2014(6), 140 ff. (zit.: Jiang, Formale und materielle Funktionen der Generalklausel, SRW 140)

Jiang, Peizhi: Erklärung zur juristischen Auslegung „Fragen nach Rechtsanwendungim Prozess gegen den unlauteren Wettbewerb in Zivilsachen" (《关于审理不正当竞争民事案件应用法律若干问题的解释》的理解与适用),

Rechtsanwendung, 2007(3), 21 ff. (zit.: Jiang, Erklärung zur juristischen Auslegung, Rw 21)

Jiao, Haitao: Kritik an Pragmatismus bei unlauterer Wettbewerbshandlung (不正当竞争行为中的实用主义批评), Chinesische Rechtswissenschaft, 2017(1), 150 ff. (zit.: Jiao, Kritik an Pragmatismus Ch-R 150)

Kalbfus, Björn: Die EU-Geschäftsgeheimnis-Richtlinie – Welcher Umsetzungsbedarf besteht in Deutschland, GRUR 2016, 1009 ff. (zit.: Kalbfus, GRUR 2016, 1009)

Kang, Jerry/Buchner, Benedikt: Privacy in Atlantis', Harvard Journal of Law and Technology 2004, 230 ff. (zit.: Kang/Buchner, HJLT 2004, 230)

Kantzenbach, Erhard: Die Funktionsfähigkeit des Wettbewerbs, Göttingen 1966. (zit.: Kantzenbach, Die Funktionsfähigkeit, S....)

Kern, Christoph Alexander: Typizität als Strukturprinzip des Privatrechts: ein Beitrag zur Standardisierung übertragbarer Güter, Tübingen 2013. (zit.: Kern, Typizität als Strukturprinzip, S....)

Keßler, Jürgen: Wettbewerbstheoretische Aspekte des Irreführungsverbotes – eine ökonomische und dogmengeschichtliche Analyse, WRP 1990, 73 ff. (zit: Keßler, WRP 1990, 73)

Kilian, Wolfgang/Porth, Albert J. (Hrsg.): Juristische Probleme der Datenverarbeitung in der Medizin: GMDS/GRVI Datenschutz-Workshop, Berlin; Heidelberg 1979. (zit.: Verfasser, in: Kilian/Porth, Juristische Probleme der Datenverarbeitung, S....)

Klages, Nils/Leibküchle, Peter/Pißler, Knut-Benjamin: Allgemeiner Teil des Zivilrechts, ZChinR 2017, 208 ff. (zit.: Klages/Leibküchle/Pißler, ZChinR 2017, 208)

Klippel, Diethelm: Historische Wurzeln und Funktionen von Immaterialgüter- und Persönlichkeitsrechten im 19. Jahrhundert, ZNR 1982, 132 ff. (zit.: Klippel, ZNR 1982, 132)

Kloepfer, Michael: Informationsrecht, München 2002. (zit.: Kloepfer, Informationsrecht, §...Rn....)

Knight, Frank H: The ethics of competition, The Quarterly Journal of Economics 1923, 579 ff. (zit.: Knight, QJE 1923, 579)

Knöpfle, Robert: Die marktbezogene Unlauterkeit: ist es berechtigt, die Unlauterkeit einer Handlung daraus herzuleiten, dass sie den Bestand oder die Funktionsfähigkeit des Wettbewerbs gefährdet?, Tübingen 1983. (zit.: Knöpfle, Die marktbezogene Unlauterkeit, S. ...)

Köhler, Helmut/Bornkamm, Joachim/Feddersen, Jörn (Hrsg.): Gesetz gegen den unlauteren Wettbewerb: UWG, 38. Aufl., München 2020. (zit.: Bearbeiter, in: Köhler/Bornkamm/Feddersen, UWG, §... Rn. ...)

Köhler, Helmut: Das neue UWG 2015: Was ändert sich für die Praxis?, NJW 2016, 593 ff. (zit.: Köhler, NJW 2016, 593)

Ders.: Dogmatik des Beispielskatalogs des § 4 UWG, WRP 2012, 638 ff. (zit.: Köhler, WRP 2012, 638)

Kötz, Hein/Wagner, Gerhard: Deliktsrecht, München 2017. (zit.: Kötz, Hein/Wagner, Deliktsrecht, Rn. ...)

Kohler, Josef: Der unlautere Wettbewerb, Darstellung des Wettbewerbsrechts, Berlin u. Leipzig 1914 1914. (zit.: Kohler, Der unlautere Wettbewerb, S. ...)

Kong, Xiangjun: Neues Prinzip des Lauterkeitsrechts (Pandect) (反不正当竞争法新原理–总论), Law Press, Beijing 2019. (zit.: Kong, Pandect, S. ...)

Ders.: Neues Prinzip des Lauterkeitsrechts (Sub-Pandect) (反不正当竞争法新原理–分论), Law Press, Beijing 2019. (zit.: Kong, Sub-Pandect, S. ...)

Ders.: cUWG im neuen Kontext des AT-ZGB (《民法总则》新视域下的反不正当竞争法》), Rechtsvergleichende Forschung, 2018(2), 92 ff. (zit.: Kong, RF 92)

Kornmeier, Udo/Baranowski, Anne: Das Eigentum an Daten – Zugang statt Zuordnung, BB 2019, 1219 ff. (zit.: Kornmeier/Baranowski, BB 2019, 1219)

Koroch, Stefan: Das Leistungsschutzrecht des Presseverlegers: Legitimation, Konzeption und Reflektion der §§ 87f bis 87h UrhG, Tübingen 2016. (zit.: Koroch, Das Leistungsschutzrecht, S. ...)

Kreutz, Peter: Das Objekt und seine Zuordnung, Baden-Baden 2017. (zit.: Kreutz, Das Objekt, S. ...)

Kroes, Rob: America and the European sense of history, The Journal of American History 1999, 1135 ff. (zit.: Kroes, JAH 1999, 1135)

Krohm, Niclas: Abschied vom Schriftformgebot der Einwilligung. Lösungsvorschläge und künftige Anforderungen, ZD 2016, 368 ff. (zit.: Krohm, ZD 2016, 368)

Kühling, Jürgen/Seidel, Christian/Sivridis, Anastasios: Datenschutzrecht, 3. Aufl., Heidelberg 2015. (zit.: Kühing/Seidel/Sivridis, Datenschutzrecht, Rn. ...)

Kühling, Jürgen/Buchner, Benedikt (Hrsg.): Datenschutz-Grundverordnung, Bundesdatenschutzgesetz: DS-GVO/BDSG, 2. Aufl., München 2018. (zit.: Bearbeiter, in: Kühling/Buchner, DS-GVO/BDSG, §... Rn. ...)

Kühling, Jürgen/Klar, Manuel/Sackmann, Florian: Datenschutzrecht, Heidelberg 2018. (zit.: Kühling/Klar/Sackmann, Datenschutzrecht, Rn. ...)

Kur, Annette: What to protect, and how? Unfair competition, intellectual property, or protection sui generis. Intellectual Property, Unfair Competition and Publicity 2014, 11 ff. (zit.: Kur, UCP 2014, 11)

Kwiatkowski, Melanie/Höhfeld, Stefanie: Thematisches Aufspuren von Web-Dokumenten – Eine kritische Betrachtung von Focused Crawling-Strategien, Information Wissenschaft und Praxis 2007, 69 ff. (zit.: Kwiatkowski/Höhfeld, IWP 2007, 69)

Langhanke, Carmen: Daten als Leistung: eine rechtsvergleichende Untersuchung zu Deutschland, Österreich und der Schweiz, Tübingen 2018. (zit.: Langhanke, Daten als Leistung, S. ...)

Leenen, Detlef: BGB Allgemeiner Teil: Rechtsgeschäftslehre, Berlin u. Boston 2015. (zit.: Leenen, BGB, §...Rn. ...)

Leistner, Matthias: Richtiger Vertrag und lauterer Wettbewerb: eine grundlagenorientierte Studie unter besonderer Berücksichtigung der europäischen Perspektive, Tübingen 2012. (zit.: Leistner, Richtiger Vertrag, S. ...)

Li, Changi/Lu, Li: Einige Überlegungen zur Modernisierung des chinesischen Wirtschaftsrechts (中国经济法现代化的若干思考), Rechtswissenschaftliche Forschung, 1993(3), 88 ff. (zit.: Li/Lu, RF 88)

Li, Chen: Untersuchung über das immaterialgüterrechtliche System (论知识产权法的体系化), Peking Universität Press, Beijing 2015.(zit.: Li, Untersuchung über das immaterialgüterrechtliche System, S. ...)

Dies.: Infragestellung der „Integrität der Persönlichkeit und des Vermögens" bei dem geistigen Eigentumsrecht (质疑知识产权之"人格财产一体性"), Sozialwissenschaften in China, 2004(02), 68 ff. (zit.: Li, Infragestellung, SC 68)

Li, Mingde: Der Weg des Urheberrechtsschutzes für Sportveranstaltungen (体育赛事节目的著作权保护路径), China Intellectual Property News, 13.04.2018. (zit.: Li, China Intellectual Property News, 13.04.2018)

Li, Qian: Wie das Gesetz mit Dateneigentum umgeht – von Datenbanken bis zu Großdaten (法律如何处理数据财产—从数据库到大数据), Rechts und Sozialwissenschaften, 2016(1), 73 ff. (zit.: Li, Wie das Gesetz mit Dateneigentum umgeht, RS 73)

Li, Xiaomin/Liu, Jianguo: Suchmaschinen-Technologie und Trends (搜索引擎技术及趋势)，Computer und Telekommunikation 2008(5), 82 ff. (zit.: Li/Liu, CT 82)

Li, Yichen: Die Allgemeintheorie des Zivilrechts (民法总论), Tai Wan Zhongzheng Press, Taiwan 1977. (zit.: Li, Die Allgemeintheorie des Zivilrechts, S. ...)

Li, Yongjun: Untersuchung über das Namensrecht und dessen Schutz (论姓名权的性质与法律保护)，Rechtsvergleichende Forschung, 2012(1), 24 ff. (zit.: Li, RF 24)

Ders.: Was ist das Wesen des Sachenrechts (物权的本质属性究竟是什么?), Rechtsvergleichende Forschung, 2018(2), 24 ff. (zit.: Li, RF 24)

Li, Yuan: Forschung zum Schutz persönlicher Daten im Zeitalter der großen Daten (大数据时代个人信息保护研究), Südwestliche Universität für Politik- und Rechtswissenschaften, Diss., Chongqing 2016. (zit.: Li, Forschung zum Schutz persönlicher Daten, S. ...)

Liang, Huixin: Das chinesische Zivilgesetzbuch dürfe kein Buch über die Persönlichkeitsrechte enthalten (中国民法典中不能设置人格权编), Akademische Zeitschrift von Zhongzhou, 2016(2), 48 ff. (zit.: Liang, AZZ 48)

Ders.: Große Kontroversen bei der Kodifizierung des Zivilgesetzbuches – Kommentar zu den beiden Entwürfen der Persönlichkeitsrechte des Zivilgesetzbuches der Kommission für Gesetzgebungsfragen des Ständigen Ausschusses des Nationalen Volkskongresses (民法典编纂中的重大争论—兼评全国人大常委会法工委两个民法典人格权编草案),ZeitschriftvomGansu politischen und rechtlichen Institut 2018(3), 1 ff. (zit.: Liang, ZGprI 1)

Ders.: In Erwartung der Einführung des Zivilgesetzbuches wird erneut feierlich empfohlen, das Buch der Persönlichkeitsrechte zu streichen (在《民法典》出台前，再次郑重建议删除人格权编), Teehaus für Juristen, 23. 05.2020. (zit.: Liang, TJ, 23)

Ders.: Verbraucherpolitik und -gesetzgebung in China (中国的消费者政策和消费者立法)，Rechtswissenschaft, 2000 (5), 20 ff. (zit.: Liang, Rw 20)

Liang, Xiaomin/Ju, Guoyu/Liu, Wie/Yang, Yunlong: Lexikon der Wirtschaft (经济学大辞典), Einheit Presse Bejing 1994. (zit.: Liang/Yang/Liu/Yang, Lexikon der Wirtschaft, S. ...)

Liang, Zhanpin: Eine Analyse verschiedener Probleme in der Informatik (情报学若干问题辨析), Informationsstudien: Theorie und Anwendung, 2003, 26(03), 193 ff. (zit.: Liang, I-TA 193)

Liao, Chunhong: Untersuchung über die semiotische Bedeutung von Morris (试析莫里斯符号学的意义观), Das Nordforum, 2006(4), 80 ff. (zit.: Liao, Untersuchung über die semiotische Bedeutung, DN 80)

Lin Yongqing: Die Veränderungen auf der Angebotsseite: vom Internet der Verbraucher zum Internet der Industrie (供给侧大转向：从消费互联网到产业互联), Finanzielle Sicht, 2019(08), 42 ff. (zit.: Lin, FiS 42)

Lindacher, Walter F.: Grundfragen des Wettbewerbsrechts, BB 1975, 1311 ff. (zit.: Lindacher, BB 1975, 1311)

Lisch, Karsten: Das Abstraktionsprinzip im deutschen Urheberrecht, Frankfurt am Main u.a. 2007. (zit.: Lisch, Das Abstraktionsprinzip, S. ...)

Liu, Chuntian: Analyse des geistigen Eigentumsrechts (知识财产权解析), Sozialwissenschaft in China 2003(4),109 ff. (zit.: Liu, SC 109)

Liu, Deliang: Die Abgrenzung zwischen dem Rechtsgegenstand und dem Rechtsobjekt im Zivilrecht und seine Bedeutung (民法学上权利客体与权利对象的区分及其意义), Zeitschrift der Jinan (Edition Philosophie und Sozialwissenschaften), 2014, 36(9), 1 ff. (zit.: Liu, ZJ 1)

Liu, Jie: Zuordnung des Leistungsschutzrechts (邻接权归宿论), Geistiges Eigentumsrecht Press, Beijing 2013. (zit.: Liu, Zuordnung des Leistungsschutzrechts, S. ...)

Dies.: Die interne Koordination des Urheberrechtssystems (论我国著作权法律制度的内部协调), Juristisches Forum, 2012(4), 65 ff. (zit.: Liu, Koordination des Urheberrechtssystems, JF 65)

Liu, Xuetao: Die rechtliche Aufgabe des Schutzes persönlicher Daten und ihrer Regierungsweg (个人数据保护的法治难题与治理路径探析), Zeitschrift für Recht und Technik, 2019, 138(02), 19 ff. (zit.: Liu, ZRT 19)

Liu, Zhigang: Verfassungsrechtliche Analyse der zivilen Persönlichkeitstheorie (民法人格权理论的宪法学分析), Humanitätsrecht, 2019(4), 102 ff. (zit.: Liu, Verfassungsrechtliche Analyse der zivilen Persönlichkeitstheorie, Hr 102)

Lu, Houqing/Zhan, D./Zhou L. u.a.: An improved focused crawler: using web page classification and link priority evaluation, Mathematical Problems in Engineering 2016, 1 ff. (zit.: Lu/Zhan/Zhou, MPE 2016, 1)

Lu, Qing: Normative Ausgestaltung der Einwilligungsregeln beim Schutz personenbezogener Daten (个人信息保护中同意规则的规范构造), Zeitschrift der Wuhan Universität (Philosophie und Sozialwissenschaften Edition), 2019(5), 119 ff. (zit.: Lu, ZWUPS 119)

Lux, Jochen: Der Tatbestand der allgemeinen Marktbehinderung: ein Beitrag zu den Grenzen des Lauterkeitsrechts, Tübingen 2006. (zit.: Lux, Der Tatbestand, S. ...)

Lv, Biaobin: Recht auf persönliche Informationen als Bürgerrecht: Hinweis auf das geistige Eigentumsrecht (个人信息权作为民事权利之证成: 以知识产权为参照), Chinesische Rechtswissenschaft, 2019(4), 44 ff. (zit.: Lv, Ch-R 44)

Lv, Zhongmei/Zhu, Xiao/Gong Gu: Grundriss für die Umsetzung des „grünen Prinzips" im Zivilgesetzbuch ("绿色原则"在民法典中的贯彻论纲), Chinesische Rechtswissenschaft, 2018(1), 5 ff. (zit.: Lv/Zhu/Gong, Ch-R 5)

Ma, Junju/Zhang, Xiang: Die theoretischen Grundlagen von Persönlichkeitsrecht und sein legislatives Modell (人格权的理论基础及其立法体例), Rechtswissenschaftliche Forschung, 2004(6), 46 ff. (zit.: Ma/Zhang, RF 46)

Ma, Junju: Auseinandersetzung mit der grundlegenden Theoriefrage nach dem Persönlichkeitsrecht (关于人格权基础理论问题的探讨), Zeitschrift der Rechtswissenschaft, 2007(5), 2 ff. (zit.: Ma, ZR 2)

Ders.: Entstehung, Entwicklung und Evolution der technischen Trennung von Person und Persönlichkeit (人与人格分离技术的形成、发展与变迁), Moderne Rechtswissenschaft, 2006(4), 44 ff. (zit.: Ma, MR 44)

Ders.: Persönlichkeitsrecht als ein Recht im privatrechtlichen Sinne (论作为私法上权利的人格权), Rechtswissenschaft, 2005(12), 44 ff. (zit.: Ma, Rw 44)

Ders.: Vorlesungen über Persönlichkeit und Persönlichkeitsrechtstheorie (人格和人格权理论讲稿), Law Press, Beijing 2009. (zit.: Ma, S. ...)

Mantelero, Alessandro: The future of consumer data protection in the EU Rethinking the "notice and consent" paradigm in the new era of predictive analytics, Computer Law & Security Review 2014, 643 ff. (zit.: Mantelero, CLSR 2014, 643)

Mao, Muran: Die rechtlichen Hindernisse bei der Einführung des Gesetzes zum Schutz personenbezogener Information" in China und die Lösungen (论我国

出台《个人信息保护法》的法理障碍及其破解), Zeitschrift der Suzhou Wirtschafts- und Rechtswissenschaftlichen Universität (Edition Philosophie und Sozialwissenschaften), 2020(1), 59 ff. (zit.: Mao, ZSWRU 59)

Maume, Philipp: Bestehen und Grenzen des virtuellen Hausrechts, MMR 2007, 620 ff. (zit.: Maume, MMR 2007, 620)

Maunz, Theodor/Dürig, Günter (Hrsg.): Grundgesetz Kommentar, 89. EL Oktober, München 2019.(zit.: Bearbeiter, in: Maunz/Dürig, GG, Art. ... Rn. ...)

Mei, Weidong: Untersuchung über die Übertragbarkeit des Rechts auf Anerkennung der Urheberschaft (署名权转让的可行性探究), Akademische Journale, 2008(10), 86 ff. (zit.: Mei, AJ 86)

Mei, Xiaying/Liu, Min: Umfang der persönlichen Information im Zeitalter großer Datenmengen (大数据时代下的个人信息范围界定), Front der sozialen Governance und der Rechtsstaatlichkeit Jahrbuch), 2013, 33 ff. (zit.: Mei/Liu, FGR 33)

Mei, Xiaying/Yang, Xiaona: Theorie und Gesetzgebung des Schutzes personenbezogener Information (个人信息保护的理论及立法问题), Front der sozialen Governance und der Rechtsstaatlichkeit Jahrbuch), 2013, 209 ff. (zit.: Mei/Yang, FGR 209)

Mergel, Harald: Die Rufausnutzung als Unlauterkeitstatbestand in der neueren Rechtsprechung des BGH: der wettbewerbsrechtlich verankerte Schutz „bekannter" und „exklusiver" Marken ein gangbarer Weg? GRUR 1986, 646 ff. (zit.: Mergel, GRUR 1986, 646)

Mestmäcker, Ernst-Joachim/Schweitzer, Heike (Hrsg.): Europäisches Wettbewerbsrecht, 3. Aufl., München 2014. (zit.: Mestmäcker/Schweitzer, Europäisches Wettbewerbsrecht, §... Rn. ...)

Miao, Dongsheng: Überblick über Systemwissenschaft (系统科学精要), China Renmin University Press, Beijing 1998. (zit.: Miao, S. ...)

Micklitz, Hans-W./Keßler, Jürgen: Funktionswandel des UWG, WRP 2003, 919 ff. (zit.: Micklitz/Keßler, WRP 2003, 919)

Moos, Flemming Datenschutz- und Datennutzungsverträge, Köln 2014. (zit.: Bearbeiter, in: Moos, Datenschutz- und Datennutzungsverträge, Teil... Rn. ...)

Müller-Glöge, Rudi/Preis, Ulrich/Schmidt, Ingrid (Hrsg.): Erfurter Kommentar zum Arbeitsrecht, 20. Aufl., GG, München 2020.(zit.: Bearbeiter, in: Müller-Glöge/Preis/Schmidt, GG, Art. ...Rn. ...)

Mugdan, Benno: Die gesamten Materialien zum Bürgerlichen Gesetzbuch für das Deutsche Reich, Bd. II, 1899. (zit.: Mugdan, Die gesammten Materialien, §... S. ...)

Nastelski, Karl: Schutz der Allgemeinheit im Wettbewerbsrecht, GRUR 1969, 322 ff. (zit.: Nastelski, GRUR 1969, 322)

Nemeczek, Heinrich: Wettbewerbsfunktionalität und unangemessene Rufausbeutung gem. § 4 Nr. 9 lit. b Alt. 1 UWG, WRP 2012, 1025 ff. (zit.: Nemeczek, WRP 2012, 1025)

Neuner, Jörg: Der privatrechtliche Schutz der Persönlichkeit, JuS 2015, 961 ff. (zit.: Neuner, JuS 2015, 961)

Neunhoeffer, Friederike: Das Presseprivileg im Datenschutzrecht: eine rechtsvergleichende Betrachtung des deutschen und des englischen Rechts, Tübingen 2005. (zit.: Neunhoeffer, Das Presseprivileg, S. ...)

Nietsch, Thomas: Zur Überprüfung der Einhaltung des Datenschutzrechts durch Verbraucherverbände, CR 2014, 272 ff. (zit.: Nietsch, CR 2014, 272)

Ning, Lizhi/Wang, Defu: Natur der robots.txt.Datei und ihre lauterkeitsrechtliche Untersuchung ("爬虫协议"的定性及其竞争法分析), Jiangxi Sozialwissenschaften, 2016(1), 161 ff. (zit.: Ning/Wang, JxS 161)

Ning, Lizhi: Fort- und Rückschritte bei Novellierung des cUWG (反不正当竞争法修订的得与失), Studien in Recht und Wirtschaft 2018(4), 118 ff. (zit.: Ning, SRW 118)

Nöth, Winfried: Handbuch der Semiotik, Berlin 2017. (zit.: Nöth, Handbuch der Semiotik, S. ...)

Nord, Jantina/Manzel, Martin: "Datenschutzerklärungen" – misslungene Erlaubnisklauseln zur Datennutzung – "Happy-Digits" und die bedenklichen Folgen im E-Commerce, NJW 2010, 3756 ff. (zit.: Nord/Manzel, NJW 2010, 3756)

Nussbaum, Arthur: Das Neue Deutsche Wirtschaftsrecht: eine Systematische Übersicht über die Entwicklung des Privatrechts und der benachbarten Rechtsgebiete seit Ausbruch des Weltkrieges, Berlin 2013. (zit.: Nussbaum, Das Neue Deutsche Wirtschaftsrecht, S. ...)

Oebbecke, Johannes S.: Der Schutzgegenstand der verwandten Schutzrechte: Eine einheitliche Lösung für die Probleme des Teilschutzes, der Bearbeitung und der freien Benutzung unter dem Blickwinkel immaterialgüterrechtlicher Gemeinsamkeiten, Frankfurt am Main 2010. (zit.: Oebbecke, Schutzgegenstand der verwandten Schutzrechte, S. ...)

Ohly, Ansgar/Sosnitza, Olaf (Hrsg.): Gesetz gegen den unlauteren Wettbewerb: UWG, 7. Aufl., München 2016. (zit.: Bearbeiter, in: Ohly/Sosnitza, UWG, §...Rn. ...)

Ohly, Ansgar: Der Geheimnisschutz im deutschen Recht: heutiger Stand und Perspektiven, GRUR 2014, 1 ff. (zit.: Ohly, GRUR 2014, 1)

Ders.: Designschutz im Spannungsfeld von Geschmacksmuster-, Kennzeichen- und Lauterkeitsrecht, GRUR 2007, 731 ff. (zit.: Ohly, GRUR 2007, 731)

Ders.: Geistiges Eigentum?, JZ 2003, 545 ff. (zit.: Ohly, JZ 2003, 545)

Ders.: UWG-Rechtsschutz bei Verstößen gegen die Datenschutzgrundverordnung? GRUR 2019, 686 ff. (zit.: Ohly, GRUR 2019, 686)

Omsels, Hermann-Josef: Zur Unlauterkeit der gezielten Behinderung von Mitbewerbern (§ 4 Nr. 10 UWG), WRP 2004,136 ff. (zit.: Omsels, WRP 2004,136)

Paal, Boris P./Pauly, Daniel A.: Datenschutz-Grundverordnung Bundesdatenschutzgesetz: DS-GVO BDSG, 2. Aufl., München 2018. (zit.: Bearbeiter, in: Paal/Pauly, DS-GVO, Art. ...Rn. ...)

Pan, Tianqi/Tan, Qiyao: Die Zweiteilung von „Persönlichkeitsrecht und Vermögensrecht" im Urheberrecht (著作权中的"人格权、财产权"二元分立论), Geistiges Eigentumsrecht, 2012(8), 32 ff. (zit.: Pan/Tan, GE 32)

Pastor, Wilhelm L.: Verbraucherverbände im Sinne des § 13 Abs. 1a UWG, GRUR 1969, 571–581.(zit.: Pastor, GRUR 1969, 571)

Peifer, Karl-Nikolaus: Individualität im Zivilrecht: der Schutz persönlicher, gegenständlicher und wettbewerblicher Individualität im Persönlichkeitsrecht, Immaterialgüterrecht und Recht der Unternehmen, Tübingen 2001. (zit.: Peifer, Individualität im Zivilrecht, S. ...)

Ders.: Eigenheit oder Eigentum – Was schützt das Persönlichkeitsrecht, GRUR 2002, 495 ff. (zit.: Peifer, GRUR 2002, 495)

Peng, Jinlong/Chen, Yupei/Sun, Qun: Rechtliche Risiken bei der Anwendung massiver Daten im Rahmen des taiwanesischen Datenschutzgesetzes (巨量資料應用在台灣個資法架構下的法律風險), NTU Management Review, 2017(5), 93 ff. (zit.: Peng/Chen/Sun, NTUR 93)

Westermann, Harm Peter/Grunewald, Barbara/Maier-Reimer, Georg (Hrsg.): Erman, BGB, 15. Aufl., Köln 2017. (zit.: Bearbeiter, in: Peter Westermann/Grunewald/Maier-Reimer, BGB, §... Rn. ...)

Peukert, Alexander: Persönlichkeitsbezogene Immaterialgüterrechte?, ZUM 2000, 710 ff. (zit.: Peukert, ZUM 2000, 710)

Piras, Gabriella: Virtuelles Hausrecht?, Tübingen 2015. (zit.: Piras, Virtuelles Hausrecht? S. ...)

Plath, Kai-Uwe (Hrsg.): DSGVO/BDSG, Kommentar zu DS-GVO, BDSG und den Datenschutzbestimmungen des TMG und TKG, 3. Aufl., Köln 2018. (zit.: Bearbeiter, in: Plath, DSGVO/BDSG, §... Rn. ...)

Pohl, Anna: Die datenschutzrechtliche Einwilligung im Spannungsfeld von hoheitlicher Regulierung und individueller Selbstbestimmung – unter besonderer Berücksichtigung der Dienste der Informationsgesellschaft, Saarbrücken 2019. (zit.: Pohl, Die datenschutzrechtliche Einwilligung, S. ...)

Putz, Alexander: Das Eigentumsrecht in Deutschland und der VR China: Genese, Status quo und Entwicklungsperspektiven aus rechtsvergleichender Sicht, Baden-Baden 2017. (zit.: Putz, Das Eigentumsrecht, S. ...)

Qi, Xiaocun: Einführung in Ethik des öffentlichen Interesses (公益伦理略论), Diss., Normale Universität Hunan (HNU) 2006. (zit.: Qi, Ethik des öffentlichen Interesses, S. ...)

Qian, Xuesen: Die Wissenschaft und Technik in der Arbeit der Technik und Informatik (科技情报工作的科学技术), Information Science, 1983(4), 5 ff. (zit.: Qian, IS 5)

Radlanski, Philip: Das Konzept der Einwilligung in der datenschutzrechtlichen Realität, Tübingen 2016. (zit.: Radlanski, Das Konzept der Einwilligung, S. ...)

Raiser, Ludwig: Rechtsschutz und Institutionenschutz, in: Summum ius summa iniuria: Individualgerechtigkeit und der Schutz Allgemeiner Werte im Rechtsleben, Tübingen 1963, 145 ff. (zit.: Raiser, in: Summum ius summa iniuria, S. ...)

Raue, Benjamin: Die Rechte des Sacheigentümers bei der Erhebung von Daten, NJW 2019, 2425 ff. (zit.: Raue, NJW 2019, 2425)

Redaktionsbüro für Wörterbücher, Institut für Linguistik, Chinesische Akademie der Sozialwissenschaften: Wörterbuch der modernen chinesischen Sprachen (现代汉语词典), 6. Aufl., Die kommerzielle Presse, Beijing 2012. (zit.: Redaktionsbüro, S. ...)

Rehbinder, Manfred/Peukert, Alexander: Urheberrecht und verwandte Schutzrechte, 18 Aufl., München 2018. (zit.: Rehbinder/Peukert, Urheberrecht, §...Rn. ...)

Ren, Longlong: Einwilligung ist keine Rechtmäßigkeitsgrundlage für die personenbezogenen Datenverarbeitung (论同意不是个人信息处理的正当性基础), Zeitschrift für Politik und Recht, 2016(1), 126 ff. (zit.: Ren, ZPR 126)

Ders.: Zivilrechtlicher Schutz persönlicher Informationen im Zeitalter der großen Daten (大数据时代的个人信息民法保护), Diss., Universität für Internationale Wirtschaft 2013. (zit.: Ren, Zivilrechtlicher Schutz persönlicher Informationen, S. ...)

Resta, Giorgio: The New Frontiers of Personality Rights and the Problem of Commodification: European and Comparative Perspectives, Tul. Eur. & Civ. LF 2011, 33 ff. (zit.: Resta, Tul. Eur. & Civ. LF 2011, 33)

Rittner, Fritz: Wettbewerbs- und Kartellrecht, 3 Aufl., Heidelberg 1989. (Rittner, Wettbewerbs- und Kartellrecht, S. ...)

Roßnagel, Alexander/Pfitzmann, Andreas/Garstka, Hansjürgen: Modernisierung des Datenschutzrechts: Gutachten im Auftrag des Bundesministeriums des Innern, Berlin 2001. (zit.: Roßnagel/Pfitzmann/Garstka, Modernisierung des Datenschutzrechts, S. ...)

Rossnagel, Alexander: Datenschutz in der Forschung – Die neuen Datenschutzregelungen in der Forschungspraxis von Hochschulen, ZD 2019, 157 ff. (zit.: Rossnagel, ZD 2019, 157)

Roßnagel, Alexander/Schnabel, Christoph: Das Grundrecht auf Gewährleistung der Vertraulichkeit und Integrität informationstechnischer Systeme und sein Einfluss auf das Privatrecht, NJW 2008, 3534 ff. (zit.: Rossnagel/Schnabel, NJW 2008, 3534)

Rüpke, Giselher/von Lewinski, Kai/Eckhardt, Jens: Datenschutzrecht, München 2018. (zit.: Rüpke/v. Lewinski/Eckhardt, Datenschutzrecht, §... Rn. ...)

Säcker, Franz Jürgen/Rixecker, Roland/Oetker, Hartmut/Limperg, Bettina (Hrsg.): Münchener Kommentar zum BGB 8. Aufl., München 2018. (zit.: Bearbeiter, in: Säcker/Rixecker/Oetker/Limperg, BGB, Bd.1, §... Rn. ...)

Dies.: Münchener Kommentar zum BGB 8. Aufl., München 2019. (zit.: Bearbeiter, in: Säcker/ Rixecker/Oetker/Limperg, BGB, Bd. 2, §... Rn. ...)

Dies.: Münchener Kommentar zum BGB 8. Aufl., München 2020. (zit.: Bearbeiter, in: Säcker/Rixecker/Oetker/Limperg, BGB, Bd. 7, §... Rn. ...)

Dies.: Münchener Kommentar zum BGB 8. Aufl., München 2020. (zit.: Bearbeiter, in: Säcker/Rixecker/Oetker/Limperg, BGB, Bd. 8, §... Rn. ...)

Dies.: Münchener Kommentar zum BGB 8. Aufl., München 2020. (zit.: Bearbeiter, in: Säcker/Rixecker/Oetker/Limperg, BGB, Bd. 11, §... Rn. ...)

Säcker, Franz Jürgen: Das UWG zwischen den Mühlsteinen europäischer Harmonisierung und grundrechtsgebotener Liberalisierung, WRP 2004, 1199 ff. (zit.: Säcker, WRP 2004, 1199)

Sack, Rolf: Leistungsschutz nach § 3 UWG, GRUR 2016, 782 ff. (zit.: Sack, GRUR 2016, 782)

Ders.: Die lückenfüllende Funktion der Sittenwidrigkeitsklauseln, WRP 1985, 1 ff. (zit.: Sack, WRP 1985, 1)

Ders.: Das Recht am Gewerbebetrieb: Geschichte und Dogmatik, Tübingen 2007. (zit.: Sack, Das Recht am Gewerbebetrieb, S. ...)

Ders.: Der Mitbewerberbegriff des § 6 UWG, WRP 2008, 1141 ff. (zit.: Sack, WRP 2008, 1141)

Ders.: Die Klagebefugnis des „unmittelbar Verletzten" im UWG, WRP 2020, 675 ff. (zit.: Sack, WRP 2020, 675)

Ders.: Die Subsidiarität des Rechts am Gewerbebetrieb, VersR 2006, 1001 ff. (zit.: Sack, VersR 2006, 1001)

Ders.: Die wettbewerbsrechtliche Haftung für das Anbieten mangelhafter und gefährlicher Produkte, GRUR Int. 1983, 565 ff. (zit.: Sack, GRUR Int. 1983, 565)

Ders.: Neuere Entwicklungen der Individualklagebefugnis im Wettbewerbsrecht, GRUR 2011, 953 ff. (zit.: Sack, GRUR 2011, 953)

Ders.: Regierungsentwurf einer UWG-Novelle-ausgewählte Probleme, BB 2003, 1073 ff. (zit.: Sack, BB 2003, 1073)

Samwer, Sigmar-Jürgen: Verbraucherschutz und Wettbewerbsrecht, GRUR 1969, 326 ff. (zit.: Samwer, GRUR 1969, 326)

Sappa, Cristiana: What does Trade secrets have to do with the Interconnection-based paradigm of the Internet of Things, E.I.P.R. 2018, 518 ff. (zit.: Sappa, E.I.P.R. 2018, 518)

Sattler, Andreas: Personenbezogene Daten als Leistungsgegenstand, JZ 2017, 1036 ff. (zit.: Sattler, JZ 2017, 1036)

Schantz, Peter/Wolff, Heinrich Amadeus: Das neue Datenschutzrecht, 1. Aufl., München 2017. (zit.: Schantz/Wolff, Das neue Datenschutzrecht, Rn. ...)

Schapiro, Leo/Zdanowiecki, Konrad: Screen Scraping. Rechtlicher Status quo in Zeiten von Big Data, MMR 2015, 497 ff. (zit.: Schapiro/Zdanowiecki, MMR 2015, 497)

Scherer, Inge: Marktverhaltensregeln im Interesse der Marktbeteiligten –Funktionsorientierte Ausrichtung des neuen Rechtsbruchtatbestandes in § 4 Nr. 11 UWG, WRP 2006, 401 ff. (zit.: Scherer, WRP 2006, 401)

Scheyhing, Robert: Zur Geschichte des Persönlichkeitsrechts im 19. Jahrhundert, AcP, 158 (1959/1960), 503 ff. (zit.: Scheyhing, AcP 158, 503)

Schlüter, Claudia: Die urheber- und persönlichkeitsrechtliche Beurteilung der Erstveröffentlichung persönlicher Aufzeichnungen, Baden-Baden 2014. (zit.: Schlüter, Die urheber- und persönlichkeitsrechtliche Beurteilung, S. ...)

Schöneich, Daniel: Ein Allgemeiner Teil für das Recht des Geistigen Eigentums?, Baden-Baden 2016. (zit.: Schöneich, Ein Allgemeiner Teil, S. ...)

Schricker, Gerhard/Loewenheim, Ulrich/Leistner, Matthias/Ohly, Ansgar (Hrsg.): Urheberrecht, UrhG, KUG (Auszug), UrhG, Kommentar, 5. Aufl., München 2017. (zit.: Bearbeiter, in: Schricker/Loewenheim, UrhG, §...Rn. ...)

Schricker, Gerhard: Hundert Jahre Gesetz gegen den unlauteren Wettbewerb – Licht und Schatten, GRUR Int. 1996, 473 ff. (zit.: Schricker, GRUR Int. 1996,473)

Schröder, Georg F.: Datenschutzrecht für die Praxis, 3. Aufl., München 2019. (zit.: Schröder, Datenschutzrecht, S. ...)

Schulze, Reiner/Dörner, Heinrich/Ebert, Ina, u.a.: Bürgerliches Gesetzbuch, 10. Aufl., Baden-Baden 2019. (zit.: Bearbeiter, in: Schulze/Dörner/Ebert, BGB, §...Rn. ...)

Schünemann, Wolfgang B.: Unlauterkeit in den Generalklauseln und Interessenabwägung nach neuem UWG, WRP 2004, 925 ff. (zit.: Schünemann, WRP 2004, 925)

Schwartz, Gustav: Verfolgung unlauteren Wettbewerbs im Allgemeininteresse, GRUR 1967, 333 ff. (zit.: Schwartz, GRUR 1967, 333)

Schwichtenberg, Simon: Datenschutz in drei Stufen, Berlin 2018. (zit.: Schwichtenberg: Datenschutz in drei Stufen, S. ...)

Seifert, Fedor: Postmortaler Schutz des Persönlichkeitsrechts und Schadensersatz, NJW 1999, 1889 ff. (zit.: Seifert, NJW 1999, 1889)

Shan, Feiyue: Die Entstehung des chinesischen Wirtschaftsrechtssektors: Wege, Verlauf und Charakteristika (中国经济法部门的形成：轨迹、事件与特征), Gegenwärtige Rechtswissenschaft, 2013(4), 10 ff. (zit.: Shan, GR 10)

Shan, Xixue: Austausch persönlicher Informationen über die Attribute des Privatrechts hinaus (超越私权属性的个人信息共享), Studien in Recht und Wirtschaft, 2020(2), 57 ff. (zit.: Shan, SRW 57)

Shi, Jiayou: Verbesserung des Regierungssystems und der Zeitgeist des ZGB (治理体系的完善与民法典的时代精神), Rechtswissenschaftliche Forschung, 2016(1), 3 ff. (zit.: Shi, RF 3).

Siegfried, Andre: preface, in: Andre Philip, Le problems ouvrier aux Etats-Unis (The worker problem in the U.S.), Paris 1927. (zit.: Siegfried, in: Andre Philip, S. ...)

Simitis, Spiros (Hrsg.): Bundesdatenschutzgesetz Kommentar, 8 Aufl., Baden-Baden 2014. (zit.: Bearbeiter, in: Simitis, BDSG, §...Rn. ...)

Slawik, Julian: Die Entstehung des deutschen Modells zum Schutz von Unternehmensgeheimnissen, Tübingen 2017. (zit.: Slawik, Entstehung des deutschen Modells, S. ...)

Specht, Louisa/Mantz, Reto (Hrsg.): Europäisches und deutsches Datenschutzrecht, München 2019. (zit.: Specht/Mantz, Europäisches und deutsches Datenschutzrecht, §...Rn. ...)

Specht, Louisa: Das Verhältnis möglicher Datenrechte zum Datenschutzrecht, GRUR Int. 2017, 1040 ff. (zit.: Specht, GRUR Int. 2017, 1040)

Spindler, Gerald/Schmitz, Peter (Hrsg.): Telemediengesetz: TMG mit Netzwerkdurchsetzungsgesetz, 2. Aufl., München 2018. (zit.: Bearbeiter, in: Spindler/Schmitz, TMG, §... Rn. ...)

Spindler, Gerald/Schuster, Fabian (Hrsg.): Recht der elektronischen Medien, 3. Aufl., München 2015. (zit.: Bearbeiter, in: Spindler/Schuster, §. Rn. ...)

Stieper, Malte: Das Verhältnis von Immaterialgüterrechtsschutz und Nachahmungsschutz nach neuem UWG, WRP 2006, 291 ff. (zit.: Stieper, WRP 2006, 291)

Stock, Wolfgang G.: Information Retrieval: Informationen suchen und finden, München u.a: Oldenburg 2007. (zit.: Stock, Information Retrieval, S. ...)

Sun, Hong/Ou, Hongwei: Natur der Einsetzung des Web-Crawlers bei Gewinn der großen Daten mit Bezug auf Echtzeitbetrieb der öffentlichen Verkehrsmittel (利用网络爬虫技术获取他人公交实时运行大数据的行为性质), Volksjustiz (Fälle). 2018(35), 77 ff. (zit.: Sun/Ou, Vj 77)

Sun, Wanzhong: Handbuch des Wettbewerbsrechts (反不正当竞争竞争法使用全书)，Jahrbuch des Rechts in China, Beijing 1993. (zit.: Zhong, Handbuch des Wettbewerbsrechts, S. ...)

Sun, Xianzhong: Rechtssystem und wissenschaftliche Regeln: Anmerkungen zur Gesetzgebung des Bürgerlichen Gesetzbuches (权利体系与科学规范：民法典立法笔记), Sozialwissenschaftliche akademische Presse (社会科学文献出版社), Beijing 2018. (zit.: Sun, S. ...)

Ders.: Verhinderung der Zersplitterung und schnellstmögliche Einbringung eines Zivilgesetzbuches (防止碎片化，尽快出台民法典), Zeitschrift der Chinesischen Wirtschafts- und Rechtswissenschaftlichen Universität, 2013(01), 76 ff. (zit.: Sun, ZCWRU 76)

Ders.: Das chinesische Zivilrecht nach der Pandektistik: Einführung, Niedergang und Wiederbelebung (中国民法继受潘德克顿法学: 引进、衰落和复兴), Sozialwissenschaften in China, 2008(2), 88 ff. (zit.: Sun, SC 88)

Ders.: Auslegung des „zweistufigen“ Kodifizierungsverfahrens für das Zivilgesetzbuch (如何解释民法典编纂的“两步走”), Nationaler Volkskongress Chinas, 2017(07), 20 ff. (zit.: Sun, NVC 20)

Sydow, G (Hrsg.).: Europäische Datenschutzgrundverordnung, Handkommentar, Baden-Baden 2018. (zit.: Bearbeiter, in: Sydow, DSGVO, Art. ...Rn. ...)

Taeger, Jürgen/Gabel, Detlev (Hrsg.): DSGVO/BDSG, 3. Aufl., München 2019. (zit.: Bearbeiter, in: Taeger/Gabel, DSGVO/BDSG, §... Rn. ...)

Tao, Jun: Analyse der Legitimierung der lauterkeitsrechtlichen Anwendung auf das Wirtschaftsmodell „Internet+" (论反不正当竞争法在"互联网+"经济模式下适用的正当性分析), Studien zur Wettbewerbspolitik, 2016(5), 9 ff. (zit.: Tao, SW 9)

Thomas M. Cover/Joy A. Thomas: Elemente der Informationstheorie (信息论基础), 2. Aufl., chinesischer Übersetzer: Ruan Jishou/Zhang Hua, China Machine Press, Beijing 2008. (zit.: Thomas/Joy A, S. ...)

Trakman, Leon/Walters, Robert/Zeller, Bruno: Is Privacy and Personal Data Set to Become the New Intellectual Property? IIC 2019, 937 ff. (zit.: Trakman/Walters /Zeller, IIC 2019, 937)

Tucker, Patrick: The Naked Future (赤裸裸的未来), chinesischer Übersetzer: Qianfen, Jiangsu Phoenix Literaturverlag, Nanjing 2014. (zit.: Tucker, S. ...)

Tuomi, Ilkka: Data is more than knowledge: Implications of the reversed knowledge hierarchy for knowledge management and organizational memory, Journal of Management Information Systems/Fall 1999, 103 ff. (zit.: Tuomi, JMIS 1999, 103)

Uecker, Philipp: Die Einwilligung im Datenschutzrecht und ihre Alternativen, ZD 2019, 248 ff. (zit.: Uecker, ZD 2019, 248)

Ullmann, Eike (Hrsg.): UWG, Gesetz gegen den unlauteren Wettbewerb juris Praxiskommentar, 4. Aufl., Saarbrücken 2016. (zit.: Bearbeiter, in: Ullmann, jurisPK-UWG, §... Rn. ...)

Ullmann, Eike: Das Koordinatensystem des Rechts des unlauteren Wettbewerbs im Spannungsfeld von Europa und Deutschland, GRUR 2003, 817 ff. (zit.: Ullmann, GRUR 2003, 817)

Ulmer, Eugen: Rechtsvergleichung und Grundlagenforschung im Urheberrecht und gewerblichen Rechtsschutz, GRUR Int. 1968, 1 ff. (zit.: Ulmer, GRUR Int. 1968, 1)

Ders.: Sinnzusammenhänge im modernen Wettbewerbsrecht, Berlin 1932. (zit.: Ulmer, Sinnzusammenhänge, S. ...)

Ders.: Wandlungen und Aufgaben im Wettbewerbsrecht, GRUR 1937, 769 ff. (zit.: Ulmer, GRUR 1937, 769)

Ulmer-Eilfort, Constanze/Obergfell, Eva Inés (Hrsg.): Verlagsrecht, 1. Aufl., München 2013. (zit.: Bearbeiter, in: Ulmer-Eilfort/Obergfell, Verlagsrecht, Rn. ...)

Urlichs, Heinz: Das Wesen des Immaterialgüterrechts im neueren Schrifttum, Diss., Univ. Köln 1937. (zit.: Urlichs, Das Wesen des Immaterialgüterrechts, S. ...)

Vacca, Thomas: Das vermögenswerte Persönlichkeitsbild, Baden-Baden 2017. (zit.: Vacca, Das vermögenswerte Persönlichkeitsbild, S. ...)

Vetter, Sven: Interessenausgleich durch fiktive Lizenzen? UFITA 2016, 99 ff. (zit.: Vetter, UFITA 2016, 99)

Vieweg, Klaus/Fischer, Michael: Wirtschaftsrecht Grundlagen, Baden-Baden 2019. (zit.: Vieweg/Fischer, Wirtschaftsrecht, S. ...)

Viktor, Mayer-Schönberger/Gukier, Kenneth: Big Data, A Revolution (大数据时代: 生活、工作与思维的大变革), chinesischer Übersetzer: Shen Yanyan, Zhou Tao, Zhejiang Volkspresse, Hanzhou 2013. (zit.: Viktor/Gukier, S. ...)

Voet van Vormizeele, Philipp: Kartellrecht und Verfassungsrecht, NZKart 2013, 386 ff. (zit.: Voet van Vormizeele, NZKart 2013, 386)

Volli, Ugo: Semiotik: eine Einführung in ihre Grundbegriffe, Tübingen, Basel 2002. (zit.: Volli, Semiotik, S. ...)

von Bressensdorf, Tobias: Das private „Hausrecht“, Baden-Baden 2020. (zit.: von Bressensdorf, Das private „Hausrecht“, S. ...)

von Gamm, Otto-Friedrich Freiherr: Datenschutz und Wettbewerbsrecht, GRUR 1996, 574 ff. (zit.: von Gamm, GRUR 1996, 574)

von Schönfeld, Max: Screen Scraping und Informationsfreiheit, Baden-Baden 2018. (zit.: von Schönfeld, Screen Scraping, S. ...)

Staudinger, Julius von (Hrsg.): J. von Staudingers Kommentar zum Bürgerlichen Gesetzbuch: Sachenrecht. §§ 903–924, Berlin 2016. (zit.: Bearbeiter, in: Staudingers, BGB, §... Rn. ...)

Ders.: J. von Staudingers Kommentar zum Bürgerlichen Gesetzbuch: Staudinger BGB – Buch 1: Allgemeiner Teil: Einleitung zum BGB; §§ 1–14; VerschG, Berlin 2013.(zit.: Bearbeiter, in: Staudinger, BGB, §... Rn. ...)

Ders.: J. von Staudingers Kommentar zum Bürgerlichen Gesetzbuch: Staudinger BGB – Buch 1: Allgemeiner Teil: §§ 90–124; §§ 130–133, Berlin 2017. (zit.: Bearbeiter, in: Staudinger, BGB, §... Rn. ...)

Ders.: J. von Staudingers Kommentar zum Bürgerlichen Gesetzbuch: Staudinger BGB – Buch 2: Recht der Schuldverhältnisse: §§ 823 A-D, Berlin 2017. (zit.: Bearbeiter, in: Staudinger, BGB, §... Rn. ...)

von Zimmermann, Georg: Die Einwilligung im Internet, Berlin 2014. (zit.: von Zimmermann, Die Einwilligung im Internet, S. ...)

Wandtke, Artur-Axel/Bullinger, Winfried (Hrsg.): Praxiskommentar Urheberrecht: UrhG, 5. Aufl., München 2019. (zit.: Bearbeiter, in: Wandtke/Bullinger, UrhG, §...Rn. ...)

Wandtke, Artur-Axel/Ohst, Claudia (Hrsg.): Praxishandbuch Medienrecht, 3. Aufl., Berlin 2014. (zit.: Bearbeiter, in: Wandtke/Ohst, Medienrecht, S...Rn. ...)

Wang Limin: Kodifizierung eines Zivilgesetzbuches für das Internetzeitalter (编纂一部网络时代的民法典), Zeitschrift der Jinan (Edition Philosophie und Sozialwissenschaften), 2016(07), 8 ff. (zit.: Wang, ZJ 8)

Ders.: Zeitmerkmale des Zivilgesetzbuches und Schritte zu seiner Kodifizierung (民法典的时代特征和编纂步骤), Tsinghua Rechtswissenschaft, 2014(6), 6 ff. (zit.: Wang, TR 6)

Ders.: Die zivilrechtliche Hierarchie der Interessen und ihre Berücksichtigung (民法上的利益位阶及其考量), Jurists Review, 2014(1), 79 ff. (zit.: Wang, JR 79)

Ders.: Überdenken des Begriffs des „Sachenrechts“ (物权概念的再探讨), Zhejiang Sozialwissenschaft, 2/2002(2), 82 ff. (zit.: Wang, ZS 82)

Ders.: Persönlichkeitsrecht (人格权法), China Renmin Universität Presse (中国人民大学出版社), Beijing 2016. (zit.: Wang, Persönlichkeitsrecht, S. ...)

Ders.: Untersuchung über AT-ZGB (民法总则研究), China Renmin Universität Presse (中国人民大学出版社), Beijing 2012. (Wang, Untersuchung über AT-ZGB, S. ...)

Ders.: Attribute des Persönlichkeitsrechts: Vom Passivschutz zur Aktivnutzung (人格权的属性: 从消极防御到积极利用), Juristische Zeitschrift der Peking Universität, 2018(4), 845 ff. (zit.: Wang, JZPU 845)

Ders.: Untersuchung über den Begriff des „Persönlichkeitsrechts“ (论人格权的定义), Zeitschrift der Huazhong Wissenschaft- und Technischen Universität, 2020(1), 62 ff. (zit.: Wang, ZHWTU 62)

Ders.: Untersuchung über die Trennung von Persönlichkeitsrechts- und Schadensersatzanspruch aus unerlaubter Handlung (论人格权请求权与侵权损害赔偿请求权的分立), Chinesische Rechtswissenschaft, 2019(1), 224 ff. (zit.: Wang, Ch-R 224)

Ders.: Untersuchung über den rechtlichen Schutz des Rechts auf persönliche Informationen (论个人信息权的法律保护), Moderne Rechtswissenschaft, 2013(4), 62 ff. (zit.: Wang, Schutz des Rechts auf persönliche Informationen, MR 62)

Ders.: Datenaustausch und Schutz persönlicher Informationen (数据共享与个人信息保护), Moderne Rechtswissenschaft, 2019(1), 45 ff. (zit.: Wang, MR 45)

Ders.: Persönlichkeitsrecht: vom negativen Schutz zur positiven Betätigung (人格权: 从消极保护到积极确权), Gansu Sozialwissenschaften, 2018(1), 40 ff. (zit.: Wang, GS 40)

Ders.: Zivilrecht, (民法), 3 Aufl., China Renmin Universität Presse (中国人民大学出版社), Beijing 2007. (zit.: Wang, Zivilrecht, S. ...)

Wang Zhijing/Fan, Shujie/Wang, Chunyan: Das konzeptionelle Modell der Informatik: basierend auf Informationsketten- und Domänenanalyse (基于信息链和领域分析的情报学概念模型), Zeitschrift für Bibliothekswissenschaft, 2011(4), 1 ff. (zit.: Wang/Fan/Wang, ZB 1)

Wang, Bing: Die Bedeutung der Verbraucher in der Marktwirtschaft (论消费者在市场经济中的重要作用), Yunnan Sozialwissenschaften, 2004(5), 49 ff. (zit.: Wang, Die Bedeutung der Verbraucher, YS 49)

Wang, Chaozhen: Die Forschung zur Institutionalisierung des Leistungsschutzrechts (邻接权制度体系研究), Zhongnan Universität für Ökonomie und Recht, Diss., Wuhan 2013. (zit.: Wang, Institutionalisierung des Leistungsschutzrechts, S. ...)

Wang, Herui: Auslegung über cUWG (中华人民共和国反不正当竞争法释义), Law Press, Beijing 2018. (zit.: Wang, Auslegung über cUWG, S. ...)

Wang, Qian: Lehrbuch des geistigen Eigentumsrechts (知识产权法教程), 5. Aufl., China Renmin Universität Presse (中国人民大学出版社), Beijing 2016. (zit.: Wang, Lehrbuch des geistigen Eigentumsrechts, S. ...)

Ders.: Forschung über die Erweiterung des Senderechts der Rundfunkorganisation (论广播组织转播权的扩张–兼评《著作权法修订草案（送审稿）》), Studien in Recht und Wirtschaft, 2016(1), 177 ff. (zit.: Wang, Forschung über die Erweiterung des Senderechts, SRW 177)

Wang, Xianlin: Untersuchung über die Erweiterung des lauterkeitsrechtlichen Geltungsbereichs – Die Verbesserung von § 2 cUWG (论反不正当竞争法调整范围的扩展–我国反不正当竞争法第2条的完善), Zeitschrift der Graduiertenschule der Chinesischen Akademie für Sozialwissenschaften, 2010(6), 64 ff. (zit.: Wang, Untersuchung über die Erweiterung des lauterkeitsrechtlichen Geltungsbereichs, ZGCAS 64)

Wang, Xueqiao: Schutz personenbezogener Daten und die Aufteilung der „Einwilligung" in DS-GVO (论欧盟GDPR中个人数据保护与"同意"细分), Review der Politik und Rechtswissenschaft, 2019(4), 136 ff. (zit.: Wang, Schutz personenbezogener Daten, RPR 136)

Wang, Yang: Rechtliche Regelung über Preisklauseln in Verbraucherverträgen (消费者合同中价格条款的法律规制), Zeitschrift der Huadong Wirtschafts- und Rechtswissenschaftlichen, 2017(5), 71 ff. (zit.: Wang, Rechtliche Regelung über Preisklauseln, ZHWR 71)

Wang, Yanlin/Zhao, Xiong: Rückblick und Ausblick auf das chinesische Wirtschaftsrecht (中国经济法学的回顾与展望), Review des Wirtschaftsrechts 1995(2), 1 ff. (zit.: Wang/Zhao, RW 1)

Wang, Ze Qiang: Deng Xiaopings Beitrag zur Theorie der sozialistischen Marktwirtschaft und ihre praktische Bedeutung (邓小平对社会主义市场经济理论的贡献及现实意义), Erbschaft & Innovation, 2019(3), 70 ff. (zit.: Wang, Deng Xiaopings Beitrag, E&I 70)

Warken, Claudia: Elektronische Beweismittel im Strafprozessrecht – eine Momentaufnahme über den deutschen Tellerrand hinaus, Teil 2, NZWiSt 2017, 329 ff. (zit.: Warken, NZWiSt 2017, 329)

Wei, Zhenying: Zivilrecht (民法), 3. Aufl., Beijing Universität Verlag (北京大学出版社), Beijing 2007. (zit.: Wei, Zivilrecht, S. ...)

Wendehorst, Christiane/Graf von Westphalen, Friedrich: Das Verhältnis zwischen Datenschutz-Grundverordnung und AGB-Recht, NJW 2016, 3745 ff. (zit.: Wendehorst/Graf v. Westphalen, NJW 2016, 3745)

Wenn, Matthias: Keine Verletzung eines „virtuellen Hausrechts" durch Screen-Scraping, jurisPR-ITR 8/2009 Anm. 3. (zit.: Wenn, jurisPR-ITR 8/2009 Anm. 3.)

Ders.: Rechtliche Verbindlichkeit einseitiger Nutzungsbedingungen für alle Nutzer, jurisPR-ITR 10/2009 Anm. 4. (zit.: Wenn, jurisPR-ITR 10/2009 Anm. 4.)

Westermann, Harry: Person und Persönlichkeit als Wert im Zivilrecht, in: Person und Persönlichkeit als Wert im Zivilrecht, Köln und Opladen 1957. (zit.: Westermann, Person und Persönlichkeit, S. ...)

Wiebe, Andreas: Die „guten Sitten" im Wettbewerb – eine europäische Regelungsaufgabe, WRP 2002, 283 ff. (zit.: Wiebe, WRP 2002, 283)

Ders.: Schutz von Maschinendaten durch das sui-generis-Schutzrecht für Datenbanken, GRUR 2017, 338 ff. (zit.: Wiebe, GRUR 2017, 338)

Ders.: Von Datenrechten zu Datenzugang – Ein rechtlicher Rahmen für die europäischen Datenwirtschaft, CR 2017, 87 ff. (zit.: Wiebe, CR 2017, 87)

Wilson, David/Dixon, William: Das Adam Smith Problem: a critical realist perspective, Journal of Critical Realism 2006, 251 ff. (zit.: Wilson/Dixon, JCR 2006, 251)

Wolf, Manfred/Neuner, Jörg: Allgemeiner Teil des bürgerlichen Rechts, 12. Aufl., München 2020. (zit. BGB AT, §...Rn. ...)

Wolff, Heinrich Amadeus/Brink, Stefan (Hrsg.): Datenschutzrecht in Bund und Ländern, Kommentar, München 2013. (zit.: Bearbeiter, in: Wolff/Brink, Datenschutzrecht, §...Rn. ...)

Wolff, Stefan/Brink, Heinrich Amadeus (Hrsg.): BeckOK Datenschutzrecht, 33. Edition Stand, München 2019. (zit.: Bearbeiter, in: BeckOK Datenschutzrecht, Wolff/Brink, §...Rn. ...)

Wu, Handong: Die Allgemeintheorie des Geistigen Eigentumsrechts (知识产权总论), China Renmin Universität Presse (中国人民大学出版社), 3. Aufl., Beijing 2013. (zit.: Wu, Die Allgemeintheorie des Geistigen Eigentumsrechtes, S. ...)

Ders.: Forschung zu den grundlegenden Problemen des geistigen Eigentumsrechts (Pandect), (知识产权基本问题研究(总论)), China Renmin University Press, Beijing 2009. (zit.: Wu, Problemen des geistigen Eigentumsrechts, S. ...)

Ders.: Forschung zu den Problemen des Immaterialgüterrechtes (无形财产权基本问题研究), China Renmin University Press, 2013. (zit.: Wu, Problemen des Immaterialgüterrechts. S. ...)

Wu, Jinlian: Chinas wirtschaftlicher Reformprozesse (中国经济改革进程), Encyclopedia of China Publishing House, Beijing 2018.(zit.: Wu, Chinas wirtschaftlicher Reformprozess, S. ...)

Wu, Zeyong: Der Unterlassungsanspruch der Verbandklage im UWG (论德国法上的团体不作为之诉), Tsinghua Rechtswissenschaft, 2010(4), 131 ff. (zit.: Wu, Der Unterlassungsanspruch der Verbandklage im UWG, TR 131)

Xie, Xiaoyao: Die moralische Interpretation der Wettbewerbsordnung: eine Studie über Wettbewerbsgesetzt (竞争秩序的道德解读: 反不正当竞争法研究), Law Press, Beijing 2005. (zit.: Xie, S. ...)

Xiong, Qi: Konzentrierte Lizenzzwangsregeln bei der urheberrechtlichen kollektiven Verwertung (著作权集体管理中的集中许可强制规则), Rechtsvergleichende Forschung, 2016 (4), 46 ff. (zit.: Xiong, Konzentrierte Lizenzzwangsregeln, RF 46)

Xiong, Wencong: Jenseits der Titelkontroverse: Objekt und Gegentand (超越称谓之争: 对象与客体), SJTU-Gesetzesreview, 2013(4), 116 ff. (zit.: Xiong, SJTU 116).

Xu, Chongde/Hu, Jingguang: Verfassungsgesetz (宪法), 5. Aufl., Hochschulpresse (高等教育出版社), Beijing 2015.(zit.: Xu/Hu, S. ...)

Xu, Datong: Erforschung der Geschichte des politischen Denkens im alten China aus politikwissenschaftlicher Perspektive (从政治学角度研究中国古代政治思想史), Geschichte des politischen Denkens, 2010(1), 3 ff. (zit.: Xu, Erforschung der Geschichte des politischen Denkens im alten China, GpD 3)

Xu, Guodong: Eingehende Analyse der „grünen" im Entwurf des grünen Zivilgesetzbuches (认真透析《绿色民法典草案》中的"绿"), Studien in Recht und Wirtschaft, 2003(6):7 ff. (zit.: Xu, SRW 7)

Xu, Ke: Der dreifache Lösungsweg für den Datenschutz (数据保护的三重进路), Zeitschrift Shanghai Universität (Edition Sozialwissenschaft), 2017(6), 15 ff. (zit.: Xu, ZSU 15)

Yang, Daixiong: Die allgemeine Theorie des Privatrechts und die Ausgestaltung der AT-ZGB – Die theoretische Grundlage des ATBGB und seine Auswirkung auf die chinesische Gesetzgebung (私权一般理论与民法典总则的体系构造—德国民法典总则的学理基础及其对我国的立法启示), Rechtswissenschaftliche Forschung, 2007(1), 32 ff. (zit.: Yang, RF 32)

Yang, Lixin/Wang, Zhu: Begriff der durch das Sachenrecht festgelegter einheitlichen Sache (论物权法规定的物权客体中统一物的概念), Jurists Review, 2008(5), 71 ff. (zit.: Zang/Wang, JR 71)

Yang, Lixin: Die Kodifizierung des Zivilgesetzbuches sollte den Einfluss des Zivilrechts der ehemaligen Sowjetunion bereinigen (编纂民法典必须肃清前苏联民法的影响), Rechtssystem und Sozialentwicklung, 2016(02), 137 ff. (zit.: Yang, RS 137)

Ders.: Die Wahl und das Festhalten an den Gesetzgebungsideen des ZGB: Vom Konflikt der Gesetzgebungsideen bei der Formulierung der AT-ZGB (我国民法典立法思想的选择和坚守—从《民法总则》制定中的立法思想冲突谈起), Rechtssystem und Sozialentwicklung 2018(04), 5 ff. (zit.: Yang, RS 5)

Ders.: Kernwert des Unterkapitels des ZGB ist die Gewährleistung der Menschenwürde (民法典分则各编的核心价值是维护人的尊严), Fujian Tribune (Edition Human- und Sozialwissenschaften, 2019(05), 143 ff. (zit.: Yang, FT 143)

Ders.: Monografie über Persönlichkeitsrechte (人身权法专论), 3 Aufl., Volksgerichtshof Presse (人民法院出版社), Beijing 2006. (zit.: Yang, S. ...)

Ders.: Persönliche Informationen: Rechtliches Interesse oder Bürgerrechte – Eine Auslegung des Begriffs „Persönliche Informationen" in Artikel 111 der AT-ZGB

(个人信息：法益抑或民事权利–对《民法总则》第111条规定的“个人信息”之解读), Juristisches Forum, 2018(01), 34 ff. (zit.: Yang, JF 34)

Ders.: Persönlichkeitsrechte (人格权法), Law Press (法律出版社), Beijing 2015. (zit.: Yang, Persönlichkeitsrechte, S. ...)

Ders.: Von AGZ zu ZGB: historische Sprung nach vorn im zeitgenössischen chinesischen Zivilrecht (从民法通则到民法总则：中国当代民法的历史性跨越), Sozialwissenschaften in China, 2018(02), 72 ff. (zit.: Yang, SC 72)

Yang, Shuhua/Qu, Sanqiang: Rechtsnatur der robots. txt Datei (论爬虫协议的法律性质), Rechtsanwendung, 2013(4), 30 ff. (zit. Yang/Qu, Rw 30)

Yang, Zhiqiong: Kriminelle Beurteilung von Web-Crawler im Datenzeitalter (数据时代网络爬虫的刑法规制), Rechtsvergleichende Forschung, 2020(4), 185 ff. (zit.: Yang, Kriminelle Beurteilung von Web-Crawler, RF 185)

Yao, Hui: Fragen nach der kommerziellen Nutzung des Persönlichkeitsrechts (关于人格权商业化利用的若干问题), Juristisches Forum, 2011(6), 10 ff. (zit.: Yao, JF 10)

Ye, Mingyi: Der grundlegende Geltungsbereich des Rechtes auf persönliche Information (论个人信息权的基本范畴), Tsinghua Rechtswissenschaft, 2018(5), 143 ff. (zit.: Ye, TR 143)

Ye, Tao: Die Systemkonstruktion des materiellen Persönlichkeitsinteresses bei Kodifizierung des Zivilgesetzbuches (民法典编纂中人格标识财产利益的制度构建), Zeitschrift der Henan Wirtschafts- und Rechtswissenschaftlichen Universität, 2018(4), 17 ff. (zit.: Ye, Die Systemkonstruktion des materiellen Persönlichkeitsinteresses, ZHWRU 17)

Yi, Jiming/Zhou, Qiong: Untersuchung über das Vermögen mit dem Persönlichkeitsinteresse (论具有人格利益的财产), Rechtswissenschaftliche Forschung, 2008(1), 3 ff. (zit.: Yi/Zhou, RF 3)

Yu, Shi: Das Verallgemeinerungsdilemma und die Umgehung der Anwendung der lauterkeitsrechtlichen Generalklausel (反不正当竞争法一般条款适用的泛化困局与绕行破解), Chinesische Angewandte Jurisprudenz, 2020(1),112 ff. (zit.: Yu, CAJ 112)

Zech, Herbert: Information als Schutzgegenstand, Tübingen 2012. (zit.: Zech, Information als Schutzgegenstand, S. ...)

Zeng, Xianyi: Chinesische Rechtsgeschichte (中国法制史), Beijing Universität Verlag (北京大学出版社), Beijing 2000. (zit.: Zeng, S. ...)

Zhang, Gu: Nachdenken über die aktuelle Kodifizierung des Zivilgesetzbuches (对当前民法典编纂的反思), Zeitschrift der Huadong Wirtschafts- und Rechtswissenschaftlichen Universität, 2016(01), 5 ff. (zit.: Zhang, ZHWRU 5)

Zhang, Hong: Gesetzgebung zum Recht des Bildnisses im Zivilgesetzbuch (民法典之肖像权立法论), Akademische Forschung, 2019(9), 65 ff. (zit.: Zhang, Gesetzgebung zum Recht des Bildnisses, AF 65)

Zhang, Junhao: Prinzip des Zivilrechts (民法学原理), China Universität für Politik- und Rechtswissenschaften Presse, Beijing 1997. (zit.: Zhang, Prinzip des Zivilrechts, S. …)

Zhang, Ling: Verwirrung und Nachdenken über das Recht auf Anerkennung der Urheberschaft (署名权主体规则的困惑及思考), Chinesische Rechtswissenschaft, 2017(02), 105 ff. (zit.: Zhang, Ch-R 105)

Zhang, Ping: Die Anwendung der lauterkeitsrechtlichen Generalklausel – ein Überdenken über die robots.txt-Datei (反不正当竞争法的一般条款及其适用—搜索引擎爬虫协议引发的思考), Rechtsanwendung, 2013(3), 46 ff. (zit.: Zhang, Die Anwendung der lauterkeitsrechtlichen Generalklausel, Rw 46)

Zhang, Pinghua: Die Interessenstruktur des Persönlichkeitsrechts und das Persönlichkeitsrecht als gesetzliches Recht (人格权的利益结构与人格权法定), Chinesische Rechtswissenschaft, 2013(2), 43 ff. (zit.: Zhang, Die Interessenstruktur des Persönlichkeitsrechts, Ch-R 43)

Zhang, Qin: Informationskette und die Dimensionen der Informationswissenschaft in China (信息链与我国情报学研究路径探析), Bibliotheks-Informationswissen, 2005(8), 23 ff. (zit.: Zhang, Informationskette, BI 23)

Zhang, Shimin/Mi, Xi: Rechtsformen von Unternehmen: Genealogie der frühen chinesischen Unternehmen (企业法律形态: 中国早期公司的谱系), Zeitschrift der Shangqiu Normal Universität, 2014(5), 24 ff. (zit.: Zhang/Mi, ZSNU 24)

Zhang, Shimin: Studie über die Entwicklung der Wirtschaftsrechtstheorie (经济法学理论演变研究), Chinas Demokratisches Rechtssystem Presse, Beijing 2009. (zit.: Zhang, Studie über die Entwicklung der Wirtschaftsrechtstheorie, S. …)

Zhang, Tao: Regulierung der Anonymisierung persönlicher Informationen im Zeitalter der großen Daten (大数据时代个人信息匿名化的规制治理), Zeitschrift der Huazhong Wissenschaft- und Technischen Universität, 2019(2), 76 ff. (zit.: Zhang, ZHWTU 76)

Zhang, Wei: Zeitperspektive im chinesischen wirtschaftlichen Gesetzgebungsprozess (论中国经济立法过程中的时间观), Studium des Wirtschaftsrechts, 2018(2), 71 ff. (zit.: Zhang, Zeitperspektive im wirtschaftlichen Gesetzgebungsprozess, SW 71)

Zhang, Xinbao: „Generell kostenlos + individuelle Kosten": ein neues Denken zum Schutz persönlicher Information ("普遍免费+个别付费":个人信息保护的一个新思维), Rechtsvergleichende Forschung, 2018(5), 1 ff. (zit.: Zhang, „Generell kostenlos + individuelle Kosten", RF 1)

Ders.: Von Privatsphäre zu persönlichen Informationen: Theorien und institutionelle Arrangements zur Neubeurteilung des Interesses (从隐私到个人信息: 利益再衡量的理论与制度安排), Chinesische Rechtswissenschaft, 2015(3), 39 ff. (zit.: Zhang, Von Privatsphäre zu persönlichen Informationen, Ch-R 39)

Zhang, Zhanjiang: Neupositionierung der lauterkeitsrechtlichen Attribute (反不正当竞争法属性的新定位), Juristische Zeitschrift der Peking Universität, 2020(1), 183 ff. (zit.: Zhang, JZPU 183)

Zhao, Min: Datenethische Probleme bei der öffentlichen Videoüberwachung (公共视频监控的大数据伦理问题), Zeitschrift der Volkssicherheit Universität des Chinas (Edition Sozialwissenschaften), 2020(1), 97 ff. (zit.: Zhao, ZVUC 97)

Zheng, Youde/Fan, Changjun: Studie über die Konkretisierung der lauterkeitsrechtlichen Generalklausel (反不正当竞争法一般条款具体化研究), Studien in Recht und Wirtschaft, 2005(5), 124 ff. (zit.: Zheng/Fan, SRW 124)

Zheng, Youde/Yang, Guoyun: Begriffsbestimmung des „Wettbewerbsverhältnisses" im modernen Lauterkeitsrecht (现代反不正当竞争法中"竞争关系"之界定), Studien in Recht und Wirtschaft, 2002(6), 64 ff. (zit.: Zheng/Yang, SRW 64)

Zhou, Hengxiang: Deutsch-chinesisches Rechtswörterbuch, Berlin 2017. (zit.: Zhou, Deutsch-chinesisches Rechtswörterbuch, S. ...)

Zhou, Mei/Qi, Xiaokun/Sebastian Lohsse/Liu, Qingwen: Gesetz der Volksrepublik China über das Sachenrecht, ZChinR 2007, 78 ff. (zit.: Zhou/Qi/Sebastian/Liu, ZChinR 2007, 78)

Zhu, Xiaoxin: Entstehung und Charakteristik der kleinbäuerlichen Wirtschaft im alten China (论中国古代小农经济的形成及特点), Zeitschrift des Pekinger Bildungsinstituts, 2003(4), 22 ff. (zit.: Zhu, Entstehung und Charakteristik der kleinbäuerlichen Wirtschaft, ZPB 22)

Zhu, Yan: Grundlegende Merkmale der Formatklausel (格式条款的基本特征), Zeitschrift der Rechtswissenschaft, 2005(6), 128 ff. (zit.: Zhu, Grundlegende Merkmale der Formatklausel, ZR 128)

Internetquelle

Fan, Xindong: BAT stellt sich allmählich gegen den Internetgeist (BAT开始站在互联网精神的对立面, Stand: 30.01.2019) https://www.sohu.com/a/292306932_115479. (zit.: Fan, BAT, 20.11.2020)

Xi, Jinping: Erläuterung der Entscheidung des Zentralkomitees der chinesischen kommunistischen Partei zu mehreren wichtigen Fragen im Zusammenhang mit der umfassenden Förderung der Rechtsstaatlichkeit (关于《中共中央关于全面推进依法治国若干重大问题的决定》的说明, Stand: 28.10.2014) http://www.xinhuanet.com//politics/2014-10/28/c_1113015372.htm (20.11.2020) (zit.: Xi, Erläuterung der Entscheidung, 20.11.2020)

Zhang, Yanlai: Rechtliche Regulierung und ökonomische Analyse der Datenerfassung durch den fokussierten Web-Crawler (聚焦爬虫获取数据行为的法律规制与经济分析, Stand: 18.03.2020) https://mp.weixin.qq.com/s/-SIKZaHLjhuvxh5BBxNDrw. (20.11.2020) (zit.: Zhang, Rechtliche Regulierung, 20.11.2020.

www.ingramcontent.com/pod-product-compliance
Ingram Content Group UK Ltd.
Pitfield, Milton Keynes, MK11 3LW, UK
UKHW021841290926
8980IPUK00005B/582

9 783631 878385